교재
내용
문의
교재 내용 문의는 EBS 중학사이트
(mid.ebs.co.kr)의 교재 Q&A 서비스를
활용하시기 바랍니다.

교 재
정오표
공 지
발행 이후 발견된 정오 사항을 EBS
중학사이트 정오표 코너에서 알려 드립니다.
교재 검색 ▶ 교재 선택 ▶ 교재 정오표

교재
정정
신청
공지된 정오 내용 외에 발견된 정오 사항이
있다면 EBS 중학사이트를 통해 알려 주세요.
교재 검색 ▶ 교재 선택 ▶ 교재 Q&A

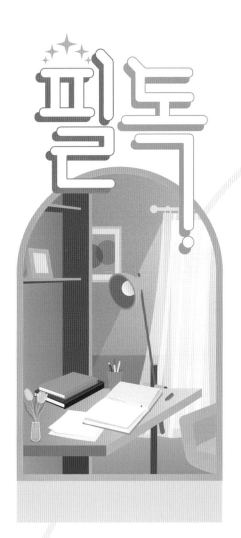

KB190306

중학 국어 | 비문학 독해 1

정답과 해설은 EBS 중학사이트(mid.ebs.co.kr)에서 다운로드 받으실 수 있습니다.

필독

중학 국어로 수능 잡기 시리즈

과목	학년	중학 1학년	중학 2학년	중학 3학년
문학		문학 1	문학 2	문학 3
비문학 독해		비문학 독해 1	비문학 독해 2	비문학 독해 3
문법		문법, 문법 완성 2000제		
문학 작품 읽기		교과서 시, 교과서 소설		

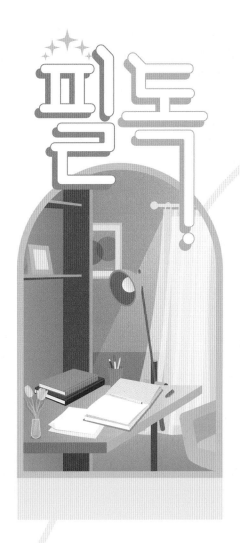

필독

중학 국어 | 비문학 독해 1

**아는 만큼 독해의 이해가 달라지는 비문학 공부,
비문학 독해에 대한 개념 학습부터 시작!!**

- 비문학 독해를 하는 데 꼭 필요한 개념 학습을 통해 비문학 공부에 쉽게 접근할 수 있도록 구성하였습니다.
- 다양한 제재를 인문, 사회, 과학, 기술, 예술, 영역 통합 영역에서 제시하여 비문학 독해 능력을 향상할 수 있도록 하였습니다.

01 개념 학습

독해의 기본 개념은 필수!

비문학 독해에 필요한 개념을 정리하여 제시하였습니다. 꼭 알아 두어야 할 학습 내용을 쉽게 공부할 수 있도록 정리했습니다.

개념 학습
03 **비판적 읽기**

(1)
비판적 읽기 이해

비판적 읽기

비판적 읽기란 글을 있는 그대로 받아들이는 것이 아니라 글의 내용이 타당한지, 내용이 글 속에 적절하게 표현되어 있는지 등을 판단하면서 읽는 것을 말한다. 사실적 읽기와 추론적 읽기가 글의 내용과 글쓴이의 생각을 이해하는 데 중심을 두는 것이라면, 비판적 읽기는 글의 내용과 글쓴이의 생각에 공감하거나 반박하며 비판적으로 읽는 활동이라고 볼 수 있다.

비판적 읽기의 필요성

- 글에는 내용이나 표현 방법이 정확하지 않거나 적절하지 않은 경우가 있을 수 있으므로, 글을 읽을 때 이러한 부분을 비판적 태도로 판단하며 읽어야 한다.
- 글쓴이의 생각이나 관점이 과장되거나 충분한 근거 없이 제시되는 경우도 있으므로, 균형감 있게 글을 파악하고 이해하기 위해서는 글의 타당성, 공정성, 적절성, 신뢰성 등을 파악하며 읽어야 한다.

02 적용 학습

비문학 독해의 개념 적용!

개념을 학습했다면 익힌 내용을 바탕으로 적용 학습을 할 수 있도록 관련 내용을 바탕으로 문제를 구성하였습니다. 적용 학습을 하는 과정을 통해 비문학 독해의 기초를 다질 수 있을 것입니다.

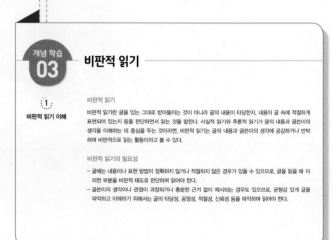

주장과 근거 파악
2 (가)~(마)의 주장과 근거를 바르게 연결하시오.

주장		근거
(가) 공공 디자인 개선이 필요하다.		㉠ 우리나라의 예
(나) 공공 디자인의 실용적 기능과 미적 기능이 균형을 이루어야 한다.		㉡ 공공 디자인에 대한 만족도 조사 결과
(다) 공공 디자인에 자연의 아름다움을 더하면 사람들에게 만족감과 편안함을 줄 수 있다.		㉢ 일상생활에 밀접하게 관련되어 있는 공공 디자인의 사례
(라) 공공 디자인에 인간미를 더하면 사람들에게 깊은 인상을 줄 수 있다.		㉣ 실용적 기능에 창의적 상상력이 더해진 공공 디자인의 사례
(마) 실용적 기능과 미적 기능이 조화된 공공 디자인이 많아져야 한다.		㉤ 공공 디자인에 자연의 아름다움을 더해 사람들에게 만족감과 편안함을 준 예

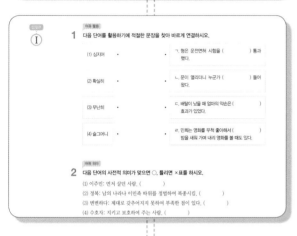

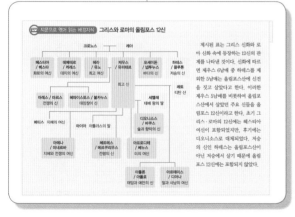

03 필독 TIP

기본적인 제재 파악 먼저!

제재에 대한 정보를 제시하였습니다. 중점을 두고 읽어야 할 부분이 어디인지 확인할 수 있고 글의 수준도 별 표시를 활용하여 어휘, 문장, 배경지식으로 구분하여 제시하였습니다.

04 독해 실전 연습

**충실한 어휘, 꼼꼼한 지문 분석,
수능형 문제로 실전 연습!**

다양한 제재를 읽고 어휘, 문단, 구조, 문제 해결까지 체계적인 학습이 가능하도록 구성하였습니다. 글을 읽고 어휘를 학습한 후, 글의 주제를 파악하고 문단의 내용을 정리한 후, 글 전체의 구조를 파악할 수 있습니다. 또한 수능형 문제를 통해 문제 해결 능력을 키울 수 있습니다.

05 시각 자료 · 독해 지식 · 배경지식

마무리까지 확실하게!

제재 이해와 문제 해결에 필요한 배경지식을 제시하고 지문을 통해 독해 지식을 익힐 수 있게 구성하였습니다. 문제와 제재 속 시각 자료를 분석적으로 제시하여 효과적인 제재 이해와 문제 풀이가 가능하도록 하였습니다.

정답과 해설

**지문 분석편과 문제 분석편으로 구성된
완벽한 제재 해설!**

제재를 완벽히 분석할 수 있도록 상세한 지문 첨삭 방법으로 지문 분석편을 제시하였습니다. 문제 분석편을 통해 자세한 정답과 오답 풀이로 문제를 확실하게 이해할 수 있습니다.

이 책의 차례

학습 계획표

언제 할까	무엇을 할까		어떻게 했지
15일차 ☐ 월 ☐ 일	과학	**02** 에디슨과 테슬라의 전류 전쟁	• 핵심어 • 주제
16일차 ☐ 월 ☐ 일		**03** 화학의 달력, 주기율표	• 핵심어 • 주제
17일차 ☐ 월 ☐ 일		**04** 단풍의 색은 어디에서 오는가?	• 핵심어 • 주제
18일차 ☐ 월 ☐ 일		**05** 지구의 불청객, 운석	• 핵심어 • 주제
19일차 ☐ 월 ☐ 일		**06** 플로지스톤설과 라부아지에	• 핵심어 • 주제
20일차 ☐ 월 ☐ 일	기술	**01** 과거에는 길이를 어떻게 쟀을까? **02** 미시 세계로 초대, 나노 과학	• 핵심어 • 주제
21일차 ☐ 월 ☐ 일		**03** 인공 지능과 신경망 이론 **04** 생체 인식 기술의 발전	• 핵심어 • 주제
22일차 ☐ 월 ☐ 일		**05** 자기 부상 열차의 원리 **06** 합성 생물학과 생명 현상	• 핵심어 • 주제
23일차 ☐ 월 ☐ 일	예술	**01** 예술이란 무엇인가? **02** 아름다움을 알고, 느끼고, 즐기다	• 핵심어 • 주제
24일차 ☐ 월 ☐ 일		**03** 풍경 작용으로 즐기는 한옥 **04** 로댕의 예술 세계	• 핵심어 • 주제
25일차 ☐ 월 ☐ 일		**05** 영화에서 사용하는 셔레이드 **06** 오페라란 무엇인가? / **07** 새로운 리얼리즘, 누보 레알리즘	• 핵심어 • 주제
26일차 ☐ 월 ☐ 일	영역 통합	**01** 불국사의 내진 설계	• 핵심어 • 주제
27일차 ☐ 월 ☐ 일		**02** 액션 페인팅과 엔트로피	• 핵심어 • 주제
28일차 ☐ 월 ☐ 일		**03** 주자학의 이념, 조선 왕조 500년의 힘 **04** 엔터테인먼트 요소와 영화	• 핵심어 • 주제

EBS
필독 중학 국어 비문학 독해

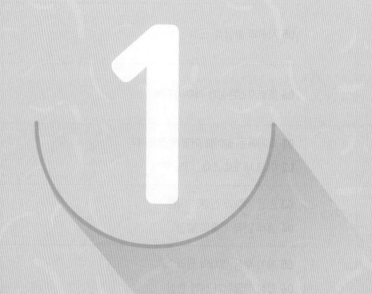

1

개념 학습

1

사실적 읽기

중심 내용 파악 • 전개 방식 파악 • 글의 구조 파악

———

2

추론적 읽기

논리적 추론 이해 • 추론적 읽기 방법

———

3

비판적 읽기

비판적 읽기 이해 • 비판적 읽기 방법

———

4

창의적 읽기

창의적 읽기 이해 • 창의적 읽기 방법

사실적 읽기

중심 내용 파악

중심 화제 찾기

화제란 글에서 서술하고 있는 대상을 말한다. 중심 화제는 화제 중에서도 글에서 중요하게 다루고 있는 핵심 대상으로, 글에서 반복적으로 나타나며 글의 주제를 파악하는 중요한 단서가 된다.

중심 문장 찾기

글의 각 문단에는 중심 화제와 중심 내용을 포괄적으로 담고 있는 중심 문장과 중심 문장을 상세하고 구체적으로 뒷받침하는 뒷받침 문장이 있다. 글 전체의 핵심 내용을 파악하기 위해서 중심 문장과 뒷받침 문장을 구별할 수 있어야 한다.

주제 확정하기

글의 주제는 글에서 말하고자 하는 중심 생각으로, 주제를 파악하는 것은 독해의 핵심이 된다. 주제를 확정할 때는 각 문단의 중심 문장을 찾고 각 중심 문장을 포괄할 수 있는 내용을 정리하여 요약한다.

전개 방식 파악

전개 방식 파악하기

전개 방식은 글에서 글쓴이가 정보나 견해를 효과적으로 전달하기 위해 활용하는 내용 조직 원리나 서술 방식을 말한다.

정의	'무엇은 무엇이다'라는 형식으로 설명하는 방법 예 렘수면은 눈동자가 빨리 움직이면서 자는 얕은 수면이다.
예시	구체적인 예를 들어서 설명하는 방법 예 문자의 기원으로 중국의 '갑골 문자', 메소포타미아의 '쐐기 문자'를 들 수 있다.
인용	권위 있는 사람의 견해나 책의 내용 등을 가져다 쓰는 방법 예 심리학자인 카너먼은 인간은 직감에 의해 문제를 해결하는 경향이 강하다고 주장했다.
인과	어떤 결과를 가져오는 원인, 또는 어떤 원인에 의해 일어난 현상을 밝혀 설명하는 방법 예 올해 여름에는 태풍이 많이 왔다. 그래서 과일 재배 농가의 피해가 매우 컸다.
분류	대상을 일정한 기준에 따라 종류별로 묶어서 설명하는 방법 예 사람, 고래, 개는 포유류에 속하고, 까치와 까마귀는 조류에 속한다.
분석	대상을 하나하나의 구성 요소로 나누어 설명하는 방법 예 혈액은 고형 성분인 혈구와 액체 성분인 혈장으로 구성되어 있다.
비교	둘 이상의 대상을 견주어 공통점이나 비슷한 점을 중심으로 설명하는 방법 예 희곡과 소설은 인물, 사건, 배경을 통해 주제를 형상화한다.
대조	둘 이상의 대상을 견주어 차이점을 중심으로 설명하는 방법 예 음성 언어는 소리이기 때문에 청각에 의존하고, 문자 언어는 기록이기 때문에 시각에 의존한다.
과정	어떤 사물이나 일의 기능, 단계 등을 시간 순서에 따라 전개하여 설명하는 방법 예 라면을 끓이는 방법은 먼저 적당량의 물을 끓인 후, 수프와 면을 넣고 3~4분 더 끓인다. 이때 기호에 따라 파와 달걀을 곁들일 수 있다.

3
글의 구조 파악

글의 구조 파악하기

글의 구조는 각 문단을 유기적으로 연결하고 완성된 글을 만들기 위해 사용한 기본 골격을 말한다. 글의 구조를 파악하기 위해서 각 문단의 성격과 문단 간의 관계를 이해할 수 있어야 한다.

원인 – 결과	한 문단이 원인이 되고 다른 문단이 결과가 되는 관계로, 결과가 되는 문단이 먼저 제시되기도 한다.
주장 – 근거	한 문단이 말하고자 하는 바가 되고 다른 문단이 근거가 되는 관계를 말한다.
문제 – 해결	한 문단이 어떤 현상이나 대상에 대해 문제를 제기하거나 해결해야 할 과제를 제시하고, 다른 문단이 해결 방안을 제시하거나 해명하는 관계를 말한다.
주지 – 상세화	한 문단이 주제를 제시하고 다른 문단이 주제의 내용을 뒷받침하기 위해 구체적으로 설명하는 관계를 말한다. 상세화 방법에는 상술(주지를 상세하게 풀어서 설명하는 방법), 부연(주지에 새로운 내용을 덧붙여 이해를 돕는 방법) 등이 있다.
원리 – 적용	한 문단이 원리를 설명하고 다른 문단이 적용 방법을 예시하는 관계를 말한다. 반대로 구체적 사실을 예시하고 이를 바탕으로 원리를 설명하기도 한다.
대립	서로 상반되는 둘 이상의 내용을 나열하는 관계를 말한다.
전제 – 결론	한 문단에서 조건이나 가정을 제시하고 다른 문단에서 조건이나 가정에 따라 결론을 제시하는 관계를 말한다.

개념 적용

[2019년 중3 학업성취도평가]

인터넷 쇼핑몰에서 옷을 한 벌 샀다고 가정해 보자. 화면으로 봤을 땐 마음에 쏙 들었는데, 막상 옷을 받아 보니 색상과 디자인이 마음에 들지 않았다. 그래서 바로 반품을 하려고 판매자에게 연락을 했고, 이에 판매자는 반품이 불가능하다는 공지를 사전에 하였으므로 안 된다고 답변하였다. 이런 경우 반품이 정말 불가능한 것일까?

앞의 사례처럼 인터넷 쇼핑으로 구입한 상품을 반품하는 경우 소비자는 그 상품을 받은 날로부터 7일 이내에 반품할 수 있다. 이는 소비자에게 법이 보장하는 '청약 철회권'이 있기 때문이다. 여기서 ㉠'청약'이란 소비자가 상품이나 서비스를 구입하겠다는 의사 표시를 말하고, '철회'는 다시 거두어들인다는 뜻이다. 즉, 청약 철회권이란 소비자가 법이 정한 기간 안에 청약을 자유로이 철회하고 계약을 없던 것으로 되돌릴 수 있는 권리를 말한다.

그런데 소비자가 청약 철회권을 행사할 수 없는 경우가 있다. 우선 상품을 잃어버리거나 훼손하는 등 소비자가 잘못한 경우, 소비자가 상품을 쓰거나 소비하여서 그 상품의 가치가 현저히 감소한 경우에는 청약을 철회할 수 없다. 또한 시간이 지나 상품의 재판매가 곤란한 경우도 있다. ㉡예를 들면 과일이나 야채와 같은 신선 식품류는 시간이 지나면 신선도가 떨어져 재판매를 할 수 없다. 영화 디브이디(DVD)나 게임 시디(CD) 등과 같이 복제가 가능한 상품도 포장이 훼손된 경우에는 청약을 철회할 수 없다.

이와 달리 판매자가 소비자의 청약 철회를 방해하는 행위가 있다. 먼저 판매자가 거짓된 사실을 알려 소비자를 속이는 경우이다. 예를 들면 '흰색 옷은 반품이 불가합니다', '세일 상품은 반품이 불가합니다', '고객의 단순 변심으로 인한 반품은 불가합니다'와 같은 문구를 판매자가 인터넷 쇼핑몰에 게시하는 행위이다. 다음으로 판매자가 소비자에게 청약 철회를 이유로 반품 배송비 외에 위약금, 취소 수수료 등 추가적인 비용을 요구하는 경우이다. 예를 들어 소비자가 인터넷 쇼핑몰에서 구입한 옷을 반품하는데 판매자가 반품 배송비 외에 인건비, 포장비 등을 추가적으로 요구하는 것이 이에 해당한다. 이렇게 ⓒ판매자가 소비자의 청약 철회를 방해하는 행위 때문에 소비자는 충분히 반품할 수 있는 상품임에도 반품을 포기할 우려가 있다.

지금까지의 설명을 종합해 보면 ⓔ소비자는 청약 철회권을 행사할 수 없는 경우에 유의하여 자신의 권리를 누려야 하며, 판매자는 소비자의 청약 철회권 행사를 방해해서는 안 된다. 이를 통해 소비자가 보호받는 건전한 거래 질서가 확립되기를 기대한다.

중심 내용 파악

1 윗글의 중심 내용을 다음과 같이 요약할 때, 빈칸에 들어갈 알맞은 말을 쓰시오.

> 이 글은 청약 철회권의 의미를 설명하고, 소비자의 청약 철회권 행사와 판매자가 소비자의 청약 철회를 방해하는 행위를 예시로 들어 소비자의 권리인 청약 철회권이 보호받아야 함을 설명하고 있다. 이처럼 '청약 철회권'이라는 단어가 반복적으로 사용되고 있으므로 이 글의 중심 화제는 (   )이다.

전개 방식 파악

2 ㉠～㉣에 사용된 서술 방식이 맞으면 ○표, 틀리면 ×표를 하시오.

㉠: 청약 철회권을 설명하기 위해 청약의 뜻과 철회의 뜻을 밝히고 있다. (   )

㉡: 시간이 지나 상품의 재판매가 곤란한 경우를 예로 들어 설명하고 있다. (   )

㉢: 판매자가 소비자의 청약 철회를 방해할 때 일어날 결과를 설명하고 있다. (   )

㉣: 소비자의 청약 철회권이 인정되는 근거를 부분별로 밝혀 설명하고 있다. (   )

글의 구조 파악

3 윗글의 구조를 다음과 같이 정리할 때, 이에 대한 설명으로 알맞은 것을 고르시오.

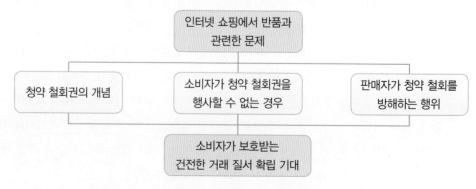

① 중심 화제와 관련된 여러 정보들을 대등하게 나열하고 있다.
② 문제가 되는 상황을 밝힌 뒤 이를 해결할 수 있는 방안을 소개하고 있다.

추론적 읽기

1

논리적 추론 이해

추론의 의미

추론은 주어진 내용을 근거로 삼아 겉으로 드러나지 않은 내용을 추측하는 것을 말한다.

추론적 읽기

추론적 읽기란 글의 전체 맥락과 배경지식 등을 활용하여 생략된 내용이나 글쓴이의 의도, 가치관이나 관점 등을 파악하며 읽는 것을 말한다.

추론적 읽기의 필요성

글쓴이는 글의 주제나 목적을 효과적으로 전달하기 위해 의도적으로 내용을 생략하기도 하고 원하는 표현 효과를 얻기 위해 내용을 감추기도 한다. 따라서 글에 생략되어 있거나 숨겨진 내용을 추론하며 글을 읽을 수 있는 능력을 길러야 한다.

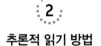

2

추론적 읽기 방법

생략된 내용의 추론

전후 문맥을 통해 생략된 어구나, 문장, 문단 등의 내용을 추리하는 것을 말한다. 즉, 독자는 글과 관련하여 자신의 배경지식, 글에 사용된 담화 표지, 글의 문맥 등을 종합적으로 활용하여 글에서 생략되거나 암시된 내용을 추론하며 읽는다. 특히 글의 주제나 문맥적 흐름을 통해 글을 이루고 있는 각 요소들이 어떤 관계로 연결되어 있는지를 정확하게 파악한 다음, 전체적인 글의 흐름에 비추어 생략된 내용을 추리할 수 있어야 한다.

담화 표지	글쓴이의 의도나 목적을 효과적으로 전달하기 위해 내용과 구조를 알려 주는 단어를 말한다. '예를 들면', '첫째', '둘째', '마지막으로' 등이 이에 해당한다.
문맥	글에 사용된 언어 표현의 앞뒤 연결 관계를 말한다. 모든 글에 쓰인 단어와 문장은 앞뒤의 내용과 연관되어 있기 때문에 글의 정확한 의미를 파악하려면 단어나 문장을 단독으로 이해하려 하기보다는 앞뒤에 어떤 내용이 이어지고 있는지를 잘 살펴야 한다.

글쓴이의 의도나 목적 추론

의도란 글쓴이가 무엇을 하고자 하는 생각이나 계획으로, 글을 통해 글쓴이가 궁극적으로 이루고자 하는 목적을 말한다. 글에는 글쓴이의 이러한 의도나 목적, 주제가 명확하게 드러나는 경우도 있지만, 글의 종류에 따라서는 이러한 것들을 드러내지 않고 숨겨 놓기도 한다. 이처럼 글쓴이의 의도는 글의 주제와 관련이 있으므로 글쓴이가 글을 통해 얻으려는 목적이 무엇인지 파악하며 읽어야 한다.

숨겨진 주제의 추론

주제가 겉으로 드러나지 않는 글의 경우는 표면에 드러난 정보의 관계를 정확히 파악하고, 글쓴이의 입장이나 의도, 목적, 대상을 대하는 태도 등을 바탕으로 주제를 추론하며 읽어야 한다.

18세기 경험론의 대표적인 철학자 흄은 '모든 지식은 경험에서 나온다.'라고 주장하면서, 이성을 중심으로 진리를 탐구했던 데카르트의 합리론을 비판하고 경험을 중심으로 한 새로운 철학 이론을 구축하려 하였다. 그러나 지나치게 경험만을 중시한 나머지, 그는 과학적 탐구 방식 및 진리를 인식하는 문제에 대해서도 비판하기에 이른다. 그 결과 ㉠흄은 서양 근대 철학사에서 극단적인 회의주의자로 평가받는다.

흄은 지식의 근원을 경험으로 보고 이를 인상과 관념으로 구분하여 설명하였다. 인상은 오감(五感)을 통해 얻을 수 있는 감각이나 감정 등을 말하고, 관념은 인상을 머릿속에 떠올리는 것을 말한다. 가령, 혀로 소금의 '짠맛'을 느끼는 것은 인상이고, 머릿속으로 '짠맛'을 떠올리는 것은 관념이다. 인상은 단순 인상과 복합 인상으로 나뉘는데, 단순 인상은 단일 감각을 통해 얻은 인상을, 복합 인상은 단순 인상들이 결합된 인상을 의미한다. 따라서 '짜다'는 단순 인상에, '짜다'와 '희다' 등의 단순 인상들이 결합된 소금의 인상은 복합 인상에 해당한다. 그리고 단순 인상을 통해 형성되는 관념을 단순 관념, 복합 인상을 통해 형성되는 관념을 복합 관념이라 한다. 흄은 단순 인상이 없다면 단순 관념이 존재하지 않는다고 보았다. 그런데 '황금 소금'은 현실에 존재하지 않기 때문에 그 자체에 대한 복합 인상은 없지만, '황금'과 '소금' 각각의 인상이 존재하기 때문에 복합 관념이 존재할 수 있다. 따라서 복합 관념은 복합 인상이 없더라도 존재할 수 있다. 하지만 흄은 '황금 소금'처럼 인상이 없는 관념은 과학적 지식이 될 수 없다고 말하였다.

흄은 과학적 탐구 방식으로서의 인과 관계에 대해서도 비판적 태도를 보였다. 그는 인과 관계란 시공간적으로 인접한 두 사건이 반복해서 발생할 때 갖는 관찰자의 습관적인 기대에 불과하다고 말하였다. 즉, '까마귀 날자 배 떨어진다'라는 속담이 의미하는 것처럼 인과 관계는 필연적 관계임을 확인할 수 없다는 것이다. 그는 '까마귀가 날아오르는 사건'과 '배가 떨어지는 사건'을 관찰할 수는 있지만, '까마귀가 날아오르는 사건이 배가 떨어지는 사건을 야기했다.'라는 생각은 추측일 뿐 두 사건의 인과적 연결 관계를 관찰할 수 없다고 주장한다. 결국 인과 관계란 시공간적으로 인접한 두 사건에 대한 주관적 판단에 불과하므로, 이런 방법을 통해 얻은 과학적 지식이 필연적이라는 생각은 적합하지 않다고 흄은 비판하였다.

[A] 또한 흄은 진리를 알 수 있는가의 문제에 대해서도 회의적인 태도를 취했다. 전통적인 진리관에서는 진술의 내용이 사실(事實)과 일치할 때 진리라고 본다. 하지만 흄은 진술 내용이 사실과 일치하는지의 여부를 판단할 수 없다고 보았다. 예를 들어 '소금이 짜다.'라는 진술이 진리가 되기 위해서는 실제 소금이 짜야 한다. 그런데 흄에 따르면 우리는 감각 기관을 통해서만 세상을 인식할 수 있기 때문에 실제 소금이 짠지는 알 수 없다. 그러므로 '소금이 짜다.'라는 진술은 '내 입에는 소금이 짜게 느껴진다.'라는 진술에 불과할 뿐이다. 따라서 비록 경험을 통해 얻은 과학적 지식이라 하더라도 그것이 진리인지의 여부는 확인할 수 없다는 것이 흄의 입장이다.

이처럼 흄은 경험론적 입장을 철저하게 고수한 나머지, 과학적 지식조차 회의적으로 바라보았다는 점에서 비판을 받기도 했다. 하지만 그는 이성만 중시했던 당시 철학 사조에 반기를 들고 경험을 중심으로 지식 및 진리의 문제를 탐구했다는 점에서 근대 철학에 새로운 방향성을 제시했다는 평가를 받는다.

1 윗글의 내용을 다음과 같이 요약할 때, 빈칸에 들어갈 알맞은 말을 쓰시오.

> 이 글에서 흄은 지식의 근원을 (   )으로 보고 경험을 인상과 관념으로 구분하여 인상이 없는 지식은 과학적 지식이 될 수 없다고 주장하였다. 또한 인과 관계를 통해 얻은 과학적 지식이 필연적이라고 볼 수 없다고 주장하면서, 인과 관계란 시공간적으로 인접한 두 사건에 대한 주관적 판단에 불과하다고 하였다. 흄은 과학적 지식이라 하더라도 그것이 (   )인지 확인할 수 없다는 회의적인 태도를 보였다. 흄은 과학적 지식조차 (   )으로 보아 비판을 받기도 하였지만, 당시 이성만 중시하던 철학 사조에 경험을 중심으로 지식 및 진리의 문제를 탐구했다는 점에서 근대 철학에 새로운 방향성을 제시했다는 평가를 받는다.

2 윗글의 구조를 다음과 같이 정리할 때, 빈칸에 들어갈 알맞은 말을 쓰시오.

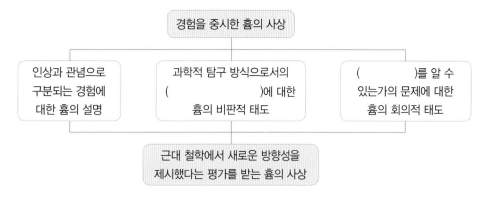

경험을 중시한 흄의 사상

| 인상과 관념으로 구분되는 경험에 대한 흄의 설명 | 과학적 탐구 방식으로서의 (   )에 대한 흄의 비판적 태도 | (   )를 알 수 있는가의 문제에 대한 흄의 회의적 태도 |

근대 철학에서 새로운 방향성을 제시했다는 평가를 받는 흄의 사상

3 다음은 [A]를 바탕으로 ㉠의 이유를 추론한 것이다. 빈칸에 들어갈 알맞은 말을 쓰시오.

[A]	• 전통적 진리관에서는 진술 내용이 사실이라면 진리라고 보지만, 흄은 진술 내용이 사실과 일치하는지의 여부를 판단할 수 없다고 봄. • 예를 들어 소금이 짜다는 진술은 내 입에 짜게 느껴진다는 진술일 뿐 실제로 짠지는 알 수 없음. • 경험을 통해 얻은 과학적 지식이라 하더라도 그것이 진리인지의 여부는 확인할 수 없음.

↓

㉠	흄은 서양 근대 철학사에서 극단적인 회의주의자로 평가받는다.

↓

흄이 서양 근대 철학사에서 극단적인 회의주의자로 평가받는 이유는 (   )을 통해서도 (   )를 확인할 수 없다고 보았기 때문이다. 경험으로 얻은 과학적 지식도 그것이 진리인지의 여부를 확인할 수 없다고 보는 것은, 서양 근대 철학사에서 흄이 극단적인 회의주의자라고 평가받게 된 이유가 된다.

정답 **1** 경험, 진리, 회의적 **2** 인과 관계, 진리 **3** 경험, 진리

비판적 읽기

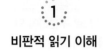

비판적 읽기

비판적 읽기란 글을 있는 그대로 받아들이는 것이 아니라 글의 내용이 타당한지, 내용이 글 속에 적절하게 표현되어 있는지 등을 판단하면서 읽는 것을 말한다. 사실적 읽기와 추론적 읽기가 글의 내용과 글쓴이의 생각을 이해하는 데 중심을 두는 것이라면, 비판적 읽기는 글의 내용과 글쓴이의 생각에 공감하거나 반박하며 비판적으로 읽는 활동이라고 볼 수 있다.

비판적 읽기의 필요성

– 글에는 내용이나 표현 방법이 정확하지 않거나 적절하지 않은 경우가 있을 수 있으므로, 글을 읽을 때 이러한 부분을 비판적 태도로 판단하며 읽어야 한다.
– 글쓴이의 생각이나 관점이 과장되거나 충분한 근거 없이 제시되는 경우도 있으므로, 균형감 있게 글을 파악하고 이해하기 위해서는 글의 타당성, 공정성, 적절성, 신뢰성 등을 파악하며 읽어야 한다.

관점이나 내용 비판

글에 제시된 관점이나 내용이 타당성, 공정성, 적절성, 신뢰성 측면에서 적절한지 판단하며 읽는다.

타당성	글에 나타난 정보가 합리적이고, 이를 뒷받침하는 근거가 정확하고 일관성이 있는지를 판단하는 것 囫 글쓴이가 글에서 제시하고 있는 주장이나 의견, 이를 뒷받침하는 근거가 합리적이며 일관성을 갖추고 있는가?
공정성	대상을 바라보는 시각이나 문제의식, 그것을 다루어 나가는 방식이 편견에 사로잡히지 않고 공정한지를 판단하는 것 囫 글쓴이가 글의 내용을 다룰 때, 어느 한쪽에 치우치지 않고 균형적으로 접근하고 있는가?
적절성	글쓴이가 사용한 자료가 내용에 적절한지, 글의 표현 방법이나 목적에 맞게 적절하게 제시되었는지를 판단하는 것 囫 글쓴이가 사용한 자료가 글의 주장이나 설명한 내용에 적합하며, 필요한 형태로 필요한 위치에, 필요한 정보 수준으로 제시되고 있는가?
신뢰성	글에서 다루고 있는 정보와 그에 대한 생각이 사실에 부합하며 받아들일 수 있는지를 판단하는 것 囫 글쓴이가 제시한 정보나 예시가 믿을 만하며, 출처는 명확하게 제시되고 있는가?

표현 방법 비판

적절한 단어의 사용, 문장의 호응, 수사적 장치, 글의 길이 등이 내용을 효과적으로 전달하는 데 도움이 되는지 판단하며 읽는다.

숨겨진 의도나 사회 · 문화적 이념 비판

글쓴이가 글에 숨겨 둔 의도나 글에 반영된 당시의 사회 · 문화적 이념이 적절한지 판단하며 읽는다.

개념 적용

가 공공 디자인은 우리 주변의 공공 시설물을 디자인하는 행위나 그 결과 물을 의미한다. 우리를 둘러싼 수많은 공공 디자인은 다양한 방식으로 우리 삶에 관여하기 때문에 공공 디자인에 대한 사람들의 관심이 점차 높아지고 있다. 그러나 최근 조사에 따르면 공공 디자인에 대해 만족하지 않는다는 응답이 만족한다는 응답의 두 배가 넘는 것으로 나타났다. 이는 급속한 경제 발전 과정에서 공공 디자인의 미적 기능을 소홀히 여긴 결과로 볼 수 있다. 보다 나은 공공 디자인을 위해 실용적 기능과 미적 기능의 균형을 생각해 볼 때이다.

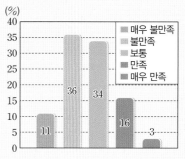
〈자료 1〉 2017년 공공 디자인 만족도 조사

나 공원이나 정류장에서 흔히 볼 수 있는 벤치를 예로 들어 보자. 모양이나 색, 재료 등이 비슷한 경우가 많다. 하지만 덴마크의 디자이너 예페 하인은 이러한 벤치를 다양한 모양으로 디자인하여 사람들이 각양각색의 자세로 쉴 수 있도록 하였다. 실용적 기능에 창의적 상상력이 더해져 사람들에게 재미와 즐거움까지 주게 된 좋은 예이다.

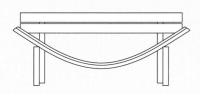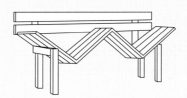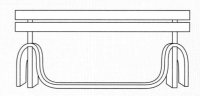
〈자료 2〉 예페 하인의 벤치들

다 실용적 기능과 미적 기능이 균형을 이룬 예는 영국에서도 찾아볼 수 있다. 영국의 산업 디자이너 로스 러브그로브가 디자인한 '솔라 트리'가 그것이다. 솔라 트리는 태양광 패널이 달린 나무 모양의 가로등으로, 주변을 밝히는 가로등의 실용적 기능에 자연의 아름다움을 더해 사람들에게 만족감과 편안함을 주고 있다.

라 우리나라에도 좋은 예가 있다. 전주에는 남원과의 경계를 알리는 '전주 연돌 탑'이 있다. 이 탑의 굴뚝에서는 밥 짓는 때에 맞춰 하루 세 번 연기가 나는데, 이는 사랑이 담긴 '엄마의 밥상'을 상징적으로 표현한 것이라고 한다. 이처럼 공공 디자인에 인간미를 더하면 사람들에게 깊은 인상을 줄 수 있다.

〈자료 3〉 솔라 트리

〈자료 4〉 전주 연돌 탑

마 이와 같이 공공 디자인은 실용적 기능과 미적 기능이 균형을 이룰 때 공공 디자인으로서의 효과가 더욱 크게 발휘될 수 있다. 주변을 둘러보자. 집 앞 놀이터의 바닥 분수, 알록달록한 안내 표지판, 보행자 우선 도로의 작은 타일에 이르기까지 공공 디자인은 우리의 일상생활에 밀접하게 관련되어 있다. 보다 많은 사회 구성원들이 만족할 수 있도록 실용적 기능과 미적 기능이 조화된 공공 디자인이 우리 주변에 더욱 많아져야 한다.

문단의 중심 내용 파악

1 다음은 (가)~(마)의 중심 내용을 정리한 것이다. 빈칸에 들어갈 알맞은 말을 쓰시오.

(가)	보다 나은 공공 디자인을 위해 (　　　) 기능과 (　　　) 기능의 균형을 생각해 보아야 한다.
(나)	덴마크의 디자이너 (　　　)이 디자인한 (　　　)들은 실용적 기능에 창의적 상상력이 더해진 좋은 예이다.
(다)	영국의 (　　　)는 실용적 기능에 자연의 아름다움을 더해 실용적 기능과 미적 기능이 균형을 이룬 경우이다.
(라)	우리나라의 (　　　)은 공공 디자인에 인간미를 더해 깊은 인상을 준 사례이다.
(마)	공공 디자인은 (　　　) 기능과 (　　　) 기능이 균형을 이룰 때 그 효과가 크게 발휘되며, 이 두 기능이 조화된 공공 디자인이 많아져야 한다.

주장과 근거 파악

2 (가)~(마)의 주장과 근거를 바르게 연결하시오.

주장

(가) 공공 디자인 개선이 필요하다. •

(나) 공공 디자인의 실용적 기능과 미적 기능이 균형을 이루어야 한다. •

(다) 공공 디자인에 자연의 아름다움을 더하면 사람들에게 만족감과 편안함을 줄 수 있다. •

(라) 공공 디자인에 인간미를 더하면 사람들에게 깊은 인상을 줄 수 있다. •

(마) 실용적 기능과 미적 기능이 조화된 공공 디자인이 많아져야 한다. •

근거

• ㉠ 우리나라의 예

• ㉡ 공공 디자인에 대한 만족도 조사 결과

• ㉢ 일상생활에 밀접하게 관련되어 있는 공공 디자인의 사례

• ㉣ 실용적 기능에 창의적 상상력이 더해진 공공 디자인의 사례

• ㉤ 공공 디자인에 자연의 아름다움을 더해 사람들에게 만족감과 편안함을 준 예

자료의 역할 이해

3 다음은 윗글에 사용된 〈자료〉의 역할을 정리한 것이다. 각 역할에 알맞은 〈자료 1~4〉를 빈칸에 쓰시오.

① (　　　): '솔라 트리'가 설치된 모습을 주변 경관과 함께 보여 주고 있다.

② (　　　): 공공 디자인 만족도와 관련한 정보를 수치화하여 보여 주고 있다.

③ (　　　): 예페 하인이 디자인한 벤치들의 특징을 시각화하여 보여 주고 있다.

④ (　　　): 글의 내용을 보완하기 위해 '전주 연돌 탑'의 모습을 보여 주고 있다.

정답 1 실용적, 미적, 예페 하인, 벤치, 솔라 트리, 전주 연돌 탑, 실용적, 미적　　2 (가) – ㉡, (나) – ㉣, (다) – ㉤, (라) – ㉠, (마) – ㉢
3 ① 〈자료 3〉, ② 〈자료 1〉, ③ 〈자료 2〉, ④ 〈자료 4〉

창의적 읽기

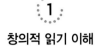

1
창의적 읽기 이해

창의적 읽기

창의적 읽기란 글을 읽으며 독자가 자신의 지식과 경험을 바탕으로 글의 내용과 글쓴이의 생각에서 새롭게 의미를 만들어 내는 것을 말한다. 글의 내용과 관련하여 새로운 생각을 떠올리며 읽는 것은 글을 바탕으로 새로운 가치를 창조하며 읽는 방법이라고 할 수 있다. 이처럼 창의적 읽기는 독자가 자신만의 독창적인 생각을 만들어 낸다는 점에서 사실적 읽기나 추론적 읽기, 비판적 읽기와는 차이가 있다.

창의적 읽기의 필요성

개인이나 사회가 해결하기 어려운 문제에 부딪혔을 때, 책 속에 담긴 글쓴이의 경험과 지식, 가치관에서 문제 해결의 실마리를 찾고는 한다. 이러한 문제 해결 능력을 기르기 위해 창의적 읽기의 경험이 필요하며, 창의적 읽기를 통해 개인과 사회의 문제를 해결하기 위한 방법을 모색할 수 있다.

2
창의적 읽기 방법

개인이나 사회의 문제를 해결하는 방법 찾기

사회가 복잡해지면서 생각지 못한 문제가 많아지고 해결 방법도 복잡해졌다. 글을 읽으며 이러한 문제를 해결하기 위해 창의적 읽기를 활용할 수 있다. 글에 담긴 문제 상황을 글쓴이가 자신의 경험과 지식, 가치관 등을 통해 해결하는 것을 확인하고, 어떤 문제가 발생했을 때 이러한 정보를 활용하여 문제를 해결할 수 있다. 즉, 문제 상황을 파악하고 이를 해결하는 사례를 다룬 글을 읽음으로써 현재의 문제를 해결할 수 있는 방법을 찾을 수 있다.

글쓴이의 생각에 대한 대안 찾기

글에 담긴 글쓴이의 문제 해결 방안이 완벽하지 않을 경우, 독자는 배경지식을 바탕으로 자신의 가치관에 맞는 창의적 생각으로 문제 해결 방법을 찾을 수 있다. 따라서 글을 읽으며 글쓴이의 생각을 그대로 받아들이는 것이 아니라 미흡한 부분은 어떻게 보완하고 대체할 것인지 생각하며 읽는 것이 필요하다.

　　최근 몇 년 사이 각종 방송 드라마나 오락 프로그램에서 출연자가 특정 회사의 상표가 드러나는 옷을 입거나 자동차를 타는 장면을 흔히 볼 수 있게 되었다. 이렇게 상업적 의도를 감춘 채 프로그램 내에 배치된 제품이나 기업의 상징물 등을 소비자가 인식하도록 만드는 광고를 '간접 광고'라고 한다. 우리나라는 2010년 1월부터 간접 광고를 허용했다. 허용 초기에는 간접 광고의 정도가 미미했지만 해가 갈수록 그 정도가 심해져 내용 전개와 무관한 간접 광고가 시청자들의 몰입을 방해하는 수준에 이르렀다. 이러한 상황에 있는 간접 광고의 문제를 살펴보고 적절한 해결책을 모색할 필요가 있다.

　　간접 광고는 어떤 문제를 안고 있을까? 간접 광고는 앞에서 언급한 몰입 방해 외에도, 특정 기업이나 상품 등에 대한 무의식적인 각인 효과를 시청자에게 심어 준다는 문제가 있다. 이렇게 되면 시청자들이 비판적 판단을 하지 못하고 간접 광고가 다루는 대상을 무조건적으로 신뢰하는 일이 벌어지게 된다.

　　또한 간접 광고로 인해 드라마나 오락 프로그램의 완성도가 떨어진다. 간접 광고의 대가로 광고주들은 방송 프로그램의 제작비를 지원하는데, 간접 광고가 허용된 이후 광고주들의 요구가 강해지고 있다. 그 결과 프로그램의 완성도가 떨어지는 경우가 빈번해지고 있다. 광고주들은 간접 광고를 더 길게 더 자주 넣도록 요구하기 때문이다. 완성도가 떨어지는 프로그램을 보아야 하는 시청자들로서는 큰 피해가 아닐 수 없다.

　　한편 간접 광고는 시청자의 선택권을 빼앗는다는 점에서도 문제가 있다. 프로그램 앞뒤에 하는 광고는 시청자가 볼 것인가 말 것인가를 선택할 수 있지만, 간접 광고는 프로그램 내에 포함되어 있어 그렇게 할 수 없다. 이는 시청자를 더욱 수동적인 존재로 만든다.

　　그러므로 과도한 간접 광고가 가지고 있는 이러한 문제를 해결하기 위한 노력이 필요하다. 우선 법이나 규정을 명확히 해야 한다. ㉠그물코가 느슨하면 물고기가 그물망을 쉽게 빠져나가서 물고기를 잡을 수 없다. 이와 마찬가지로 방송법 시행령의 규정이 '제작상 불가피한', '자연스러운 노출'처럼 모호하면 광고주들과 방송사가 법망을 쉽게 피할 수 있게 되어 간접 광고가 과도해지는 것을 막을 수 없다. 실제로 광고주들이나 방송사가 법이나 규정의 모호한 표현을 악용하는 사례도 매년 늘고 있다. 그러므로 법이나 규정을 명확히 하여 과도한 간접 광고를 막아야 한다. 더 나아가 법이나 규정을 위반했을 때 가하는 법적 제재도 광고주들이나 방송사가 부담을 느낄 정도로 강화해야 한다.

　　또한 시청자들은 지나친 간접 광고가 프로그램을 즐겁게 시청할 자신들의 권리를 침해한다는 사실을 인식하고 지나친 간접 광고에 대해 비판의 목소리를 높여야 한다. 시청자들의 목소리는 과도한 간접 광고를 막을 수 있는 또 다른 중요한 축이다.

1 윗글의 내용을 다음과 같이 요약할 때, 빈칸에 들어갈 알맞은 말을 쓰시오.

> 이 글은 간접 광고의 (   )을 살펴보고 적절한 (   )을 모색하고 있다. 간접 광고는 시청자들에게 무의식적인 각인 효과를 심어 주고 있으며 프로그램의 완성도를 떨어뜨린다. 또한 시청자들의 선택권을 빼앗아 시청자를 수동적인 존재로 만든다. 이러한 문제를 해결하기 위해 법과 규정을 명확히 하여야 하며 이를 위반했을 경우 법적 제재를 강하게 가해야 한다. 시청자들 또한 비판의 목소리를 높여 과도한 간접 광고를 막아야 한다.

2 다음은 ㉠에 사용된 논증 방식을 정리한 것이다. 빈칸에 들어갈 알맞은 말을 쓰시오.

> 유추란 두 대상 사이의 (   )을 바탕으로 잘 알려지지 않은 것을 잘 알려진 것과 비교하면서 설명하는 글의 전개 방식이다. ㉠은 느슨한 방송법 시행령의 규정과 법망을 쉽게 피하는 광고주들과 방송사를, 그물코가 느슨한 그물망과 물고기에 빗대어 서술하고 있다. 즉 두 대상이 지닌 속성의 (   )을 판단 근거로 활용한 논증 방식이 사용되었다고 할 수 있다.

3 다음은 윗글의 관점을 바탕으로 〈자료〉에 대해 비판한 내용이다. 빈칸에 들어갈 알맞은 말을 쓰시오.

> **자료**
> 최근 한류 열풍에 힘입어 우리나라 방송 프로그램 안에 등장하는 제품들이 외국에서 큰 인기를 얻고 있다. 이는 기업의 매출 증가에 도움을 주고 있으며 국가 경제 발전에도 긍정적인 기여를 하고 있다. 그러므로 간접 광고를 더욱 확대할 수 있도록 간접 광고에 대한 규제를 완화해야 한다.

> 간접 광고에 대한 규제 완화는 프로그램의 (   )를 떨어뜨려 오히려 한류에 악영향을 끼칠 것이다. 또한 지나친 간접 광고에 대해 비판하는 시청자들의 목소리를 귀담아들을 때 프로그램의 완성도도 높아지고 프로그램에 대한 시청자들의 (   )도 높아질 것이다.

정답 1 문제점, 해결 방법　2 유사성, 유사성　3 완성도, 몰입도

EBS

필독 중학 국어 비문학 독해

1

영역별 학습

①
인문

②
사회

③
과학

④
기술

⑤
예술

⑥
영역 통합

그리스 신화와 로마 신화

필독 TIP

어휘 ★★★
문장 ★★
배경지식 ★★

이 글은 그리스 신화와 로마 신화의 연관성과 차이점을 설명하고 있다. 로마의 그리스 정복으로 그리스 신화가 로마 신화로 변화된 과정을 이해하고, 그리스 신화와 로마 신화의 신들을 비교하며 읽도록 한다.

고대 서양 역사에서 로마의 존재감은 매우 크다. 현대의 법과 정치 제도의 기원을 거슬러 올라가다 보면 로마와 만난다. 모든 길은 로마로 통한다는 말이 괜한 말은 아니다. 그만큼 로마가 서구 세계에 미친 영향이 크다.

로마는 기원전 8세기 무렵 그리스에서 온 이주민들과 현지 주민들이 함께 세운 나라로 기원전 146년 그리스를 정복했다. 하지만 문화적으로는 그렇지 못했다. 이미 오래전부터 로마가 그리스 폴리스*들의 문화를 받아들였으니 어쩌면 당연한 결과일지도 모른다. 심지어 로마의 어떤 시인들은 로마가 오히려 그리스에 정복됐다고 표현하기도 했다. 군사적으로는 로마가 앞섰을지 모르나 문화적으로는 확실히 그리스가 앞섰다.

신화*도 예외가 아니다. 사실 로마에는 변변한 신화가 없었기 때문에 로마인들에게 그리스 신들의 세계는 무척 매력적이었다. 그래서 로마는 그리스 신들을 그대로 재활용했다. 고대 그리스어인 희랍어를 로마의 언어인 라틴어로 바꾸었을 뿐 신들의 성격도 거의 변하지 않았다. 그리스 신화를 제대로 알면 로마 신화도 자연스럽게 알게 된다.

그리스 신화 최고의 신인 제우스에게는 두 명의 형과 세 명의 누나가 있었는데, 아버지 크로노스*가 그들을 차례대로 삼켜 버렸다. 다행히 그 몹쓸 운명을 피한 제우스는 아버지 크로노스를 몰아낸 후 형제들을 모두 살려 낸다. 6남매는 똘똘 뭉쳐 거인 신들과 전쟁을 벌이고 마침내 승리하여 6남매의 시대를 연다. 이후 6남매는 각자가 다스릴 영역을 나누어 제우스는 하늘, 포세이돈은 바다, 하데스는 저승을 맡았다. 세 명의 누나도 각자의 역할이 있다. 헤라는 제우스의 아내이자 최고 여신으로서 출산과 양육의 신이 되었다. 데메테르는 곡물과 대지의 여신, 헤스티아는 화로의 여신이 되었다.

이들 6남매 신의 이름이 로마에서는 어떻게 바뀌었을까? 제우스는 유피테르로 바뀌었다. 태양계 행성 중 가장 큰 것이 목성이다. 이 목성을 영어로 주피터라고 하는데, 유피테르를 영어로 발음한 것이 주피터이다. 바다의 신 포세이돈은 넵투누스, 저승의 신 하데스는 플루톤으로 바뀌었다. 헤라는 유노, 데메테르는 케레스, 헤스티아는 베스타가 되었다.

이 중 헤스티아를 조금 더 살펴보자. 헤스티아는 6남매 중 장녀이다. 게다가 고대 인류에게 가장 중요한 불씨를 담당했으니, 올림포스* 12신에 무난히 이름을 올렸다. 하지만 시간이 흐르면서 헤스티아는 12신에서 슬그머니 사라지고, 술과 향락을 상징하는 디오니소스가 그 자리를 차지했다. 하지만 헤스티아의 로마 버전인 베스타는 좀 다르다. 화로의 여신인 점은 달라지지 않았지만 그 중요성이 훨씬 커졌다. 로마에서는 불 자체를 베스타 신으로 여겼다. 베스타 신전에는 이 신을 상징하는 성화가 늘 활활 타올랐다. 일반 가정집에서도 베스타의 제단을 갖추고 불을 숭배했다. 그리스 신화의 헤스티아는 올림포스 12신에서 탈락되는 수모를 겪었지만 로마의 베스타는 국가와 가정의 수호자로 우뚝 섰다.

* 폴리스: 고대 그리스의 도시 국가.
* 신화: 고대인의 생각이나 본받을 만한 대상이 반영된 신성한 이야기. 우주의 기원, 신이나 영웅의 사적(事績), 민족의 태고 때의 역사나 설화 따위가 주된 내용이다.
* 크로노스: 그리스 신화에 나오는 농경과 계절의 신. 자기 아들에게 지위를 뺏긴다는 예언을 믿고, 자식들이 태어나는 대로 차례로 잡아먹다가 제우스에게 쫓겨났다고 한다.
* 올림포스: 마케도니아와 테살리아의 사이에 있는 그리스에서 가장 높은 산의 이름. 고대 그리스 신화의 신이 산다는 곳이다.

STEP I

어휘 활용

1 다음 단어를 활용하기에 적절한 문장을 찾아 바르게 연결하시오.

(1) 심지어 •	• ㄱ. 형은 운전면허 시험을 ( ) 통과 했다.
(2) 확실히 •	• ㄴ. 문이 열리더니 누군가 ( ) 들어 왔다.
(3) 무난히 •	• ㄷ. 배탈이 났을 때 엄마의 약손은 ( ) 효과가 있었다.
(4) 슬그머니 •	• ㄹ. 민희는 영화를 무척 좋아해서 ( ) 밤을 새워 가며 내리 영화를 볼 때도 있다.

어휘 의미

2 다음 단어의 사전적 의미가 맞으면 ○, 틀리면 ×표를 하시오.

(1) 이주민: 먼저 살던 사람. (   )

(2) 정복: 남의 나라나 이민족 따위를 정벌하여 복종시킴. (   )

(3) 변변하다: 제대로 갖추어지지 못하여 부족한 점이 있다. (   )

(4) 수호자: 지키고 보호하여 주는 사람. (   )

STEP II

서술형 중심 화제

1 윗글의 중심 내용을 쓰시오.

(   )

문단 정리

2 다음은 윗글의 각 문단의 중심 내용을 정리한 것이다. 빈칸에 들어갈 알맞은 말을 쓰시오.

1문단	로마가 ( ) 역사에 큰 영향을 미쳤다.
2문단	그리스를 정복한 로마가 그리스의 문화를 받아들였다.
3문단	로마 신화는 그리스 신화를 ( )했다.
4문단	그리스 신화의 제우스 6남매는 각각의 영역을 담당했다.
5문단	그리스 신화가 로마 신화로 이어지면서 신의 역할은 같지만 이름만 바뀌었다.
6문단	그리스 신화의 ( )는 로마 신화의 베스타로 이어지면서 그 역할이 강조되 었다.

내용 구조

3 다음은 그리스 신화의 신과 로마 신화의 신을 비교한 것이다. 빈칸에 들어갈 알맞은 말을 쓰시오.

구분	그리스 신화의 신	로마 신화의 신
최고의 신, 하늘의 신	제우스	( )
바다의 신	포세이돈	넵투누스
저승의 신	하데스	플루톤
최고의 여신, 출산과 양육의 신	( )	유노
곡물과 대지의 여신	데메테르	케레스
화로의 여신	헤스티아	베스타

헤스티아 → 술과 향락의 신인 디오니소스에게 밀려 올림포스 12신에서 사라짐.

베스타 → ( ) 자체를 상징하는 신이 되어, 국가와 가정의 수호자가 됨.

STEP III

수능형 세부 정보의 추론

1 윗글의 헤스티아와 베스타의 관계를 바탕으로 추론한 내용으로 적절한 것은?

① 신화는 흥미 위주로 재편성된다.

② 신화는 시대적 환경을 반영하여 변형될 수 있다.

③ 신화 속의 이야기는 일정한 구조를 지니고 있다.

④ 신화는 신의 이야기를 다루지만 신성시되지는 않는다.

⑤ 신화는 그 사회의 가치관을 교육하기 위한 목적을 가지고 있다.

2 다음은 윗글을 읽은 학생들의 대화 내용이다. 대화의 내용이 적절하지 <u>않은</u> 것은?

> 나영: 로마에 대해 이해하는 것은 서구 사회를 이해하는 데 필수적이야. ……………………… ㉮
>
> 미래: 로마 문화는 그리스 문화와 밀접한 관련이 있다고 할 수 있어. ……………………… ㉯
>
> 민우: 맞아. 신화도 그리스 신화, 로마 신화라기보다 그리스·로마 신화라고 하잖아.
>
> 지호: 그리스 신화에 나오는 신들이 로마 신화에서 이름은 같지만 역할이 달라진 경우가 있어.
> ……………………………………………………………………………………………… ㉰
>
> 진수: 로마 신화의 신들은 그리스 신화의 제우스 6남매와 같이 각자의 영역을 나누어 다스렸어.
> ……………………………………………………………………………………………… ㉱
>
> 하영: 그리스 신화의 헤스티아는 로마 신화에서 베스타로 바뀌면서 역할이 더 강화되기도 했
> 어. ……………………………………………………………………………………… ㉲

① ㉮　　　　② ㉯　　　　③ ㉰　　　　④ ㉱　　　　⑤ ㉲

지문으로 엮어 읽는 배경지식 **그리스와 로마의 올림포스 12신**

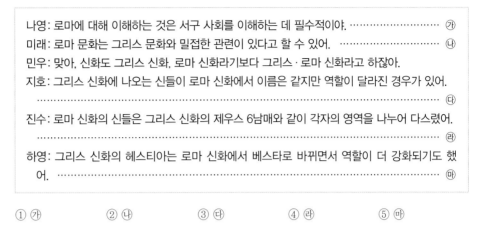

제시된 표는 그리스 신화와 로마 신화 속에 등장하는 12신의 관계를 나타낸 것이다. 신화에 따르면 제우스 6남매 중 하데스를 제외한 5남매는 올림포스산에 신전을 짓고 살았다고 한다. 이러한 제우스 5남매를 비롯하여 올림포스산에서 살았던 주요 신들을 올림포스 12신이라고 한다. 초기 그리스·로마의 12신에는 헤스티아 여신이 포함되었지만, 후기에는 디오니소스로 대체되었다. 저승의 신인 하데스는 올림포스산이 아닌 저승에서 살기 때문에 올림포스 12신에는 포함되지 않았다.

인문
02

인간은 어떻게 정보를 기억할까?

필독 TIP

어휘 ★★★★
문장 ★★
배경지식 ★★★

이 글은 일상생활에서 기억
이 나타내는 의미와 작용,
유형 등을 설명하고 있다.
기억의 유형과 각 유형에 따
른 특성을 이해하며 읽도록
한다.

기억*은 인간 생활에서 매우 중요한 심리적 작용이다. 기억이 없으면 사람을 알아보지 못하고 과거의 일도 알 수 없고 어떤 새로운 것을 배울 수도 없으며 현재만 존재하는 삶이 될 것이다.

인간의 기억 능력은 뇌에서 정보*의 저장과 인출*의 과정을 수반*한다. 우선 외부 세계의 경험을 통해 형성된 정보는 뇌에서 성공적으로 받아들이며 약호*화되어 저장된다. 기억은 저장된 정보를 필요에 따라 끄집어내는, 즉 인출하는 역할을 하는데 이를 통해 일상생활이 가능하게 되는 것이다. 심리학에서 기억은 주로 기억의 양상*, 기억의 지속에 관해 관심을 기울여 왔다.

[A] 우선 기억의 양상으로 우리는 하루 동안 지각한 것을 모두 기억할 수 없듯이 자기에게 주어진 모든 정보를 기억하지는 않으며 기억할 수도 없다. 또한 우리는 아침에 신문을 보면서 TV에서 이야기하는 내용을 동시에 기억할 수 없다. 단지 우리가 경험한 극히 일부분만을 기억하고 있을 뿐이다. 이는 사람들은 자기에게 특별한 의미를 지니거나 다른 자극과는 달리 매우 독특하고 새로운 자극에 대해서 특별히 관심을 가지고 선택적으로 주의를 기울이기 때문이다.

기억의 지속 문제는 지속 (㉠)의 차이를 중심으로 감각* 기억, 단기 기억, 장기 기억의 세 가지 모형을 제시한다.

먼저 감각 기억은 우리가 경험하는 시각적, 청각적, 후각적, 촉각적 등의 순간적 자극과 같은 아주 짧은 정보에 대한 기억이다. 이러한 감각적 자극들은 인간의 기억 체계에 거의 1~5초의 짧은 시간 동안 머물게 되는데 대개 큰 주의를 기울이지 않기 때문에 기억 체계 속에서 거의 사라질 가능성이 높다.

단기 기억은 우리 머리에서 순간적이며 즉시적 자각에 관한 기억으로 단편적인 사건이나 경험에 관련된 단순한 숫자나 단어, 대화, 물건 등이 주요 내용이다. 단기 기억의 상태는 약 30초 정도로 알려져 있는데, 이 중 어떤 정보는 사라지나 어떤 정보는 계속된 반복이나 특정한 계기에 의해 인출되어 장기 기억으로 넘어가기도 한다.

장기 기억은 몇 분에서부터 수년, 평생에 이르는 기간에 저장되는 기억으로 흔히 기억이라고 할 때 이를 가리킨다. 장기 기억은 반복 여부에 따른 빈도나 자신과 관계된 강렬한 경험인 인접에 의해 형성되는 기억으로 거의 전후 참조적으로 기억된다. 전후 참조적은 여러 영역에 걸쳐 관련된 지식이 앞뒤 (㉡)로 연결되어 기억된다는 의미이다.

장기 기억은 다시 의미 기억과 일화* 기억으로 나뉘는데, 의미 기억은 사전의 뜻풀이와도 같이 논리적이고 체계 있게 기억하는 일, 일화 기억은 개인적, 특수한 기억을 말한다. 의미 기억이 라면의 재료, 특성 등에 대한 기억이라면 일화 기억은 라면을 먹은 특정한 사건을 말한다. 보통 의미 기억이 일화 기억보다 더 잘 기억되는데, 일화 기억은 제한된 색인*을 가지고 있지만 의미 기억은 구성이나 특성 등이 체계를 이루고 있기 때문이다.

---

* **기억**: ① 이전의 인상이나 경험을 의식 속에 간직하거나 도로 생각해 냄. ② 사물이나 사상(事象)에 대한 정보를 마음속에 받아들이고 저장하고 인출하는 정신 기능.

* **정보**: 관찰이나 측정을 통하여 수집한 자료를 실제 문제에 도움이 될 수 있도록 정리한 지식. 또는 그 자료.

* **인출**: 끌어서 빼냄.

* **수반**: 어떤 일과 더불어 생김.

* **약호**: 간단하고 알기 쉽게 나타내어 만든 부호.

* **양상**: 사물이나 현상의 모양이나 상태.

* **감각**: 눈, 코, 귀, 혀, 살갗을 통하여 바깥의 어떤 자극을 알아차림.

* **일화**: 세상에 널리 알려지지 아니한 흥미 있는 이야기.

* **색인**: 어떤 것을 뒤져서 찾아내거나 필요한 정보를 밝힘.

STEP
Ⅰ

어휘 의미

1 다음과 같은 사전적 의미를 지닌 단어를 〈보기〉에서 찾아 쓰시오.

보기

심리적   선택적   순간적   논리적

(1) 아주 짧은 동안에 있는 것. (   )

(2) 여럿 가운데서 골라 뽑는 것. (   )

(3) 마음의 작용과 의식 상태에 관한 것. (   )

(4) 말이나 글에서 사고나 추리 따위를 이치에 맞게 이끌어 가는 과정이나 원리에 맞는 것.

(   )

어휘 활용

2 〈보기〉를 참고할 때, 윗글의 ㉠, ㉡에 들어가기에 적절한 것을 고르시오.

보기

• 거리: 두 개의 물건이나 장소 따위가 공간적으로 떨어진 길이.
• 공간: 물리적으로나 심리적으로 널리 퍼져 있는 범위.
• 순서: 무슨 일을 행하거나 무슨 일이 이루어지는 차례.
• 시간: 어떤 일을 하기로 정하여진 동안.

	㉠	㉡		㉠	㉡		㉠	㉡
①	거리	순서	②	공간	거리	③	공간	순서
④	순서	거리	⑤	시간	순서			

STEP
Ⅱ

서술형 중심 화제

1 윗글의 중심 내용을 쓰시오.

(   )

문단 정리

2 다음은 윗글의 각 문단의 중심 내용을 정리한 것이다. 빈칸에 들어갈 알맞은 말을 쓰시오.

1문단	기억은 심리적 작용으로, 기억이 없으면 현재만 존재하게 된다.
2문단	인간의 기억 능력은 정보의 ( )과 인출 과정을 통해 나타난다.
3문단	인간의 기억은 선택적으로 일어난다.
4문단	기억은 지속 시간의 차이로 감각 기억, 단기 기억, 장기 기억으로 나뉜다.
5문단	감각 기억은 순간적 자극과 같은 아주 짧은 ( )에 대한 기억이다.
6문단	단기 기억은 순간적이며 즉시적인 자각에 관한 기억이다.
7문단	장기 기억은 몇 분에서부터 ( )에 이르는 기간에 저장되는 기억이다.
8문단	장기 기억은 의미 기억과 일화 기억으로 나뉜다.

서술형 | 내용 구조

3 다음은 기억의 유형과 각 유형에 따른 특성을 정리한 것이다. 빈칸에 들어갈 알맞은 내용을 쓰시오.

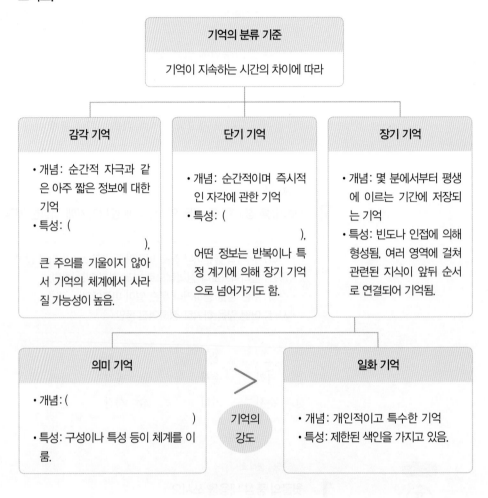

STEP

Ⅲ

수능형 | 세부 정보의 추론

1 [A]가 어떤 물음에 대한 대답이라고 할 때, [A]와 같은 대답을 이끌어 낼 수 있는 질문으로 가장 적절한 것은?

① 심리학에서 기억은 어떤 관점에서 정의되어 논의될까?

② 기억에서 정보를 인출하는 과정은 어떻게 이루어질까?

③ 정보를 인출하지 못할 때 발생하는 부작용은 무엇일까?

④ 왜 어떤 정보는 기억되고 어떤 정보는 기억되지 못할까?

⑤ 기억을 통해 인출된 정보는 일상생활에서 어떻게 활용될까?

수능형 반응의 적절성 판단

2 윗글을 읽은 학생이 〈보기〉에 대해 보인 반응으로 적절하지 <u>않은</u> 것은?

─ 보기 ─

　　김종길의 시 「성탄제」는 어릴 적 아팠던 자신을 위해 눈 속을 헤치고 붉은 산수유 열매를 따 오신 아버지에 대한 기억을 바탕으로 한 작품이다. 시인은 자신의 어릴 적 아버지만큼 나이를 먹은 시점에서 도시에서 내리는 눈을 보고 어릴 적 눈 내리던 밤을 떠올린다. 이를 통해 열병으로 고통스러워하는 어린 자신을 위해 아버지가 약으로 따 오신 산수유 열매를 상기한다. 특히 시인은 어른이 되어 어릴 적 방 안의 화롯불, 아픈 손자를 안타깝게 바라보는 할머니, 눈 속을 헤치고 돌아온 아버지의 서느런 옷자락을 기억하며 아버지를 향한 애타는 그리움을 표현하고 있다.

① 아버지를 향한 그리움을 표현할 수 있었던 것은 산수유 열매를 따 오신 아버지에 대한 시인의 기억 덕분이군.

② 도시에서 내리는 눈은 시인의 머릿속에 저장되어 있던 어릴 적 사건을 인출하는 역할을 한 것이라 할 수 있군.

③ 아버지의 서느런 옷자락은 촉각적 자극에 의한 순간적 자극에 해당하는 짧은 정보이므로 감각 기억에 해당하겠군.

④ 시인이 산수유 열매를 오래 기억하는 것은 처음 보았을 때는 단기 기억이었겠으나 인접에 의해 장기 기억으로 넘어왔기 때문이군.

⑤ 어릴 적 자신을 위해 아버지가 붉은 산수유 열매를 따 오신 일에 대한 기억은 개인의 특수한 기억이라는 점에서 일화 기억에 해당하는군.

📖 **지문으로 이해하는 독해 지식** **부연**

　　앞의 내용을 제대로 이해할 수 있도록 덧붙여 설명하는 방법을 부연이라고 한다. 따라서 부연은 앞에 제시된 개념이나 어휘, 주장들에 내용을 덧붙여 설명하는 방식을 취한다. 이 글에서는 감각 기억, 단기 기억, 장기 기억의 개념을 정의하고 각 기억의 특성을 부연하여 설명하고 있다.

┌───

　　<mark>감각 기억</mark>은 우리가 경험하는 시각적, 청각적, 후각적, 촉각적 등의 <u>순간적 자극과 같은 아주 짧은 정보에 대한</u>
　　　　　　　　　　　　　　　　　　　　　　　　　　　　　　　　　　　　　감각 기억의 개념
기억이다. 이러한「감각적 자극들은 인간의 기억 체계에 거의 1~5초의 짧은 시간 동안 머물게 되는데 대개 큰 주의
　　　　　　　『 』: 감각 기억에 대해 부연 설명함.
를 기울이지 않기 때문에 기억 체계 속에서 거의 사라질 가능성이 높다.」▩: 부연으로 설명하려는 내용

　　<mark>단기 기억</mark>은 우리 머리에서 <u>순간적이며 즉시적 자극에 관한 기억으로 단편적인 사건이나 경험에 관련된 단순한</u>
　　　　　　　　　　　　　　　　　　　　　　단기 기억의 개념
숫자나 단어, 대화, 물건 등이 주요 내용이다.「단기 기억의 상태는 약 30초 정도로 알려져 있는데, 이 중 어떤 정보
　　　　　　　　　　　　　　　　　　　　　『 』: 단기 기억에 대해 부연 설명함.
는 사라지나 어떤 정보는 계속된 반복이나 특정한 계기에 의해 인출되어 장기 기억으로 넘어가기도 한다.」

　　<mark>장기 기억</mark>은 <u>몇 분에서부터 수년, 평생에 이르는 기간에 저장되는 기억으로</u> 흔히 기억이라고 할 때 이를 가리킨
　　　　　　　　　　　　　　　　　　　　장기 기억의 개념
다.「장기 기억은 반복 여부에 따른 빈도나 자신과 관계된 강렬한 경험인 인접에 의해 형성되는 기억으로 거의 전
　　　『 』: 장기 기억에 대해 부연 설명함.
후 참조적으로 기억된다. 전후 참조은 여러 영역에 걸쳐 관련된 지식이 앞뒤 순서로 연결되어 기억된다는 의미
이다.」

└───

사료와 사료 비판

역사가는 직접 체험하거나 경험하지 않은 과거의 사실을 어떻게 탐구할까? 블로크가 지적한 대로 역사가는 과거의 보고서, 신문, 잡지, 회화, 건축물, 생활용품 등 '과거가 남긴 흔적'을 통해서 과거의 사실을 알아낸다. 사료는 과거가 남긴 흔적이며 역사적 사실의 증거물로 과거의 사실과 역사가의 과거 인식 사이를 연결하는 매개물이다.

사료는 일반적으로 문헌* 사료, 비문헌 사료로 나누는 것이 가장 일반적이다. 먼저 문헌 사료는 문헌으로 기록된 사료로, 정부의 공문서, 일기나 편지 등의 사문서, 신문, 잡지, 도서와 같은 출판물 등을 말한다. 문헌 사료는 신빙성에 따라 전적 사료와 전고 사료로 구분되는데, 전자는 국가 기관이나 공공 단체의 업무 내용과 관련된 공문서가 대표적으로 사실이 정확하게 증명되는 사료이다. 후자는 신문, 도서, 잡지, 회고록 등인데 작성자의 의도에 따라 ㉠왜곡되거나 ㉡조작될 가능성이 있는 사료에 해당한다. 그러나 새로운 법률의 게시문*, 정부의 포고문* 등 일반에게 알리는 목적의 신문 기사는 전적 사료로 취급되기도 해 모든 사료가 엄격한 구분이 있는 것은 아니다. 비문헌 사료는 유물이나 유적 등의 사료인데, 유물은 정부 물품, 예술품, 생활용품 등의 각종 물품이며, 유적은 고찰, 고분, 궁터 등 위치를 변경시킬 수 없는 과거의 흔적을 가리킨다.

그런데 사료는 곧바로 과거의 역사를 재구성하는 데 사용될 수 없다. 사료의 내용에는 남긴 자들의 사회적 지위와 관점 등 경향성을 띠고 있어 신빙성이 확인되지 않았기 때문이다. 따라서 역사가들은 수집한 자료의 진위* 여부, 사료의 가치 등 그 확실성과 진실성을 평가해야 하는데 이를 사료 비판이라 한다. 사료 비판은 역사를 서술하기 전에 반드시 수행해야 하는 의무 작업으로 정확한 역사 서술의 토대가 된다.

사료 비판은 크게 외적 비판과 내적 비판으로 구분된다. 먼저 외적 비판은 사료의 진위를 가려내는 작업으로, 사료의 조작이나 위조 여부를 판단하는 작업이다. 이를 위해 사료가 작성된 당시와 같은 상태인가, 훼손된 점은 없는가를 기준으로 필적*, 서체, 출처 등을 조사해 원본 여부를 판가름한다. 오늘날 외적 비판은 언어학, 금석학*, 인류학 등 다른 학문의 도움뿐 아니라 컴퓨터, 현미경, 적외선, X선, 탄소 연대 측정법* 등 과학 기술의 도움을 받게 된다.

내적 비판은 외적 비판에 이어지는 다음 단계로서, 사료 내용의 신빙성을 분석하여 사료의 증거 능력을 밝혀내는 작업이다. 내적 비판은 크게 사료에 사용된 단어의 의미를 정확하게 파악하는 어의 분석과 저자의 저술 의도를 파악하는 작업으로 나뉜다. 어의 분석은 당대에 사용된 단어의 의미, 비유나 상징, 과장, 반어 등의 사용 여부 등을 판단한다. 저술 의도 파악은 기록의 정확성과 편향성 등을 파악해 조작이나 왜곡 여부를 판단하거나 기록된 내용의 상식성 여부를 주로 판단한다.

역사 연구에서 사료는 필수적이다. 이 사료에 대한 철저한 비판은 역사가의 연구가 객관적 설득력을 얻기 위한 최소한의 조건이라 할 수 있다.

STEP I

1 어휘 의미

다음 단어의 사전적 의미를 찾아 바르게 연결하시오.

(1) 신빙성 •		• ㄱ. 한쪽으로 치우친 성질.
(2) 진실성 •		• ㄴ. 참되고 바른 성질이나 품성.
(3) 정확성 •		• ㄷ. 바르고 확실한 성질. 또는 그런 정도.
(4) 편향성 •		• ㄹ. 믿어서 근거나 증거로 삼을 수 있는 정도나 성질.

2 어휘 활용

다음은 윗글의 ㉠, ㉡의 사전적 의미이다. 이를 참고하여 빈칸에 들어갈 단어의 기호를 쓰시오.

- ㉠: 사실과 다르게 해석하거나 그릇되게 함.
- ㉡: 어떤 일을 사실인 듯이 꾸며 만듦.

(1) 그들은 사건을 (   )하기 위해 사전 계획을 치밀하게 수립했다.
(2) 어떤 집단은 정부의 특혜와 비호를 받으며 국민의 뜻을 (   )하고 있었다.

STEP II

1 서술형 중심 화제

윗글의 중심 내용을 쓰시오.

(   )

2 문단 정리

다음은 윗글의 각 문단의 중심 내용을 정리한 것이다. 빈칸에 들어갈 알맞은 말을 쓰시오.

1문단	( )는 과거가 남긴 흔적이며 역사적 사실의 증거물이다.
2문단	문헌 사료는 전적 사료와 전고 사료, 비문헌 사료는 유물과 유적으로 나눈다.
3문단	사료는 확실성과 진실성을 평가하는 ( )의 과정을 거친다.
4문단	사료 비판 중 사료의 진위를 가려내는 작업을 외적 비판이라고 한다.
5문단	사료 비판 중 사료의 증거 능력을 밝혀내는 작업을 ( ) 비판이라고 한다.
6문단	사료 비판은 역사가의 연구가 객관적 설득력을 얻기 위한 최소한의 조건이다.

내용 구조

3 다음 구조도의 빈칸에 알맞은 말을 써넣어, 윗글의 내용을 정리하시오.

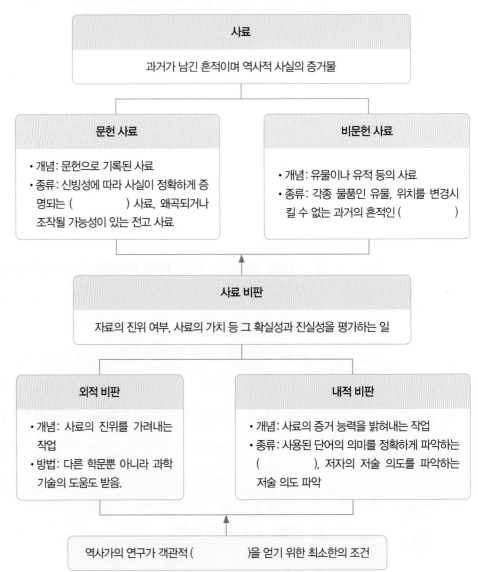

사료

과거가 남긴 흔적이며 역사적 사실의 증거물

문헌 사료

- 개념: 문헌으로 기록된 사료
- 종류: 신빙성에 따라 사실이 정확하게 증명되는 (　　　　) 사료, 왜곡되거나 조작될 가능성이 있는 전고 사료

비문헌 사료

- 개념: 유물이나 유적 등의 사료
- 종류: 각종 물품인 유물, 위치를 변경시킬 수 없는 과거의 흔적인 (　　　　)

사료 비판

자료의 진위 여부, 사료의 가치 등 그 확실성과 진실성을 평가하는 일

외적 비판

- 개념: 사료의 진위를 가려내는 작업
- 방법: 다른 학문뿐 아니라 과학 기술의 도움도 받음.

내적 비판

- 개념: 사료의 증거 능력을 밝혀내는 작업
- 종류: 사용된 단어의 의미를 정확하게 파악하는 (　　　　), 저자의 저술 의도를 파악하는 저술 의도 파악

역사가의 연구가 객관적 (　　　　)을 얻기 위한 최소한의 조건

STEP
Ⅲ

수능형 | 세부 정보의 확인

1 윗글의 내용과 일치하지 <u>않는</u> 것은?

① 유적은 유물과 달리 위치를 변경시킬 수 없는 사료에 해당한다.

② 외적 비판보다는 내적 비판에서 과학 기술의 활용 가능성이 높다.

③ 철저한 사료 비판을 통해 역사 연구의 객관성을 확보할 수 있게 된다.

④ 외적 비판 후에 사료 내용의 신빙성을 판단하는 내적 비판이 수행된다.

⑤ 포고문이나 정부 게시문이 담긴 신문 기사는 전적 사료로 취급하기도 한다.

2 윗글을 읽은 학생이 〈보기〉에 대해 보인 반응으로 적절하지 않은 것은?

┌ 보기 ┐

(가) 「콘스탄티누스 대제 기진장*」은 326년 로마의 콘스탄티누스 황제가 로마의 서방 영토를 당시 교황인 실베스테르 1세에게 넘긴다는 내용을 담은 편지로, 유럽에서 황제권에 대한 교황의 우위를 정당화하는 근거로 제시되었다. 그러나 르네상스 시대 로렌초 발라는 언어학적 분석과 고증을 통해 이 문건이 실제로는 750년에서 850년 사이에 교황청의 한 서기가 조작한 가짜임을 밝혀냈다.

(나) 헤로도토스는 페르시아 전쟁사인 『역사』를 저술하면서, 마라톤 전투에서 페르시아인은 6,400명이 전사했고, 아테네인은 겨우 192명만이 전사했다고 기록하고 있다. 그런데 당시의 전투가 마라톤 평원에서 이루어진 보병들의 백병전임을 고려할 때, 헤로도토스의 기록은 그리스인의 긍지를 나타내기 위해 아테네에 유리한 쪽으로 기록된 것으로 판단할 수 있다.

* **기진장**: 물품을 기부하여 바치는 취지를 적은 편지.

① (가)의 「콘스탄티누스 대제 기진장」이나 (나)의 헤로도토스의 『역사』는 모두 전고 사료에 해당한다고 할 수 있군.

② (가)에서 로렌초 발라는 「콘스탄티누스 대제 기진장」에 대해 사료의 진위를 가려내는 외적 비판을 수행한 것이군.

③ (가)에서 「콘스탄티누스 대제 기진장」에 대해 언어학적 분석을 시행한 것은 사료가 당대에 작성된 것인가를 가려내기 위한 것이라고 볼 수 있군.

④ (나)에서 헤로도토스의 기록을 그리스인의 긍지를 나타내기 위한 것으로 판단한 것은 저술의 의도를 고려한 사료 비판이군.

⑤ (나)에서 페르시아인에 비해 아테네인의 전사자 수가 턱없이 적은 것에 주목한 것은 어의 분석에 의한 사료 비판을 보여 준 것이군.

📖 지문으로 이해하는 독해 지식 **구분**

대상을 일정한 기준에 따라 나누어서 설명하는 방법을 구분이라고 한다. 따라서 구분은 상위 개념에서 하위 개념으로 나누어 설명하는 방식을 취한다. 여러 가지 대상을 복잡하게 나열하는 것보다는 구분을 활용하여 일정한 기준으로 나누어 제시하면 더욱 체계적으로 설명할 수 있다. 이 글에서는 문헌 사료를 신빙성에 따라 사실이 정확하게 증명되는 사료인 전적 사료와 작성자의 의도에 따라 왜곡되거나 조작될 가능성이 있는 전고 사료로 구분하고 있다.

▨ 구분으로 설명하려는 내용
문헌 사료는 신빙성에 따라 전적 사료와 전고 사료로 구분되는데 전자는 국가 기관이나 공공 단체의 업무 내용
  　　일정한 기준　　　　　　　　　　　　　○ : 구분된 문헌 사료의 종류
과 관련된 공문서가 대표적으로 사실이 정확하게 증명되는 사료이다. 후자는 신문, 도서, 잡지, 회고록 등인데 작성자의 의도에 따라 왜곡되거나 조작될 가능성이 있는 사료에 해당한다. 그러나 새로운 법률의 게시문, 정부의 포고문 등 일반에게 알리는 목적의 신문 기사는 전적 사료로 취급되기도 해 모든 사료가 엄격한 구분이 있는 것은 아니다.

에피쿠로스의 쾌락 철학

필독 TIP

어휘 ★★★★
문장 ★★★
배경지식 ★★★

이 글은 고대 그리스 시대 철학자인 에피쿠로스가 추구했던 쾌락의 개념과 쾌락 추구 방법을 설명하고 있다. 에피쿠로스가 추구했던 쾌락과 쾌락을 추구하기 위해 없애려 했던 공포의 근원을 파악하며 읽도록 한다.

　　고대 그리스 헬레니즘* 시대 철학자 에피쿠로스는 공포심으로부터 해방과 쾌락*에 기초한 개인의 행복 추구를 철학의 목표로 삼았다. 인간은 ㉠불쾌를 일으키는 고통을 피하고 행복을 얻기 위한 쾌락을 추구하는 것이 본능이므로 종교나 정치, 경제, 문화 등 모든 분야에서 공포를 배제하고 즐거움을 추구해야 한다는 것이다.

　　그러나 에피쿠로스는 눈앞의 쾌락을 추구하라고 주장했던 것은 아니다. 에피쿠로스는 전 생애에 걸쳐 많은 쾌락을 누리려면 쾌락의 질적 차이를 고려해야 한다고 주장한다. 즉 현명한 사람은 음주나 마약 등 강하고 순간적인 육체적 쾌락 대신에 문화와 예술 감상 등 전 생애에 걸쳐 약하지만 지속적인 정신적 쾌락을 추구한다.

　　그런데 인간은 이를 잘 알면서도 바삐 무언가를 성취하려고 욕망하는데, 전 생애에 쾌락의 양이 고통의 양보다 많도록 하기 위해서는 평소의 훈련을 통해 고통을 이겨 내는 어떤 경지에 이르러야 한다. 그 경지는 어떤 일에도 정신적 동요나 혼란이 없는 평정심*의 상태 즉 아타락시아(ataraxia)의 상태이다. 인간은 동물과 달리 육체적 쾌락보다 정신적 쾌락을 선택할 수 있는데, 이는 바로 아타락시아로 인한 것이다.

　　이러한 관점에서 에피쿠로스는 쾌락을 위해 망상*이나 미신에 대한 공포를 제거하고 마음을 ㉡유쾌하게 하기 위한 방법을 제시했다. 그런데 인간에게는 마음을 유쾌하지 못하게 하는 요소로 보통 신과 죽음이 있다. 신은 죄에 대해 심판을 가하기 때문에 무섭게 느껴지고, 또 그러한 신과 직접 만나는 죽음을 두려워하기 때문에 이를 제거해야 한다는 것이다. 먼저 에피쿠로스는 신은 존재하지 않기 때문에 두려워할 필요가 없다고 주장한다. 세상은 늘 불완전해 죄악이 들끓고 있는데, 만일 신이 이 세계를 창조했다면, 완전한 신이 이처럼 불완전한 세계를 만들지 않았을 것이다. 따라서 신은 존재하지 않는다는 것이다. 죽음도 마찬가지이다. 에피쿠로스는 이 세상에 존재하는 것은 오직 원자*와 공간뿐이기 때문에 죽음이란 육체를 형성했던 원자가 흩어지는 것에 불과하다고 주장한다. 인간의 영혼 역시 아주 작은 불의 원자로 되어 있기에 육체와 영혼은 죽는 순간 흩어져 버릴 뿐이므로 죽음을 두려워할 필요가 없는 것이다.

　　에피쿠로스는 기본적으로 삶을 긍정하며 삶의 충만함과 활기를 중시한다. 죽음에 대한 공포로 마음의 평안을 해치는 일을 부정하며 죽는 날까지 기쁘고 즐겁게 사는 것이 현명하다는 것이다. 그의 생활 철학은 스스로 분수를 알아 절제와 고요함으로 마음의 평화를 중시했고, 작고 사소한 것에서 행복을 찾으려 했다. 에피쿠로스는 육체적 향락보다는 정신적 쾌락을 추구해 사람들과 즐거운 대화를 나누고 아름다운 음악에 귀를 기울이며 예술 작품을 감상하는 즐거움을 추구하는 고상한 쾌락주의자였던 것이다.

* **헬레니즘**: 기원전 334년 알렉산더 대왕의 동방 원정에서부터 기원전 30년 로마의 이집트 병합 때까지 그리스와 오리엔트가 서로 영향을 주고받음으로써 생긴 역사적 현상.
* **쾌락**: 유쾌하고 즐거움. 또는 그런 느낌.
* **평정심**: 외부의 자극에 동요되지 않는 평안하고 고요한 마음.
* **망상**: 이치에 맞지 아니한 망령된 생각을 함. 또는 그 생각.
* **원자**: 물질의 기본적 구성 단위. 하나의 핵과 이를 둘러싼 여러 개의 전자로 구성되어 있다.

STEP I

어휘 활용

1 다음 문장의 빈칸에 들어갈 알맞은 단어를 〈보기〉에서 찾아 쓰시오.

┌─ 보기 ─────────────────────────────┐
• 배제: 받아들이지 아니하고 물리쳐 제외함.
• 성취: 목적한 바를 이룸.
• 창조: 전에 없던 것을 처음으로 만듦.
• 긍정: 그러하다고 생각하여 옳다고 인정함.
└─────────────────────────────────┘

(1) 공정한 판결을 위해서 사적인 감정을 (   )해야 한다.

(2) 무슨 일을 (   )하는 데는 노력이 필요하다는 것을 알아야 한다.

(3) 지금은 자기를 (   )하는 삶의 방식이 무엇보다도 필요한 시기다.

(4) 로마는 그리스가 (   )한 고전 문화를 받아들여 실용적인 문화로 발전시켰다.

어법 이해

2 다음 밑줄 친 단어의 관계가 윗글의 ㉠, ㉡의 관계와 같은 것을 고르시오.

① 핑계 없는 무덤이 없다

② 소 뒷걸음질 치다 쥐 잡기

③ 가난 구제는 나라도 못한다

④ 낮말은 새가 듣고 밤말은 쥐가 듣는다

⑤ 말은 해야 맛이고 고기는 씹어야 맛이다

STEP II

서술형 **중심 화제**

1 윗글의 중심 내용을 쓰시오.

(   )

문단 정리

2 다음은 윗글의 각 문단의 중심 내용을 정리한 것이다. 빈칸에 들어갈 알맞은 말을 쓰시오.

1문단	에피쿠로스의 ( ) 철학은 공포로부터 해방과 개인의 행복을 추구했다.
2문단	에피쿠로스는 지속적인 정신적 쾌락을 추구했다.
3문단	에피쿠로스는 평정심의 상태인 ( )의 경지를 추구했다.
4문단	에피쿠로스는 쾌락을 추구하기 위해 ( )의 존재와 죽음의 두려움을 부정했다.
5문단	에피쿠로스는 정신적 쾌락을 추구한 고상한 쾌락주의자였다.

내용 구조

3 다음 구조도의 빈칸에 알맞은 말을 써넣어, 윗글의 내용을 정리하시오.

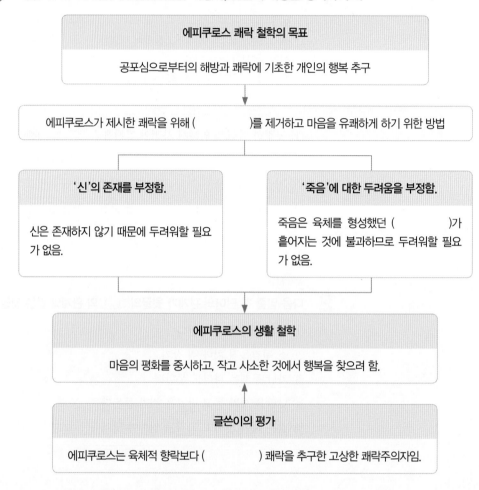

에피쿠로스 쾌락 철학의 목표

공포심으로부터의 해방과 쾌락에 기초한 개인의 행복 추구

에피쿠로스가 제시한 쾌락을 위해 ( )를 제거하고 마음을 유쾌하게 하기 위한 방법

'신'의 존재를 부정함.

신은 존재하지 않기 때문에 두려워할 필요가 없음.

'죽음'에 대한 두려움을 부정함.

죽음은 육체를 형성했던 ( )가 흩어지는 것에 불과하므로 두려워할 필요가 없음.

에피쿠로스의 생활 철학

마음의 평화를 중시하고, 작고 사소한 것에서 행복을 찾으려 함.

글쓴이의 평가

에피쿠로스는 육체적 향락보다 ( ) 쾌락을 추구한 고상한 쾌락주의자임.

STEP
III

수능형 세부 정보의 추론

1 윗글을 바탕으로 강연회를 개최할 때, 강연의 제목과 부제목으로 가장 적절한 것은?

① 에피쿠로스가 추구한 쾌락의 실체

　– 행복에 이르는 방법을 중심으로

② 에피쿠로스가 쾌락을 가치 있게 평가한 이유

　– 헬레니즘 철학과의 연관성을 중심으로

③ 에피쿠로스 쾌락 철학의 성립 과정

　– 당대의 종교, 정치, 경제, 문화 상황을 중심으로

④ 에피쿠로스 쾌락 철학의 의의와 한계

　– 쾌락의 가치가 후대 철학에 미친 영향을 중심으로

⑤ 에피쿠로스 쾌락 철학의 가치와 평가

　– 쾌락에 대한 견해가 당시의 문화·예술에 끼친 영향을 중심으로

2 에피쿠로스의 입장에서 〈보기〉의 'A 씨'를 이해한 내용으로 적절하지 <u>않은</u> 것은?

보기

갑작스러운 사업 성공으로 큰돈을 번 A 씨. 음주 가무를 즐기는 방탕한 생활로 하루하루 많은 돈을 탕진하며 쾌락을 즐기던 중 몸에 이상을 느낀 A 씨가 병원에서 검진한 결과, 시한부 판정을 받게 되었다. A 씨는 종교에 귀의하여 방탕했던 생활에 대해 절대자에게 용서를 구하면서 죽지 않게 해 달라고 매일 기도를 드리고 있다. 하지만 A 씨는 언제 죽을지도 모른다는 공포로 매일매일 고통스러운 나날을 보내고 있다.

① 음주 가무의 순간적인 쾌락보다는 지속적인 쾌락을 추구했어야 하는군.

② 삶을 긍정하며 충만함을 찾기 위해 몸에 이상을 느꼈을 때 검진을 한 것이군.

③ 존재하지 않는 절대자에게 굳이 방탕했던 생활에 대한 용서를 구할 필요는 없겠군.

④ 죽음에 대한 공포로 떨기보다는 즐거움을 느낄 수 있는 일을 찾아보는 것이 좋겠군.

⑤ 아타락시아의 경지를 추구해야 현재의 고통에서 벗어나 마음의 평정과 위안을 찾겠군.

📖 지문으로 이해하는 독해 지식 **논증**

널리 알려진 견해나 어떤 사람이 주장하는 바에 대해 타당한 근거를 들어 반박하거나 다른 주장을 하는 것, 그리고 이전에는 없는 새로운 주장을 하는 방법을 논증이라고 한다. 이 글에서 에피쿠로스는 신과 죽음에 대한 공포를 없애기 위한 방법을 제시하기 위해 논증의 방법을 사용했다.

- 에피쿠로스는 <u>신은 존재하지 않기 때문에 두려워할 필요가 없다</u>고 주장한다. 「세상은 늘 불완전해 죄악이 들끓고
  주장   『 』: 주장에 대한 근거
  있는데, 만일 신이 이 세계를 창조했다면, 완전한 신이 이처럼 불완전한 세계를 만들지 않았을 것이다.」 따라서
  <u>신은 존재하지 않는다</u>는 것이다.
  주장의 강조
- 에피쿠로스는 이 세상에 존재하는 것은 오직 원자와 공간뿐이기 때문에 <u>죽음이란 육체를 형성했던 원자가 흩어</u>
                                                    주장에 대한 근거 ①   주장
  <u>지는 것에 불과하다</u>고 주장한다. 「인간의 영혼 역시 아주 작은 불의 원자로 되어 있기에 육체와 영혼은 죽는 순간
                              『 』: 주장에 대한 근거 ②
  흩어져 버릴 뿐이므로 <u>죽음을 두려워할 필요가 없는 것</u>이다.
                              주장의 강조

같은 언어를 쓰면 생각도 비슷할까?

언어와 사고가 밀접한 관계가 있다는 것은 그 누구도 부정할 수 없는 사실이다. 그런데 언어가 사고를 지배한다는 주장은 어떨까? 그러니까 어떤 언어를 쓰느냐에 따라 어떤 생각을 하느냐가 결정된다는 것이다. 지금은 지지를 받고 있지 못하지만 1980년대에는 많은 이들이 언어가 사고를 지배한다고 믿었다. 언어는 하나의 세계관*이라고 생각했기 때문에 같은 언어를 사용하는 언어 공동체*의 구성원들은 같은 틀로 세상을 바라본다고 해석했다.

언어가 사고를 지배한다는 주장의 대표적인 예는 '빛'에서 나타난다. 유럽어에서 '빛'은 명사이기 때문에 오랫동안 서양학자들은 빛이 파동*인지 입자*인지 고민해 왔다는 것이다. 만일 '빛'에 해당하는 말에 명사가 없고 '비추다, 빛나도'처럼 모두 서술어로 존재하는 호피 인디언*이 빛을 연구했다면 빛의 파동설을 훨씬 빨리 발견했을 것이라고 주장한다. 즉, 언어가 과학적 사고의 발전에 걸림돌이 되었다는 의미이다.

또 다른 예는 무지개 색이다. 무지개 색은 과학적으로 7개로 정리되지만, 어떤 언어권은 색을 표현하는 단어가 단순해 2개 혹은 5개, 6개로 표현된다. 또 눈이 많이 내리는 이누이트족*의 언어에는 눈에 해당하는 어휘가 다양하게 나타난다. 즉, 같은 대상이라도 대상을 표현하는 어휘의 수에 따라 대상에 대한 인식이 달라진다는 것이다.

(㉠) 위와 같은 사례들은 단지 언어와 사고의 관련성을 보여 주는 것일 뿐 전적으로 언어가 사고와 같은 과정이라거나 사고 과정이 언어에 의해 지배받는다는 것을 의미하지는 않는다. 만일에 사고가 언어에 지배된다면 한국인은 한국어로 사고하고 스페인 사람은 스페인어로 사고하는 것일까? 이 말은 한국인 중에서도 경상도 사람은 경상도 방언으로 사고한다고 말하는 것과 같다.

우리가 사고할 때 언어로만 하지 않는다. 여러 이유로 사회와 격리되어 자란 아이들이 그 사회로 돌아와 교육을 받으면 일상의 예의를 배우고 자신이 겪은 것이나 생각을 표현하는 방법은 쉽게 배울 수 있지만 언어는 쉽게 배울 수 없다. 이것은 언어 없이도 사고할 수 있다는 증거이다.

이처럼 아주 드물고 비정상적인 예가 아니더라도 우리는 일상생활에서 언어와 사고가 따로 작동하는 것을 많이 알고 있다. 사실 수학의 여러 공식들은 언어로 표현되지 않는다. 물론 '7+8=15'를 '칠 더하기 팔은 십오'라고 읽지만 이렇게 읽는 것이 그리 오래된 일은 아니다. 방정식 외에도 악보, 그림 등은 정확한 언어 형식의 도움 없이도 수천 년 동안 잘 이해되고 발전되어 왔다.

이러한 증거들이 언어와 사고는 분리된 것임을 증명한다. 오히려 언어는 사고와 문화의 거울이라고 하는 것이 더 정확한 표현이라고 할 수 있다. 즉, 언어가 사고와 문화의 영향을 받는다는 의미이고, 사고와 문화의 발달에 따라 언어가 발전한다는 의미이다.

STEP
I

1 다음 단어의 사전적 의미를 찾아 바르게 연결하시오.

(1) 밀접하다	•		•	ㄱ. 생각하고 궁리하다.
(2) 지배하다	•		•	ㄴ. 어떤 일이 일어나는 일이 잦지 아니하다.
(3) 사고하다	•		•	ㄷ. 아주 가깝게 맞닿아 있다. 또는 그런 관계에 있다.
(4) 드물다	•		•	ㄹ. 외부의 요인이 사람의 생각이나 행동에 적극적으로 영향을 미치다.

어휘 활용

2 윗글의 ㉠에 들어가기에 적절한 접속어를 고르시오.

① 그래서   ② 그러나

③ 더구나   ④ 따라서

⑤ 왜냐하면

STEP
II

서술형 중심 화제

1 윗글의 중심 내용을 쓰시오.

(   )

문단 정리

2 다음은 윗글의 각 문단의 중심 내용을 정리한 것이다. 빈칸에 들어갈 알맞은 말을 쓰시오.

1문단	언어가 사고를 지배한다는 주장은 어떤 언어를 쓰느냐에 따라 어떤 생각을 하느냐가 결정된다는 것이다.
2문단	언어가 사고를 지배한다는 주장의 예는 ( )의 개념에서 나타난다.
3문단	언어가 사고를 지배한다는 주장의 예는 무지개 색을 표현하는 어휘나 눈에 해당하는 어휘에서 나타난다.
4문단	빛의 개념과 무지개 색이나 눈을 표현하는 어휘는 언어와 사고의 관련성을 보여 주는 것일 뿐이다.
5문단	언어가 사고를 지배하지 않는다는 주장의 예로 사회와 격리되었던 아이들이 언어를 쉽게 배울 수 없다는 것을 제시할 수 있다.
6문단	언어가 사고를 지배하지 않는다는 주장의 예로 방정식, 악보, ( ) 등을 제시할 수 있다.
7문단	언어와 사고는 분리된 것이며, 언어는 ( )와 문화의 거울이다.

서술형 내용 구조

3 다음 구조도의 빈칸에 알맞은 내용을 써넣어, 윗글의 내용을 정리하시오.

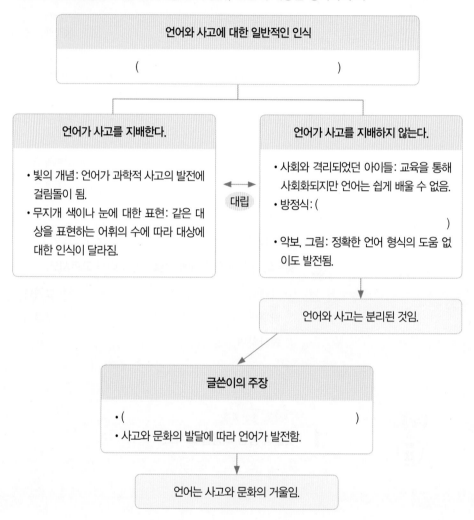

언어와 사고에 대한 일반적인 인식
( )

언어가 사고를 지배한다.

• 빛의 개념: 언어가 과학적 사고의 발전에 걸림돌이 됨.
• 무지개 색이나 눈에 대한 표현: 같은 대상을 표현하는 어휘의 수에 따라 대상에 대한 인식이 달라짐.

← 대립 →

언어가 사고를 지배하지 않는다.

• 사회와 격리되었던 아이들: 교육을 통해 사회화되지만 언어는 쉽게 배울 수 없음.
• 방정식: ( )
• 악보, 그림: 정확한 언어 형식의 도움 없이도 발전됨.

언어와 사고는 분리된 것임.

글쓴이의 주장
• ( ) • 사고와 문화의 발달에 따라 언어가 발전함.

언어는 사고와 문화의 거울임.

STEP
Ⅲ

수능형 세부 정보의 파악

1 윗글의 내용을 통해 해결할 수 있는 질문으로 가장 적절한 것은?

① 사고는 어떤 과정을 거쳐 이루어지는가?

② 언어는 어떻게 만들어지고 발전해 왔는가?

③ 다양한 언어의 분화는 어떻게 드러나는가?

④ 언어와 사고는 어떤 관계를 이루고 있는가?

⑤ 각각의 언어를 배우기 위한 올바른 방법은 무엇인가?

2 윗글에 나타난 글쓴이의 관점에서 〈보기〉에 대해 보인 반응으로 적절한 것은?

┌─ 보기 ─

　쌀 문화권에 속하는 우리나라에서는 쌀과 관련된 단어가 매우 다양하게 나타난다. 한편 빵 문화권인 프랑스에서는 빵과 관련된 단어가 다양하게 나타난다.

① 〈보기〉는 언어가 한 사회의 문화를 지배할 수 있다는 것을 잘 보여 주는 사례라고 할 수 있다.

② 〈보기〉는 언어가 문화와 생각을 담아내는 그릇과 같은 역할을 하고 있다는 사실을 입증하고 있다.

③ 〈보기〉는 언어가 발전하기 위해서는 문화의 발달이 반드시 전제되어야 한다는 것을 말해 주는 사례이다.

④ 〈보기〉는 언어가 사회의 관습이나 문화, 생각과는 전혀 관계가 없음을 객관적으로 드러내는 자료라고 할 수 있다.

⑤ 〈보기〉는 언어의 사회적 역할이 문화의 영역에만 국한되지 않고 다른 영역에까지 영향을 주고 있음을 잘 보여 준다.

📖 지문으로 이해하는 독해 지식　예시

　어떤 의견을 말하거나 주장을 펼 때 그것을 뒷받침해 줄 수 있는 여러 가지 사례들을 제시해 설명하는 방법을 예시라고 한다. 사례를 들면 말하거나 주장하는 내용을 좀 더 구체적으로 전달할 수 있고 신빙성이 높아지며, 읽는 이가 흥미를 느낄 수도 있다. 이 글에서는 언어가 사고를 지배한다는 주장에 대한 예시로 빛의 개념과 무지개 색이나 눈을 표현하는 어휘의 수를 제시하고 있다.

┌───┐

　언어가 사고를 지배한다는 주장의 대표적인 예는 '빛'에서 나타난다. 「유럽어에서 '빛'은 명사이기 때문에 오랫
　　　　　　　　　　　　　　주장의 내용　　　　　　　　　　　　　　　　　주장에 대한 예시 ①　　　　「 」: 빛의 개념으로 언어가 사고를 지배한다는 주장을 뒷받침함.
동안 서양학자들은 빛이 파동인지 입자인지 고민해 왔다는 것이다. 만일 '빛'에 해당하는 말에 명사가 없고 '비추다, 빛나도'처럼 모두 서술어로 존재하는 호피 인디언이 빛을 연구했다면 빛의 파동설을 훨씬 빨리 발견했을 것이라고 주장한다. 즉, 언어가 과학적 사고의 발전에 걸림돌이 되었다는 의미이다.」▨: 언어가 사고를 지배한다는 주장의 예시

　또 다른 예는 무지개 색이다. 「무지개 색은 과학적으로 7개로 정리되지만, 어떤 언어권은 색을 표현하는 단어가
　　　　　　　주장에 대한 예시 ②　　　　　　　「 」: 무지개 색이나 눈을 표현하는 어휘의 수로 언어가 사고를 지배한다는 주장을 뒷받침함.
단순해 2개 혹은 5개, 6개로 표현된다. 또 눈이 많이 내리는 이누이트족의 언어에는 눈에 해당하는 어휘가 다양하
　　　　　　　　　　　　　　　　　　　　　　　　　　　　　　　　　　　　　　　주장에 대한 예시 ③
게 나타난다. 즉, 같은 대상이라도 대상을 표현하는 어휘의 수에 따라 대상에 대한 인식이 달라진다는 것이다.」

└───┘

자아의 바운더리

필독 TIP

어휘 ★★★
문장 ★★★
배경지식 ★★★

이 글은 바운더리의 개념과 여러 가지 기능에 대해 설명하고 있다. 개념에 대한 확실한 이해와 함께 바운더리에 이상이 생겼을 때는 어떤 문제가 생기는지를 파악하며 읽도록 한다.

과잉 친절을 베푸는 A, 관계의 소유욕이 강한 B, 가까운 사람에게 폭력을 휘두르는 C. 이들은 모습은 각각 다르지만 공통점이 하나 있다. 모두 나와 너를 구분하는 경계*가 명확하지 않고 수평적인 관계를 맺지 못한다는 점이다. 다시 말해 그들의 관계는 자아와의 균형을 잃었으며 일방적이다. 이는 그 균형을 조절해 주는 바운더리가 잘 발달하지 못했기 때문이다.

우리의 몸이 피부를 통해 나와 외부의 경계를 확인하듯 우리의 자아에도 경계, 즉 바운더리가 있다. 바운더리란 인간관계에서 나타나는 자아와 대상과의 경계이자 통로로 다음과 같은 기능을 한다. 첫째, 자타* 식별*의 기능이다. 쉽게 말해 '나'와 '나 아닌 것'을 구분하는 것이다. 외부 대상과 자신을 물리적으로 구분하는 것부터 대인 관계에서 자신의 생각, 욕구, 감정, 소유, 역할, 책임 등을 지각하고 구분하는 것까지를 다 가리킨다. 바운더리가 건강한 사람은 상대를 나와 다른 마음을 가진 독립적인 인간으로 바라본다.

둘째, 자기 보호의 기능이다. 바운더리가 외부로부터 우리를 보호하기 때문에 우리의 몸과 마음이 외부와 뒤엉키지 않고 형태를 보존할 수 있다. 건강한 자아의 바운더리에는 위험을 감지하는 센서가 있는데 이 센서가 위험할 때는 알람을 울려 바운더리를 닫고, 그렇지 않을 때는 바운더리를 잘 열 수 있어야 한다.

셋째, 상호 교류의 기능이다. 인간에게 교류는 선택* 사항이 아니다. 외부와 교류하지 않고 혼자서 살아갈 수는 없기 때문이다. 물론 대상에 따라 개방의 정도는 달라야 한다. 좋지 않은 것을 받아들이지 않고 좋은 것을 받아들이는 것이 바운더리가 존재하는 이유이다.

이 밖에도 자기표현의 기능이 있다. 헤어스타일이나 옷차림이 사람의 개성을 반영하듯, 관계에서 드러나는 표정, 말투, 몸짓, 자세 등도 상대에 대한 우리 내면의 생각과 감정을 반영한다. 바운더리가 건강한 사람은 내적 상태를 반영해서 바깥으로 표현하지만 건강하지 못한 사람은 내적 상태와 외적 표현이 크게 어긋난다.

바운더리에 생긴 이상은 남과 나를 구분하지 못하고 자아를 보호하지 못할 정도로 '희미한 바운더리'와 이와 반대로 교류하는 것 자체가 힘들 정도로 지나치게 폐쇄적인 '경직된 바운더리'로 구분할 수 있다. 영양실조와 비만이 모두 병이듯, 관계의 건강함 역시 늘 양면성*을 살펴야 한다. 자기 보호를 하지 못해 상대에게 끌려다니는 것도 문제이지만 자기 보호에 매달리느라 상호 교류를 하지 못하는 것 역시 문제라고 할 수 있다. 따라서 건강한 바운더리는 자신을 보호할 수 있을 만큼 튼튼하면서도 다른 사람들과 친밀하게 교류할 수 있을 만큼 개방적이어야 한다.

* **경계**: 사물이 어떠한 기준에 의해 분간되는 한계.
* **자타**: 자기와 남을 아울러 이르는 말.
* **식별**: 분별하여 알아봄.
* **선택**: 여럿 가운데서 필요한 것만 골라 뽑음.
* **양면성**: 한 가지 사물에 속하여 있는 서로 맞서는 두 가지의 성질.

STEP I

어휘 활용

1 다음 문장의 빈칸에 들어갈 알맞은 단어를 〈보기〉에서 찾아 쓰시오.

┌─ 보기 ─────────────────────────────────────┐
    과잉   균형   일방적   통로   교류
└──┘

(1) 최근 남북한 (   )가 확대되고 있다.

(2) 트럭 한 대가 주차장 (   )를 막고 서 있다.

(3) 그는 회사의 (   )인 요구를 거절하고 퇴사를 하였다.

(4) 이유 없는 (   ) 친절은 오히려 상대방을 불편하게 한다.

(5) 그는 꾸준한 운동으로 (   ) 잡힌 몸매를 유지할 수 있었다.

서술형 어휘 의미

2 다음에 제시된 한자의 뜻을 참고하여 단어의 의미를 쓰시오.

(1) 지각(知覺): 知(지: 알다), 覺(각: 깨닫다) → (   )

(2) 감지(感知): 感(감: 느끼다), 知(지: 알다) → (   )

어휘 활용

3 다음 단어에 제시된 초성자와 사전적 의미를 참고하여, 빈칸에 들어갈 알맞은 단어를 쓰시오.

(1) ㅅ ㅇ ㅇ : 자기 것으로 만들어 가지고 싶어 하는 욕망.

　예 그는 재산에 대한 (   )이 남달리 강했다.

(2) ㄱ ㄱ : 사물이 어떠한 기준에 의하여 분간되는 한계.

　예 그는 공적인 일과 사적인 일의 (   )가 분명하지 않은 사람이다.

(3) ㅅ ㅂ : 분별하여 알아봄.

　예 저 강아지는 가족과 가족 아닌 사람을 (   )하지 못하고, 누구에게나 꼬리를
　　흔든다.

STEP II

서술형 중심 화제

1 윗글의 중심 내용을 쓰시오.

┌──┐
(   )
└──┘

2 다음은 윗글의 각 문단의 중심 내용을 정리한 것이다. 빈칸에 들어갈 알맞은 말을 쓰시오.

1문단	나와 너를 구분하는 경계가 명확하지 않고 수평적인 관계를 맺지 못하는 것은 ( )가 잘 발달하지 못했기 때문이다.
2문단	바운더리는 인간관계에서 나타나는 자아와 대상과의 ( )이자 통로로, 자타 식별 기능을 한다.
3문단	바운더리는 ( ) 기능을 하여 외부로부터 우리를 보호한다.
4문단	바운더리는 ( )의 기능을 한다.
5문단	바운더리는 자기표현 기능을 하며 우리 내면의 생각과 감정을 반영한다.
6문단	건강한 바운더리는 자신을 보호할 수 있을 만큼 튼튼하면서도 다른 사람들과 친밀하게 교류할 수 있을 만큼 ( )이어야 한다.

내용 구조

3 다음은 바운더리의 여러 가지 기능을 정리한 것이다. 빈칸에 들어갈 알맞은 말을 쓰시오.

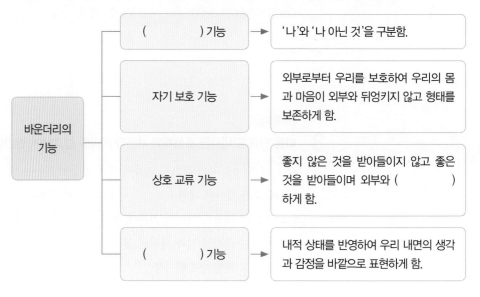

바운더리의 기능	( ) 기능	→	'나'와 '나 아닌 것'을 구분함.
	자기 보호 기능	→	외부로부터 우리를 보호하여 우리의 몸과 마음이 외부와 뒤엉키지 않고 형태를 보존하게 함.
	상호 교류 기능	→	좋지 않은 것을 받아들이지 않고 좋은 것을 받아들이며 외부와 ( ) 하게 함.
	( ) 기능	→	내적 상태를 반영하여 우리 내면의 생각과 감정을 바깥으로 표현하게 함.

STEP
Ⅲ

수능형 세부 정보의 파악

1 윗글에서 답을 찾을 수 있는 질문으로 적절하지 <u>않은</u> 것은?

① 자아의 바운더리란 무엇인가?

② 바운더리는 어떠한 기능을 하는가?

③ 바운더리가 건강한 사람의 특징은 무엇인가?

④ 자아의 바운더리를 구성하는 요소는 무엇인가?

⑤ 바운더리에 이상이 생겼을 때는 어떤 문제가 생기는가?

2 윗글을 읽은 학생이 〈보기〉에 대해 보인 반응으로 가장 적절한 것은?

┌─ 보기 ───┐

　　동양과 같이 인간을 독립된 개인이라기보다 집단의 구성원으로 보는 경향이 강하면서 개인들이 긴밀하게 연결되어 있는 사회를 '고맥락 사회'라고 한다. 그에 비해 서양처럼 인간을 독립된 개인으로 보는 경향이 강하면서 집단과 개인을 구분하는 사회를 '저맥락 사회'라고 한다. 동양인의 경우 그가 속한 집단의 가치와 문화의 영향을 많이 받으며, '나'보다는 '우리'를 중요하게 여기기 쉽다. 이런 이유로 고맥락 사회에서는 자기주장이나 개성을 불편해하는 경향이 있다.

└──┘

① 저맥락 사회에서는 자신을 표현하는 것보다 남들과 교류하는 것을 우선시하겠군.

② 고맥락 사회의 사람들은 바운더리를 통해 나와 외부의 경계를 뚜렷하게 구분하겠군.

③ 서양에 비해 동양에서는 내적 상태를 표현하는 것을 어려워할 수 있겠군.

④ 동양에 비해 서양에서는 집단을 위해 개인의 욕구를 희생하는 일이 바람직하다고 평가하겠군.

⑤ 동양이나 서양 모두 바운더리를 개방하는 정도를 결정하는 데에 집단의 가치가 가장 큰 영향을 준다고 할 수 있겠군.

📖 지문으로 엮어 읽는 배경지식　**고맥락 문화, 저맥락 문화**

　　미국의 인류학자 에드워드 홀은 의사소통과 관련하여 고맥락(high context) 문화와 저맥락(low context) 문화의 개념을 제시하였다. 서양과 같은 저맥락 문화에서는 생각을 말로 직설적으로 표현하기 때문에 맥락 또는 상황이 덜 중요하지만, 동양과 같은 고맥락 문화에서는 말보다는 말을 하는 맥락이나 상황을 중요하게 여겨 상대방의 뜻을 미루어 짐작해야 할 필요성이 더 크다고 볼 수 있다. 따라서 고맥락 문화 사회인 한국에서 의례적으로 하는 사양(辭讓)이나 거절을 곧이곧대로 받아들였다간 큰 낭패를 보기 십상이다. 그렇기 때문에 한국 사람은 대화를 할 때 눈치로 맥락을 읽어 내고 상대방의 뜻을 파악하기 위해 노력한다. "눈치가 빠르면 절에 가도 새우젓을 얻어먹는다"라는 속담이야말로 고맥락 문화 사회인 한국에서 필요한 눈치의 정수를 말해 주는 것이라 할 수 있다.

존 로크의 백지론

필독 TIP

어휘 ★★★★
문장 ★★★★
배경지식 ★★★

이 글은 영국의 철학자인 존 로크의 철학과 사상을 설명하고 있다. 로크가 주장한 백지론의 가치와 로크의 여러 가지 사상과 한계를 이해하며 읽도록 한다.

존 로크는 청교도*적 신앙과 혁명가적 기풍이 강한 집안에서 태어났다. 베이컨의 영향을 받아 경험을 중시한 로크에게 인간의 모든 의식은 밖에서부터 받아들인 외적 경험이거나 그것을 가공한 내적 경험이다. 다시 말해 로크는 의식의 모든 내용은 후천적인 경험에서 생겨난다고 보았다.

'타불라 라사'는 로크의 중요한 철학 개념이다. 라틴어로 '아무것도 씌어 있지 않은 종이' 곧 백지라는 뜻이다. 로크는 우리 의식이 이와 같다고 말한다. 깨끗한 종이처럼 비어 있는 의식에 경험이 더해짐으로써 관념이 생긴다는 것이다.

인간은 태어날 때 모두 '백지'라는 생각은 지금 보면 대수롭지 않게 다가오지만, 당시 유럽의 상황을 짚어 보면 혁명적 의미를 지녔다는 것을 쉽게 짐작할 수 있다. 로크 이전의 중세* 유럽에서 인간은 결코 '하얀 종이' 상태로 태어나지 않았다. 신분 제도 아래선 어느 계급, 어느 가문에서 태어났느냐가 한 사람의 인생을 좌우했기 때문이다.

따라서 모든 인간은 백지상태로 태어난다는 철학은 ㉠핏줄에 기반을 둔 신분 제도 아래서 여전히 억압받고 있던 당시 사람들에게 희망과 힘이 되었다. 더 나아가 로크는 배우는 사람들에게 어떤 틀을 주입해서는 안 되고, 스스로 발전하도록 도와주어야 한다고 주장한다. 일방적으로 훈시*할 것이 아니라 학생들이 자신의 생각을 펼쳐 가도록 도와야 한다는 것이다. 이는 자유롭고 성숙한 개성에 이르는 자주성을 중시한 까닭이다.

그리고 '타불라 라사'에 기반을 둔 로크의 정치사상은 민주주의 진전에 큰 영향을 끼쳤다. 모든 인간은 평등하다는 인권 의식을 높였고, 왕과 귀족이 권력을 독점한 체제에서 삼권 분립으로 변화하는 정치 제도의 전환점을 마련했다.

로크는 모든 사람에게 평등한 법을 통해 개개인의 정당한 소유를 보장하는 것을 통치자의 의무로 보았다. 왕과 귀족들이 상공인들의 재산을 자의적으로 빼앗아 온 관행에 쐐기를 박자는 것이었다.

어떤 통치자도 개개인의 종교적 신념을 좌우할 수 있는 권력을 신으로부터 부여받지 않았다며 정치와 종교의 분리도 주장했고, 정치적으로 경험론에 근거해 이성의 오류 가능성을 강조함으로써 관용의 필요성을 역설했다.

로크의 명성은 그가 죽은 뒤에 프랑스 혁명과 미국 독립 전쟁을 거치며 더 높아졌다. 그의 철학은 초법적이고 특권적인 힘을 행사하는 권력에 대한 저항, 권력의 남용에 대한 저항을 민중의 권리로 인식하는 디딤돌이 되었다. 저항권*은 그 뒤 민주주의의 주요 원리로 뿌리내렸다.

다만 로크도 17세기의 시대적 한계를 넘어서진 못했다. 가령 사회적 약자에 대한 배려를 개개인의 자유로운 선택에 맡겼다. 다른 사람들을 전혀 고려하지 않고 무분별하게 재산을 축적하는 행위도 궁극적으로는 공동선*에 이바지할 수 있다고 주장하기도 했다.

* **청교도**: 16세기 후반, 영국 국교회에 반항하여 생긴 개신교의 한 교파. 칼뱅주의를 바탕으로 모든 쾌락을 죄악시하고 사치와 성직자의 권위를 배격하였으며, 철저한 금욕주의를 주장하였다.

* **중세**: 역사 시대 구분의 하나로, 서양에서는 5세기의 게르만 민족의 대이동에서 15세기 중엽 동로마 제국의 멸망에 이르는 시기이다.

* **훈시**: 가르쳐 보이거나 타이름.

* **저항권**: 법치 국가에서, 기본 질서를 침해하는 국가의 공권력 행사에 대하여 주권자인 국민이 최후의 비상수단으로 행할 수 있는 권리.

* **공동선**: 개인을 위한 것이 아닌 국가나 사회, 또는 온 인류를 위한 선.

STEP
I

어휘 활용

1 다음 문장의 빈칸에 들어갈 알맞은 단어를 〈보기〉에서 찾아 쓰시오.

┌ 보기 ─────────────────────────────────
• 기풍: 어떤 집단이나 지역 사람들의 공통적인 기질.
• 신분: 개인의 사회적인 위치나 계급. 봉건 사회에서는, 사회관계를 구성하는 서열로, 제도상 등급에 따라 권리와 의무가 다르고 세습되는 것이 원칙이었다.
• 개성: 다른 사람이나 개체와 구별되는 고유의 특성.
• 남용: 권리나 권한 따위를 본래의 목적이나 범위를 벗어나 함부로 행사함.
└─────────────────────────────────────

(1) 작가의 (   )은 글의 문체를 통해 드러난다.

(2) 새롭게 등장하는 세력은 대개 처음에는 발랄하고 신선한 (   )을 지니게 된다.

(3) 조선 시대에서는 (   )을 달리하는 남녀의 자유스러운 만남이 거의 불가능했다.

(4) 민주주의 국가에서는 권력의 (   )과 부정을 막을 수 있는 제도적 장치가 필요하다.

어휘 활용

2 윗글의 ㉠을 바꿔 쓰기에 적절한 것을 고르시오.

① 혈관   ② 혈구   ③ 혈액   ④ 혈장   ⑤ 혈통

STEP
II

서술형 **중심 화제**

1 윗글의 중심 내용을 쓰시오.

(   )

문단 정리

2 다음은 윗글의 각 문단의 중심 내용을 정리한 것이다. 빈칸에 들어갈 알맞은 말을 쓰시오.

1문단	존 로크는 의식이 후천적 경험에서 생긴다고 주장한다.
2문단	( )은 깨끗한 종이처럼 비어 있는 의식에 경험이 더해짐으로써 관념이 생긴다는 의미이다.
3문단	인간이 하얀 종이 상태로 태어난다는 백지론은 혁명적 의미를 지녔다.
4문단	백지론은 신분 제도에서 억압받던 사람들에게 희망과 힘이 되었고, 학생들의 개성과 자주성을 중시했다.
5문단	백지론은 민주주의 진전에 큰 영향을 끼쳤다.
6문단	로크는 개개인의 정당한 ( )를 보장해야 한다고 보았다.
7문단	로크는 정치와 종교의 분리, 관용의 필요성을 강조했다.
8문단	로크의 철학은 민주주의의 주요 원리인 저항권의 기초가 되었다.
9문단	로크 철학은 17세기의 시대적 ( )를 넘어서지 못했다.

내용 구조

3 다음 구조도의 빈칸에 알맞은 말을 써넣어, 윗글의 내용을 정리하시오.

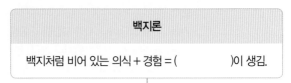

백지론
백지처럼 비어 있는 의식 + 경험 = (　　　　)이 생김.

백지론의 가치	
혁명적	신분에 관계없이 인간은 태어날 때 백지상태임.
사회적	당시 유럽의 신분 제도에서 억압받던 사람들에게 희망과 힘이 됨.
교육적	학생들의 개성과 자주성을 중시함.
정치적	• 모든 인간은 평등하다는 (　　　　) 의식을 높임. • (　　　　)으로 왕과 귀족 중심의 정치 제도의 전환점을 마련함.

로크 철학의 한계
• 사회 복지를 생각하지 못함. • 무분별한 재산 축적 행위를 옹호함.

로크 철학의 의의
권력에 대한 (　　　　)을 민중의 권리로 인식하는 디딤돌이 됨.

STEP III

수능형 전개 방식 파악

1 윗글의 내용 전개 방식에 대한 설명으로 적절한 것은?

① 로크의 사상을 일상적 삶을 통해 다루고 있다.

② 로크의 사상이 지닌 가치를 분석적으로 다루고 있다.

③ 로크의 사상과 다른 사람의 사상을 비교·대조하고 있다.

④ 로크 사상의 기초를 바탕으로 발전 과정을 중심으로 서술하고 있다.

⑤ 로크의 삶을 일대기로 서술하여 사상의 변화 과정을 드러내고 있다.

수능형 세부 정보의 추론

2 윗글을 읽고 로크의 사상에 대해 나눈 대화 내용으로 적절하지 **않은** 것은?

① 지민: 로크의 백지론은 당시 유럽의 상황을 고려할 때 충격적인 사상이었다고 할 수 있겠어.

② 영빈: 로크의 백지론이 모든 사람이 평등하게 태어났다는 생각을 할 수 있게 해 주었기 때문이겠지.

③ 지민: 맞아. 당시 억압받던 민중들은 로크의 사상을 바탕으로 자신도 왕족이나 귀족 계급과 평등한 존재임을 깨닫게 되었을 거야.

④ 영빈: 이런 평등사상은 국가 주도의 획일적인 교육 정책을 수립하는 철학적 기반이 되었다고 할 수 있어.

⑤ 지민: 아울러 로크는 경제 활동의 자유도 보장되어야 한다고 생각했지만, 사회적 약자의 보호에 대해서는 구체적인 방법을 내놓지 못했다는 아쉬움이 있어.

📖 지문으로 엮어 읽는 배경지식 **중세 유럽의 봉건 제도**

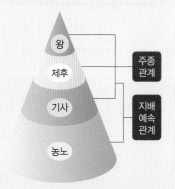

중세 유럽은 봉건제로 구성된 사회였다. 봉건제는 주군(군주 국가에서 나라를 다스리는 우두머리)과 가신(높은 벼슬아치의 집에 딸려 있으면서 그 벼슬아치를 받드는 사람)이 주종 관계를 맺고, 주군은 가신에게 땅을 수여하고 보호하며 가신은 주군에게 충성을 맹세하고 군사력을 제공하는 관계로 이루어진 신분 제도이다. 왕도 땅을 가진 주군이며, 왕에게 땅을 받은 제후(공작, 후작, 백작, 자작, 남작)들도 왕을 위해 충성을 바치는 가신이라고 할 수 있다. 제후도 주군이 되어 기사를 가신으로 삼는 주종 관계를 맺을 수 있었다. 이러한 주종 관계는 서로 간의 계약을 이행하지 않으면 해약할 수 있었다. 당시 토지를 소유하고 지배했던 왕, 제후, 기사 등의 집단을 영주라고 하고, 그 땅에서 농사를 짓는 농민을 농노라고 했다. 이 당시 농노는 땅에 예속되었으며, 자신이 살고 있는 땅의 지배자인 영주에게 종속되었다. 따라서 농노는 영주에게 땅을 빌린 데 대한 돈과 세금, 각종 사용료 등을 내야만 했다.

비합리적 선택과 행동 경제학

필독 TIP

어휘 ★★

문장 ★★

배경지식 ★★★

이 글은 소비자들의 소비 행위에서 나타나는 구매 의사 결정을 설명하고 있다. 사람들이 선택하는 비합리적인 구매 의사 결정의 예와 이를 설명할 수 있는 행동 경제학을 이해하며 읽도록 한다.

　　우리는 평생 동안 끊임없이 소비하며, 그 안에서 헤아릴 수 없이 많은 선택을 한다. 이러한 소비자의 의사 결정 과정에는 충동적이거나 습관적으로 나타나는 것도 있으나 대체로 소비자가 문제를 인식하고, 관련된 정보를 찾고, 대안들을 평가하고 선택하여 구매하고, 이후 구매 후 평가하는 전반적인 과정을 거친다. 이러한 일반적인 구매 의사 결정 과정*은 소비자들이 합리적이고 체계적인 의사 결정을 할 것이라는 가정을 전제로 한다.

　　하지만 사람들의 구매 의사 결정이 항상 합리적일까? 예를 들어 마트에 갔더니 가격표에 제품의 ㉠'원가 5만 원과 원가에서 40% 할인한 가격 3만 원이 함께 제시된 것'을 보았다고 생각해 보자. ㉡'할인가인 3만 원만 부착된 가격표를 본 상황'과 비교했을 때 사람들은 어떤 제품을 구매할까? 대부분의 사람은 현재 지불할 가격이 3만 원이라고 단순하게 제시한 상황보다, 원래 5만 원인데 3만 원에 준다고 거래 조건을 제시했을 때 그 제품을 더 구매하고 싶어진다. 이것은 처음 나에게 제시된 가격 정보가 해당 제품을 평가하는 닻*과 같은 기준으로 작용했기 때문이다. 다시 말해 제시된 원가에 닻을 내리고 처음 주어진 정보를 토대로 가치를 판단하게 되는 것이다. 또한 같은 10개를 팔더라도 그냥 파는 경우와 ㉢10개 한정*이라 홍보하며 파는 경우에 한정이라는 말에 혹해서 구매하게 되는 것 역시 판매 수량이 제한적이라는 상황이 제품이 가진 객관적인 가치보다 더 좋은 것으로 느껴지게 만드는 착각을 가져올 수 있다. 다시 말해 제품을 평가하고 선택할 때에도 어떠한 상황과 맥락에서 제시되는지에 따라 어떤 부분에 주목하고 어떻게 바라보는지 등의 판단에 영향을 미치게 된다.

　　경제학적 관점에서 바라보는 인간은 도저히 이해할 수 없고 설명할 수 없는 선택들을 일상에서 무수히 많이 행하고 있다. 흥미로운 것은 이러한 실수가 보편적인 현상이며 비합리적인 행동에도 규칙성이 있다는 것이다. 이는 비합리적이고 비이성적인 행동이 예측 가능하다는 것을 의미하는데, 이처럼 사람들의 판단 오류*와 실제 행동을 설명하기 위해 등장한 학문이 바로 행동 경제학이다.

　　행동 경제학은 심리학과 경제학을 ⓐ접목하여, 상황이나 맥락에 따라 달라지는 비합리적인 의사 결정을 설명한다. 모든 인간이 합리적이고 기대 효용*이 가장 높은 대안을 선택한다는 이성적 인간 행동을 전제로 하는 경제학적 관점만으로는 인간의 행동을 제대로 설명할 수 없기에, 심리학적인 지식을 활용하여 사람들의 실제 행동의 설명력을 높이고 보다 정교하게 그들의 행동을 예측하고자 하는 것이다. 즉, 행동 경제학의 관점은 비합리적인 소비 사례와 이에 대한 심리학적 통찰력을 통해, 소비자로서 매일을 살아가는 우리가 어떻게 하면 좀 더 현명한 의사 결정을 할 수 있는지를 생각하게 한다.

＊ **구매 의사 결정 과정**: 소비자가 제품 구입에 대한 욕구를 느끼고 해당 상품을 사기까지의 과정.

＊ **닻**: 배를 한곳에 멈추어 있게 하기 위하여 줄에 매어 물밑바닥으로 가라앉히는, 갈고리가 달린 기구. 갈고리가 흙바닥에 박히어 배가 움직이지 못하게 된다.

＊ **한정**: 수량이나 범위 따위를 제한하여 정함. 또는 그런 한도.

＊ **오류**: 그릇되어 이치에 맞지 않는 일.

＊ **효용**: 인간의 욕망을 만족시킬 수 있는 재화의 효능.

STEP
Ⅰ

어휘 의미

1 다음과 같은 사전적 의미를 지닌 단어를 〈보기〉에서 찾아 쓰시오.

┌─ 보기 ───┐
│ 충동적   습관적   전반적   제한적   보편적 │
└───┘

(1) 모든 것에 두루 미치거나 통하는 것. (   )

(2) 일정한 한도를 정하거나 그 한도를 넘지 못하게 막는 것. (   )

(3) 마음속에서 어떤 욕구 같은 것이 갑작스럽게 일어나는 것. (   )

(4) 어떤 일이나 부문에 대하여 그것과 관계되는 전체에 걸친 것. (   )

(5) 어떤 행위를 오랫동안 되풀이하는 과정에서 저절로 익혀진 행동 방식처럼 되어 있는 것. (   )

어휘 의미

2 다음은 윗글의 ⓐ의 의미를 알기 위해 찾아본 내용이다. 이를 참고로 빈칸에 알맞은 단어를 써넣어 ⓐ의 의미를 완성하시오.

┌───┐
│ • 접목(椄木): 椄(접: 접붙이다) + 木(목: 나무)   │
│ • 접(椄): 나무의 품종 개량 또는 번식을 위하여 한 나무에 다른 나무의 가지나 눈을 따다 붙이는 일. │
└───┘
                        ↓
┌───┐
│ 접목하다   │
│ ① 나무를 접붙이다.   │
│ ② (비유적으로) 둘 이상의 다른 현상 따위를 알맞게 (   )하게 하다. │
└───┘

STEP
Ⅱ

서술형 중심 화제

1 윗글의 중심 내용을 쓰시오.

┌───┐
│ (   ) │
└───┘

문단 정리

2 다음은 윗글의 각 문단의 중심 내용을 정리한 것이다. 빈칸에 들어갈 알맞은 말을 쓰시오.

1문단	소비자들은 여러 과정을 거쳐 구매 의사 결정을 한다.
2문단	소비자들은 가격 기준점이나 ( )과 맥락에 따라 비합리적인 구매 의사 결정을 한다.
3문단	비합리적이고 비이성적인 행동을 예측하고 설명하기 위해 ( )이 등장한다.
4문단	행동 경제학은 실제 행동의 설명력을 높이고 ( )을 예측하고자 하며, 좀 더 현명한 의사 결정을 하는 방법을 생각하게 한다.

내용 구조

3 다음은 행동 경제학이 나타난 배경과 행동 경제학에 대한 내용을 정리한 것이다. 빈칸에 들어갈 알맞은 말을 쓰시오.

합리적 구매 의사 결정
'문제 인식 → 정보 탐색 → 대안 평가 → 구매 → 구매 후 평가의 과정'을 거쳐 구매 의사 결정을 함.

 반대

비합리적 구매 의사 결정	
닻 효과	• 원인: 처음 제시된 (　　　　) 정보가 해당 제품을 평가하는 기준으로 작용했기 때문에 • 결과: 가격 정보가 제시된 상황에 따라 구매 의사 결정을 함.
상황과 맥락 효과	• 원인: 판매 수량이 제한적이라는 상황이 제품의 객관적 가치보다 더 좋은 것으로 느끼게 만드는 착각을 일으키기 때문에 • 결과: 판매 수량이 제한적이라는 상황과 맥락에 따라 구매 의사 결정을 함.

행동 경제학의 등장 배경	• 의사 결정 과정에서 나타나는 실수는 보편적인 현상이며, 비합리적 행동에도 (　　　　)이 있음. • 사람들의 판단 오류와 실제 행동을 설명하기 위한 학문이 필요함.

행동 경제학의 목표 및 의의	
목표	• 심리학을 활용하여 사람들의 실제 행동의 설명력을 높임. • 보다 정교하게 사람들의 행동을 예측하고자 함.
의의	어떻게 하면 좀 더 현명한 (　　　　　　)을 할 수 있을지 생각하게 함.

 STEP **Ⅲ**

수능형 세부 정보의 파악

1 윗글에서 답을 찾을 수 있는 질문으로 적절하지 <u>않은</u> 것은?

① 행동 경제학은 어떤 학문에 기반을 두고 있을까?

② 행동 경제학은 어떤 과정을 통해 정교화되었을까?

③ 행동 경제학은 인간의 어떤 특성을 설명하는 학문일까?

④ 행동 경제학을 통해 소비자들이 배울 수 있는 점은 무엇일까?

⑤ 경제학적 관점에서 인간의 선택에 전제하고 있는 요소는 무엇일까?

수능형 다른 상황에 적용

2 윗글의 내용을 참고할 때, ㉠∼㉢과 〈보기〉를 이해한 내용으로 가장 적절한 것은?

보기

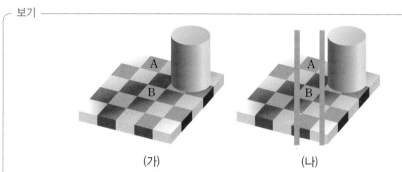

(가)   (나)

　이 그림은 아델슨이 만든 체크무늬 그림자 착시이다. 대부분의 사람은 (가)의 블록 A와 B 중에서 B가 훨씬 밝게 보인다고 말한다. 하지만 (나)에서 보는 것처럼 A와 B는 같은 색상이다. 그렇지만 사람들은 원기둥의 그림자와 주변 환경을 고려하여 객관적인 시각 정보를 다르게 받아들인다.

① (가)에서 A와 B의 색상이 다르다고 판단한 이유는 ㉠과 같이 처음 주어진 정보가 판단에 개입했기 때문이로군.

② (가)에서 원기둥의 그림자와 주변 환경은 ㉡에서 제품에 부착된 가격표와 마찬가지로 사람들의 비합리적 판단을 유도하고 있군.

③ (가)에서 원기둥 그림자와 주변 환경은 ㉢에서 판매 수량이 제한적이라는 상황과 마찬가지로 사람들의 판단에 영향을 미치고 있군.

④ (나)에서 A와 B의 색상이 같다고 판단하는 것과 ㉠과 ㉡의 제품 가격이 다르다고 판단하는 것은 모두 비합리적인 판단이로군.

⑤ (나)에 그려진 두 줄의 세로 막대는 ㉢에서 '10대 한정'이라 홍보하는 것과 마찬가지로 판단 대상에 대한 객관적인 판단을 유도하고 있군.

👁 지문으로 분석하는 시각 자료 **체크무늬 그림자 착시**

　제시된 그림은 1995년 미국 매사추세츠 공과 대학교(MIT) 교수인 아델슨이 소개한 것이다. A와 B는 실제는 같은 색깔이지만, 우리의 시각 체계는 A가 B보다 어둡다고 인식한다. 이는 사람들이 원기둥의 그림자와 주변 환경을 고려하여 객관적인 시각 정보를 실제와는 다르게 받아들였기 때문이다. 이 그림을 통해 우리의 눈과 뇌가 정보를 얼마나 부정확하게 인식하는지를 단적으로 알 수 있다. 이를 바탕으로 비합리적이고 비이성적인 인간의 의사 결정 과정을 이해하고, 제시된 자료를 해석하여 선지 정보의 적절성을 판단한다.

SNS 슬기롭게 사용하기

필독 TIP

어휘 ★★★

문장 ★★

배경지식 ★★★

이 글은 SNS의 특성과 문제점을 제시하면서 이에 대한 전반적인 해결책을 설명하고 있다. SNS 사용에서 나타나는 문제점과 해결책을 이해하며 읽도록 한다.

가 현대 사회에서 사람들은 SNS(Social Network Service)*를 통해 편리하게 인간관계를 형성하거나 정보를 주고받고 있다. 이처럼 SNS는 인간의 다양한 욕구를 충족시켜 주는 편리한 방법이지만 그만큼 새로운 사회 문제도 ㉠야기하고 있다.

나 SNS는 다른 사람과 다양하게 연결되면서 자신의 인정 욕구나 자아실현의 욕구를 충족시켜 준다. 그런데 욕구가 충족되지 않으면 그 반동도 생기게 마련인데 SNS상에서는 욕구 불만의 반동으로 '악플* 쇄도'가 일어난다고 알려져 있다. 악플 쇄도는 개인의 언행 등에 대해 인터넷에서 중상 비방이 쇄도하는 현상을 가리킨다.

다 미국의 사회학자 피터슨은 이와 관련해 대학생들을 대상으로 희생양* 실험을 진행했다. 대상자들을 과제 성적이 낮다며 일부러 불쾌한 감정을 자극한 '분노 있음' 그룹과 과제 성적에 대해 말하지 않은 '분노 없음' 그룹으로 나누고, TV 화면으로 문제를 내는 진행자에 대해 평가하는 실험을 했다. 같은 화면임에도 '분노 있음' 그룹은 '분노 없음' 그룹보다 진행자에 대한 평가가 현저히 낮은 결과를 나타냈다. 이는 '분노 있음' 그룹이 과제 성적이 낮은 일에 대한 분노를 진행자에게 투영해 희생양으로 삼아 공격한 것이라 볼 수 있다. 이렇듯 악플 쇄도는 SNS상에서 불쾌한 정보를 만나면 그동안의 욕구 불만이 촉발되어 희생양을 찾아 악플로 공격하는 행위로 설명된다. 여기에 SNS의 익명성*도 희생양 현상을 만들어 악플을 감행하는 데 한몫하는 것이다.

라 SNS상에서는 정치나 사회 문제에 관한 집단끼리의 의견 대립이 심하게 일어나는 경우도 있다. 문제는 SNS는 이런 의견 대립이 일어나기 쉬운 메커니즘*을 가지고 있다는 것인데, SNS상의 팔로워나 친구 등록 등의 장치가 그것이다. SNS에 따라서는 자신과 흥미나 관심이 비슷한 사람이나 공통의 친구를 자동으로 찾아 주는 기능도 있다. SNS에서 이러한 기능을 통해 유사한 의견끼리 모이는 현상을 자신의 소리가 방(chamber)에서 계속 울린다(echo)는 의미의 에코 체임버 현상이라 한다.

마 에코 체임버 현상은 SNS가 사람들에게 자신과 생각이나 관심이 비슷한 사람을 쉽게 연계할 수 있도록 돕는 기능과 관련 깊다. 미국에서 정치에 관한 트위터 25만 건을 분석한 결과에서 진보는 진보끼리, 보수는 보수끼리만 의견을 교환하며 상대 진영과는 거의 연계를 하지 않는 것으로 나타났다. 그래서 SNS상에서는 자신의 사고가 옳다고 믿기 쉬워지며 서로가 상대방이 틀렸다고 생각해 논쟁으로 이어져 결과적으로 집단 사이의 대립이 생길 위험성이 높다.

바 현대 사회에서는 SNS를 통해 사람과 사람을 쉽게 연결할 수 있게 되었다. 그 편리함은 장점이지만 이로 인해 파생되는 다양한 문제에 대해서는 방치할 수 없다. SNS도 일기가 아니라 다른 사람에게 읽히는 글이므로 최대한 감정을 배제해야 할뿐더러 다양한 사람과 매체를 통해 정보를 접하려는 노력도 해야 한다.

＊ **SNS**: 누리 소통망. 소셜 네트워크를 형성하여 다른 사람들과 교류할 수 있도록 응용 프로그램이나 누리집 따위를 관리하는 서비스.

＊ **악플**: 인터넷의 게시판 따위에 올려진 내용에 대해 악의적인 평가를 하여 쓴 댓글.

＊ **희생양**: 다른 사람의 이익이나 어떤 목적을 위하여 목숨, 재산, 명예, 이익 따위를 빼앗긴 사람을 비유적으로 이르는 말.

＊ **익명성**: 어떤 행위를 한 사람이 누구인지 드러나지 않는 특성.

＊ **메커니즘**: 사물의 작용 원리나 구조.

STEP
Ⅰ

어휘 의미

1 다음 단어의 사전적 의미를 찾아 바르게 연결하시오.

(1) 반동	•		•	ㄱ. 남을 비웃고 헐뜯어서 말함.
(2) 촉발	•		•	ㄴ. 어떤 작용에 대하여 그 반대로 작용함.
(3) 비방	•		•	ㄷ. 어떤 일을 당하여 감정, 충동 따위가 일어남. 또는 그렇게 되게 함.
(4) 논쟁	•		•	ㄹ. 서로 다른 의견을 가진 사람들이 각각 자기의 주장을 말이나 글로 논하여 다툼.

어휘 활용

2 윗글의 ㉠을 바꿔 쓰기에 적절한 것을 고르시오.

① 주목하고
② 일으키고
③ 불러 모으고
④ 알아주지 않고
⑤ 미리 정하여 두고

STEP
Ⅱ

서술형 중심 화제

1 윗글의 중심 내용을 쓰시오.

( )

문단 정리

2 다음은 윗글의 각 문단의 중심 내용을 정리한 것이다. 빈칸에 들어갈 알맞은 말을 쓰시오.

(가)	SNS는 장점도 있지만 새로운 사회 문제를 야기하기도 한다.
(나)	악플 쇄도는 개인의 언행 등에 대해 인터넷에서 ( )이 쇄도하는 현상이다.
(다)	악플 쇄도는 SNS상에서 불쾌한 정보를 만나면 욕구 불만이 촉발되어 희생양을 찾아 악플로 공격하는 행위로 나타난다.
(라)	에코 체임버 현상은 SNS상에서 유사한 ( )끼리 모이는 현상이다.
(마)	에코 체임버 현상으로 집단 사이의 대립이 생길 위험성이 높다.
(바)	SNS에서 나타나는 문제를 해결하려면 최대한 감정을 배제하고, 다양한 사람과 매체를 통해 ( )를 접하려는 노력이 필요하다.

서술형 내용 구조

3 다음 구조도의 빈칸에 알맞은 내용을 써넣어, 윗글의 내용을 정리하시오.

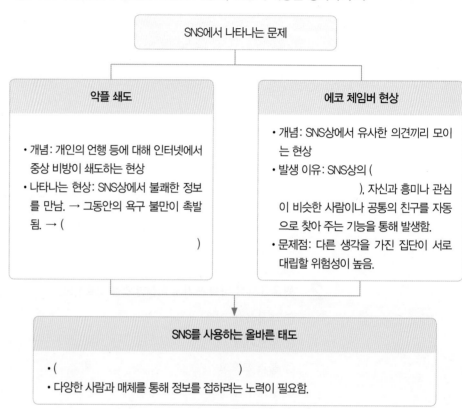

SNS에서 나타나는 문제

악플 쇄도

• 개념: 개인의 언행 등에 대해 인터넷에서 중상 비방이 쇄도하는 현상
• 나타나는 현상: SNS상에서 불쾌한 정보를 만남. → 그동안의 욕구 불만이 촉발됨. → (
　　　　　　　　　　　　　　　　)

에코 체임버 현상

• 개념: SNS상에서 유사한 의견끼리 모이는 현상
• 발생 이유: SNS상의 (
　　　　　　　　), 자신과 흥미나 관심이 비슷한 사람이나 공통의 친구를 자동으로 찾아 주는 기능을 통해 발생함.
• 문제점: 다른 생각을 가진 집단이 서로 대립할 위험성이 높음.

SNS를 사용하는 올바른 태도

• (　　　　　　　　　　　　　　　)
• 다양한 사람과 매체를 통해 정보를 접하려는 노력이 필요함.

STEP Ⅲ

수능형 전개 방식 파악

1 (가)~(바)를 구조화한 도식으로 가장 적절한 것은?

① ┌ (나) – (다) ┐
(가)　　　　　　(바)
　└ (라) – (마) ┘

② 　　　　　┌ (라) ┐
(가) – (나) – (다)　　(바)
　　　　　└ (마) ┘

③ (가) – (나) – (다)
　　　　　│
　　(라) – (마) – (바)

④ (가) – (나) ┐
　　　　　　(마) – (바)
(다) – (라) ┘

⑤ 　　┌ (다) – (라)
(가) – (나)
　　└ (마) – (바)

수능형 반응의 적절성 판단

2 윗글을 읽은 학생이 〈보기〉에 대해 보인 반응으로 적절하지 <u>않은</u> 것은?

보기
　　몇 년 전 유명 가수 A와 무명 가수 B가 몰래 데이트하는 사진이 공개되어 큰 화제가 되었다. 특히 일부 A의 팬들이 B를 시기해 SNS상에서 B에 대한 악플을 퍼부었고, 심지어 A의 극렬 팬 몇 명은 B가 하지 않은 말까지 조작하여 B에 대한 인신공격까지 퍼부었다. 그러자 당시 소수였던 B의 팬들이 이에 대응하기 위해 SNS에서 팬들을 규합해 삽시간에 수만 명이 SNS에 모였고, 이후에는 A의 팬들과 B의 팬들이 온라인상에서 격렬한 댓글 싸움을 벌였다.

① A의 팬들이 하지 않은 말까지 조작하여 B를 인신공격한 일은 악플 쇄도에서 중상 비방에 해당하겠군.

② A의 극렬 팬들이 B를 시기해 악플 쇄도를 퍼부은 행위는 욕구 불만에서 비롯된 행동은 아닌지 점검할 필요가 있겠군.

③ A의 팬들이 A와 B의 데이트 사진을 보고 B를 희생양으로 삼은 것은 SNS의 익명성으로 인한 에코 체임버 현상에서 비롯된 것이군.

④ B의 팬들이 짧은 시간에 수만 명의 팬을 규합할 수 있었던 것은 SNS상의 팔로워나 친구 등록 등의 기능 덕분이겠군.

⑤ A의 팬과 B의 팬이 벌인 격렬한 댓글 싸움은 자신들만 옳고 상대방은 틀렸다는 생각에서 빚어진 집단 간의 싸움이라 할 수 있군.

📋 지문으로 이해하는 독해 지식　**설명문의 구성**

　　설명문은 '머리말 – 본문 – 맺음말'로 구성된다. 머리말에서는 설명하려는 대상을 소개하고, 본문에서는 대상에 대해 자세하게 설명한다. 맺음말에서는 본문의 내용을 요약하고 마무리하며 설명의 의의, 전망과 당부, 전문가로서의 견해 등을 덧붙인다. 이 글에서는 머리말에서 설명하려는 대상인 SNS의 특성과 문제점을 제시하고, 본문에서 SNS의 문제점을 구체적으로 설명하고 있다. 그리고 맺음말에서는 SNS를 사용하는 올바른 태도를 제시하는 전형적인 설명문의 구성을 따르고 있다.

┌───
가 현대 사회에서 사람들은 SNS(Social Network Service)를 통해 편리하게 인간관계를 형성하거나 정보를 주
　　　　　　　　　　　　　　설명하려는 대상 소개 ①
고받고 있다. 이처럼 SNS는 인간의 다양한 욕구를 충족시켜 주는 편리한 방법이지만 그만큼 새로운 사회 문
　　　　　　　　　　　　　　　　　　　　　　　　　　　설명하려는 대상 소개 ②
제도 야기하고 있다.　　　　　　　　　　　　　　　　　　　　　　　　　　　　　▶ 머리말

나 SNS는 다른 사람과 다양하게 연결되면서 자신의 인정 욕구나 자아실현의 욕구를 충족시켜 준다. 그런데
　　　: 대상에 대한 자세한 설명　　　　　　　　　　SNS의 특성
욕구가 충족되지 않으면 그 반동도 생기게 마련인데 SNS상에서는 욕구 불만의 반동으로 '악플 쇄도'가 일어
난다고 알려져 있다. 악플 쇄도는 개인의 언행 등에 대해 인터넷에서 중상 비방이 쇄도하는 현상을 가리킨다.
　　　　　　　　　　　　　　　　　　SNS가 야기하는 사회 문제　　　　　　　　　▶ 본문

바 현대 사회에서는 SNS를 통해 사람과 사람을 쉽게 연결할 수 있게 되었다. 그 편리함은 장점이지만 이로
인해 파생되는 다양한 문제에 대해서는 방치할 수 없다. SNS도 일기가 아니라 다른 사람에게 읽히는 글이므
　　　　　　　　　　　　　　　　　　　　문제 해결을 위한 글쓴이의 당부
로 최대한 감정을 배제해야 할뿐더러 다양한 사람과 매체를 통해 정보를 접하려는 노력도 해야 한다.　▶ 맺음말
└───

공공재에서 발생하는 문제와 코즈 이론

㉠공공재는 많은 사람의 공동 소비를 위해 생산된 국방, 치안, 도로, 공원 등과 같은 재화나 서비스를 말한다. 공공재는 일반적으로 비경합성과 비배제성의 특성을 갖는다. 비경합성은 한 사람의 소비 행위가 다른 사람의 소비에 질이나 양에 아무런 영향을 미치지 않는 일, 즉 가로등 사용 등을 가리킨다. 비배제성은 가격을 지불하지 않고서도 상품의 소비에 배제되지 않는 일, 즉 공중화장실 이용 등을 가리킨다.

그런데 공공재는 이러한 성격으로 인해 공공재를 소비하는 사람들이 그것에 대한 가격을 지불하지 않고 혜택만 누리려는 무임승차*의 문제를 발생시킨다. 즉, 공공재는 비경합성, 비배제성으로 인한 무임승차의 발생으로 공유지*의 비극을 낳게 되는 것이다. 공유지의 비극은 공공재에 대한 무임승차의 욕구로 인해 쉽게 고갈되고 황폐화되는 일을 가리킨다. 누구나 사용할 수 있는 목초지*에 농부들이 소를 데려와 마구 풀을 뜯게 한다면 풀이 고갈되는 비극이 발생하는 것과 같은 원리이다.

공유지의 비극 문제는 경제학에서는 외부 효과와 밀접한 관련성이 있다. 외부 효과는 경제 활동과 관련하여 다른 사람에게 의도하지 않은 혜택이나 손해가 발생했음에도 이에 대한 비용을 치르지 않는 것을 말한다. 외부 효과에서 의도하지 않은 혜택을 보는 경우 외부 경제, 의도하지 않은 손해를 보는 경우 외부 불경제라고 한다. 농부가 비용을 들여 버려야 할 가축 분뇨*를 공유지인 강물에 몰래 방류하면 농부에게는 이익이 되지만 오염된 강물을 마신 하류 지역 사람은 건강을 해쳐 외부 불경제가 발생하게 된다. 이때 농부와 하류 지역 사람이 피해와 관련해 동의할 수 없는 상황이 되면 분쟁이 일어나게 된다.

미국의 경제학자 코즈는 시장 참여자 간의 조정*을 통해 공유지의 비극과 같은 문제를 해결할 수 있다고 하였다. 먼저 코즈는 시장 참여자 간 분쟁이 강물이 공유지이기 때문에 ⓐ벌어진 일이라 보고 강물에 대한 재산권을 확립한 뒤에 협상하도록 해야 한다고 주장한다. 예를 들어, 강물에 대한 재산권이 농부에게 있다면 분뇨를 버릴 때 하류 지역 사람의 동의를 구해야 한다. 반대로 재산권이 하류 지역 사람들에게 있다면 농부에게 분뇨 방류를 줄이도록 요구할 수 있다. 이러한 조정을 통해 분뇨 배출의 양을 낮추거나 하류 지역 사람에게 보상을 하는데, 이를 외부 효과의 내부화라고 한다.

이를 볼 때 코즈는 외부 효과의 문제를 시장 참여자 간의 상호적 성격을 바탕으로 해결하려 하였다. 즉 원인만을 놓고 보자면 분뇨 방류만이 문제가 아니라 하류 지역 사람들이 강물을 마시지 않았다면 외부 효과가 발생하지 않을 것이기 때문이다. 따라서 코즈의 이론은 일방적으로 한쪽을 가해자나 피해자로 상정*하지 않고 상호 원만한 합의를 추구하는 방식으로 외부 효과의 문제를 해결하려 한 것으로 평가된다.

* **무임승차**: 차비를 내지 않고 차를 탐.
* **공유지**: 국가나 공공 단체가 소유하는 땅.
* **목초지**: 가축의 사료가 되는 풀이 자라고 있는 곳.
* **분뇨**: 사람이나 동물이 먹은 음식물을 소화하여 항문으로 내보내는 찌꺼기인 분(糞)과 혈액 속의 노폐물과 수분이 신장에서 걸러져서 방광 속에 괴어 있다가 요도를 통하여 몸 밖으로 배출되는 액체인 요(尿)를 아울러 이르는 말.
* **조정**: 분쟁을 중간에서 화해하게 하거나 서로 타협점을 찾아 합의하도록 함.
* **상정**: 어떤 정황을 가정적으로 생각하여 단정함. 또는 그런 단정.

STEP
Ⅰ

어휘 활용

1 다음 단어를 활용하기에 적절한 문장을 찾아 바르게 연결하시오.

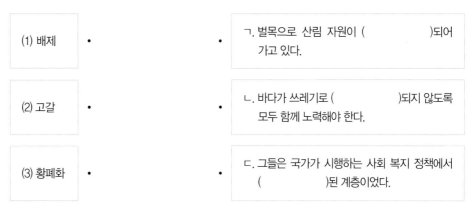

(1) 배제   •

(2) 고갈   •

(3) 황폐화   •

ㄱ. 벌목으로 산림 자원이 (   )되어 가고 있다.

ㄴ. 바다가 쓰레기로 (   )되지 않도록 모두 함께 노력해야 한다.

ㄷ. 그들은 국가가 시행하는 사회 복지 정책에서 (   )된 계층이었다.

어휘 활용

2 다음 밑줄 친 부분이 윗글의 ⓐ와 같은 의미로 사용된 것을 고르시오.

① 벌어진 사발에 국수를 말아 먹었다.

② 밤송이가 벌어진 모양이 탐스러웠다.

③ 지금 한강에는 큰 공사가 벌어지고 있다.

④ 두 사람은 사이가 벌어져 서로 말도 안 한다.

⑤ 이번에 등장한 씨름꾼은 키는 작달막하나 가슴팍이 떡 벌어진 게 여간 다부진 몸매가 아니었다.

STEP
Ⅱ

서술형 중심 화제

1 윗글의 중심 내용을 쓰시오.

(   )

문단 정리

2 다음은 윗글의 각 문단의 중심 내용을 정리한 것이다. 빈칸에 들어갈 알맞은 말을 쓰시오.

1문단	공공재는 비경합성과 ( )이라는 특성이 있다.
2문단	공공재는 그 특성 때문에 무임승차의 문제를 발생시키고 공유지의 비극을 낳게 된다.
3문단	공유지의 비극 문제의 경우 경제학에서는 ( )와 관련성이 있다.
4문단	코즈는 공유지의 비극과 같은 문제는 재산권을 확립한 뒤에 협상으로 해결할 수 있다고 주장하는데, 이를 외부 효과의 내부화라고 한다.
5문단	코즈는 외부 효과의 문제를 원만한 ( )를 통해서 해결하려 했다.

서술형 내용 구조

3 다음 구조도의 빈칸에 알맞은 내용을 써넣어, 윗글의 내용을 정리하시오.

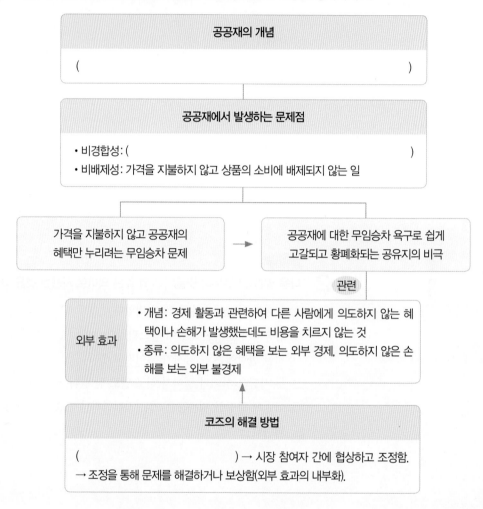

공공재의 개념

(   )

공공재에서 발생하는 문제점

· 비경합성: (   )
· 비배제성: 가격을 지불하지 않고 상품의 소비에 배제되지 않는 일

가격을 지불하지 않고 공공재의
혜택만 누리려는 무임승차 문제

→

공공재에 대한 무임승차 욕구로 쉽게
고갈되고 황폐화되는 공유지의 비극

관련

외부 효과
· 개념: 경제 활동과 관련하여 다른 사람에게 의도하지 않는 혜택이나 손해가 발생했는데도 비용을 치르지 않는 것
· 종류: 의도하지 않은 혜택을 보는 외부 경제, 의도하지 않은 손해를 보는 외부 불경제

코즈의 해결 방법

(   ) → 시장 참여자 간에 협상하고 조정함.
→ 조정을 통해 문제를 해결하거나 보상함(외부 효과의 내부화).

STEP
Ⅲ

수능형 핵심 정보의 이해

1 ㉠에 대한 이해로 적절하지 <u>않은</u> 것은?

① 많은 사람의 공동 소비를 위해 제공된 재화나 서비스를 말한다.

② 한 사람이나 여러 사람이 사용해도 서비스는 동일하다는 특징을 지닌다.

③ 공공재의 혜택 때문에 발생한 공유지의 비극이 무임승차 욕구를 발생시킨다.

④ 서비스 사용에 대한 가격을 지불하지 않고도 사람들이 소비에 참여할 수 있다.

⑤ 가격에 대한 지불 없이 의도치 않게 다른 사람에게 이익을 주거나 피해를 입힐 수 있다.

2 윗글을 읽고 〈보기〉를 이해한 내용으로 적절하지 <u>않은</u> 것은?

보기

가죽을 생산하는 A 공장은 100만 원이 드는 유독 가스 포집* 시설을 설치하지 않고 오염된 가스를 하늘로 방출했고, 이 때문에 인근 주민들은 150만 원의 피해를 당해 양측 간의 분쟁이 발생했다. 이때 법원은 주민들이 깨끗한 공기를 누릴 권리인 환경권을 인정할 것인지 아니면 A 공장이 공기를 오염시킬 수 있는 권리인 오염권을 인정할 것인지를 판결해야 한다. 환경권이 인정되면 A 공장은 유독 가스 배출의 책임을 지고 피해액을 보상하거나 유독 가스 포집 시설을 설치해야 하고, 오염권이 인정되면 인근 주민들은 피해를 감수하거나 A 공장 측에 유독 가스 포집 시설을 설치해 주어야 한다.

* **포집**: 여러 가지 방법으로 일정한 물질 속에 있는 미량 성분을 분리하여 잡아 모으는 일.

① A 공장과 인근 주민의 분쟁은 하늘이 공유지인 상황에서 벌어진 일이군.

② A 공장의 유독 가스 배출 때문에 인근 주민들이 피해를 당한 것에서 외부 불경제가 나타났군.

③ 법원에서 환경권을 인정하게 된다면 A 공장은 유독 가스 포집 시설을 설치하는 것이 이익이겠군.

④ 법원에서 오염권을 인정하게 된다면 인근 주민들은 현재의 피해액을 그대로 감수하는 것이 더 이익이겠군.

⑤ 법원의 판결에 따라 유독 가스 포집 시설이 설치되거나 인근 주민들에 대한 피해 보상이 이루어지면 외부 효과의 내부화가 이루어진 것이군.

📖 지문으로 엮어 읽는 배경지식 **공유지의 비극**

'공유지의 비극'은 미국의 생물학자 개릿 하딘이 만든 개념이다. 여기서 공유지는 아무나 와서 이용할 수 있는 목초지를 말한다. 예를 들어 많은 농부들이 자신의 이익을 극대화하기 위해 더 많은 수의 동물을 공유지인 목초지로 끌고 와 풀을 뜯게 하고 아무도 비용을 지불하지 않는다면, 결국 공유지인 목초지는 아무런 풀도 자라지 못하는 비극적인 상태가 되고 만다는 것이다. 즉 공유지의 비극은 '초지·삼림·공기·물고기·지하자원과 같이 공동체 모두가 사용해야 할 자원을 시장 기능에 맡겨 두면 이를 현재 세대에서 남용해 자원이 고갈될 위험이 있다.'라는 내용을 담고 있는 것이다.

저작권과 CCL

필독 TIP

어휘 ★★★★
문장 ★★★
배경지식 ★★★

이 글은 저작권의 종류와 저작권을 지키기 위한 제도인 CCL을 설명하고 있다. 저작권에 해당하는 저작 인격권과 저작 재산권 각각의 개념과 특징, CCL 표기 부호의 의미를 이해하며 읽도록 한다.

    '저작권'은 사람의 생각이나 감정을 표현한 결과물에 대해 그 표현한 사람에게 주는 권리이다. 그러한 표현의 결과물을 '저작물'이라 하며 저작물은 보호를 받는다. 하지만 모든 표현 결과물이 저작물로 보호받는 것은 아니다. 일상생활에서 자주 쓰이는 간단한 문장들, 사건을 보도하기 위해 사실 그대로를 정리한 글, 단순히 이름순으로 정리한 전화번호부 같은 것들은 누가 하더라도 같거나 비슷하게 표현할 수밖에 없는 것이어서 창작적인 표현이 아니라고 보기 때문에 저작물로 보호하지 않는다.

    저작권은 저작 인격권*과 저작 재산권*으로 분류된다. 저작 인격권은 정신적인 노력의 산물로 만들어 낸 저작물에 대해 저작자가 인격적으로 갖는 권리를 말한다. 저작 인격권은 다른 사람에게 양도*되거나 상속*되지 않는, 저작자에게만 인정되는 권리로서 공표권, 성명 표시권, 동일성 유지권으로 구분된다. 공표권이란 저작물에 대한 공표* 여부를 결정하고 공표 방법을 선택할 수 있는 권리이고, 성명 표시권이란 저작자가 저작물에 대해 자신이 저작자임을 주장하고 이를 표시할 수 있는 권리이다. 또한 동일성 유지권이란 자신의 저작물이 창작한 본래의 모습대로 활용되도록 하는 권리이다.

    저작 재산권은 저작물을 일정한 방식으로 이용하는 것으로부터 발생하는 경제적 이익을 보호하기 위한 권리이다. 저작 재산권은 저작 인격권과 달리 권리들을 나누어서 개별적으로 행사하거나 양도 또는 상속하는 등 처분을 할 수 있다. 저작 재산권은 저작물에 대한 행위에 따라 다양하게 구분할 수 있다. 저작물을 인쇄, 복사하거나 사진을 찍는 등의 권리인 복제권, 여러 사람 앞에서 저작물을 공개할 수 있는 권리인 공연권, 저작물의 원본이나 복제물을 여러 사람에게 나눠 주거나 빌려주는 것을 할 수 있는 권리인 배포권 등이 저작 재산권에 해당한다.

    온라인의 검색이 편리해진 요즘, 우리는 저작권을 보호하기 위해 저작권의 보호와 사용에 대한 CC라이선스(CCL)를 반드시 이해해야 한다. CCL이란 '저작물 자유 이용 허락 표시 제도'라는 뜻으로, 저작권자가 본인의 저작물에 대한 권리 사항을 표시하여 정해 둔 범위 내에서 사람들이 저작물을 이용하게 한 제도이다. 저작물에는 신호등처럼 창작물에 CCL 관련된 부호*가 4개 주어지게 되고, 그 부호의 조건에 맞춰 콘텐츠를 사용할 수 있다.

    ⓘ는 저작자 표시 부호로 저작자의 이름, 출처 등 저작자를 반드시 표시해야 한다는 필수 조건이다. 저작물을 복사하거나 다른 곳에 게시할 때도 반드시 저작자와 출처를 표시해야 한다. Ⓢ는 비영리 부호로, 저작물을 영리 목적으로 이용할 수 없음을 의미한다. 따라서 영리 목적을 위해서는 저작자와의 별도의 계약이 필요하다. ⊜는 변경 금지 부호로, 저작물을 변경하거나 저작물을 이용해 2차 저작물을 만드는 것을 금지한다는 의미이다. ◎는 동일 조건 변경 허락 부호로, 2차 저작물 창작을 허용하되, 2차 저작물에 원 저작물과 동일한 라이선스를 적용해야 한다는 의미이다. 저작물을 이용하는 사람이 이와 같은 4개 조건의 부호를 명확히 이해하면 저작권 분쟁 없이 저작물을 이용할 수 있다.

＊ 인격권: 권리의 주체와 분리하여 생각할 수 없는 인격적 이익을 내용으로 하는 권리.

＊ 재산권: 경제적 이익을 목적으로 하는 법적인 권리.

＊ 양도: 재산이나 물건을 남에게 넘겨줌. 또는 그런 일.

＊ 상속: 일정한 친족 관계가 있는 사람 사이에서, 한 사람이 사망한 후에 다른 사람에게 재산에 관한 권리와 의무의 일체를 이어 주거나, 다른 사람이 사망한 사람으로부터 그 권리와 의무의 일체를 이어받는 일.

＊ 공표: 여러 사람에게 널리 드러내어 알림.

＊ 부호: 일정한 뜻을 나타내기 위하여 따로 정하여 쓰는 기호.

STEP I

어휘 활용

1 다음 문장의 빈칸에 들어갈 알맞은 단어를 〈보기〉에서 찾아 쓰시오.

┌─ 보기 ───┐
- 권리: 어떤 일을 행하거나 타인에 대하여 당연히 요구할 수 있는 힘이나 자격.
- 복제물: 본디의 것과 똑같게 본떠 만든 물건.
- 출처: 사물이나 말 따위가 생기거나 나온 근거.
- 영리: 재산상의 이익을 꾀함. 또는 그 이익.
└───┘

(1) 기업의 첫째 목적은 (   )를 추구하는 것이다.

(2) 모든 국민은 인간다운 생활을 할 (   )가 있다.

(3) 그가 그린 동양화 (   )은 진품과 거의 차이가 없다.

(4) 남의 책에서 내용을 인용했으면 그 (   )를 꼭 밝혀야 한다.

서술형 어휘 의미

2 다음은 윗글에 제시된 '저작자'의 의미를 알기 위해 찾아본 내용이다. 이를 통해 알 수 있는 '저작자'의 의미를 빈칸에 쓰시오.

┌────────────────────────────┐   ┌────────────────────────────┐
│ 저작(著作): 著(저: 나타나다), 作(작: 짓 │   →   │ 저작자(著作者): 著(저: 나타나다), 作(작: │
│ 다) → 예술이나 학문에 관한 책이나 작품 │   │ 짓다), 者(자: 사람) → (│
│ 따위를 지음.   │   │   ) │
└────────────────────────────┘   └────────────────────────────┘

STEP II

서술형 중심 화제

1 윗글의 중심 내용을 쓰시오.

(   )

문단 정리

2 다음은 윗글의 각 문단의 중심 내용을 정리한 것이다. 빈칸에 들어갈 알맞은 말을 쓰시오.

1문단	저작권은 사람의 생각이나 감정을 표현한 결과물에 대한 권리를 말하고, 그 표현의 결과물을 ( )이라고 한다.
2문단	저작 인격권에는 공표권, 성명 표시권, 동일성 유지권이 있다.
3문단	저작 ( )에는 복제권, 공연권, 배포권이 있다.
4문단	CCL은 저작권자가 본인의 저작물에 대한 권리 사항을 표시하여 정해 둔 범위 내에서 저작물을 이용하게 한 제도이다.
5문단	CCL에는 저작자 표시 부호, ( ) 부호, 변경 금지 부호, 동일 조건 변경 허락 부호가 있다.

서술형 | 내용 구조

3 다음 구조도의 빈칸에 알맞은 내용을 써넣어, 윗글의 내용을 정리하시오.

저작권의 개념

사람의 생각이나 감정을 표현한 결과물에 대해 그 표현한 사람에게 주는 권리

저작 인격권

- 개념: 정신적인 노력의 산물로 만들어 낸 저작물에 대해 저작자가 인격적으로 갖는 권리
- 특성: 양도나 상속 불가
- 하위 권리: 공표권, 성명 표시권, 동일성 유지권

저작 재산권

- 개념: 저작물을 일정한 방식으로 이용하는 것으로부터 발생하는 경제적 이익을 보호하기 위한 권리
- 특성: (   )
- 하위 권리: 복제권, 공연권, 배포권

CCL의 개념

저작자가 본인의 저작물을 정해 둔 범위 내에서 사람들이 이용하게 한 제도

- 개념: 저작자 표시 부호
- 의미: 저작자와 출처를 반드시 표시해야 함.

- 개념: 비영리 부호
- 의미: (   )

- 개념: 변경 금지 부호
- 의미: 저작물 변경 및 2차 저작물 창작을 금지함.

- 개념: 동일 조건 변경 허락 부호
- 의미: (   )

STEP Ⅲ

수능형 | 세부 정보의 확인

1 윗글의 내용과 일치하지 <u>않는</u> 것은?

① 저작자가 인격적으로 갖는 권리는 저작자의 자녀에게 상속될 수 있다.

② 자신이 저작자임을 알리고 저작물에 표시할 수 있는 권리는 성명 표시권이다.

③ 방학 중 반 친구들의 연락처를 정리하여 문서화한 결과물은 저작물로 보호받지 못한다.

④ 저작물을 창작했던 당시와 다른 모습으로 활용하면 동일성 유지권을 훼손한 것으로 볼 수 있다.

⑤ 저작자는 자신이 창작한 포스터의 복제권을 전문 광고 업체에 양도하여 경제적 이익을 얻을 수 있다.

수능형 구체적 상황에 적용

2 매체 자료를 제작하며 CCL을 활용할 때, 〈보기〉에 나타난 콘텐츠 이용 방법으로 적절하지 않은 것은?

보기

CCL 표기	콘텐츠 이용 방법	
CC ⓘ BY	저작자의 이름, 저작물의 제목, 출처 등 저작자에 관한 표시를 해야 한다.	········ ㉮
CC ⓘ Ⓢ BY NC	저작자를 밝히면 자유로운 이용이 가능하지만, 영리 목적으로 이용할 수 없다.	········ ㉯
CC ⓘ ⊜ BY ND	저작자를 밝히면 자유로운 이용이 가능하지만, 변경 없이 그대로 이용해야 한다.	········ ㉰
CC ⓘ ↻ BY SA	저작자를 밝히면 자유로운 이용이 가능하지만, 2차 저작물 창작을 허용하지 않는다.	········ ㉱
CC ⓘ Ⓢ ⊜ BY NC ND	저작자를 밝히면 자유로운 이용이 가능하지만, 영리 목적으로 이용할 수 없고 변경 없이 그대로 이용해야 한다.	········ ㉲

① ㉮   ② ㉯   ③ ㉰   ④ ㉱   ⑤ ㉲

◎ 지문으로 분석하는 시각 자료 CCL

CCL은 Creative Commons License의 약자로, 특정 조건에 따라 저작물 배포를 허용하는 저작권 라이선스 중 하나이다. 일반적으로 4개의 권리를 선택하여 사용할 수 있으며, 이들을 조합해 여러 가지 저작권 라이선스를 만들 수 있다. 이를 바탕으로 각 라이선스의 특징을 이해하고, 제시된 자료를 해석하여 선지 정보의 적절성을 판단한다.

	• 개념: 저작자 표시 부호(Attribution; BY) • 의미: 가장 기본적인 속성으로, 해당 저작물을 만든 사람을 표시하는 것이다. 해당 저작물을 사용할 때 저작자를 반드시 표시하고, 저작물을 복사하거나 다른 곳에 게시할 때도 반드시 저작자와 출처를 표시해야 한다.
	• 개념: 비영리 부호(Noncommercial; NC) • 의미: 해당 저작물을 상업적 이익이나 금전적 보상을 주된 목적으로 이용할 수 없다는 것이다. 영리 목적을 위해 사용할 때는 반드시 저작권자의 동의를 받고 별도의 계약을 해야 한다.
	• 개념: 변경 금지 부호(No Derivative Works; ND) • 의미: 해당 저작물의 내용을 바꿀 수 없다는 것이다. 이는 해당 저작물에 대한 단순 편집도 허용하지 않으며, 해당 저작물을 활용한 2차 저작물을 만드는 것도 금지한다.
	• 개념: 동일 조건 변경 허락 부호(Share Alike; SA) • 의미: 해당 저작물의 내용을 바꿀 수는 있으나, 반드시 같은 조건을 적용하여 배포해야 한다는 것이다. 해당 저작물을 활용한 2차 저작물을 만드는 것은 허용하되, 2차 저작물에 원 저작물과 동일한 라이선스를 적용해야 한다.

죄형 법정주의

필독 TIP
어휘 ★★★★
문장 ★★★
배경지식 ★★★

이 글은 형법에서 제정한 원칙인 죄형 법정주의의 발생 배경과 성립 요건을 설명하고 있다. 죄형 법정주의의 개념과 성립 요건을 이해하며 읽도록 한다.

형법*에서 죄형* 법정주의는 어떤 행위가 범죄로 되어 어떤 형벌을 받을 것인가를 판결할 때 그 행위 이전에 법률이 미리 정해 두지 않는 한 그 행위를 범죄로 처벌할 수 없다는 원칙을 말한다. 죄형 법정주의는 '법률이 없으면 범죄도 없고 형벌도 없다.'라는 의미를 나타내는데, 이때 '법률이 없다'는 것은 법률에 범죄가 명문*으로 규정되어 있지 않다는 뜻이다. 죄형 법정주의는 중세 절대주의* 국가의 임의적*인 형벌권 행사에 대한 대항적 원리에서 비롯된 원칙으로서, 개인의 자유와 권리를 보장하기 위한 원칙이다.

죄형 법정주의는 권력 분립의 원칙에서 유래한다. 입법부는 법률의 제정을, 사법부는 법률의 적용을, 행정부는 법률의 집행을 담당하는데, 죄형 법정주의를 통해 상호 견제하여 권한 행사의 남용을 방지한다. 법규의 제정은 입법부의 몫이므로, 사법부나 행정부가 마음대로 법규를 제정하여 시민을 처벌하지 못한다.

먼저 죄형 법정주의는 어떤 행위에 대한 법률의 흠결* 문제를 살펴야 한다. 법률의 흠결은 법관이 어떤 행위의 사실관계를 판단할 법 규범이 없는 상황을 가리킨다. 법률의 흠결을 명분으로 재판을 하지 않으면 직무 유기에 해당하므로 법관은 이를 해결해야 한다. 이때 법관은 기존의 법 규범을 토대로 해석을 하게 되는데, 해석에는 흠결의 보완으로 인정되는 확장 해석과 흠결의 보완으로 인정하지 않는 유추 해석이 있다.

확장 해석은 이미 존재하고 있는 법 규범을 토대로 그 목표나 방향 설정의 범위 내에서 법규의 의미를 넓혀 가는 것이다. 예를 들어 구타 행위로 인해 외상은 없으나 정신적 충격으로 수면 장애 등이 발생했다면 상해에 관한 형법 257조를 근거로 신체를 해하는 행위뿐 아니라 생리적 기능의 훼손도 상해로 확장 해석하여 ㉠유죄로 인정하는 것이다.

유추 해석은 확장 해석과 달리 기존의 법 규범이 존재하지 않는 영역에서 수행하는 해석이므로 죄형 법정주의에서는 금지된다. 19세기 말 독일 형법에서는 절도죄의 객체를 동산으로 규정하고 있었다. 따라서 남의 집에서 전기를 무단으로 사용한 사건에서, 전기를 동산으로 유추하는 것을 금지해 결국 ㉡무죄가 선고됐다. 전기를 동산으로 유추하면 법률의 창설이나 근거 없는 보충이 되어 피고인*에게 불리하게 되므로 유추 해석이 허용되지 않은 것이다.

확장 해석과 유추 해석은 유추적 사고 과정을 필요로 하기 때문에 그 구분은 사실 분명하지 않다. 그 구분으로 제시되는 기준이 '언어의 가능한 의미'인데, 언어의 가능한 의미가 인정되면 확장 해석이고, 그 의미를 넘어서는 해석은 유추 해석이다. 언어의 가능한 의미는 일반인의 이해나 예측에 기초한 것으로, 그 범위를 초월하지 않으면 확장 해석이고, 피고인에게 불리한 방향으로 그 의미를 넘어서면 유추 해석이라 할 수 있다.

* **형법**: 범죄와 형벌에 관한 법률 체계. 어떤 행위가 처벌되고 그 처벌은 어느 정도이며 어떤 종류의 것인가를 규정한다.
* **죄형**: 범죄와 형벌을 아울러 이르는 말.
* **명문**: 글로 명백히 기록된 문구. 또는 그런 조문(條文).
* **절대주의**: 군주에게 절대적인 권력을 부여하는 정치 사상.
* **임의적**: 일정한 기준이나 원칙 없이 하고 싶은 대로 하는 것.
* **흠결**: 일정한 수효에서 부족함이 생김. 또는 그런 부족.
* **피고인**: 형사 소송에서, 검사에 의하여 형사 책임을 져야 할 자로 공소 제기를 받은 사람.

STEP
Ⅰ

어휘 활용

1 다음 단어를 활용하기에 적절한 문장을 찾아 바르게 연결하시오.

(1) 외상   •

(2) 충격   •

(3) 장애   •

(4) 상해   •

ㄱ. 친구의 사고 소식에 큰 (   )
을 받았다.

ㄴ. 봄에는 호흡기 (   )를 겪는
사람들이 많다.

ㄷ. 학교에서 집으로 가는 길에 자동차 사고
로 (   )를 입었다.

ㄹ. 넘어져서 여기저기 멍이 들기는 하였지만
(   )은 심하지 않았다.

서술형 어휘 의미

2 다음은 윗글의 ㉠, ㉡의 한자의 뜻이다. 이를 참고하여 각 단어의 의미를 빈칸에 쓰시오.

㉠ 유죄(有罪): 有(유: 있다), 罪(죄: 허물) → ( )	↔	㉡ 무죄(無罪): 無(무: 없다), 罪(죄: 허물) → ( )

STEP
Ⅱ

서술형 중심 화제

1 윗글의 중심 내용을 쓰시오.

(   )

문단 정리

2 다음은 윗글의 각 문단의 중심 내용을 정리한 것이다. 빈칸에 들어갈 알맞은 말을 쓰시오.

1문단	죄형 법정주의는 법률이 있어야 ( )을 내릴 수 있다는 원칙이다.
2문단	죄형 법정주의는 입법부, 사법부, 행정부의 ( ) 분립 원칙에서 유래한다.
3문단	죄형 법정주의는 어떤 행위의 사실관계를 판단할 법 규범이 없는 법률의 흠결 문제를 살펴야 한다.
4문단	확장 해석은 이미 존재하고 있는 법 규범을 토대로 그 목표나 방향 설정의 범위 내에서 법규의 의미를 넓혀 가는 것이다.
5문단	유추 해석은 기존의 법 규범이 존재하지 않는 영역에서 수행하는 해석으로 죄형 법정주의에서는 금지된다.
6문단	'언어의 가능한 ( )'를 통해 확장 해석과 유추 해석을 구분한다.

내용 구조

3 다음 구조도의 빈칸에 알맞은 말을 써넣어, 윗글의 내용을 정리하시오.

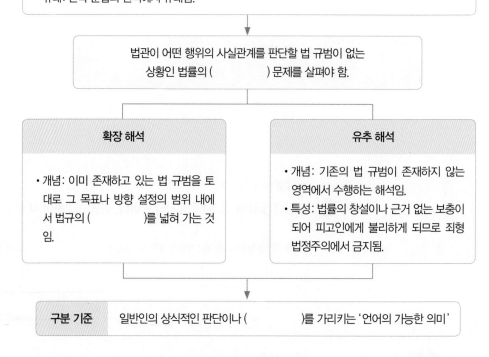

죄형 법정주의

• 개념: 어떤 행위가 범죄로 되어 어떤 형벌을 받을 것인가를 판결할 때, 그 행위 이전에 법률로 미리 정해 두지 않는 한 그 행위를 범죄로 처벌할 수 없다는 원칙
• 발생 배경: 중세 절대주의 국가의 임의적인 형벌권 행사에 대한 대항적 원리에서 비롯됨.
• 유래: 권력 분립의 원칙에서 유래함.

↓

법관이 어떤 행위의 사실관계를 판단할 법 규범이 없는 상황인 법률의 (　　　　) 문제를 살펴야 함.

확장 해석

• 개념: 이미 존재하고 있는 법 규범을 토대로 그 목표나 방향 설정의 범위 내에서 법규의 (　　　　)를 넓혀 가는 것임.

유추 해석

• 개념: 기존의 법 규범이 존재하지 않는 영역에서 수행하는 해석임.
• 특성: 법률의 창설이나 근거 없는 보충이 되어 피고인에게 불리하게 되므로 죄형 법정주의에서 금지됨.

↓

구분 기준　일반인의 상식적인 판단이나 (　　　　)를 가리키는 '언어의 가능한 의미'

STEP
Ⅲ

수능형 세부 정보의 파악

1 윗글에서 답을 찾을 수 있는 질문으로 적절하지 않은 것은?

① 죄형 법정주의에서 '법률이 없다'는 무슨 의미인가?

② 죄형 법정주의를 파생시킨 역사적 사건은 무엇인가?

③ 죄형 법정주의라는 원칙이 수립된 취지는 무엇인가?

④ 법률의 흠결에서 법관이 취해야 할 태도는 무엇인가?

⑤ 확장 해석과 유추 해석을 구분하는 일반적인 기준은 무엇인가?

수능형 | 반응의 적절성 판단

2 윗글을 읽은 학생이 〈보기〉에 대해 보인 반응으로 적절하지 <u>않은</u> 것은?

┌─ 보기 ───┐
│ 2012년 갑은 다른 지역에서 출생·사육한 소를 매입해, 한우로 유명한 ○○ 지역에서 2~3개
│월 사육한 후 도축해 '○○ 한우'라는 이름으로 전국에 판매하였다. 당시 '농산물 품질 관리법'
│은 농산물의 원산지를 허위로 표시하는 행위에 관한 언급과 그에 관한 처벌 규정만 있었을 뿐,
│원산지 표시 행위에 관한 분명한 판단 기준이 없어서 갑의 처벌을 두고 사회적으로 크게 논란이
│되었다. 결국 대법원은 유추 해석을 해서는 안 된다는 원칙을 제시하면서 무죄를 선고했고, 국회
│에서는 원산지 표시와 관련해 12개월 사육이라는 기준을 추가하는 법률을 제정하였다.
└──┘

① 소의 사육 기간과 관련해 원산지 표시의 위반 여부를 가릴 기준이 없다는 점에서 법률의 흠결이 발생했군.

② 갑이 소를 2~3개월 동안 ○○ 지역에서 열심히 사육한 사실을 일반인들까지 이해할 정도가 되면 확장 해석이 가능했겠군.

③ 당시 '농산물 품질 관리법'은 농산물의 원산지를 허위로 표시하는 행위에 관한 언급만 있었기 때문에 이를 근거로 다른 지역에서 출생·사육한 소를 2~3개월 동안 ○○ 지역에서 사육하고 '○○ 한우'라고 판매한 갑의 행위를 원산지 표시 위반이라고 유추 해석하기 어려웠겠군.

④ 대법원이 갑의 행위에 대해 무죄를 선고한 것은 원산지 표시에 관한 판단 기준이 분명하지 않아 유추 해석을 하면 갑에게 불리할 수도 있었기 때문이군.

⑤ 갑의 사례를 통해 국회가 원산지 표시와 관련해 12개월 사육이라는 기준을 마련한 것은 입법부의 기능을 발휘해 법률의 흠결을 보완한 것이군.

📖 지문으로 이해하는 독해 지식 **상술**

앞의 내용을 좀 더 알기 쉽게 구체적으로 풀어서 설명하는 방법을 상술이라고 한다. 부연이 앞의 내용에 새로운 내용을 덧붙여 이해를 돕는다면, 상술은 앞의 내용을 구체적이고 상세화하여 이해를 돕는 역할을 한다. 이 글에서는 죄형 법정주의와 '법률이 없다'라는 개념의 이해를 돕기 위해 구체적이고 상세하게 설명하고 있다.

┌──┐
│ 형법에서 죄형 법정주의는 어떤 행위가 범죄로 되어 어떤 형벌을 받을 것인가를 판결할 때 그 행위 이전에 법률
│   ▓▓ : 상술로 설명하려는 내용   죄형 법정주의의 개념
│로 미리 정해 두지 않는 한 그 행위를 범죄로 처벌할 수 없다는 원칙을 말한다. 죄형 법정주의는 '법률이 없으면 범
│죄도 없고 형벌도 없다.'라는 의미를 나타내는데, 이때 '법률이 없다'는 것은 법률에 범죄가 명문으로 규정되어 있
│   죄형 법정주의에 대한 설명 ①   '법률이 없다'의 개념
│지 않다는 뜻이다. 죄형 법정주의는 중세 절대주의 국가의 임의적인 형벌권 행사에 대한 대항적 원리에서 비롯된
│   죄형 법정주의에 대한 설명 ②
│원칙으로서, 개인의 자유와 권리를 보장하기 위한 원칙이다.
└──┘

환율이 변하면 어떻게 될까?

필독 TIP

어휘 ★★★★
문장 ★★★★
배경지식 ★★★★

이 글은 서로 다른 나라 화폐의 교환 비율인 환율을 설명하고 있다. 환율 운용 방식에 따른 환율의 종류와 각 환율의 특성을 이해하며 읽도록 한다.

우리나라와 외국 간의 경제적 거래가 이뤄지려면 원화*와 외국 돈을 서로 교환해야 한다. 이때 화폐*의 교환 비율을 환율이라 한다. 환율은 외국 돈이 거래되는 외환 시장*에서 외국 돈에 대한 수요와 공급에 의해 결정된다. 상품에 가격이 매겨지는 것처럼 외환 시장에서 거래되는 외국 돈의 가격이 환율이 되는 것이다. 외국에서 상품과 서비스를 수입하거나 외국의 금융 상품에 투자하는 경우에는 외국 돈에 대한 수요가 늘어나 환율이 상승한다. 반대로 우리나라의 상품과 서비스를 외국에 수출하거나 외국인이 우리나라 금융 상품에 투자하는 경우에는 외국 돈이 많아져 환율이 하락한다. 이 밖에도 환율은 국내외 정치 상황이나 심리적 요인 등에도 민감하게 반응한다.

이처럼 환율이 외환 시장에서 외국 돈에 대한 수요와 공급에 의해 결정되는 시스템을 변동 환율 제도라고 하며 반대로 환율을 일정 수준으로 정해 놓는 방식은 고정 환율 제도라고 한다. 이 중 고정 환율 제도는 환율을 일정하게 유지해야 하다 보니 여기에 맞춰 통화 정책*을 유지해야 한다는 문제가 발생한다. 물가 안정이나 금융 안정 등 목표를 달성하기 위해 국내 경제 사정을 고려해서 적절한 통화 정책을 펼쳐야 하는데 그럴 수가 없는 것이다. 이 때문에 한국을 비롯해 시장 경제를 도입한 많은 나라는 변동 환율 제도를 운영하고 있다.

우리가 흔히 ㉠접하는 환율은 명목 환율이다. 명목 환율은 자국 돈으로 표시한 외국 돈의 상대적 가치라고 말할 수 있다. 명목 환율은 '원/달러', '원/유로'처럼 비교 대상을 묶어 함께 표기한다. 달러당 1,000원에서 1,100원으로 변동된 경우를 떠올려 보자. 이러한 원/달러 환율의 상승은 국내 통화 가치의 하락과 달러 통화 가치의 상승을 의미한다. 한편 이런 환율 변화에 대해 원화가 평가 절하, 달러는 평가 절상되었다고도 말한다. 그러나 명목 환율은 교환 비율만을 나타낼 뿐, 서로 다른 국가 간 제품 경쟁력을 측정하는 데에는 한계가 있다.

이를 보완하기 위해 도입된 개념이 실질 환율이다. 예를 들어 명목 환율이 달러당 1,200원일 때 제품 특성이 동일한 핸드폰 A와 B가 있고, A는 한국에서 1대에 60만 원, B는 미국에서 1대에 120달러로 판매되고 있다고 가정해 보자. 이 경우 가격을 비교하기 위해서는 동일한 통화로 변환시킬 필요가 있다. 다시 말해 명목 환율(S)이 '원/달러'로 표시되었다면 두 제품 간의 가격 비교는 'S(1,200)×B의 가격÷A의 가격'의 형태로 나타냄으로써 달러에 대한 원화의 실질 환율을 구하여 가격을 비교할 수 있다. 다시 말해 실질 환율이 상승한다는 것은 동일 통화로 환산했을 때 해외 제품 가격이 국내 제품 가격보다 높다는 것을 의미하는 것이다. 일반적으로 실질 환율은 하나의 제품 가격 비교에 사용하지는 않고 전체 물가를 대표할 수 있는 소비자 물가 지수* 등을 사용하여 계산된다. 따라서 실질 환율의 변화를 통해 국내 제품의 국제 경쟁력 개선 여부나 우리나라의 무역 상황의 실태를 파악할 수 있다.

* **원화**: 원을 화폐 단위로 하는 한국의 화폐.
* **화폐**: 상품 교환 가치의 척도가 되며 그것의 교환을 매개하는 일반화된 수단. 주화, 지폐, 은행권 따위가 있다.
* **외환 시장**: 외국환이 거래되고 외국환 시세가 이루어지는 시장.
* **통화 정책**: 통화의 수량을 늘리거나 줄여서 국내의 경제 흐름을 통제하고 조절하려는 정책. 금리 정책, 공개 시장 운영, 지급 준비율 변경 정책 따위가 있다.
* **소비자 물가 지수**: 소비자 가격 조사에 따라 일정한 시기의 소비자 가격을 기준으로 해서 그 변동을 백분율로 나타낸 수.

STEP I

어휘 의미

1 다음 〈보기〉는 단어의 사전적 의미이다. 반대되는 의미를 지닌 단어끼리 묶으시오.

보기

• 변동 : 바뀌어 달라짐.
• 실질 : 실제로 있는 본바탕.
• 명목 : 겉으로 내세우는 이름.
• 고정 : 한번 정한 대로 변경하지 아니함.
• 수요 : 어떤 재화나 용역을 일정한 가격으로 사려고 하는 욕구.
• 공급 : 교환하거나 판매하기 위하여 시장에 재화나 용역을 제공하는 일. 또는 그 제공된 상품의 양.

(1) (   ) ↔ (   )

(2) (   ) ↔ (   )

(3) (   ) ↔ (   )

어휘 활용

2 윗글의 ㉠과 문맥적 의미가 같은 것을 고르시오.

① 만나는   ② 연구하는

③ 이용하는   ④ 알고 있는

⑤ 볼 수 있는

STEP II

서술형 **중심 화제**

1 윗글의 중심 내용을 쓰시오.

(   )

문단 정리

2 다음은 윗글의 각 문단의 중심 내용을 정리한 것이다. 빈칸에 들어갈 알맞은 말을 쓰시오.

1문단	( )와 외국 돈을 교환할 때 화폐의 교환 비율이 환율이며, 환율은 여러 가지 요인에 따라 결정된다.
2문단	환율에는 변동 환율 제도와 고정 환율 제도가 있는데, 시장 경제를 도입한 많은 나라가 ( ) 환율 제도를 운영한다.
3문단	명목 환율은 자국 돈으로 표시한 외국 돈의 상대적 가치로, 서로 다른 국가 간 제품 경쟁력을 측정하는 데 한계가 있다.
4문단	명목 환율을 보완하기 위해 도입된 ( ) 환율을 통해 국내 제품의 국제 경쟁력 개선 여부나 무역 상황의 실태를 파악할 수 있다.

서술형 내용 구조

3 다음 구조도의 빈칸에 알맞은 내용을 써넣어, 윗글의 내용을 정리하시오.

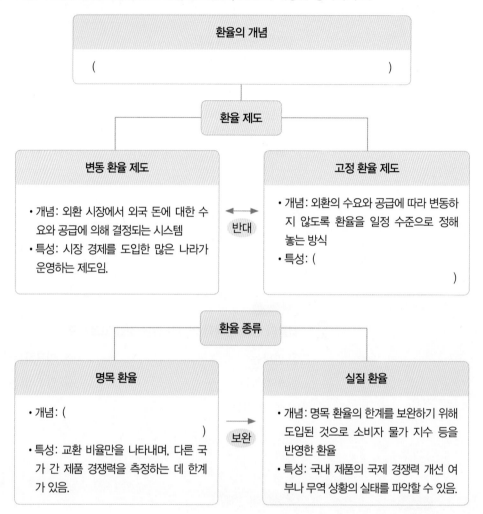

환율의 개념

(   )

환율 제도

변동 환율 제도

• 개념: 외환 시장에서 외국 돈에 대한 수요와 공급에 의해 결정되는 시스템
• 특성: 시장 경제를 도입한 많은 나라가 운영하는 제도임.

← 반대 →

고정 환율 제도

• 개념: 외환의 수요와 공급에 따라 변동하지 않도록 환율을 일정 수준으로 정해 놓는 방식
• 특성: (   )

환율 종류

명목 환율

• 개념: (   )
• 특성: 교환 비율만을 나타내며, 다른 국가 간 제품 경쟁력을 측정하는 데 한계가 있음.

→ 보완 →

실질 환율

• 개념: 명목 환율의 한계를 보완하기 위해 도입된 것으로 소비자 물가 지수 등을 반영한 환율
• 특성: 국내 제품의 국제 경쟁력 개선 여부나 무역 상황의 실태를 파악할 수 있음.

STEP Ⅲ

수능형 세부 정보의 추론

1 윗글에 대한 이해로 가장 적절한 것은?

① 우리나라의 상품 수출량이 급격히 늘어난다면, 원화의 평가 절상이 나타나겠군.

② 시장 경제를 도입한 국가에서는 일반적으로 변동 환율 제도보다 고정 환율 제도를 운영하고 있군.

③ 실질 환율은 한 제품의 국내 가격과 외국에서 판매하는 가격의 차이를 비교할 때 주로 활용되는군.

④ 명목 환율은 각국 통화 간 교환 비율을, 실질 환율은 여러 국가와 한 국가의 통화 간 교환 비율을 의미하는군.

⑤ 원화의 가격이 달러당 1,200원에서 1,300원이 되었다면, 원화에 대한 달러의 통화 가치 하락이 나타난 것이로군.

수능형 구체적 상황에 적용

2 윗글을 참고할 때, 〈보기〉의 ㉮~㉰에 들어갈 내용으로 적절한 것은?

> **보기**
>
> 우리나라는 시장 경제 제도를 도입하고 있으며, 외환 시장에서 외국 돈에 대한 수요와 공급에 의해 환율이 결정되는 시스템인 변동 환율 제도를 활용하고 있다.
>
> 지난달 명목 환율은 '1,200원/1달러'였으나, 우리나라의 상품과 서비스의 수출이 꾸준히 증가하여 외국 돈이 우리나라로 많이 유입되었다. 그 후 원화의 가치가 (㉮)하고 달러의 가치가 (㉯)하여, 이번 달 명목 환율은 '1,100원/1달러'가 되었다.
>
> 현재 1kg당 쌀의 가격이 우리나라에서는 3,000원이고, 미국에서는 3달러이다. 이를 실질 환율로 계산한다면 (㉰)이 된다.

	㉮	㉯	㉰
①	상승	유지	1.0
②	상승	하락	1.0
③	상승	하락	1.1
④	하락	상승	1.0
⑤	하락	상승	1.1

지문으로 이해하는 독해 지식 **대조**

둘 이상의 대상을 견주어 차이점을 중심으로 설명하는 방법을 대조라고 한다. 대조를 활용하면 각 대상의 장점이나 효과, 특성이 좀 더 잘 드러나는 효과를 얻을 수 있다. 이 글에서는 원화와 외국 돈의 교환 비율인 환율의 상승과 하락, 환율의 변동에 따른 환율 제도인 변동 환율 제도와 환율이 고정된 고정 환율 제도를 대조의 방법을 활용해 설명하고 있다.

- 외국에서 상품과 서비스를 수입하거나 외국의 금융 상품에 투자하는 경우에는 외국 돈에 대한 수요가 늘어나 환율이 상승한다. 반대로 우리나라의 상품과 서비스를 외국에 수출하거나 외국인이 우리나라 금융 상품에 투자하는 경우에는 외국 돈이 많아져 환율이 하락한다. ▩ : 대조로 설명하려는 내용
  환율 상승 요인 / 대조 / 환율 하락 요인

- 환율이 외환 시장에서 외국 돈에 대한 수요와 공급에 의해 결정되는 시스템을 변동 환율 제도라고 하며 반대로 환율을 일정 수준으로 정해 놓는 방식은 고정 환율 제도라고 한다.
  변동 환율 제도의 개념 / 고정 환율 제도의 개념 / 대조

사회 집단

필독 TIP

어휘 ★★
문장 ★★★
배경지식 ★★★

이 글은 사회 집단의 개념과
특징에 대해 설명하고 있다.
사회 집단의 특징을 이해하
고, 사회 집단이 단순한 사
람들의 집합체와 어떤 점에
서 차이가 있는지 파악하며
읽도록 한다.

인간은 태어나면서부터 가족, 학교, 직장, 도시 또는 농촌 등과 같은 다양한 집단* 속에서 다른 사람들과 관계를 맺으면서 살아간다. 이렇듯 인간은 사회생활의 과정에서 여러 사회 집단*의 구성원으로 소속되어 있다. 그래서 아리스토텔레스는 인간을 '사회적 동물'이라고 불렀다.

이렇듯 사회 집단이 인간의 삶에서 중요한 것임에도 불구하고 그 정의를 내리는 것이 그리 간단한 일은 아니다. 우리는 일반적으로 다음의 기준들을 만족시킬 경우 그 모임을 사회 집단이라고 말한다. 첫째, 한 가지 이상의 특성을 공유한다. 둘째, 같은 집단의 구성원이라는 소속감이 있다. 셋째, 비교적 지속적인 상호 작용 관계에 있다. 이에 따르면 사회 집단이란 공통된 신념이나 태도 혹은 목표를 가진 두 사람 이상이 어느 정도의 공동체 의식*을 갖고 비교적 지속적인 상호 작용을 하는 결합체*를 의미한다.

사회 집단은 단순한 사람들의 집합체*와는 구분된다. 대형 공연장에서 아이돌 그룹이 콘서트를 하고 있고 ⓐ객석에는 수천 명의 ⓑ관중들이 환호를 보내고 있다고 가정해 보자. 이때 ㉠아이돌 그룹은 하나의 사회 집단이라고 할 수 있다. 음악이라는 특성을 공유하면서, 한 팀이라는 소속감을 갖고, 함께 지속적인 음악 활동을 하고 있기 때문이다.

반면 객석에 모인 관중들은 비록 그 숫자는 아이돌 그룹보다 훨씬 많지만 엄밀한 의미의 사회 집단이라고는 할 수 없다. 이들은 단지 이 공연을 보기 위해 일시적으로 모인 사람들이며, 공연이 끝나고 나면 뿔뿔이 흩어지고 마는 사람들의 집합이기 때문이다. 하지만 이 관중들 속에 아이돌 그룹의 팬클럽 회원들이 있다면 그들은 다시 사회 집단으로 분류할 수 있다. 일반 관중들과 달리 팬클럽 회원들은 소속감을 갖고 지속적인 상호 작용을 하고 있는 사람들이기 때문이다.

사회 집단은 단순한 개인들의 합을 능가*하여, 그 구성원 개개인과 무관한 집단 고유의 특성을 갖게 된다. 사회 집단이 유지되려면 소속된 개인들이 그 집단의 규범과 기대에 따라 행동해야 한다. 때문에 각각의 개인도 자신의 사고와 행동이 사회 집단의 다른 구성원들과 일치해야 한다는 심리적 압박감을 받게 된다. 하지만 개인이 일방적으로 사회 집단의 영향을 받기만 하는 것은 아니다. 인간은 자기 성찰과 의지를 통하여 사회 집단을 개조*시키거나 사회 집단의 영향을 어느 정도 거부할 수도 있다. 그러므로 사회 집단의 영향과 개인의 자율성이 적절히 조화됨으로써 개인과 사회 집단이 함께 발전할 수 있다.

* **집단**: 여럿이 모여 이룬 모임.
* **사회 집단**: 공통의 관심과 목적, 그에 따른 역할 분담과 규율을 가진 인간의 집합체. 가족이나 이웃 따위의 일차 집단과 학교나 국가, 정당 따위의 이차 집단으로 나뉜다.
* **공동체 의식**: 생활이나 행동 또는 목적 따위를 같이하는 집단에 속해 있다는 의식.
* **결합체**: 둘 이상의 개체가 결합하여 이룬 조직체.
* **집합체**: 많은 것이 모여 이루어진 덩어리.
* **능가**: 능력이나 수준 따위가 비교 대상을 훨씬 넘어섬.
* **개조**: 조직 따위를 고쳐 다시 짬.

STEP Ⅰ

어휘 의미

1 다음 단어의 사전적 의미를 찾아 바르게 연결하시오.

(1) 집단 •	• ㄱ. 굳게 믿는 마음.
(2) 신념 •	• ㄴ. 여럿이 모여 이룬 모임.
(3) 환호 •	• ㄷ. 기뻐서 큰 소리로 부르짖음.
(4) 성찰 •	• ㄹ. 자기의 마음을 반성하고 살핌.

어휘 활용

2 다음 밑줄 친 단어와 바꿔 쓸 수 있는 단어를 〈보기〉에서 찾아 문장에 맞게 활용하여 쓰시오.

보기
공유하다 구분되다 능가하다 무관하다

(1) 기숙사에는 남녀의 방이 <u>나뉘어</u> 있다. (　　　　　)
(2) 마을 사람들이 그 땅을 <u>공동으로 소유하고</u> 있다. (　　　　　)
(3) 나의 진로가 내 의사와는 전혀 <u>상관없이</u> 결정이 되었다. (　　　　　)
(4) 우리나라 축구팀이 기술과 체력에서 상대 팀을 압도적으로 <u>넘어섰다</u>. (　　　　　)

서술형 어휘 의미

3 다음은 윗글의 ⓐ, ⓑ의 한자의 뜻이다. 이를 통해 알 수 있는 각 단어의 의미를 빈칸에 쓰시오.

(1) ⓐ 객석(客席): 客(객: 손님), 席(석: 자리) → 극장 따위에서 (　　　　　　　　　)
(2) ⓑ 관중(觀衆): 觀(관: 보다), 衆(중: 무리) → 운동 경기 따위를 (　　　　　　　　　)

STEP Ⅱ

서술형 중심 화제

1 윗글의 중심 내용을 쓰시오.

(　　　　　　　　　　　　　　　　　　　　　　　　　　　　)

문단 정리

2 다음은 윗글의 각 문단의 중심 내용을 정리한 것이다. 빈칸에 들어갈 알맞은 말을 쓰시오.

1문단	인간은 사회생활의 과정에서 여러 ( )의 구성원으로 소속되어 있다.
2문단	사회 집단은 공통된 신념이나 태도 혹은 목표를 가진 두 사람 이상이 어느 정도의 공동체 의식을 갖고 비교적 지속적인 ( )을 하는 결합체를 의미하며, 사회 집단이 되기 위해서는 몇 가지 기준을 만족시켜야 한다.
3문단	사회 집단은 단순한 사람들의 집합체와는 구분된다.
4문단	사회 집단은 ( )을 갖고 지속적인 상호 작용을 하고 있어야 한다.
5문단	사회 집단의 영향과 개인의 자율성이 적절히 조화됨으로써 개인과 사회 집단이 함께 발전할 수 있다.

내용 구조

3 다음은 사회 집단이 될 수 있는 세 가지 기준을 정리한 것이다. 빈칸에 들어갈 알맞은 말을 쓰시오.

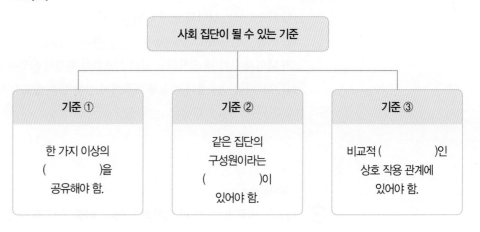

사회 집단이 될 수 있는 기준

기준 ①
한 가지 이상의 (   )을 공유해야 함.

기준 ②
같은 집단의 구성원이라는 (   )이 있어야 함.

기준 ③
비교적 (   )인 상호 작용 관계에 있어야 함.

STEP III

수능형 세부 정보의 확인

1 윗글의 내용과 일치하는 것은?

① 사회 집단은 인간이 사회적인 존재임을 보여 준다.

② 지속적인 상호 작용 여부는 사회 집단의 규모를 결정한다.

③ 어떤 형태의 사회 집단에도 속하지 않는 개인들이 존재한다.

④ 사회 집단을 유지하기 위해 집단의 규범은 강제적일 수밖에 없다.

⑤ 공동체 의식은 사회 집단과 단순한 집합체를 구분하는 가장 중요한 요소이다.

수능형 세부 정보의 추론

2 ㉠에 대한 이해로 적절하지 <u>않은</u> 것은?

① 구성원들의 고유한 특성과는 다른, 그룹 고유의 특성을 띠게 되겠군.

② 소속감을 전제로 구성되었기 때문에 구성원들의 자율성은 보장할 수 없겠군.

③ 구성원들은 자신의 의견이 다른 구성원들과 다를 경우 압박감을 느끼기도 하겠군.

④ 구성원들은 자신이 맡은 역할을 충실히 이행하고 집단의 일에 적극적으로 참여하겠군.

⑤ 그룹 구성원으로서의 정체성과 개인으로서의 정체성이 조화되는 게 바람직하다고 할 수 있겠군.

📖 지문으로 엮어 읽는 배경지식 **사회적 동물(social animal)**

'사회적 동물'이란 말을 국어사전에서 찾아보면, '개인이 독립적으로 존재하는 것이 아니라 타인과 끊임없이 관계를 맺으며 존재한다는 입장에서 인간을 이르는 말.'이라고 되어 있다. 이는 인간의 특성을 설명하는 말로, 인간은 개인으로 존재하고 있어도 혼자서는 살 수 없으며 사회를 형성하여 끊임없이 다른 사람들과 상호 작용을 하며 관계를 유지하고 어울림으로써 자신의 존재를 확인하는 동물이라는 의미이다.

흔히 아리스토텔레스가 "인간은 사회적 동물이다."라고 표현한 것으로 알려져 있으나, 본래 아리스토텔레스는 그의 저서 『정치학(Politica)』에서 '인간은 정치적 동물(zoon politikon)'이라는 표현을 사용하였다. 후에 고대 로마 제국의 정치인 세네카가 이 글을 라틴어로 번역하는 과정에서 사회적 동물로 바뀌게 되었다고 한다.

그러나 아리스토텔레스가 말한 '정치적 동물'이란 말은 '폴리스적인 동물'이라고 해석하는 것이 원래 의도에 더 가까운데, 여기서 폴리스(polis)는 고대 그리스의 도시 국가를 가리키는 것이다. 즉 인간은 다른 사람과 소통하고 조율할 수 있는 능력을 갖추고 있기 때문에 혼자서 살아가는 것보다 공동체를 이루는 것에서 안정감을 느끼게 되는데, 이를 실현할 수 있는 곳이 사람들이 모여 사는 폴리스라는 의미이다. 따라서 이 말은 정치적이고 사회적인 동물인 인간은 공동체를 이루며 살아갈 수밖에 없는 존재임을 의미한다고 볼 수 있다.

잠은 꼭 자야 할까?

필독 TIP

어휘 ★★

문장 ★★

배경지식 ★★

이 글은 우리가 매일 자는 잠의 전반적인 면을 설명하고 있다. 잠의 역할과 형태에 따른 잠의 특징을 이해하며 글을 읽도록 한다.

영수는 기말고사 기간이다. 내일은 중요한 과목이어서 외울 것이 참 많다. 그런데 영수의 최대 적은 게임이나 TV가 아니라 잠이다. 내일이 시험이고 공부할 것은 산같이 쌓여 있다. 마음 같아서는 밤새 공부하고 싶은데, 졸음을 참을 수 없다. 시험 기간 동안은 안 자고 시험이 끝나면 몰아서 보충했으면 딱 좋겠는데, 그것이 불가능하니 안타깝다. 아쉬운 마음에 '잠, 꼭 자야 하는 걸까?' 하는 생각이 들었다.

잠을 자는 동안에는 움직임이 거의 없고, 웬만한 소리나 빛, 동작으로는 깨우기 어렵다. 그렇지만 시간이 지나면 일어날 수 있다. 또 종에 따라 독특한 자세로 잠을 잔다. 인간은 누워서, 말은 서서, 돌고래는 헤엄치면서, 앨버트로스는 날아가면서 잔다.

그러면 잠을 자는 동안은 온몸과 뇌가 쉬는 것일까? 그렇지 않다. 그냥 노는 시간이라면 인생의 3분의 1을 허공에 날리는 셈이니, 잠자는 시간이 아깝게 느껴진다. 잠을 자는 동안 근육은 쉬지만, 뇌는 깨어 있을 때와는 다르게 활동한다.

잠자는 동안 뇌는 낮 동안 입력된 정보들을 정리해서, 지워 버릴 정보와 오랫동안 보관할 것을 분류하여 장기 기억* 폴더에 집어넣는다. 그리고 최대한 자율 신경계*의 부교감 신경*을 활성화시켜 심장 박동을 늦추고 근육을 이완하며 호흡수를 줄여서 최대한 잘 쉴 수 있도록 한다. 뇌는 다음 날 효율적으로 활동할 수 있게 정보를 정리하고, 몸은 에너지 충전을 위해 휴식을 취하는 것이 잠을 자는 동안 벌어지는 일이다. 그러므로 잠은 꼭 필요한 재충전과 정리의 시간이다.

잠은 일정한 리듬으로 움직인다. 인간의 몸에는 생체 시계*가 장착되어 있고, 24시간을 주기로 일정하게 수면과 각성을 오간다. 그래서 같은 시간에 졸리고, 시간이 되면 깨어난다. 낮에 활동하다 보면 수면 유도* 물질이 몸에 쌓이고, 이것이 일정량 이상이 되면 잠이 쏟아진다. 잠과 관련해 가장 중요한 뇌의 부위는 시교차상핵으로, 송과체에서 멜라토닌이 분비된다. 멜라토닌은 어두우면 많이 분비되고 밝을 때에는 적게 분비된다. 그래서 비 오는 날에는 낮에도 졸린다.

잠은 두 가지 상태로 나눌 수 있다. 자는 동안 빠르게 안구가 운동하는 렘수면과 그렇지 않은 비렘수면이다. 두 수면의 생리적 상태는 매우 다르고, 꿈은 주로 렘수면일 때 꾼다. 일반적으로 잠은 비렘수면으로 시작해서 깊은 잠에 들어갔다가 렘수면으로 진행하는 주기를 거치는데, 보통 90분 정도다. 전체 수면 시간에서 렘수면은 4분의 1 정도로, 잠들고 나서 2시간 이내에 1번쯤 깨는 경우가 많다. 잠이 깊어질수록 뇌파는 느린 파형(서파)이 늘어나므로, 깊은 잠을 서파 수면이라고 한다. 잠의 질을 평가할 때 전체 수면 시간 중에 깊은 잠에 빠지는 비중을 측정해서 평가하기도 한다.

그렇다면 꼭 8시간씩 자야 하는 것일까? 그렇지 않다. 5시간 정도만 자도 충분한 사람이 있는가 하면, 10시간은 자야 하는 사람도 있다. 수면 시간은 타고난 체질과 평소 습관에 의해 결정된다. 여러 가지 이유로 평소보다 적게 잔 경우 언젠가는 벌충해야 한다고 믿는 사람이 많다. 평소 7시간을 자던 학생이 시험이라서 닷새 동안 매일 4시간씩 잤다면, 시험이 끝난 후 이 학생은 3시간×5일=15시간의 '수면 부채'가 생겼다고 생각한다. 그래서 주말 내내 8시간씩 더

* **장기 기억**: 경험한 것을 오랫동안 마음속에 받아들이고, 저장하고, 인출하는 정신 기능.

* **자율 신경계**: 인체의 내장근·샘 따위의 신경 지배를 통하여, 순환·소화 따위의 식물성 기능을 통제·조절하는 신경 계통.

* **부교감 신경**: 교감 신경과 더불어 자율 신경 계통을 이루는 신경. 교감 신경이 촉진되면 억제하는 일을 하고, 신체가 흥분되면 심장의 구실을 억제하며 소화 기관의 작용을 촉진한다.

* **생체 시계**: 살아 있는 동식물에 내재되어 있어 생체 리듬의 주기성을 갖게 하는 장치.

* **유도**: 사람이나 물건을 목적한 장소나 방향으로 이끎.

80 필독 중학 국어 비문학 독해 1

자야 한다고 여기고 하루 종일 자려 했다. 허리가 아프고, 잠이 오지 않는데도 말이다. 그러나 다음 날 2~3시간 정도만 더 자도 충분히 보충될 것이고, 그 이상의 잠은 불필요하다. 중요한 것은 잠의 질이다. 짧더라도 깊이 잔다면 충분히 수면 부채를 갚을 수 있다.

STEP I

어휘 활용

1 다음 단어를 활용하기에 적절한 문장을 찾아 바르게 연결하시오.

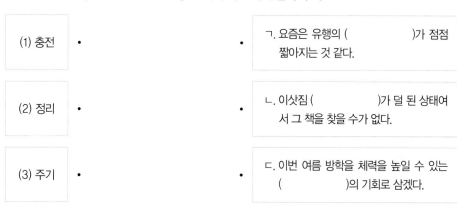

(1) 충전	ㄱ. 요즘은 유행의 (　　　　　)가 점점 짧아지는 것 같다.
(2) 정리	ㄴ. 이삿짐 (　　　　　)가 덜 된 상태여서 그 책을 찾을 수가 없다.
(3) 주기	ㄷ. 이번 여름 방학을 체력을 높일 수 있는 (　　　　　)의 기회로 삼겠다.

STEP II

서술형　중심 화제

1 윗글의 중심 내용을 쓰시오.

(　　　　　　　　　　　　　　　　　　　　　　　　　　　　　　　　　)

문단 정리

2 다음은 윗글의 각 문단의 중심 내용을 정리한 것이다. 빈칸에 들어갈 알맞은 말을 쓰시오.

1문단	영수의 예를 통해 '잠을 꼭 자야 하는 걸까?'라는 의문을 제시한다.
2문단	시간이 지나면 잠에서 깨어나고, 동물은 다양한 자세로 잠을 잔다.
3문단	잠을 자는 동안 근육은 쉬지만, (　　　　)는 깨어 있을 때와는 다르게 활동한다.
4문단	잠을 자는 동안 뇌는 정보를 정리하고 몸은 휴식을 취한다.
5문단	잠은 일정한 리듬으로 움직이며, 잠과 관련된 물질은 (　　　　)이다.
6문단	잠에는 자는 동안 안구가 빠르게 운동하는 렘수면과 안구가 빠르게 운동하지 않는 비렘수면이 있다.
7문단	수면 시간보다 잠의 (　　　　)이 중요하다.

서술형 내용 구조

3 다음은 잠의 특성과 형태를 정리한 것이다. 빈칸에 들어갈 알맞은 내용을 쓰시오.

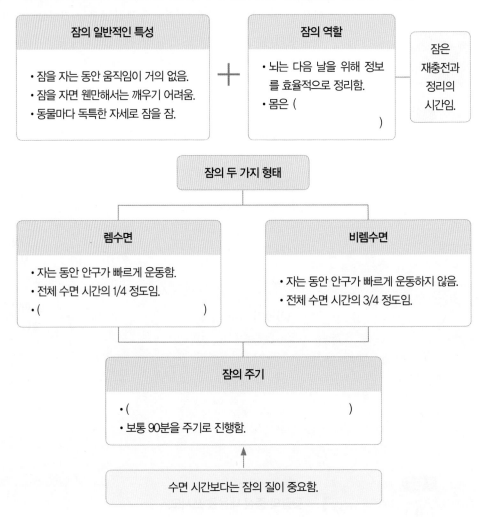

잠의 일반적인 특성	잠의 역할
• 잠을 자는 동안 움직임이 거의 없음. • 잠을 자면 웬만해서는 깨우기 어려움. • 동물마다 독특한 자세로 잠을 잠.	• 뇌는 다음 날을 위해 정보를 효율적으로 정리함. • 몸은 ( )

잠은 재충전과 정리의 시간임.

잠의 두 가지 형태

렘수면	비렘수면
• 자는 동안 안구가 빠르게 운동함. • 전체 수면 시간의 1/4 정도임. • ( )	• 자는 동안 안구가 빠르게 운동하지 않음. • 전체 수면 시간의 3/4 정도임.

잠의 주기

• ( )
• 보통 90분을 주기로 진행함.

수면 시간보다는 잠의 질이 중요함.

수능형 세부 내용의 확인

1 윗글의 내용과 일치하지 <u>않는</u> 것은?

① 잠은 양보다는 질이 더 중요하다.

② 동물에 따라 잠을 자는 자세가 다르다.

③ 뇌에서 분비되는 멜라토닌은 수면과 관련되어 있다.

④ 잠을 자는 동안 근육은 휴식을 취하지만 뇌는 움직인다.

⑤ 잠을 잘 때 뇌는 부교감 신경을 억제하여 근육을 이완시킨다.

2 윗글의 내용과 〈보기〉를 참고하여 수면에 대해 이해한 것으로 적절하지 <u>않은</u> 것은?

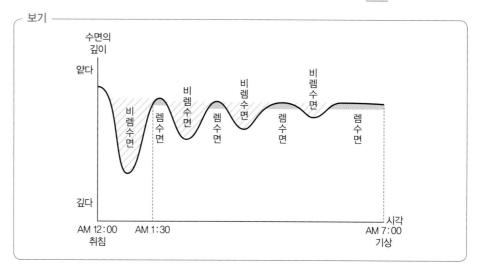

① 일어나기 직전에 꿈을 꾸었을 가능성이 있다.

② 비렘수면의 주기는 점점 짧아지지만 깊이는 점점 깊어진다.

③ 잠이 든 후 대략 90분 안에 가장 깊은 잠의 상태로 들어간다.

④ 전체 수면 시간 중 렘수면이 4분의 1을 차지하며 그 길이는 점점 길어진다.

⑤ 12시부터 7시까지 잠을 잔다고 했을 때 렘수면은 대략 4번 정도 이루어진다.

◎ 지문으로 분석하는 시각 자료 **렘수면과 비렘수면**

잠의 상태에는 자는 동안 안구가 빠르게 운동하는 렘수면과 자는 동안 안구가 빠르게 움직이지 않는 비렘수면이 있다. 일반적으로 렘수면에서 꿈을 꾸게 되고, 이때는 몸을 움직일 수 없어 꿈을 꾸면서도 행동을 직접 하지 않게 만들어 준다. 렘수면은 전체 수면 시간의 1/4을 차지하고 비렘수면은 3/4을 차지한다.

일반적으로 잠들기 시작했을 때 깊은 잠에 빠져드는 비렘수면 상태가 되고, 이후에는 얕은 잠과 깊은 잠이 약 90분 주기로 반복된다. 이처럼 비렘수면과 렘수면이 반복되는 상황은 하룻밤에 약 4~5회 정도가 나타나게 된다. 이를 바탕으로 렘수면과 비렘수면의 특징을 이해하고, 제시된 자료를 해석하여 선지의 적절성을 판단한다.

에디슨과 테슬라의 전류 전쟁

필독 TIP

어휘 ★★★

문장 ★★

배경지식 ★★★

이 글은 에디슨과 테슬라 사이에서 벌어졌던 전류 전쟁을 설명하고 있다. 직류와 교류의 특징과 발전 과정, 전류 전쟁의 내용을 이해하며 읽도록 한다.

축음기*, 전구 등을 발명하여 ㉠발명왕으로 유명한 미국의 토머스 에디슨은 회사를 설립하여 사업을 하기도 했다. 크로아티아 출신의 과학 기술자인 니콜라 테슬라는 한때 에디슨이 설립한 전기 회사에서 발전기*를 개량하는 일을 했다.

전류에는 두 가지가 있다. 하나는 항상 한 방향으로만 흐르는 직류이고, 하나는 전류가 흐르는 방향이 빠르게 바뀌는 교류이다. 직류는 전선을 통해 전류가 흐를 때 전선에서 열이 많이 발생하기 때문에 멀리 전송하는 데는 어려움이 있었지만, 모터*를 돌릴 수 있다는 장점이 있다. 반면에 교류는 전기를 멀리 전송하는 데는 유리했지만 모터를 돌릴 수는 없었다.

에디슨의 회사를 그만둔 테슬라는 곧 테슬라 전기 회사를 설립하고, 교류 발전기의 교류에서도 작동하는 모터를 개발했다. 교류 모터로 인해 교류로도 모터를 돌릴 수 있게 되자 직류의 장점은 사라졌다. 이후 테슬라는 웨스팅하우스라는 사람이 설립한 회사에 들어가 전기와 관련된 다양한 연구를 계속했다.

한편 에디슨은 1880년에 에디슨 조명 회사를 세워 뉴욕 맨해튼의 59가구에 110V의 직류 전기를 공급하기 시작했고, 1887년에는 미국의 121개 발전소*에서 직류 전기를 공급했다. 그러나 직류 전기는 전선에 발생하는 열 때문에 2.4km 이내에서만 효과적으로 공급할 수 있었고, 따라서 전기를 많이 사용하는 도시 근처에 발전소를 세워야 했다. 테슬라와 웨스팅하우스는 수백 킬로미터 떨어진 곳까지 전력 공급이 가능한 교류를 사용해야 한다고 주장했다. 이것이 본격적인 전류 전쟁의 시작이었다.

에디슨은 교류는 너무 위험하다며 직류를 사용할 것을 강력하게 주장했다. 교류가 직류보다 위험하다는 에디슨의 주장은 사실과 달랐지만, 에디슨의 보여 주기식 광고 덕분에 초기의 전류 전쟁에서는 에디슨이 우세를 보였다.

교류 사용을 주장하던 웨스팅하우스는 거의 파산* 지경에 이르렀다. 이에 테슬라는 자신의 발명 대가로 지불되는 특허료를 받지 않겠다고 웨스팅하우스와 약속했다. 웨스팅하우스와 테슬라는 어려운 가운데서도 교류의 장점을 널리 알리기 위해 노력했고, 차츰 사람들의 생각이 바뀌기 시작했다. 마침내, 시카고 만국 박람회*에 사용될 조명 설비 공급 입찰에서 웨스팅하우스사는 교류 전기로 박람회장을 환하게 밝혔다. 1895년에 있었던 나이아가라 폭포 수력 발전소 건설 공사 역시 웨스팅하우스가 따냈다. 교류의 공급은 크게 확대되었고, 에디슨과의 전류 전쟁에서 웨스팅하우스와 테슬라는 결국 승리를 거두었다.

에디슨은 이후에도 계속 직류 사용을 주장했고, 에디슨이 직류를 처음 공급했던 뉴욕에서는 2007년까지도 1,600가구가 직류를 사용하다 그해 11월 14일에야 직류 전기의 공급이 중단되었다. 에디슨은 죽기 전, 자신의 가장 큰 실수는 테슬라와 그의 연구를 제대로 평가하지 못한 것이었다고 인정했다.

＊축음기: 원통형 레코드 또는 원판형 레코드에 녹음한 음을 재생하는 장치.

＊발전기: 도체(導體)가 자기장에서 운동할 때 전기가 발생하는 것을 이용하여, 역학적 에너지를 전기 에너지로 바꾸는 장치를 통틀어 이르는 말.

＊모터: 내연 기관, 증기 기관, 수력 원동기 따위의 동력 발생기를 통틀어 이르는 말.

＊발전소: 전기를 일으키는 시설을 갖춘 곳. 수력·화력·원자력·풍력·조력·태양광·지열 따위로 발전기를 돌려 전기를 일으킨다.

＊파산: 재산을 모두 잃고 망함.

＊만국 박람회: 세계 여러 나라가 참가하여 각국의 생산품을 합동으로 전시하는 국제 박람회.

STEP
Ⅰ

어휘 활용

1 다음 문장의 빈칸에 들어갈 알맞은 단어를 〈보기〉에서 찾아 쓰시오.

보기
- 개량: 나쁜 점을 보완하여 더 좋게 고침.
- 전송: 전하여 보냄.
- 작동: 기계 따위가 작용을 받아 움직임. 또는 기계 따위를 움직이게 함.
- 공급: 요구나 필요에 따라 물품 따위를 제공함.

(1) 인공위성이 아주 선명한 구름 사진을 (   )해 왔다.
(2) 혈액은 온몸에 산소와 영양을 (   )하는 역할을 한다.
(3) 집오리는 야생의 청둥오리를 사육용으로 (   )한 것이다.
(4) 프로그램에 오류가 생겨 새로 산 컴퓨터가 (   )하지 않는다.

어휘 의미

2 다음은 윗글의 ㉠과 다른 단어의 사전적 의미이다. 이를 참고하여 '−왕'의 의미를 쓰시오.

- ㉠: 아직까지 없던 기술이나 물건을 새로 생각하여 만들어 내는 데 가장 뛰어난 사람.
- 저축왕: 저축을 가장 많이 한 사람을 비유적으로 이르는 말.

↓

−왕: '일정한 분야나 범위 안에서 (   )이 되는 사람이나 동물'의 뜻을 더함.

STEP
Ⅱ

서술형 **중심 화제**

1 윗글의 중심 내용을 쓰시오.

(   )

문단 정리

2 다음은 윗글의 각 문단의 중심 내용을 정리한 것이다. 빈칸에 들어갈 알맞은 말을 쓰시오.

1문단	테슬라는 한때 에디슨이 설립한 회사에서 일을 했다.
2문단	( )에는 직류와 교류가 있고, 각각 특징을 지니고 있다.
3문단	테슬라는 교류에서도 작동하는 모터를 개발했다.
4문단	에디슨과 테슬라 사이에 본격적인 전류 전쟁이 시작되었다.
5문단	초기 전류 전쟁에서는 ( )를 앞세운 에디슨이 우세를 보였다.
6문단	테슬라는 노력 끝에 ( )의 공급을 크게 확대했고, 전류 전쟁에서 승리를 거두었다.
7문단	에디슨은 죽기 전 테슬라와 그의 연구를 인정했다.

3 다음은 직류와 교류의 특징과 전류 전쟁의 과정에 대한 내용을 정리한 것이다. 빈칸에 들어갈 알맞은 말을 쓰시오.

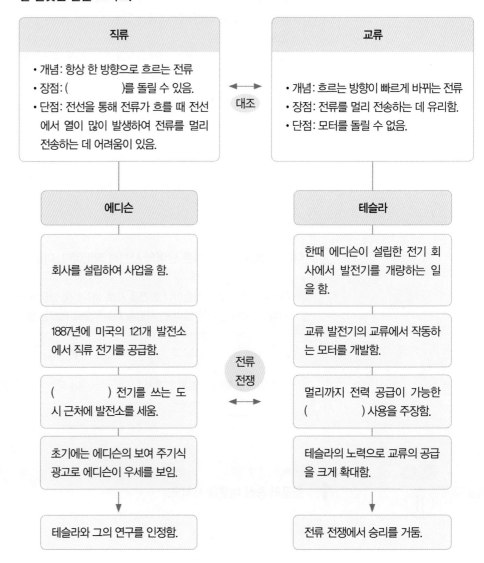

직류	교류
• 개념: 항상 한 방향으로 흐르는 전류 • 장점: ( )를 돌릴 수 있음. • 단점: 전선을 통해 전류가 흐를 때 전선에서 열이 많이 발생하여 전류를 멀리 전송하는 데 어려움이 있음.	• 개념: 흐르는 방향이 빠르게 바뀌는 전류 • 장점: 전류를 멀리 전송하는 데 유리함. • 단점: 모터를 돌릴 수 없음.

대조 ↔

에디슨

회사를 설립하여 사업을 함.

1887년에 미국의 121개 발전소에서 직류 전기를 공급함.

(   ) 전기를 쓰는 도시 근처에 발전소를 세움.

초기에는 에디슨의 보여 주기식 광고로 에디슨이 우세를 보임.

테슬라와 그의 연구를 인정함.

전류 전쟁 ↔

테슬라

한때 에디슨이 설립한 전기 회사에서 발전기를 개량하는 일을 함.

교류 발전기의 교류에서 작동하는 모터를 개발함.

멀리까지 전력 공급이 가능한 (   ) 사용을 주장함.

테슬라의 노력으로 교류의 공급을 크게 확대함.

전류 전쟁에서 승리를 거둠.

STEP
Ⅲ

수능형 | 세부 정보의 확인

1 윗글의 내용과 일치하지 <u>않는</u> 것은?

① 초기의 교류는 모터를 돌릴 수 없는 약점이 있었다.

② 테슬라와 에디슨은 한때 같은 회사에서 일하기도 했다.

③ 직류가 교류보다 위험하다는 에디슨의 주장은 근거가 없었다.

④ 테슬라는 자신의 특허권을 포기하면서 교류 공급을 확대하기 위해 노력했다.

⑤ 직류 전기를 효율적으로 이용하기 위해서는 도시 근처에 발전소를 세워야 했다.

수능형 전개 방식 파악

2 윗글에서 활용한 서술 방법을 모두 골라 묶은 것은?

┌─ 보기 ─
│ ㉮ 두 대상을 견주어 차이점을 중심으로 설명하고 있다.
│ ㉯ 대상을 구성하고 있는 요소로 나누어 설명하고 있다.
│ ㉰ 대상의 뜻을 정확하게 밝히는 방식으로 설명하고 있다.
│ ㉱ 대상을 일정한 기준에 따라 종류를 나누어 설명하고 있다.
└──

① ㉮, ㉯

② ㉯, ㉰

③ ㉮, ㉯, ㉰

④ ㉮, ㉰, ㉱

⑤ ㉯, ㉰, ㉱

📖 지문으로 엮어 읽는 배경지식 **직류와 교류**

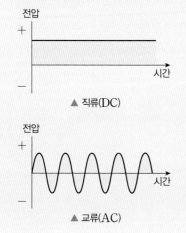

▲ 직류(DC)

▲ 교류(AC)

직류(DC, Direct Current)는 전류의 방향이 일정하여 전압의 세기가 일정하기 때문에 전기 제품에 손상을 거의 주지 않는다. 하지만 직류 형태의 에너지를 발생시키기 위해서는 발전기의 구조가 매우 복잡하고, 장거리 송전이 어렵다는 단점이 있다. 우리 주변에서 사용하는 건전지, 전화선, 컴퓨터, 라디오 등의 기기들이 직류 형태의 전기 에너지를 사용한다.

교류(AC, Alternating Current)는 전압의 크기가 변화하는 특정 주기가 있으며, 진동수인 주파수를 갖게 된다. 현재 우리나라에서 사용하고 있는 교류 전류의 주파수는 60Hz인데, 이것은 전류의 방향이 1초에 60번 변화한다는 뜻이다. 교류는 매우 간단한 구조로 교류 발생기를 만들 수 있고, 변압기를 통해 쉽게 전압을 높일 수 있어 장거리 송전이 가능하다는 장점이 있다. 하지만 저장이 쉽지 않고 전압의 세기가 고르지 않기 때문에 전기 제품에 손상을 줄 수 있다는 단점이 있다.

화학의 달력, 주기율표

필독 TIP

어휘 ★★★★

문장 ★★

배경지식 ★★★

이 글은 화학의 달력이라고
불리는 주기율표를 설명하고
있다. 최초의 주기율표인 멘
델레예프 주기율표의 특징과
주기율표가 발전하는 과정을
확인하며 읽도록 한다.

화학에도 달력과 같이 일정한 간격을 두고 반복되어 나타나는 '요일'과 같은 규칙이 있다. 1869년, 러시아의 멘델레예프는 상트페테르부르크 대학에서 교수 생활을 하며 화학 교과서 『화학의 원리』를 집필했다. 그는 교과서를 쓰는 동안 화학 원소*들 간의 관계를 연구하고자 노력했다. 당시 알려져 있던 63개의 원소를 각각 한 장의 카드로 만들고, 원자*에 대해 필요한 정보를 함께 적어 두었다. 그는 카드를 원소의 성질에 따라 나열해 보기도 했다. 그러던 어느 날, 낮잠을 자던 멘델레예프는 문득 '원자량 순서대로 카드를 나열하면 논리적이지 않을까?' 하는 아이디어를 떠올렸다. 원자량은 원자의 부피와 원자 속에 있는 양성자*, 그리고 전자*의 수와 관계가 있다. 멘델레예프는 원자량 순서대로 카드를 나열하면서 인상적인 점을 발견하게 되었다. 그는 원자를 원자량 순서대로 왼쪽 위에서부터 아래로 늘어놓으며 성질이 비슷한 원소를 바로 옆줄에 오도록 배열했다. 그러나 무리하게 꿰맞추지 않고, 유사한 성질을 나타내는 원소가 없는 경우에는 그 자리를 빈칸으로 내버려 두었다.

멘델레예프는 가로줄에 8장씩 카드를 놓으며 표를 만들었는데 그러다 ㉠깜짝 놀랄 만한 발견을 하게 되었다. 바로 같은 열(세로줄)에 있는 원소들의 성질이 서로 비슷하다는 사실이었다. 그는 아직 발견되지 않은 원소들 역시 빈칸으로 비워 둔 채 나머지를 각각의 성질에 따라 표에 배열했다. 더욱 놀라운 사실은 멘델레예프가 이 표를 이용하여 빈자리에 들어갈 원소들의 원자량과 그들이 결합하게 될 화합물 등을 예측하기도 했다는 점이다.

이 사실은 주기율표*를 이용하면 원소의 성질을 예측하고 설명할 수 있음을 의미한다. 마치 달력에 표시된 입춘이 되면 봄의 소식이 들려오고, 처서가 되면 더위가 멈추고 쌀쌀해지기 시작하는 것처럼 주기율표 속 원소의 위치는 그 원소가 어떤 성질을 지니고 있는지 예측할 수 있게 해 준다.

그의 주기율표는 대단한 발견이었지만 몇 가지 한계점이 있었다. 원자를 원자량 순서로 배열함에 따라 몇몇 원소들의 성질이 주기성*에서 벗어난다는 문제점이 드러났고, 빈칸으로 남아 있는 부분에 대한 해결책도 필요했다. 왜냐하면 원자량은 원소의 화학적 성질을 결정하는 적합한 기준이 아니었기 때문이다.

20세기 들어서 원소의 화학적 성질을 만들어 내는 원인은 전자에 있음이 밝혀졌다. 영국의 모즐리가 원소들을 원자량이 아닌 원자 번호순으로 배열해 원소의 화학적 성질에 대한 주기성은 유지되면서 멘델레예프의 주기율표에서 드러난 단점을 보완하는 새로운 주기율표를 탄생시켰다. 현재 사용하는 주기율표는 1905년 스위스의 화학자 알프레트 베르너가 작성했다. 이 역시 원소들의 원자 번호순으로 배열된 이전보다 긴 형태의 주기율표로서 화학의 달력이자 화학 여행의 지도라 할 수 있다.

***화학 원소**: 모든 물질을 구성하는 기본적 요소. 원자핵 내의 양성자 수와 원자 번호가 같다. 현재까지는 118종이 알려져 있다.

***원자**: 물질의 기본적 구성 단위. 하나의 핵과 이를 둘러싼 여러 개의 전자로 구성되어 있다.

***양성자**: 중성자와 함께 원자핵의 구성 요소가 되는 소립자의 하나.

***전자**: 음전하를 가지고 원자핵의 주위를 도는 소립자의 하나.

***주기율표**: 주기율에 따라서 원소를 배열한 표.

***주기성**: 일정한 간격을 두고 되풀이하여 진행하거나 나타나는 성질.

STEP
Ⅰ

어휘 의미

1 다음과 같은 사전적 의미를 지닌 단어를 〈보기〉에서 찾아 쓰시오.

┌─ 보기 ───┐
│   배열   화합물   한계점   해결책   │
└──┘

(1) 일정한 차례나 간격에 따라 벌여 놓음. (   )

(2) 어떠한 일이나 문제 따위를 해결하기 위한 방책. (   )

(3) 능력이나 책임 따위가 더 이상 미치지 못하는 막다른 지점. (   )

(4) 둘 이상의 원소의 원자를 가진 동일한 분자로 이루어진 물질. (   )

어휘 의미

2 윗글의 ㉠과 비슷한 의미를 지닌 한자 성어를 고르시오.

① 경천동지(驚天動地)

② 대기만성(大器晚成)

③ 인과응보(因果應報)

④ 상전벽해(桑田碧海)

⑤ 주마가편(走馬加鞭)

STEP
Ⅱ

서술형 중심 화제

1 윗글의 중심 내용을 쓰시오.

(   )

문단 정리

2 다음은 윗글의 각 문단의 중심 내용을 정리한 것이다. 빈칸에 들어갈 알맞은 말을 쓰시오.

1문단	멘델레예프가 일정한 기준에 따라 ( ) 순서대로 카드를 나열하였다.
2문단	멘델레예프가 카드를 나열하면서 새로운 점을 발견했다.
3문단	멘델레예프 주기율표를 이용하면 원소의 성질을 ( )하고 설명할 수 있다.
4문단	멘델레예프 주기율표에는 몇 가지 한계점이 있었다.
5문단	20세기 들어서 원소들의 ( )순으로 배열된 주기율표를 사용하게 되었다.

3 다음 구조도의 빈칸에 알맞은 말을 써넣어, 윗글의 내용을 정리하시오.

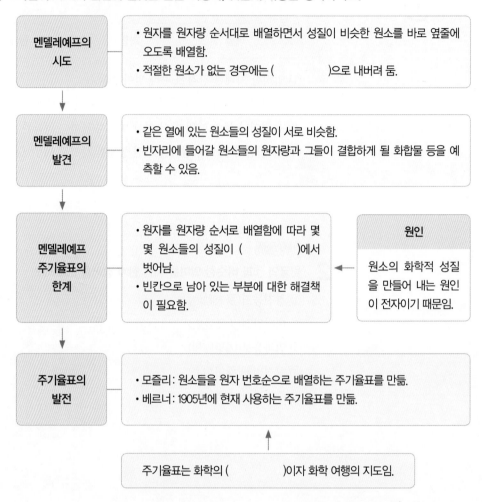

수능형 | 반응의 적절성 판단

1 윗글을 읽은 후의 반응으로 적절하지 **않은** 것은?

① 주기율표는 원소의 성질을 이해하는 기초가 되는 자료로군.

② 초기 주기율표의 빈칸은 화학의 발전과 더불어 채워지게 되었군.

③ 주기율표와 달력은 규칙성 있게 배열되었다는 점에서 공통점이 있군.

④ 주기율표는 과학자들의 경쟁 덕분에 더욱 완성되어 갔다고 할 수 있겠군.

⑤ 화학적 성질을 나타내는 원인이 바뀌면 주기율표의 배열에도 변화가 생길 수 있겠군.

수능형 세부 정보의 확인

2 〈보기〉는 윗글의 주요 내용을 도표로 정리한 것이다. ㉮~㉲에 들어갈 내용으로 적절하지 않은 것은?

보기

	멘델레예프의 주기율표
배열 기준	㉮
장점	㉯
단점	㉰

↓

	모즐리의 주기율표와 베르너의 주기율표
배열 기준	㉱
의의	㉲

① ㉮: 원자량 순서

② ㉯: 원소의 성질을 예측하고 설명할 수 있음.

③ ㉰: 몇몇 원소의 성질이 주기성을 벗어나는 경우가 있고 빈칸이 남아 있음.

④ ㉱: 원자량과 원자 번호 순서

⑤ ㉲: 원소의 화학적 성질에 대한 주기성 유지 및 멘델레예프 주기율표의 단점 보완

📖 지문으로 이해하는 독해 지식 **비유**

표현하려는 대상을 그와 유사한 다른 사물에 빗대어 표현함으로써 대상에 대한 인상을 분명하게 나타내는 방법을 비유라고 한다. 비유에는 직유법, 은유법, 의인법 등이 있다. 이 글에서는 주기율표의 의의를 은유법을 활용해 설명하고 있다.

20세기 들어서 원소의 화학적 성질을 만들어 내는 원인은 전자에 있음이 밝혀졌다. 영국의 모즐리가 원소들을 원자량이 아닌 원자 번호순으로 배열해 원소의 화학적 성질에 대한 주기성은 유지되면서 멘델레예프의 주기율표에서 드러난 단점을 보완하는 새로운 주기율표를 탄생시켰다. 현재 사용하는 주기율표는 1905년 스위스의 화학자 알프레트 베르너가 작성했다. 이 역시 원소들의 원자 번호순으로 배열된 이전보다 긴 형태의 주기율표로서 화학의 달력이자 화학 여행의 지도라 할 수 있다. ▓ : 비유로 설명하려는 내용
은유법을 사용해 주기율표의 의의를 설명함.

단풍의 색은 어디에서 오는가?

필독 TIP

어휘 ★★★

문장 ★★

배경지식 ★★★

이 글은 가을 숲에서 일어나는 단풍 현상을 설명하고 있다. 가을 숲에서 단풍이 아름답게 만들어지는 조건과 단풍이 드는 원리를 이해하며 읽도록 한다.

여름이 끝나면서 많은 사람이 단풍을 기다린다. 여름 동안의 축축하던 물기가 공기 중으로 흩어지고 숲이 마르면서 어느 순간 누가 불을 댕기기라도 한 듯 가을 숲은 붉게 타오른다.

여름이 더욱 여름답고, 가을날의 아침저녁이 극적으로 쌀쌀하면 우리는 더욱 아름다운 단풍을 기대할 수 있다. 예상치 못한 차가운 밤공기는 나뭇잎의 푸른색을 여지없이 무너뜨려 극적인 비장감*을 만들어 낼 수 있다. 특히 가뭄이 계속되거나 기온이 갑자기 낮아지면 엽록소*가 급격히 파괴되어 나뭇잎은 더욱 선명하고 아름다운 단풍색을 드러낸다. 가을 밤바람이 유난히 차가우면 화려해질 단풍색을 떠올리며 위로받을 수 있다.

단풍의 그 고운 빛은 어디서 오는 것일까? 푸른 나뭇잎 속에는 사실 처음부터 단풍의 색이 들어 있었다. 나뭇잎 속에는 여러 가지 색소가 포함되어 있는데, 흔히 초록색을 나타내는 엽록소 이외에 카로티노이드와 안토시아닌계 색소가 주를 이룬다. 카로티노이드는 잎을 비롯하여 뿌리, 줄기, 꽃, 열매의 색소체에 존재하여 노란색, 오렌지색, 적색 등을 나타내게 한다. 카로티노이드는 엽록소가 놓친 청색광과 보라색광을 흡수하여 광 흡수 효율을 높이고 빛이 강한 환경에서 엽록소가 타 버리는 것을 방지해 준다. 나뭇잎은 과거 자신들이 성장해 왔던 불완전한 지구의 환경을 아직 잊지 않고 있다. 카로티노이드는 부족한 빛 조건에서 살아가기 위한 보조 장치이다. 암흑 속에서도 합성될 수 있기 때문에 빛이 부족한 곳에서 자란 식물은 주로 노란색을 띤다.

안토시아닌 그룹은 다소 호들갑스러운 사치성 물질들로 꽃이나 잎, 열매의 붉은색, 보라색, 청색을 만들어 종자*의 번식과 수분*을 용이하게 하는 것으로 알려져 있다. 한여름날 뒤뜰에 앉아 아름다운 꽃색으로 손톱을 물들이는 봉숭아의 꽃 빛이 바로 안토시아닌에서 온 것이다. 안토시아닌은 맑고 ㉠서늘한 날씨가 계속될 때 잎에서 합성되어 액포*에 축적된다.

가을날 아름다운 단풍을 만들기 위해서는 일정 기간 맑고 서늘한 날씨가 계속되어야 한다. 가을이 시작되면서 기온이 낮아지면 엽록소는 파괴되기 시작하지만 카로티노이드는 비교적 안정적이어서 그대로 잎 속에 남게 된다. 그리고 안토시아닌이 합성되어 나뭇잎은 아름다운 단풍색으로 변하게 된다.

단풍의 색은 색소들을 고르는 식물의 취향에 의해 결정된다. 안토시아닌이 많이 합성되면 선명한 붉은색을 띠게 되며, 카로티노이드를 선호하는 나무는 노란색을 띤다. 숲을 가득 메우고 있는 참나무류는 카로티노이드 계통의 물질을 많이 포함하고 있어 단풍은 단조로운 갈색을 띤다.

* **비장감**: 슬프면서도 그 감정을 억눌러 씩씩하고 장한 마음.
* **엽록소**: 빛 에너지를 유기 화합물 합성을 통하여 화학 에너지로 전환시키는 녹색 색소.
* **종자**: 식물에서 나온 씨 또는 씨앗.
* **수분**: 종자식물에서 수술의 화분(花粉)이 암술머리에 옮겨 붙는 일. 바람, 곤충, 새, 또는 사람의 손에 의해 이루어진다.
* **액포**: 성숙한 식물 세포에 들어 있는 구조물. 세포 안에 있는 큰 거품 구조로 액포막에 싸여 있고, 안에는 세포액이 차 있으며 여러 가지 당류·색소·유기산 따위가 녹아 있다.

STEP **I**

어휘 활용

1 다음 문장의 빈칸에 들어갈 알맞은 단어를 〈보기〉에서 찾아 쓰시오.

> 보기
> • 선명하다: 산뜻하고 뚜렷하여 다른 것과 혼동되지 아니하다.
> • 화려하다: 환하게 빛나며 곱고 아름답다.
> • 호들갑스럽다: 말이나 하는 짓이 야단스럽고 방정맞다.
> • 단조롭다: 단순하고 변화가 없어 새로운 느낌이 없다.

(1) 해안선이 굴곡이 없어 (   ).

(2) 어린 시절의 기억이 너무도 (   ).

(3) 그녀가 입은 옷의 빛깔이 노을처럼 (   ).

(4) 우리 마을에 새로 이사 온 사람은 말이 많고 항상 (   ).

어휘 활용

2 윗글의 ㉠을 바꿔 쓰기에 적절한 것을 고르시오.

① 따뜻한   ② 선선한

③ 포근한   ④ 찌는 듯한

⑤ 살을 에는 듯한

STEP **II**

서술형 중심 화제

1 윗글의 중심 내용을 쓰시오.

(   )

문단 정리

2 다음은 윗글의 각 문단의 중심 내용을 정리한 것이다. 빈칸에 들어갈 알맞은 말을 쓰시오.

1문단	여름이 끝나면 가을 숲에 단풍이 든다.
2문단	여름에 덥고, 가을의 일교차가 크고, ( )이 계속되거나 기온이 갑자기 낮아지면 단풍의 색이 더욱 아름답게 된다.
3문단	( )는 빛이 강한 환경에서 엽록소가 타는 것을 방지하고, 부족한 빛 조건에서 살아갈 수 있게 한다.
4문단	안토시아닌 그룹은 종자의 번식과 수분을 용이하게 한다.
5문단	가을이 시작되면 엽록소는 파괴되고 카로티노이드와 안토시아닌이 합성되어 단풍색이 나타난다.
6문단	안토시아닌이 많이 합성되면 ( ), 카로티노이드가 많이 합성되면 노란색 단풍색이 나타난다.

서술형 내용 구조

3 다음 구조도의 빈칸에 알맞은 내용을 써넣어, 윗글의 내용을 정리하시오.

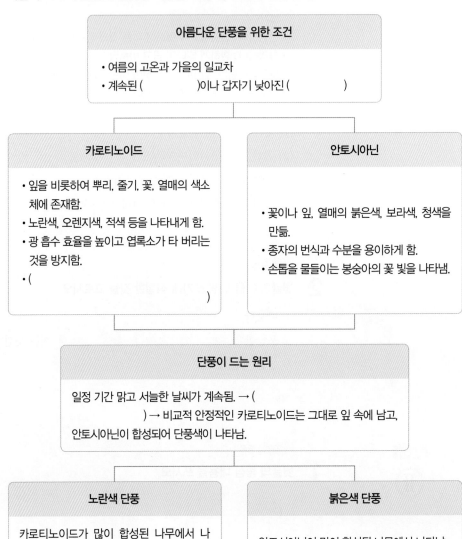

아름다운 단풍을 위한 조건

- 여름의 고온과 가을의 일교차
- 계속된 (   )이나 갑자기 낮아진 (   )

카로티노이드

- 잎을 비롯하여 뿌리, 줄기, 꽃, 열매의 색소체에 존재함.
- 노란색, 오렌지색, 적색 등을 나타내게 함.
- 광 흡수 효율을 높이고 엽록소가 타 버리는 것을 방지함.
- (   )

안토시아닌

- 꽃이나 잎, 열매의 붉은색, 보라색, 청색을 만듦.
- 종자의 번식과 수분을 용이하게 함.
- 손톱을 물들이는 봉숭아의 꽃 빛을 나타냄.

단풍이 드는 원리

일정 기간 맑고 서늘한 날씨가 계속됨. → (   ) → 비교적 안정적인 카로티노이드는 그대로 잎 속에 남고, 안토시아닌이 합성되어 단풍색이 나타남.

노란색 단풍

카로티노이드가 많이 합성된 나무에서 나타남.

붉은색 단풍

안토시아닌이 많이 합성된 나무에서 나타남.

STEP **III**

수능형 핵심 정보의 파악

1 윗글을 쓴 목적으로 가장 적절한 것은?

① 가을 숲이 주는 느낌을 표현하기 위해서
② 가을 숲의 변화가 주는 교훈을 전달하기 위해서
③ 가을 숲의 단풍에 얽힌 추억을 회상하기 위해서
④ 단풍에서 비롯된 가을 숲의 가치를 전하기 위해서
⑤ 가을 숲의 변화 원인에 대한 정보를 전달하기 위해서

수능형 구체적 상황에 적용

2 〈보기〉는 단풍과 관련된 방송 내용이다. 윗글을 바탕으로 〈보기〉를 이해한 것으로 적절하지 않은 것은?

┌─ 보기 ─

아나운서 : 지금 단풍이 한창이라고 합니다. ○○산에 나가 있는 리포터 △△△ 씨를 불러 보도록 하겠습니다.

△△△ : 네, 여기는 ○○산입니다.

아나운서 : 올해에는 작년에 비해 단풍이 유난히 선명하고 아름답다고 하는데요. 어떻습니까?

△△△ : 네, 맞습니다. 이곳에서 몇 년째 장사를 하시는 분들도 올해 유난히 단풍이 아름답다고 하는군요. ○○산은 단풍색의 조화로움으로 유명한데요. 산 정상 부근의 붉은색 단풍과 산 서쪽을 장식하는 노란색 단풍이 화려함을 자랑한다면, 산자락이 갈색으로 변한 숲의 모습은 은은한 아름다움을 드러낸다고 할 수 있습니다.

① 올해 여름은 작년에 비해 평균 기온이 더 높았을 것이다.

② 올가을은 날씨가 맑고 서늘했으며 일교차가 크지 않았을 것이다.

③ 산 정상 부근의 나무의 나뭇잎들은 안토시아닌 그룹의 색소가 많았을 것이다.

④ 산자락에는 카로티노이드 색소가 많은 참나무류가 집중적으로 분포되어 있을 것이다.

⑤ 산 서쪽에는 카로티노이드 색소가 많이 함유된 나무들이 다수 분포되어 있었을 것이다.

📖 지문으로 엮어 읽는 배경지식 **단풍이 드는 원리**

가을이 오면 여름보다 기온이 낮아지고 낮 길이가 짧아지면서 식물들은 생장을 정지한다. 제일 먼저 나뭇잎 속의 엽록소 합성이 중단되고, 기존의 엽록소는 파괴되기 시작한다. 반면에 엽록소에 가려져 드러나지 않았던 색소들이 드러나고, 엽록소 이외의 색소들이 늦도록 합성되어 단풍색이 나타나게 된다. 제시된 사진은 안토시아닌이 많이 합성되어 붉은색을 띠는 단풍이다.

과학 05

지구의 불청객, 운석

필독 TIP

어휘 ★★★★
문장 ★★
배경지식 ★★★

이 글은 소행성과 유성, 운석을 설명하고 있다. 우주에 존재하는 물체의 특성과 운석의 형성 과정을 이해하며 읽도록 한다.

지난 2013년 2월, 러시아의 우랄산맥 부근 첼랴빈스크 상공에서 폭발한 운석은 1천 명이 넘는 사람을 다치게 하고 많은 건물을 파괴했다. 보도에 따르면, 목격자들은 하늘에서 큰 물체가 한 번 번쩍인 뒤 큰 폭발음을 냈고, 이어 불타는 작은 물체들이 연기를 내며 땅으로 떨어졌다고 한다. ⓐ지역 주민들은 갑작스러운 운석우*에 놀라 긴급 대피했으며, 일부 학교는 임시 휴교했다. 수업 중 운석우를 목격했다는 교사 발렌티나 니콜라예바는 '그런 ㉠섬광은 생전 처음 봤다. 마치 ㉡종말 때에나 있을 법한 것이었다.'라고 말했다. 이후의 조사에서 이 운석은 지름이 20m 정도로 히로시마에 떨어진 원자 폭탄의 30배가 넘는 ㉢위력을 가진 것으로 밝혀졌다. 그럼 이 운석의 정체는 무엇이며, 대체 어디에서 날아온 걸까?

소행성이란 화성과 목성 사이의 ㉣궤도*에서 태양의 둘레를 공전하는 작은 행성*을 말한다. 1801년에 화성과 목성의 궤도 사이에서 세레스가 발견된 이후 수많은 소행성 발견이 줄을 이었고, 2013년 1월까지 35만 개 이상이 소행성으로 등록되어 있다. 이처럼 화성과 목성 사이의 많은 소행성이 존재하는 곳을 소행성대 또는 소행성 지대라고 부른다. 매년 수천 개 이상의 새로운 소행성들이 발견되고 있어서 앞으로 모두 몇 개가 될지는 아무도 모른다. 새로 발견된 소행성은 발견자가 원하면 이름을 붙일 수도 있다. 새 소행성을 발견해 '통일'이라는 이름을 붙인 한국인도 있다.

소행성은 그 수가 아주 많지만 ㉤질량이 매우 가벼워서, 모든 소행성을 다 합쳐도 지구 질량의 1,000분의 1을 넘지 않는다. 그중에서 가장 덩치가 큰 소행성은 1801년에 처음 발견된 세레스로서, 지름이 약 1,020km이다.

수많은 소행성은 모두 46억 년 전 태양계가 형성될 때부터 존재해 온 물질들이다. 이것들은 잘하면 행성이 될 수도 있었는데, 목성의 조석력*이 하도 크다 보니 행성이 채 되기도 전에 부스러져 버린 행성 부스러기라 할 수 있다. 이런 소행성들을 이루고 있는 물질은 얼음과 탄소, 약간의 금속 물질과 암석들이다. 이는 태양계 생성 초기에 원시 가스 구름이 응축되는 과정에서 생긴 물질이다.

혜성*이나 소행성이 남긴 파편들이 행성 간 공간에 떠돌아다니다가 초속 30km의 속도로 태양 주위를 공전하는 지구로 끌려 들어오면 초속 10~70km의 속도로 지구 대기로 진입하게 된다. 이것이 대기와의 마찰로 가열되어 빛나는 유성, 곧 별똥별이 된다.

대부분의 유성체*는 작아서 지상 100km 상공에서 모두 타서 사라지지만 큰 유성체는 그 잔해가 땅에 떨어지는데, 이것이 바로 운석이다. 하루에 지구로 떨어지는 소행성이나 혜성 부스러기는 대략 100톤에 이른다고 한다. 그러나 대부분은 대기 중에서 타 버리거나, 바다나 사막, 산악 지대에 떨어지기 때문에 운석이 발견되기는 어렵다. 운석은 무서운 존재이기는 하지만, 한편으로는 지구를 포함한 태양계의 나이를 알아내는 데 실마리를 제공하는 태양계 화석이다.

* **운석우**: 지구가 유성군(流星群)과 만날 때 많은 유성이 비처럼 쏟아지는 현상.
* **궤도**: 행성, 혜성, 인공위성 따위가 중력의 영향을 받아 다른 천체의 둘레를 돌면서 그리는 곡선의 길.
* **행성**: 중심 별의 강한 인력의 영향으로 타원 궤도를 그리며 중심 별의 주위를 도는 천체.
* **조석력**: 해수면의 높이의 차이를 일으키는 힘.
* **혜성**: 가스 상태의 빛나는 긴 꼬리를 끌고 태양을 초점으로 긴 타원이나 포물선에 가까운 궤도를 그리며 운행하는 천체.
* **유성체**: 행성들 사이에 떠 있는 암석 조각. 이것들이 지구의 인력에 끌려 지구 대기권으로 들어오면 유성(流星)이 된다.

STEP
Ⅰ

어휘 활용

1 윗글의 ㉠~㉤을 활용한 문장으로 적절하지 <u>않은</u> 것을 고르시오.

① ㉠: 언덕에 올라 멀리 섬광이 연거푸 번쩍이는 것을 보았다.

② ㉡: 영상 문화의 발달이 책의 종말을 가져올 것이라는 걱정이 있다.

③ ㉢: 대자연의 위력 앞에서 인간은 연약한 존재이다.

④ ㉣: 기차가 궤도를 이탈하는 사고가 나 많은 사상자가 발생했다.

⑤ ㉤: 환경이 바뀌어도 이 물질의 질량은 변하지 않는다.

어휘 활용

2 윗글의 ⓐ의 상황에 해당하는 관용 표현을 고르시오.

① 눈을 돌리다

② 입만 아프다

③ 간이 떨어지다

④ 가슴에 새기다

⑤ 코가 납작해지다

STEP
Ⅱ

서술형 중심 화제

1 윗글의 중심 내용을 쓰시오.

(   )

문단 정리

2 다음은 윗글의 각 문단의 중심 내용을 정리한 것이다. 빈칸에 들어갈 알맞은 말을 쓰시오.

1문단	러시아에 떨어진 운석을 통해 운석의 위력을 알 수 있다.
2문단	소행성은 ( )의 둘레를 공전하는 작은 행성으로, 화성과 목성 사이에는 많은 소행성이 있다.
3문단	소행성은 수가 많지만 질량이 매우 가볍다.
4문단	소행성은 행성 부스러기로 태양계 생성 초기의 물질로 구성되어 있다.
5문단	혜성이나 소행성의 파편이 지구로 끌려 들어와 대기에서 가열되면 ( )이 된다.
6문단	큰 유성체가 지구에 떨어지면 ( )이 되는데, 발견하기가 매우 어렵다.

내용 구조

3 다음은 소행성과 유성, 운석의 형성 과정과 특징을 정리한 것이다. 빈칸에 들어갈 알맞은 말을 쓰시오.

소행성	• 개념: 화성과 목성 사이의 궤도에서 태양의 둘레를 공전하는 작은 행성 • 개수: 2013년 1월까지 35만 개 이상이 등록되어 있음. • 질량: 질량이 매우 가벼워서 모든 소행성을 다 합쳐도 지구 질량의 1,000분의 1을 넘지 않음. • 구성 물질: 태양계 생성 초기에 원시 (　　　　) 구름이 응축되는 과정에서 생긴 얼음과 탄소, 약간의 금속 물질과 암석
유성	• 개념: 지구의 대기권 안으로 들어와 빛을 내며 타는 작은 물체 • 형성 과정: 혜성이나 소행성이 남긴 (　　　　)이 행성 간 공간에 떠돌아다님. → 지구로 끌려 들어옴. → 초속 10~70km의 속도로 지구 대기로 진입하여 대기와의 마찰로 가열되어 빛남. • 다른 이름: 별똥별
운석	• 개념: 대기 중에 돌입한 유성이 다 타 버리지 않고 땅에 떨어진 것 • 발견: 대부분 대기 중에서 타 버리고 바다나 사막, 산악 지대에 떨어지기 때문에 발견되기 어려움. • 의의: 지구를 포함한 태양계의 나이를 알아내는 데 실마리를 제공하는 태양계 (　　　　)임.

수능형 세부 정보의 확인

1 윗글의 내용과 일치하지 <u>않는</u> 것은?

① 소행성의 수는 많지만 총 질량은 지구보다 가볍다.

② 화성과 목성 사이에는 많은 소행성이 몰려 있는 소행성대가 있다.

③ 소행성은 목성의 둘레를 공전하면서 동시에 태양의 둘레를 공전한다.

④ 소행성을 새로 발견하면 발견자의 뜻에 따라 새로운 이름을 붙일 수 있다.

⑤ 지름 20m의 러시아에 떨어진 운석은 히로시마에 떨어진 원자 폭탄의 30배가 넘는 위력을 가졌다.

2 윗글을 읽은 학생들의 〈보기〉에 대한 반응으로 적절하지 <u>않은</u> 것은?

> 보기 ─
>
> 2014년 3월 9일 오후 8시가 조금 지난 시각, 한반도 상공에 밝은 유성이 출현했다. 전국 각지에서 커다란 불덩어리가 하늘을 가로질러 떨어지는 것이 목격됐다. 그리고 이튿날 경남 진주의 비닐하우스 농장에서 이상한 돌이 발견됐다. 약 10kg 무게의 이 돌은 표면이 검었는데, 비닐 천장을 뚫고 들어온 것이 틀림없었다. 진주에서는 연이어 검은 돌들이 발견됐다. 두 번째로 발견된 돌은 약 4kg이었으며, 세 번째는 420g, 그리고 네 번째는 20kg으로 가장 컸다.

① 한반도 상공에 출현한 유성은 혜성이나 소행성의 파편이라고 할 수 있어.

② 경남 진주의 비닐하우스 농장에서 발견된 이상한 돌은 유성체의 잔해라고 할 수 있어.

③ 경남 진주의 비닐하우스 농장에서 발견된 이상한 돌은 지구의 역사를 추측할 수 있는 물질로 구성되어 있겠군.

④ 경남 진주의 비닐하우스 농장에서 발견된 이상한 돌은 지구 생성에 참여하지 못한 물질이 대기권을 떠돌다가 지구의 인력에 의해 끌려 들어온 것이야.

⑤ 경남 진주의 비닐하우스 농장에서 발견된 이상한 돌과 같은 물질은 대부분 대기 중에서 타 버리거나 바다, 사막, 산악 지대에 떨어져 쉽게 발견되지 않지.

📖 지문으로 엮어 읽는 배경지식 **혜성, 유성, 운석**

▲ 혜성

▲ 유성

▲ 운석

혜성은 태양을 중심으로 긴 타원이나 포물선에 가까운 궤도를 그리며 운행한다. 가스 상태의 빛나는 긴 꼬리를 끌고 핵, 코마, 꼬리 부분으로 이루어져 있다.

유성이란 흔히 말하는 별똥별을 뜻한다. 이 유성은 혜성이나 소행성에서 떨어져 나온 파편, 태양계를 떠돌던 먼지 등이 지구 중력에 이끌려 대기 안으로 들어오면서 대기와의 마찰로 불타는 현상에서 나타난다. 하루 동안 지구 전체에 떨어지는 유성 가운데 맨눈으로 볼 수 있는 것은 수없이 많지만, 유성이 빛을 발하는 시간은 매우 짧다.

운석이란 유성체가 대기를 뚫고 지표면까지 떨어진 것을 말한다. 보통의 작은 유성체들은 대기를 지나며 모두 타서 없어지는데 큰 유성체는 지표면에 떨어져 거대한 운석 구덩이를 만들기도 한다.

플로지스톤설과 라부아지에

17세기 후반과 18세기 유럽의 화학자들이 큰 관심을 가지고 연구한 주제는 연소*, 즉 불이 타는 현상이었다. 이는 화학자들이 연소의 본질이 무엇인지 잘 몰랐기 때문인데 어떤 화학자들은 4원소*의 하나인 불의 원소가 작용하는 것으로 설명하고, 어떤 화학자들은 공기가 매우 중요한 역할을 하는 것으로도 설명했다.

연소에 관련하여 다양한 가설*이 난무하는 가운데 플로지스톤설이 등장했는데 이를 체계화한 사람이 독일의 슈탈이다. 플로지스톤은 그리스어 '불꽃'에 어원을 둔 말인데, 슈탈은 플로지스톤은 매우 가벼운 물질로, 온도가 높아지면 이 플로지스톤이 물체에서 빠져나가는 현상이 연소이며 이때 불꽃이 생긴다고 했다. 그는 모든 물질에는 플로지스톤이 들어 있는데 이것이 모두 소모되어야 연소가 끝난다고 생각했다.

모든 가연성 물질에는 플로지스톤이라는 원소가 있다는 플로지스톤설은 당시 유력한 화학자들에게 인정받아 약 100여 년 동안 화학계를 지배했다. 칸트도 "슈탈의 플로지스톤설은 모든 자연 과학자들에게 한 가닥 빛이 되었다."라고 칭찬했을 정도였다. 그러나 1766년에서 1785년 사이에 영국에서 기체 화학이 발전하면서 이산화 탄소, 질소, 수소, 산소 등 10여 개의 기체가 발견되었고, 이를 통해 4원소설, 연금술* 등 고전적인 가설이 배제되는 한편, 프랑스 화학자 라부아지에를 중심으로 플로지스톤설에 대한 회의가 생겨나기 시작했다.

라부아지에는 물리적으로 실체가 분명하고 정량적으로 측정할 수 있는 기체를 찾아내 연소 현상을 과학적으로 설명하려 했다. 라부아지에는 지름이 30cm가 넘는 커다란 렌즈로 햇빛을 모아 붉은색의 수은 금속 재[灰], 즉 산화* 수은을 가열해 기체를 얻었다. 라부아지에는 이 기체가 기체 화학에서 발견한 산소임을 알고 이 산소는 수은이 오랜 시간 연소하면서 결합한 것이라고 했다. 그러면서 물질이 연소할 때는 플로지스톤을 방출하는 것이 아니라 산소와 결합한다는 새로운 연소 이론을 주장했다.

라부아지에는 새로운 연소 이론을 통해 플로지스톤설에서 설명하지 못했던 부분에 대한 명확한 답을 제시했다. 즉 플로지스톤설에서는 나무를 가열하면 그 질량이 줄어드는데 이것은 플로지스톤이 빠져나간 것이기 때문이라고 설명했다. 그러나 금속을 가열하면 금속 재가 되면서 플로지스톤이 빠져나가 질량이 (㉠) 하는데 반대로 (㉡) 일에 대해 설명하지 못했다. 라부아지에는 수은 실험을 통해 산소의 결합으로 질량의 증가가 일어난다는 점을 분명히 밝힌 것이다.

이후 라부아지에는 33종의 원소를 찾아 원소표를 작성하고 '금', '은', '산소', '인' 등의 원소에 제대로 된 이름을 붙여 현재에도 사용하게 되었다. 그는 '열소'나 '광소'처럼 사실은 현재의 원소가 아닌 것도 있지만 새로운 화학 용어를 널리 알리고 많은 저서를 통해 새로운 화학 체계를 수립했다.

STEP Ⅰ

어휘 활용

1 다음에 제시된 초성자와 사전적 의미를 참고하여 빈칸에 들어갈 알맞은 단어를 쓰시오.

(1) ㅂ ㅈ : 본디부터 가지고 있는 사물 자체의 성질이나 모습.

　　예 모든 음악적 활동의 (　　　　　　　)은 놀이라고 할 수 있다.

(2) ㅇ ㅇ : 어떤 단어의 근원적인 형태. 또는 어떤 말이 생겨난 근원.

　　예 '감저'가 '감자'가 된 것처럼 본래의 (　　　　　　　)을 잃고 한자어가 고유어화된

　　　단어들이 있다.

(3) ㄱ ㅇ ㅅ : 불에 잘 탈 수 있거나 타기 쉬운 성질.

　　예 이 화학 물질은 (　　　　　　　)이 있으니 조심해서 다루어야 한다.

(4) ㅎ ㅇ : 의심을 품음. 또는 마음속에 품고 있는 의심.

　　예 아버지는 최근 들어 부쩍 삶에 (　　　　　　　)를 느끼셨다.

어휘 의미

2 다음은 윗글의 ㉠, ㉡에 들어갈 단어의 사전적 의미이다. ㉠, ㉡에 알맞은 단어의 기본형을 쓰시오.

(1) ㉠: 양이나 수치가 줄어야. → (　　　　　　)

(2) ㉡: 양이나 수치가 늘어나는. → (　　　　　　)

STEP Ⅱ

서술형 중심 화제

1 윗글의 중심 내용을 쓰시오.

（　　　　　　　　　　　　　　　　　　　　　　　　　　　　　　　　　　）

문단 정리

2 다음은 윗글의 각 문단의 중심 내용을 정리한 것이다. 빈칸에 들어갈 알맞은 말을 쓰시오.

1문단	17세기 후반과 18세기 화학자들은 (　　　　　　)의 본질에 관심을 가졌다.
2문단	온도가 높아지면 플로지스톤이 물체에서 빠져나간다는 플로지스톤설이 등장했다.
3문단	플로지스톤설은 약 100여 년 동안 화학계를 지배했다.
4문단	라부아지에는 실험을 통해 물질이 연소할 때 (　　　　　　)와 결합한다는 새로운 연소 이론을 주장했다.
5문단	라부아지에는 실험을 통해 산소의 결합으로 (　　　　　　)의 증가가 일어난다는 점을 밝혔다.
6문단	라부아지에는 이후에 화학계에 많은 업적을 남겼다.

서술형 | 내용 구조

3 다음은 플로지스톤설과 라부아지에가 밝혀낸 사실을 정리한 것이다. 빈칸에 들어갈 알맞은 내용을 쓰시오.

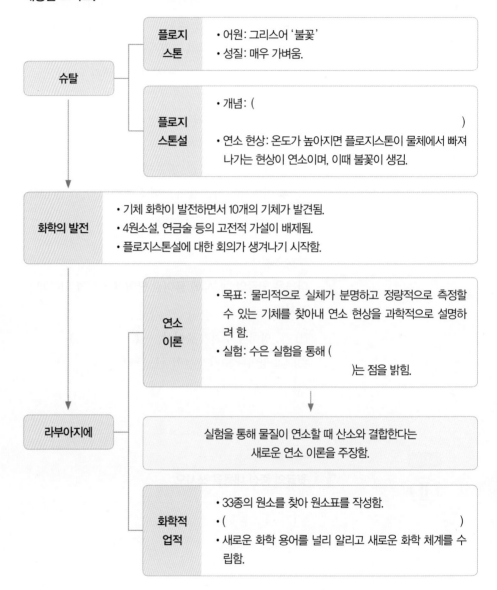

수능형 | 세부 정보의 확인

1 윗글을 통해 알 수 있는 내용이 <u>아닌</u> 것은?

① 연소 현상을 설명하는 플로지스톤설의 이론

② 슈탈이 주창한 플로지스톤설에 대한 칸트의 평가

③ 영국의 기체 화학에서 설명한 연소 현상에 대한 해석

④ 새로운 화학 체계 수립에 이바지한 라부아지에의 업적

⑤ 17세기 후반과 18세기 무렵 연소에 대한 유럽 화학자들의 인식

수능형 다른 상황에 적용

2 윗글을 읽고 〈보기〉의 ㉮~㉰에 들어갈 말을 바르게 짝지은 것은?

┌─ 보기 ───┐
│   라부아지에는 수은 외에 주석을 사용해 같은 실험 결과를 얻기도 했다. 주석을 공기 중에서 │
│ 연소시켜 산화 주석으로 만든 다음 다시 산화 주석을 분해해 (㉮   )을/를 발생시키는 실 │
│ 험을 했다. 그러면서 라부아지에는 연소 전후의 주석의 (㉯   )을/를 측정해서 이 기체가 │
│ 산소임을 증명했다. 이러한 과정을 통해 연소가 공기 중의 산소와 가연성 물질이 반응하여 열과 │
│ 빛을 수반하는 화학 변화인 (㉰   )임을 알게 되었다.   │
└──┘

	㉮	㉯	㉰
①	산소	온도	산화
②	산소	질량	산화
③	주석	온도	가열
④	주석	질량	가열
⑤	주석	질량	산화

📖 지문으로 이해하는 독해 지식   **인용**

　다른 사람의 말이나 글을 자신이 쓰려는 글 속에 끌어 쓰는 방법을 인용이라고 한다. 인용에는 직접 인용과 간접 인용이 있다. 직접 인용은 다른 사람의 말이나 글을 그대로 쓸 때 사용하는 방법으로, 문장 부호인 큰따옴표를 사용하며 인용문 뒤에 조사 '라고'를 붙여 표기한다. 간접 인용은 다른 사람의 말이나 글을 그대로 가져오지 않고 글쓴이의 관점에서 말하거나 풀어 쓰는 방법으로, 문장 부호 없이 인용문 뒤에 조사 '고'를 붙여 표기한다. 이 글에서는 플로지스톤설에 대한 칸트의 평가를 직접 인용해서 플로지스톤설이 당시 화학계에 어떤 위치를 차지하고 있었는지를 제시하고 있다.

┌──┐
│   모든 가연성 물질에는 플로지스톤이라는 원소가 있다는 플로지스톤설은 당시 유력한 화학자들에게 인정받아 │
│   ▮▮▮: 인용으로 설명하려는 내용 │
│ 약 100여 년 동안 화학계를 지배했다. 칸트도 "슈탈의 플로지스톤설은 모든 자연 과학자들에게 한 가닥 빛이 되었 │
│   직접 인용한 칸트의 말 │
│ 다."라고 칭찬했을 정도였다.   │
└──┘

과거에는 길이를 어떻게 쟀을까?

필독 TIP

어휘 ★★

문장 ★★

배경지식 ★★★

이 글은 과거 서양에서 활용
했던 길이의 단위를 설명하
고 있다. 이집트의 대피라미
드 건축에 활용되었던 길이
단위 및 과거 서양에서의 길
이 단위들의 관계를 이해하
며 읽도록 한다.

역사적으로 길이에 관한 수많은 단위*가 존재했다. 그런데 이런 단위에 대한 정의는 종종 모호하고 부정확*해서 상당수 단위는 그 뿌리가 같았지만 단위의 실젯값은 나라와 시대마다 제각기 달랐다. 하지만 어떤 시대에는 단위가 상당히 정밀*한 수준으로 정의되었고 이를 바탕으로 만든 사물들이 현대의 기준에서 봐도 매우 정교한 경우도 있다.

대표적인 사례가 이집트 기자 지역의 대(大)피라미드다. 기원전 2,500년 무렵 건축된 것으로 추정*되는 대피라미드의 높이는 146.60미터에 이른다. 이집트 정부는 1925년에야 대피라미드의 규모*에 관한 최종 보고서를 내놓을 수 있었다. 이 보고서는 대피라미드가 얼마나 정확한 수치*로 지어졌는지 말해 준다. 예를 들어 피라미드의 정사각형 모양의 밑면에서 각 변의 길이를 살펴보면, 남쪽 230.40미터, 동쪽 230.45미터, 서쪽 230.38미터, 북쪽 230.25미터이다. 즉, 이들 간의 길이 차가 고작 20㎝밖에 나지 않는 것이다.

고대 이집트인들이 이렇게 정밀하게 피라미드를 지을 수 있었던 것은 '로열 이집트 큐빗'이라는 정확한 자가 있었기 때문이다. 이는 당시 통치하던 파라오*의 팔꿈치에서 가운뎃손가락 끝까지의 길이에 손바닥 폭의 길이를 더한 길이다. 이렇게 정의된 로열 이집트 큐빗의 길이는 화강암에 새겨졌는데 이를 로열 큐빗 마스터라고 했다. 피라미드 건축자들은 로열 큐빗 마스터를 바탕으로 나무나 화강석 재질의 자를 만들어 건축 현장에서 사용했다.

이와 같이 신체를 사용한 사례는 서양의 길이 단위에서 다양하게 나타난다. 큐빗은 팔을 구부렸을 때 팔꿈치에서 가운뎃손가락 끝까지의 길이로, 큐빗의 반은 '스팬'이라고 한다. 일반적으로 스팬은 손가락을 쫙 벌렸을 때 엄지손가락 끝에서부터 새끼손가락 끝까지의 길이를 나타낸다. 그리고 스팬의 3분의 1을 '팜'이라고 했고, 이는 엄지손가락을 제외한 네 손가락의 너비였다. 그리고 팜을 다시 4로 나눈 것을 '디지트'라고 했는데, 1디지트는 손가락 1개의 폭과 같았다. 또한 발꿈치에서 발가락 끝까지의 길이에 해당하는 '피트'라는 단위도 있었다. 이는 16디지트에 해당하고 12인치와 거의 일치하는 길이이다.

이처럼 예전에는 몸 그 자체가 자였던 셈이다. 특별히 자를 휴대하고 다닐 필요가 없어서 편리했을지 모르지만 몸의 크기가 다르다 보니 길이 역시 제각각이었다. 단위는 있지만 표준*은 없었던 셈이다. 이는 다툼의 (㉠)가 될 수도 있었다. 예를 들어 옷감을 사고팔 때 누구의 몸을 기준으로 삼느냐를 두고 다툼이 벌어질 수 있었다. 이런 문제를 해결한 방법의 하나가 권력자*의 신체 부분을 표준으로 삼는 것이었다. 영국 왕가의 후손이었던 헨리 1세가 자신의 코에서 손가락까지의 거리를 1야드로 선포한 것이 바로 대표적 사례였다. 자신의 코끝에서 팔을 뻗어 엄지손가락을 세운 곳까지의 길이를 야드로 정의한 것이다.

＊**단위**: 길이, 무게, 수효, 시간 따위의 수량을 수치로 나타낼 때 기초가 되는 일정한 기준.

＊**부정확**: 바르지 아니하거나 확실하지 아니함.

＊**정밀**: 아주 정교하고 치밀하여 빈틈이 없고 자세함.

＊**추정**: 미루어 생각하여 판정함.

＊**규모**: 사물이나 현상의 크기나 범위.

＊**수치**: 계산하여 얻은 값.

＊**파라오**: 큰 집이라는 뜻으로, 고대 이집트의 왕을 이르던 말.

＊**표준**: 사물의 정도나 성격 따위를 알기 위한 근거나 기준.

＊**권력**: 남을 복종시키거나 지배할 수 있는 공인된 권리와 힘을 가진 사람.

수능형 구체적 상황에 적용

2 〈보기〉는 윗글의 내용을 그림으로 그린 것이다. 윗글과 〈보기〉를 바탕으로 할 때, 2큐빗과 유사한 길이로 볼 수 없는 것은?

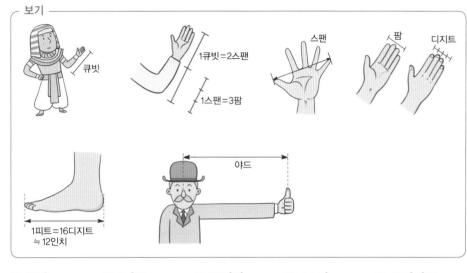

① 12팜   ② 2피트   ③ 36인치   ④ 4스팬   ⑤ 48디지트

📖 지문으로 이해하는 독해 지식 **정의**

대상의 본질이나 뜻을 풀이하여 설명하는 방법을 정의라고 한다. 대체로 '무엇은 무엇이다.'의 형식을 취하며, 정의를 활용하면 설명하려는 대상의 의미와 범위를 분명하게 밝혀 이해를 도울 수 있다. 이 글에서는 과거 서양에서 활용했던 다양한 길이 단위의 뜻을 풀이하여 설명하고 있다.

이와 같이 신체를 사용한 사례는 서양의 길이 단위에서 다양하게 나타난다. 큐빗은 팔을 구부렸을 때 팔꿈치에서 가운뎃손가락 끝까지의 길이로, 큐빗의 반은 '스팬'이라고 한다. 일반적으로 스팬은 손가락을 짝 벌렸을 때 엄지손가락 끝에서부터 새끼손가락 끝까지의 길이를 나타낸다. 그리고 스팬의 3분의 1을 '팜'이라고 했고, 이는 엄지손가락을 제외한 네 손가락의 너비였다. 그리고 팜을 다시 4로 나눈 것을 '디지트'라고 했는데, 1디지트는 손가락 1개의 폭과 같았다. 또한 발꿈치에서 발가락 끝까지의 길이에 해당하는 '피트'라는 단위도 있었다. 이는 16디지트에 해당하고 12인치와 거의 일치하는 길이이다.

〈큐빗의 개념 / 스팬의 개념 / 팜의 개념 / 디지트의 개념 / 피트의 개념 / ▓: 정의로 설명하려는 내용〉

미시 세계로 초대, 나노 과학

나노 과학은 나노미터*급 크기의 물질을 연구하는 학문이다. 물질이 나노 크기로 작아지면 물질의 광학*적 성질인 색깔, 자기*적 성질, 전기적 성질, 녹는점, 촉매 활성도 등 거의 모든 성질이 변하고 산업적으로 유용해진다. 그렇다면 나노, 즉 크기가 극도로 작아진다는 것만으로 어떻게 이러한 다양한 일이 일어날 수 있는 것일까?

이는 나노 입자의 구조상 특징에 기인한다. 나노 입자는 표면 원자가 내부 원자보다 훨씬 많은 특이한 구조를 지니고 있다. 정육면체 상자 하나를 놓아둘 경우, 이 상자는 전체가 외부에 노출된다. 가로×세로×높이에 각각 두 개씩 총 8개의 상자를 쌓았을 때도 마찬가지다. 그러나 가로×세로×높이에 각각 세 개의 상자를 쌓으면 가장 내부에 있는 상자 하나는 외부에서 전혀 볼 수 없다. 한편 네 개씩 쌓으면 8개의 상자가 안 보이고, 56개의 상자가 보인다.

이러한 상자를 원자로 생각해 보자. 원자는 물론 정육면체는 아니지만, 상자를 쌓는 것처럼 삼차원 구조를 이루며 다른 원자들과 연결되어 있다. 그리고 원자는 표면에 노출된 것과 내부에 있어 보이지 않는 것의 에너지가 서로 다르다. 수많은 원자가 층층이 쌓여 연결된 일반적인 물질은 내부 원자의 비율이 훨씬 높고 표면 원자의 비율은 매우 낮다. 결국 표면 원자의 에너지는 무시되고, 내부 원자 에너지에 의해 물질의 성질이 결정된다. 하지만 물질이 나노 크기로 작아지면 표면 원자의 비율이 매우 높아져서 그 에너지는 무시하지 못할 정도가 된다. 다시 말해 큰 덩어리 상태였을 때 보이지 않았던 갖가지 성질들을 갖게 되는 것이다.

예를 들어 금덩어리를 나노 단위로 작게 잘라 놓으면 색깔이 ㉠다채롭게 바뀐다. 즉, 7nm의 금 입자는 빨간색, 5nm의 금 입자는 초록색, 3nm의 금 입자는 파란색을 띤다. 최근 광고에서 TV에 적용했다는 퀀텀 닷*(양자점)이라는 것은 이처럼 나노 단위의 크기가 되었을 때 그 크기에 따라 다양한 색을 띠는 물질의 성질을 이용한 것으로, 입자 크기에 따라 다른 색깔의 빛을 띠는 나노 반도체 형광 물질을 가리킨다. 한편 금덩어리를 나노 단위로 작게 잘라 놓으면 녹는점도 변한다. 금덩어리는 1,063℃에서 녹지만, 7nm의 금 입자는 1,000℃에서, 2nm의 금 입자는 27℃면 녹는다. 또한 자기적 성질이 변하기도 한다. 산화 철을 나노 미터 단위로 작게 만들면 평소엔 자성이 없다가 외부 자기장을 가하면 자성을 띠는 초상자성* 물질이 된다. 나노 물질의 자기적 성질은 MRI나 CT 촬영의 조영제* 개발에도 사용된다.

STEP
I

어휘 의미

1 다음 단어의 사전적 의미를 찾아 바르게 연결하시오.

(1) 녹는점	•	•	ㄱ. 여섯 개의 면이 모두 합동인 정사각형으로 이루어진 정다면체.
(2) 촉매	•	•	ㄴ. 고체가 액체 상태로 바뀌는 온도로 같은 물질이라도 압력에 따라 변한다.
(3) 정육면체	•	•	ㄷ. 공간을 세 개의 실수로 나타낼 수 있음을 이르는 말. 공간은 상하, 좌우, 전후의 세 방향으로 이루어져 있다.
(4) 삼차원	•	•	ㄹ. 자신은 변화하지 아니하면서 다른 물질의 화학 반응을 매개하여 반응 속도를 빠르게 하거나 늦추는 일. 또는 그런 물질.

어휘 활용

2 윗글의 ㉠을 바꿔 쓰기에 적절하지 <u>않은</u> 것을 고르시오.

① 다양하게   ② 색색으로   ③ 화려하게

④ 사치스럽게   ⑤ 여러 가지로

STEP
II

서술형 중심 화제

1 윗글의 중심 내용을 쓰시오.

(   )

문단 정리

2 다음은 윗글의 각 문단의 중심 내용을 정리한 것이다. 빈칸에 들어갈 알맞은 말을 쓰시오.

1문단	물질이 나노 크기로 작아지면 물질의 성질이 변하는 이유를 알아보자.
2문단	나노 입자는 표면 원자가 내부 원자보다 훨씬 많은 ( )의 특징이 나타난다.
3문단	나노 입자는 ( ) 원자의 비율이 매우 커져서 큰 덩어리일 때 보이지 않았던 새로운 성질을 갖게 된다.
4문단	나노 원자가 되면 금과 산화 철의 성질에 변화가 일어나며, 이를 산업 분야에 활용할 수 있다.

내용 구조

3 다음은 일반적인 물질과 나노 물질에 대한 내용을 정리한 것이다. 빈칸에 들어갈 알맞은 말을 쓰시오.

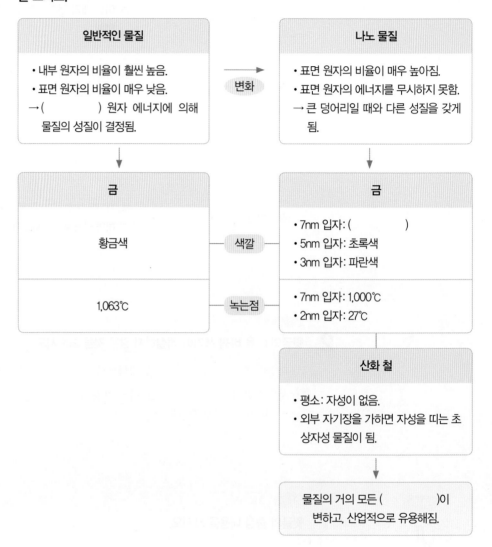

일반적인 물질
• 내부 원자의 비율이 훨씬 높음.
• 표면 원자의 비율이 매우 낮음.
→( ) 원자 에너지에 의해 물질의 성질이 결정됨.

변화 →

나노 물질
• 표면 원자의 비율이 매우 높아짐.
• 표면 원자의 에너지를 무시하지 못함.
→ 큰 덩어리일 때와 다른 성질을 갖게 됨.

금		금
황금색	색깔	• 7nm 입자: ( ) • 5nm 입자: 초록색 • 3nm 입자: 파란색
1,063℃	녹는점	• 7nm 입자: 1,000℃ • 2nm 입자: 27℃

산화 철
• 평소: 자성이 없음.
• 외부 자기장을 가하면 자성을 띠는 초상자성 물질이 됨.

물질의 거의 모든 ( )이 변하고, 산업적으로 유용해짐.

STEP **Ⅲ**

수능형 | 세부 정보의 확인

1 윗글의 내용과 일치하지 <u>않는</u> 것은?

① 나노 단위의 금 입자는 크기에 따라 광학적 성질이 달라진다.

② 나노 단위의 산화 철은 외부 자기장을 가하면 자성을 잃게 된다.

③ 퀀텀 닷을 적용한 TV는 나노 반도체 형광 물질을 사용한 기기이다.

④ 금 입자를 2nm까지 작게 만들면 일반적 크기의 금덩어리와 녹는점이 달라진다.

⑤ 물질을 나노 단위로 줄이면 원래 물질의 특성이 변하고 산업적으로 유용하게 활용할 수 있다.

수능형 | 자료 해석의 적절성 판단

2 윗글의 내용을 참고할 때, 〈보기〉의 ㉮와 ㉯에 대한 설명으로 가장 적절한 것은?

┌─ 보기 ─────────────────────────────────

㉮이산화 타이타늄은 자외선 차단제나 화장품 등으로 쓰인다. 이산화 타이타늄을 나노 크기로 만들면 빛을 받아 다양한 화학 반응을 일으켜 광촉매가 된다. 즉, ㉯나노 이산화 타이타늄은 빛과 물을 만나면 공기 중의 먼지, 유해 물질이나 때에 들어 있는 유기 분자를 분해한 후 그것을 다시 공기 중으로 날려 보낸다. 나노 이산화 타이타늄의 이런 성질을 이용하여 비만 맞아도 깨끗해지는 건물 코팅제, 더러워지지 않는 창문 등이 개발되고 있다.

──

① ㉮의 전기적 성질이 물리적으로 바뀌면 ㉯와 같은 물질을 얻을 수 있겠군.

② ㉯의 크기가 극도로 작아지면 ㉮와 같은 물질의 덩어리가 되겠군.

③ ㉮를 ㉯와 비교할 때, ㉮는 내부 원자의 특성에 의해 물질의 성질이 결정되겠군.

④ ㉯를 ㉮와 비교할 때, ㉯의 입자는 내부 원자의 비율이 높고 표면 원자의 비율이 낮겠군.

⑤ ㉮와 ㉯는 모두 빛과 물을 통해 다양한 화학 반응을 일으켜 광촉매로 활용되겠군.

◎ 지문으로 분석하는 시각 자료 **외부 상자와 내부 상자**

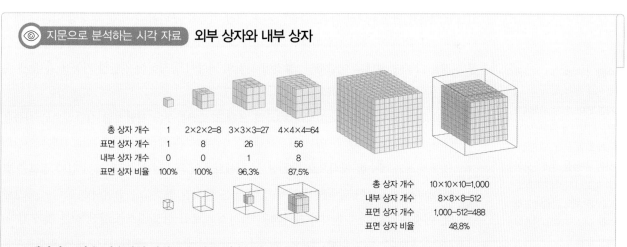

총 상자 개수	1	2×2×2=8	3×3×3=27	4×4×4=64
표면 상자 개수	1	8	26	56
내부 상자 개수	0	0	1	8
표면 상자 비율	100%	100%	96.3%	87.5%

총 상자 개수	10×10×10=1,000
내부 상자 개수	8×8×8=512
표면 상자 개수	1,000−512=488
표면 상자 비율	48.8%

제시된 그림은 정육면체 상자를 놓아둘 경우, 외부 상자와 내부 상자의 비율을 보여 주는 것이다. 정육면체 상자 하나를 놓아둘 경우, 이 상자는 전체가 외부에 노출된다. 가로×세로×높이에 각각 두 개씩 총 8개의 상자를 쌓았을 때도 마찬가지다. 그러나 가로×세로×높이에 각각 세 개의 상자를 쌓으면 가장 내부에 있는 상자 하나는 외부에서 전혀 볼 수 없다. 한편 상자를 네 개씩 쌓으면 8개의 상자가 안 보이고, 56개의 상자가 보인다.

이를 통해 한 면을 이루는 상자의 개수가 늘어날수록 보이지 않는 상자의 개수가 늘어나는 것을 알 수 있다. 그렇다면 한 면에 총 열 개씩 상자를 쌓으면 어떻게 될까? 총 1,000개의 상자를 쌓을 수 있으며, 이 중 488개가 표면 상자, 512개가 내부 상자가 된다. 즉, 표면 상자의 비율이 반 미만이다. 이러한 상자가 계속 늘어난다면 표면 상자의 비율은 점차 낮아질 것이다. 이 글에서는 외부 상자와 내부 상자의 형태를 이용해, 표면 원자의 에너지는 무시되고 내부 원자 에너지에 의해 물질의 성질이 결정되는 일반 물질의 특성과 원자 에너지가 무시하지 못할 정도가 되는 나노 입자의 특성을 설명하고 있다.

인공 지능과 신경망 이론

인공 지능이란 사람이 수행*했을 때 지능이 필요한 일을 기계에 수행시키고자 하는 학문과 기술이다. 그러므로 인공 지능이란 사람의 경험과 지식을 바탕으로 하여 새로운 문제를 해결하는 능력, 시각과 음성 지각 능력, 자연 언어* 이해 능력, 자율적으로 움직이는 능력 등을 실현하는 기술이며 궁극적인 인공 지능 연구의 목표는 사람처럼 생각하는 기계를 개발하는 것이다. 여기서 기계라는 것은 프로그래밍 할 수 있는 컴퓨터를 말한다.

컴퓨터는 인공 지능의 역사에서 큰 역할을 하였다. 컴퓨터가 등장하여 비로소 인간의 사고 과정, 뇌 구조와 기능, 그 속에서 일어나는 생리 현상에 대한 연구가 촉진되었다. 소프트웨어로 프로그램을 제어할 수 있게 되면서 전자 기계 부품, 즉 하드웨어로 구성된 논리 회로*는 과거와 완전히 달라졌다. 그 결과 사람의 지능에 도달하게 된 기계가 높은 수준의 복잡성과 유연성 그리고 외부 환경의 변화에 대응해 다음 작업을 판단하고 수행할 수 있는 능력을 지니게 되었다.

인공 지능을 연구하는 학자들은 인간이 지닌 것과 같은 지식을 컴퓨터에 어떻게 넣어 주느냐를 고민하기 시작했다. 처음에는 인간의 지식 습득 과정을 그대로 답습*하면 된다고 생각하였으나 현실 세계의 모든 지식을 컴퓨터에 입력하는 일은 실질적으로 불가능하였다. 그래서 학자들은 인간 두뇌의 신경망을 이용하면 어떤 정보를 기초로 하여 그것을 적시 적소*에 활용하게 만들 수 있다고 생각했다. 이런 생각에서 출발한 이론을 '신경망 이론'이라고 한다.

신경망 이론은 워런 매컬러와 월터 피츠가 처음 제시하였다. 매컬러와 피츠는 생물학적인 신경망 이론을 단순화해서 논리, 산술*, 기호 연산 기능을 구현할 수 있는 신경망 이론을 제시하였다. 그들은 마치 전기 스위치처럼 온(on)과 오프(off)로 작동하는 기본적인 기능이 있는 인공 신경을 그물망 형태로 연결하면, 그것이 사람의 뇌에서 동작하는 간단한 기능을 흉내 낼 수 있다는 것을 이론적으로 증명하였다.

[A]
신경망 이론을 발판으로 삼아 미국의 프랭크 로젠블랫은 사람처럼 시각적으로 사물을 인지하도록 훈련시킬 수 있는 프로그램인 '퍼셉트론'을 개발했다. 이 프로그램은 인간의 신경 세포와 비슷한 방식으로 작동한다. 퍼셉트론의 각 단위는 여러 가지 입력 정보를 받아들인다. 이것들이 합쳐져 사전에 정해 놓은 특정한 한곗값을 넘어서면 출력이 발생한다. 이것은 많은 가지 돌기가 자극받을 때 신경 세포가 신경 신호를 발산*하는 것과 같다. 각각의 단위가 특정 입력 정보에 부여하는 상대적 중요도를 변화시킴으로써 퍼셉트론은 학습을 통해 올바른 답을 얻을 수 있다. 이러한 퍼셉트론은 인공 신경망을 실제로 구현한 최초의 모델이다.

STEP
Ⅰ

어휘 활용

1 다음 문장의 빈칸에 공통으로 들어갈 알맞은 단어를 〈보기〉에서 찾아 쓰시오.

보기

| 수행 | 대응 | 답습 | 증명 | 발판 |

(1) • 과거를 (   )하는 한 발전은 없다.

   • 그는 이전의 잘못된 방식을 그대로 (   )하였다.

(2) • 정계에 진출하려 해도 (   )이 없어 기회만 보고 있다.

   • 이번 수출을 (   )으로 삼아 유럽 대륙에 진출하려고 한다.

(3) • 업무 (   ) 차 부산에 다녀왔다.

   • 그 회사는 전쟁 (   )에 필요한 군수품을 생산하여 큰돈을 벌었다.

(4) • 약의 효능을 (   )하기 위해서는 과학적인 실험이 필요하다.

   • 만화 영화의 수익성이 (   )되면서 그 분야의 지망생이 늘고 있다.

(5) • 급변하는 사태에 대한 신속한 (   )이 필요하다.

   • 그 연예인은 허위 사실을 유포하는 네티즌들에게 법적 (   )을 하기로 하였다.

어휘 활용

2 다음 문장에 들어갈 알맞은 단어를 찾아 ○표를 하시오.

(1) 자유롭고 평등한 사회의 (실연 / 실현)은 인류의 영원한 꿈이다.

(2) 이것은 우리 회사가 세계 최초로 (개발 / 계발)한 물건이다.

(3) 컴퓨터가 자동화 시스템을 알아서 (제거 / 제어)하고 있다.

(4) 조선 왕조는 정치적으로는 유교의 덕치주의와 민본 사상을 바탕으로 왕도 정치를 (구연 / 구현)하려 하였다.

(5) 그의 눈에서 빛이 (발산 / 발사)하기 시작하면서부터 경기의 흐름은 유리하게 전개되어 갔다.

STEP
Ⅱ

서술형 중심 화제

1 윗글의 중심 내용을 쓰시오.

(   )

문단 정리

2 다음은 윗글의 각 문단의 중심 내용을 정리한 것이다. 빈칸에 들어갈 알맞은 말을 쓰시오.

1문단	( )이란 사람이 수행했을 때 지능이 필요한 일을 기계에 수행시키고자 하는 학문과 기술이다.
2문단	( )는 인공 지능의 역사에서 큰 역할을 했다.
3문단	학자들은 인간 두뇌의 ( )을 이용하여 어떤 정보를 기초로 그것을 적시 적소에 활용하게 만들 수 있는 신경망 이론을 개발했다.
4문단	워런 매컬러와 월터 피츠는 기본적인 기능이 있는 인공 신경을 ( ) 형태로 연결하면, 그것이 사람의 뇌에서 동작하는 간단한 기능을 흉내 낼 수 있다는 것을 이론적으로 증명했다.
5문단	신경망 이론을 발판으로 프랭크 로젠블랫은 사람처럼 ( )으로 사물을 인지하도록 훈련시킬 수 있는 프로그램인 '퍼셉트론'을 개발했다.

내용 구조

3 다음은 신경망 이론과 그것을 발판으로 개발된 퍼셉트론의 특징을 정리한 것이다. 빈칸에 들어갈 알맞은 말을 쓰시오.

신경망 이론	( )
• 생물학적인 신경망 이론을 단순화하여 논리, 산술, 기호 연산 기능을 구현할 수 있음. • 기본적인 기능이 있는 ( )을 그물망 형태로 연결하여, 그것이 사람의 뇌에서 동작하는 간단한 기능을 흉내 낼 수 있다는 것을 증명함.	• 사람처럼 시각적으로 사물을 인지하도록 훈련시킬 수 있는 프로그램임. • 인간의 신경 세포와 비슷한 방식으로 작동함. • ( )을 통해 올바른 답을 얻을 수 있음. • 인공 신경망을 실제로 구현한 최초의 모델임.

STEP III

수능형 전개 방식 파악

1 윗글에 대한 설명으로 가장 적절한 것은?

① 권위 있는 이론에 근거하여 인공 지능 프로그램의 한계를 지적하고 있다.

② 인공 지능 분야에서 컴퓨터의 역할을 밝힌 후 인공 지능 컴퓨터 프로그램의 원리를 설명하고 있다.

③ 신경 신호가 신경 세포를 발생시키는 과정을 제시하며 생물학적인 이론이 기계에 적용되는 양상을 설명하고 있다.

④ 신경망 이론이 등장하게 된 배경을 밝히며 현실 세계의 지식을 컴퓨터에 넣는 작업의 불가능함을 논리적으로 증명하고 있다.

⑤ 소프트웨어로 프로그램을 제어하게 되는 상황을 가정하여 인공 지능 컴퓨터가 외부 환경의 변화에 대응하는 방법을 설명하고 있다.

수능형 자료 해석의 적절성 평가

2 〈보기〉를 참고하여 [A]를 이해한 내용으로 적절한 것은?

보기

　퍼셉트론은 실제 뉴런과 유사하게 작동하도록 설계되었다. 뇌에서 뉴런이 입력 신호를 받으면 출력 신호가 생기듯이 퍼셉트론에서는 입력값을 통해 출력값이 생긴다. 이때 모든 입력값이 출력값을 내는 것은 아니다. 뉴런이 일정 이상의 자극을 받아야 출력 신호가 생기는 것처럼 퍼셉트론도 일정 이상의 값이 충족되어야 출력값을 받을 수 있다. 이 일정 이상의 값을 조정해 주는 역할을 '가중치'가 하게 된다. 그리고 퍼셉트론은 이 가중치를 통해 입력값의 중요도를 스스로 선별하고 이를 바탕으로 결괏값을 출력해 내는 것이다.

① 퍼셉트론은 상대적 중요도를 스스로 판단할 수 없다는 점이 인간의 신경 세포와 다르군.

② 퍼셉트론이 받아들이는 여러 가지 입력 정보가 모두 충분한 자극이 되기 위해서는 모든 정보의 입력값이 극대화되어야 하겠군.

③ 가중치를 통해 중요한 정보를 선별하는 퍼셉트론의 기능은 신경 세포의 자극을 통해 신경 신호를 발산하는 인간 뇌의 기능을 모방한 것이군.

④ 사람이 다양한 가중치를 퍼셉트론에 입력한 후 그것을 조정하는 훈련을 통해 퍼셉트론은 입력값에 상관없이 중요한 정보를 처리할 수 있겠군.

⑤ 인공 지능 기술이 상용화되기 위해서는 퍼셉트론이 입력값에 대하여 가중치를 계산하고 중요도를 선별할 수 있는 프로그램이 개발되어야 하겠군.

📖 지문으로 엮어 읽는 배경지식 **이세돌 대 알파고**

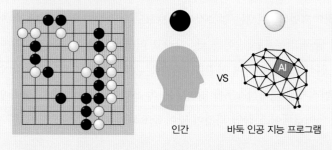

인간　VS　바둑 인공 지능 프로그램

　2016년 3월, 총 5회에 걸쳐 이세돌 9단과 알파고(AlphaGo) 간의 바둑 대결이 진행되었다. 이 대결은 바둑 인공 지능 프로그램인 알파고가 세계 최고의 프로 바둑 기사 중 한 명인 이세돌을 상대로 승리할 수 있을지에 대한 궁금증을 자아냈다. 실제로 이세돌은 자신이 4대 1 혹은 5대 0으로 이길 것이라고 예측하였으나, 최종 결과는 알파고가 4승 1패로 이세돌에게 승리하였다.

　알파고는 자기 자신과의 대국을 통한 학습이 가능한 프로그램으로, 내부 테스트 결과 다른 바둑 인공 지능 프로그램들을 상대로 494승 1패를 기록했다. 1패는 알파고의 실수였다고 알려져 있으며, 그 약점에 대한 보완이 끝난 후 이세돌과의 대국에 나왔기 때문에 알파고는 이미 당시 최강의 바둑 인공 지능 프로그램이었다고 볼 수 있다.

　세계 최고의 프로 바둑 기사를 맞바둑으로 이긴 최초의 바둑 인공 지능 프로그램인 알파고는 현재 '은퇴'한 상태로 알파고의 대국 기록은 모두 말소되었다고 한다.

필독 TIP

어휘 ★★★
문장 ★★★
배경지식 ★★★

이 글은 생체 인식 기술의 다양한 종류를 설명하고 있다. 생체 인식 기술에 적용된 원리와 생체 인식 기술을 적용할 때 발생할 수 있는 문제점을 이해하며 읽도록 한다.

생체 인식 기술은 사람마다 고유한 생체 정보를 이용한 인증 시스템이다. 우리가 쉽게 떠올릴 수 있는 생체 인식은 지문이다. 지문 인식은 보통 사람마다 다른 손가락 무늬인 지문 중 지문 융기* 분기점*이나 끝점 위치와 속성을 추출하는 프로그램을 활용한다. 스캔을 통해 저장된 지문과 사용자의 지문이 일치하면 전기 신호를 보내는 원리로 가동되며 살갗에 이물질이 묻어 있어도 인식이 가능하다. 그러나 지문은 심한 노동을 하면 지워지기도 하고, 땀이 묻으면 제대로 인식이 안 되는 단점이 있다.

이러한 지문 인식의 단점을 보완할 수 있는 기술이 ㉠홍채* 인식이다. 홍채 인식은 홍채의 모양과 색, 망막 모세 혈관의 형태를 분석해 사람을 인식하는 기술이다. 지문의 경우 다른 사람과 똑같을 확률이 640억분의 1로 매우 낮다. 그런데 홍채는 심지어 유전적으로 동일한 일란성 쌍둥이조차 달라 보안성이 뛰어나다. 홍채 인식은 홍채의 특성을 분석해 코드로 나타내고, 이를 영상 신호로 바꾼다. 사람이 일정한 거리에 서서 홍채 인식기에 눈을 맞추면, 적외선 카메라가 줌 렌즈로 초점을 조절해서 홍채만 촬영해 이미지를 만든다. 그러고 나면 홍채 인식 시스템이 홍채의 무늬를 영역별로 분석해, 0과 1만 사용하는 디지털 신호로 바꿔 개인 고유의 암호화된 홍채 코드를 생성해 저장한다. 이 홍채 코드가 각종 홍채 인식 시스템에서 신원 확인에 이용된다.

차세대 개인 인증 방법으로 떠오르는 생채 인식 기술 중 하나는 행동 인식이다. 목소리 변화, 걷는 모습 등 움직이는 행동 정보를 이용하는 방법이다. 예를 들어 한 영화에서는 주인공이 어렵게 탈취한 USB 메모리에서 데이터를 추출하는 장면이 나오는데, 이때 음성 인식 기술이 등장한다. 특정 인물의 목소리로 인증 단계를 거쳐야 데이터에 접근할 수 있는 보안 시스템이다. 음성 인식 기술은 비강*, 구강*, 음성 경로 등에 따른 화자의 음성학적 특성에 초점을 맞춘다. 말 자체를 비교하는 것이 아니기 때문에 타인의 성대모사*로는 인증 음성을 모방할 수 없다. 다른 생체 인식 분야와 달리 원거리에서도 전화를 이용해 확인할 수 있다.

걸음걸이 형태도 행동 인식의 암호로 관심을 끌고 있다. 이는 의학계에서 치료를 목적으로 오래전부터 연구해 온 기술로 처음에는 신경이나 근육, 뼈 등에 이상이 있으면 비정상적인 걸음걸이가 나타난다는 데서 착안되었다. 현재는 걸음걸이만 보고도 누구인지 구별해 낼 수 있을 정도로 발전한 이 연구의 궁극적 목표는 밤이나 낮, 그리고 어떠한 기후 조건에 상관없이 최대 152m 거리에서 사람을 인식하고 분석하여 신원을 확인하는 것이다. 영상 센서와 동작 인식 소프트웨어를 통해 주로 범죄자나 테러리스트를 찾아내는 데 쓰인다. 그러나 다른 생체 인식에 비해 개인 인증을 위한 데이터베이스 작업 과정이 많이 소요되기 때문에 여전히 많은 기술 발전이 필요한 분야다.

생체 인식 기술은 보안성이 높고 편리하다는 점에서 각광*받고 있다. (ⓐ) 생체 인식 기술이 대중화되려면 개인의 사생활 침해에 대한 논란 등이 해결되어야 한다. 잘 사용하면 훌륭한 열쇠가 되지만, 잘못 사용하면 내 행동을 감시하는 족쇄*의 덫이 될 수 있기 때문이다.

* **융기**: 높게 일어나 들뜸. 또는 그런 부분.
* **분기점**: 사물의 속성 따위가 바뀌어 갈라지는 지점이나 시기.
* **홍채**: 안구의 각막과 수정체 사이에 있는 둥근 모양의 얇은 막.
* **비강**: 콧구멍에서 목젖 윗부분에 이르는 빈 곳.
* **구강**: 입에서 목구멍에 이르는 빈 곳.
* **성대모사**: 다른 사람의 목소리나 새, 짐승 따위의 소리를 흉내 내는 일을 비유적으로 이르는 말.
* **각광**: 사회적 관심이나 흥미.
* **족쇄**: 자유를 구속하는 대상을 비유적으로 이르는 말.

STEP I

어휘 활용

1 다음에 제시된 초성자와 사전적 의미를 참고하여 빈칸에 들어갈 알맞은 단어를 쓰시오.

(1) ㅇ ㅅ : 사물을 분별하고 판단하여 앎.

예 전염병을 물리치기 위해서는 손 씻기의 중요성에 대한 (   )의 전환이 필요하다.

(2) ㅇ ㅈ : 어떠한 문서나 행위가 정당한 절차로 이루어졌다는 것을 공적 기관이 증명함.

예 전자 주민증은 보안성과 본인 (   )에서 매우 탁월하다.

(3) ㅂ ㅇ : 비밀 따위가 누설되지 않게 보호함.

예 이번 시험은 (   )을 얼마나 철저히 하느냐가 핵심입니다.

(4) ㅅ ㅇ : 신분, 주소, 본적, 직업 따위의 개인의 성장 과정과 관련된 자료.

예 검문소에서는 승객 전원의 (   )을 확인하고 차를 통과시켰다.

어법 이해

2 윗글의 ⓐ에 들어가기에 알맞은 단어와 그 이유로 적절한 것을 고르시오.

① '그리고'를 넣어 앞의 내용을 이어받아 연결한다.

② '요컨대'를 넣어 앞의 내용을 간추려 짧게 요약한다.

③ '그러나'를 넣어 앞의 내용과 반대되는 내용을 설명한다.

④ '예를 들면'을 넣어 앞의 내용에 대해 구체적인 예를 들어 설명한다.

⑤ '왜냐하면'을 넣어 앞의 내용과 뒤의 내용을 원인과 결과로 이어 준다.

STEP II

서술형 중심 화제

1 윗글의 중심 내용을 쓰시오.

(   )

문단 정리

2 다음은 윗글의 각 문단의 중심 내용을 정리한 것이다. 빈칸에 들어갈 알맞은 말을 쓰시오.

1문단	사람마다 고유한 생체 정보를 이용한 인증 시스템을 생체 인식 기술이라고 하며, 대표적으로 ( ) 기술이 있다.
2문단	지문 인식 기술의 단점을 보완한 것이 홍채의 특성을 이용한 홍채 인식 기술이다.
3문단	음성 인식 기술은 행동 인식 중에서 화자의 ( ) 특성에 초점을 맞춘 것이다.
4문단	걸음걸이 인식 기술은 행동 인식 중에서 걸음걸이만 보고도 사람을 구별하는 것이다.
5문단	생체 기술이 대중화되려면 개인의 ( ) 침해에 대한 논란이 해결되어야 한다.

서술형 | 내용 구조

3 다음은 생체 인식 기술의 종류를 정리한 것이다. 빈칸에 들어갈 알맞은 내용을 쓰시오.

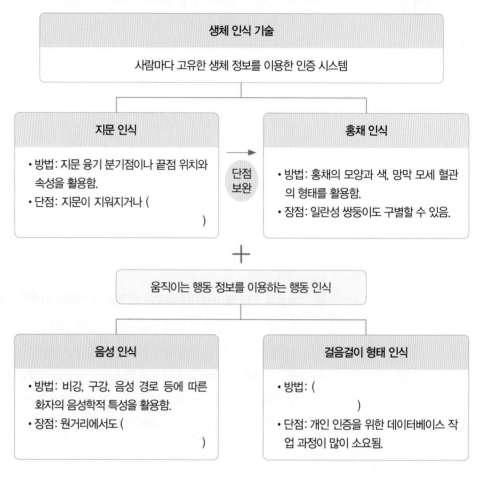

생체 인식 기술
사람마다 고유한 생체 정보를 이용한 인증 시스템

지문 인식
- 방법: 지문 융기 분기점이나 끝점 위치와 속성을 활용함.
- 단점: 지문이 지워지거나 ( )

단점 보완 →

홍채 인식
- 방법: 홍채의 모양과 색, 망막 모세 혈관의 형태를 활용함.
- 장점: 일란성 쌍둥이도 구별할 수 있음.

+

움직이는 행동 정보를 이용하는 행동 인식

음성 인식
- 방법: 비강, 구강, 음성 경로 등에 따른 화자의 음성학적 특성을 활용함.
- 장점: 원거리에서도 ( )

걸음걸이 형태 인식
- 방법: ( )
- 단점: 개인 인증을 위한 데이터베이스 작업 과정이 많이 소요됨.

수능형 | 세부 정보의 확인

1 윗글의 내용과 일치하지 <u>않는</u> 것은?

① 성대모사로는 개인별로 차이를 보이는 음성학적 특성까지 흉내 낼 수 없다.

② 지문 인식은 지문 융기 분기점이나 끝점 위치와 속성을 추출하는 프로그램을 활용한다.

③ 지문 인식과 달리 음성 인식 기술은 원거리에서 전화를 이용하는 기술과 융합될 수 있다.

④ 행동 인식 중 걸음걸이 형태를 인식하는 기술은 주로 정부의 중요한 인물을 보호하는 데 활용한다.

⑤ 다른 생체 인식 기술에 비해 걸음걸이 형태를 인식하는 기술은 데이터베이스 작업 과정이 많이 소요된다.

2 윗글의 ㉠과 〈보기〉의 ㉮의 공통점으로 적절하지 <u>않은</u> 것은?

보기

얼굴 인식 기술은 컴퓨터에 입력된 영상에서 처리 대상의 얼굴 영역을 추출해 각 사람을 자동으로 식별하는 보안 시스템이다. 얼굴 인식은 살아 있는 이미지에 나타나는 선택된 얼굴 특징과 안면 데이터베이스를 서로 비교함으로써 이루어진다. 얼굴 인식의 방식의 하나인 ㉮열 분포 인식은 얼굴 혈관에서 발생한 열을 적외선 카메라로 촬영해 암호화된 디지털 정보로 변환하여 데이터베이스에 저장한다.

① 신체의 일부를 촬영할 수 있는 적외선 카메라와 관련된 기술을 필요로 하겠군.

② 물리적 생체 정보를 디지털 신호로 전환하여 저장할 수 있는 장치가 구축되어야겠군.

③ 유전적으로 동일한 일란성 쌍둥이의 경우는 동일한 사람으로 인식하는 한계가 있겠군.

④ 기존에 수집된 개인별 생체 정보를 암호화하여 관리할 수 있는 보안 기술을 필요로 하겠군.

⑤ 기존에 입력된 생체 정보와, 비교하려는 생체 정보의 동일성을 판단하는 장치가 갖춰져야겠군.

지문으로 이해하는 독해 지식 **역접**

단어와 단어, 구절과 구절, 문장과 문장을 이어 주는 구실을 하는 문장 성분을 접속어라고 한다. 접속어 중에서 앞의 체언이나 문장의 뜻을 뒤의 체언이나 문장에 이어 주면서 뒤의 말을 꾸며 주는 부사를 접속 부사라고 한다. 그리고 접속 부사 중에서 앞의 글에서 서술한 사실과 서로 반대되거나 앞의 글에서 서술한 사실과 일치하지 아니하는 내용이 뒤의 글에서 성립함을 나타낼 때 사용하는 것을 역접의 접속 부사라고 한다. 이 글에서는 생채 인식 기술이 각광받는 이유를 제시하고, 생채 인식 기술이 해결해야 할 문제점을 제시하면서 역접의 접속 부사인 '그러나'를 활용하였다.

생체 인식 기술은 보안성이 높고 편리하다는 점에서 각광받고 있다. 그러나 생체 인식 기술이 대중화되려면 개
생체 인식 기술이 각광받는 이유 　　　:역접
인의 사생활 침해에 대한 논란 등이 해결되어야 한다. 잘 사용하면 훌륭한 열쇠가 되지만, 잘못 사용하면 내 행동
생체 인식 기술이 해결해야 할 문제점
을 감시하는 족쇄의 덫이 될 수 있기 때문이다.

자기 부상 열차의 원리

필독 TIP

어휘 ★★★
───────────────
문장 ★★★
───────────────
배경지식 ★★★

이 글은 자기 부상 열차의 부상 원리에 적용된 법칙과 추진력 획득에 사용된 기술을 설명하고 있다. 자기 부상 열차와 관련된 두 가지 과학 법칙과 초전도 자석, 선형 전동기 기술을 이해하며 읽도록 한다.

열차는 달릴 때 선로*와 바퀴 사이의 마찰력으로 인해 고속을 내는 데 한계가 있었다. 이 한계를 극복하기 위해 선로와 바퀴의 접촉이 없는 초고속 자기 부상(磁氣浮上) 열차 개발에 주력했다. 이를 가능하게 하려면 열차가 선로 위에 떠야 하고, 고속으로 달릴 수 있는 추진력이 있어야 했다. 이런 이유로 초전도* 자석과 선형 전동기의 기술을 융합한 자기 부상 열차가 개발되었다.

자기 부상 열차의 전자기적 힘과 사용은 패러데이 법칙과 함께 렌츠의 법칙과 관련 있다. 패러데이 법칙은 자기장을 변화시키면 전류가 흐르게 된다는 전자기 유도 현상을 말한다. 패러데이는 철로 만든 원형 고리에 코일을 감고 회로에 연결한 뒤 막대자석을 가까이 대었더니 원형 고리에서 전류가 유도된다는 사실을 발견하고 이를 전자기 유도 현상이라 했다. 자석의 N극을 원형 고리에 가까이 대면 원형 고리 내부를 통과하는 자속이 증가하여 원형 고리에서 유도 전류가 흐르게 되는 것이다.

렌츠의 법칙은 패러데이 법칙에 따라 유도되는 전류는 외부 자기의 변화를 방해하는 방향으로 흐른다는 것이다. N극을 원형 고리에 가까이 대면 원형 고리에는 유도 전류가 생기지만 이 전류의 방향은 자석의 방향과는 반대로 향한다는 것이다. 결과적으로 N극과 N극이 마주치는 형태가 되어 자석을 향해 반발력이 생긴다.

이때 자기 부상 열차를 뜨게 하기 위해서는 에너지 손실 없이 열차를 부상시킬 수 있을 정도의 강한 자석을 만드는 것이 관건*이 된다. 그래서 자기 부상 열차에서는 자석 대신에 전력의 손실이 없고 저항도 없어 에너지의 손실을 막을 수 있는 초전도체를 사용한다. 초전도체는 특정한 임계* 온도 이하에서 한번 전류를 흘리면 저항 없이 지속 전류를 유지하는 금속 도체를 말하는데, 이를 바탕으로 초전도 자석을 만든다.

자기 부상 열차가 N극을 아래 방향으로 하는 초전도 자석을 싣고 레일 위 코일을 감은 금속판 위를 달리면 유도 전류가 흐르고, 금속판에서도 외부 자기장의 변화를 방해하는 전류가 발생해 서로 밀치는 힘이 발생한다. 이때 열차가 금속판 위를 지나가는 속도가 빠르면 빠를수록 밀치는 힘 역시 커져 열차는 고속으로 달리게 된다.

마지막 문제는 열차의 바퀴가 선로와 닿지 않은 상태에서 어떻게 추진력을 얻을 수 있는가이다. 이를 위해 선로의 양 벽에 N극과 S극이 순간순간 바뀌게 되는 교류 전류를 흐르게 하는 선형 전동기 코일을 설치한다. 이 코일의 S극은 열차의 초전도 자석의 N극과 (㉠) 힘을 작용하고, 이 코일의 N극은 열차의 초전도 자석의 N극과 (㉡) 힘을 작용하여 열차를 앞으로 밀어낸다. 열차가 S극을 가진 코일을 지나면서 당기는 힘을 작용했다면, 선형 전동기 코일에 흐르는 교류가 N극으로 바뀌어 다시 열차를 밀어내는 과정을 반복하면서 추진력을 얻어 달릴 수 있다. 이렇게 자기 부상 열차는 탑재된 초전도 자석과 지상에 설치된 코일 사이에 작용하는 전자기적 힘을 이용하여 달리는 열차라 할 수 있다.

* 선로: 기차나 전차의 바퀴가 굴러가도록 레일을 깔아 놓은 길.
* 초전도: 어떤 종류의 금속 또는 합금을 냉각할 때, 매우 낮은 온도에서 전기 저항이 사라져 전류가 장애 없이 흐르는 현상.
* 관건: 어떤 사물이나 문제 해결의 가장 중요한 부분.
* 임계: 어떠한 물리 현상이 갈라져서 다르게 나타나기 시작하는 경계.

STEP
Ⅰ

어휘 의미

1 다음 단어의 사전적 의미를 찾아 바르게 연결하시오.

(1) 마찰력 ●	● ㄱ. 되받아 퉁기는 힘.
(2) 추진력 ●	● ㄴ. 물체를 밀어 앞으로 내보내는 힘.
(3) 반발력 ●	● ㄷ. 전류가 단위 시간에 하는 일. 또는 단위 시간에 사용되는 에너지의 양.
(4) 전력 ●	● ㄹ. 접촉하고 있는 두 물체가 상대 운동을 하려고 하거나 상대 운동을 하고 있을 때, 그 운동을 저지하는 방향으로 작용하는 저항력.

어휘 의미

2 다음은 윗글의 ㉠, ㉡에 들어갈 단어의 사전적 의미이다. ㉠, ㉡에 알맞은 단어의 기본형을 쓰시오.

- ㉠: 물건 따위를 힘을 주어 자기 쪽이나 일정한 방향으로 가까이 오게 하는. → (   )
- ㉡: 힘이나 압력을 가하여 물러나게 하는. → (   )

STEP
Ⅱ

서술형 중심 화제

1 윗글의 중심 내용을 쓰시오.

(   )

문단 정리

2 다음은 윗글의 각 문단의 중심 내용을 정리한 것이다. 빈칸에 들어갈 알맞은 말을 쓰시오.

1문단	일정 속도 이상 고속을 내지 못하는 열차의 한계를 극복하기 위해 ( ) 열차가 개발되었다.
2문단	자기 부상 열차에 적용된 패러데이 법칙은 전자기 유도 현상이다.
3문단	자기 부상 열차에 적용된 ( )은 유도된 전류는 외부 자기의 변화를 방해하는 방향으로 흐른다는 것이다.
4문단	자기 부상 열차를 뜨게 하기 위해 초전도 자석이 필요하다.
5문단	자기 부상 열차가 ( ) 자석을 싣고 코일을 감은 금속판 위를 달리면 서로 밀치는 힘이 발생해 열차가 달리게 된다.
6문단	자기 부상 열차에 실린 초전도 자석과 선로의 양 벽에 설치된 선형 전동기 코일이 당기고 밀어내는 힘을 이용해 열차가 추진력을 얻는다.

내용 구조

3 다음은 자기 부상 열차에 적용된 법칙과 기술을 정리한 것이다. 빈칸에 들어갈 알맞은 말을 쓰시오.

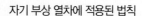

자기 부상 열차에 적용된 법칙

패러데이 법칙

• 개념: 자기장을 변화시키면 전류가 흐르게 되는 (   ) 유도 현상
• 원리: 자석의 N극을 코일을 감은 원형 고리에 가까이 대면 원형 고리에서 유도 전류가 흐르게 됨.

렌츠의 법칙

• 개념: 패러데이 법칙에 따라 유도되는 전류는 외부 자기의 변화를 방해하는 방향으로 흐른다는 것
• 원리: 자석의 N극과 원형 고리에서 나온 유도 전류가 자석의 방향과는 반대로 향하면서 자석에 대해 반발력이 생김.

자기 부상 열차에 적용된 기술

초전도 자석

• 개념: 특정한 임계 온도 이하에서 한번 전류를 흘리면 저항 없이 지속 전류를 유지하는 금속 도체로 만든 자석
• 작용: 열차가 초전도 자석의 N극을 아래로 함. → 레일 위 코일을 감은 금속판 위를 달림. → (   )가 흐름. → 금속판에서 전류가 발생함. → 서로 밀치는 힘이 발생함.

선형 전동기

• 개념: 선로의 양 벽에 (   ) 전류를 흐르게 하는 선형 전동기 코일
• 작용: 코일의 S극은 열차에 실린 초전도 자석의 N극과 당기는 힘을 작용함. → 코일의 N극은 열차에 실린 초전도 자석의 N극과 밀어내는 힘을 작용함. → 열차를 당겼다가 밀어내는 과정을 반복함.

자기 부상 열차
열차에 탑재된 초전도 자석과 지상에 설치된 코일 사이에 작용하는 전자기적 힘을 이용해서 달림.

STEP

III

수능형 전개 방식 파악

1 윗글에 대한 설명으로 가장 적절한 것은?

① 특정한 법칙을 토대로 자기 부상 열차의 원리와 방법을 설명하고 있다.

② 시간적 순서에 따라 자기 부상 열차의 개발 과정과 발전 단계를 설명하고 있다.

③ 역사적 사건을 통해 자기 부상 열차를 개발하려는 동기와 목적을 설명하고 있다.

④ 학자들의 견해를 활용해 자기 부상 열차의 장단점과 보완 내용을 설명하고 있다.

⑤ 대상이 지닌 한계점을 지적하고 자기 부상 열차의 다양한 유형과 종류를 설명하고 있다.

수능형 자료 해석의 적절성 평가

2 윗글을 읽고 〈보기〉를 이해한 내용으로 적절하지 <u>않은</u> 것은?

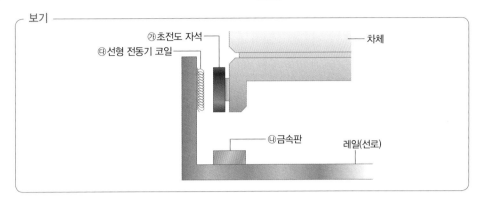

보기

① ㉮는 전력의 손실이나 저항이 없어 에너지 손실이 없는 특성을 지니고 있겠군.

② 패러데이 법칙에 따르면 ㉮의 자기장 때문에 ㉯에서는 유도 전류가 발생하겠군.

③ 렌츠의 법칙에 따르면 ㉮와 ㉯ 사이는 밀어내는 방향으로 힘이 작용되고 있겠군.

④ ㉰의 S극은 ㉮의 N극과 작용하여 열차를 당기는 힘을 발생시켜 추진력을 얻는군.

⑤ ㉰의 N극은 ㉮의 S극과 작용하여 열차를 밀어내는 힘을 발생시켜 추진력을 얻는군.

◎ 지문으로 분석하는 시각 자료 **자기 부상 열차의 원리**

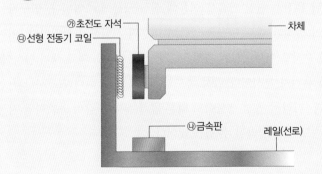

제시된 그림은 자기 부상 열차가 부상하고 추진력을 얻는 원리를 보여 준다. ㉮는 전력의 손실이 없고 저항도 없어 에너지의 손실도 막을 수 있는 초전도 자석으로 N극을 아래 방향으로 하고 있다. ㉯는 레일 위 코일을 감은 금속판이다. ㉰는 선로의 양 벽에 N극과 S극이 순간순간 바뀌게 되는 교류 전류를 흐르게 하는 선형 전동기 코일이다.

패러데이 법칙에 따르면 ㉮에서 발생하는 자기장 때문에 ㉯에 유도 전류가 발생하고, 렌츠의 법칙에 따르면 ㉮와 ㉯는 N극과 N극이 마주치는 형태가 되어 밀어내는 방향으로 힘이 작용한다. 또한 교류가 흐르는 ㉰의 S극은 ㉮의 N극과 작용하여 열차를 당기는 힘을 발생시키고, ㉰의 N극은 ㉮의 N극과 작용하여 열차를 밀어내는 힘을 발생시키는데, 이렇게 당기고 밀어내는 것을 반복하면서 추진력을 얻는다. 이를 바탕으로 ㉮, ㉯, ㉰의 역할과 관계를 이해하고, 제시된 자료를 해석하여 선지 정보의 적절성을 판단한다.

기술 06

합성 생물학과 생명 현상

필독 TIP

어휘 ★★★
문장 ★★★
배경지식 ★★★★

이 글은 합성 생물학의 연구 분야와 합성 생물학이 바라보는 생물과 생명 현상에 대해 설명하고 있다. 합성 생물학에서 생명 현상을 바라보는 관점과 생물학의 발전을 위해 필요한 요소를 확인하며 읽도록 한다.

* **신경계**: 몸속의 상태와 바깥 환경의 변화에 반응하고 적응하는 데 관여하는 신경 조직으로 이루어진 기관.
* **순환계**: 몸 전체에 피를 순환시켜 골고루 영양을 공급하면서 노폐물을 수용하는 계통의 조직.
* **생리 작용**: 혈액 순환, 호흡, 소화, 배설, 생식 따위와 같이 생물이 생활하는 모든 작용.
* **효소**: 생물의 세포 안에서 합성되어 생체 속에서 행하여지는 거의 모든 화학 반응의 촉매 구실을 하는 고분자 화합물을 통틀어 이르는 말.
* **생리 활성**: 생물이 생명을 유지하고자 생체의 기능을 증진하는 성질이나 작용.

생명 현상은 복잡한 과정을 거쳐 일어난다. 우리가 운동할 때 땀을 흘리는 간단한 현상을 보자. 신경계*가 근육에 명령을 내리고, 순환계*가 근육에 영양소와 산소를 공급하며, 근육이 에너지를 소모하고, 이 과정에서 발생한 열을 발산하기 위해 땀을 ㉠흘리는 생리 작용*이 복잡하게 얽혀 땀을 흘리는 반응으로 나타난다. 이처럼 복잡한 생명 현상의 메커니즘을 분석해 논리적인 프로세스로 재구성한 것이 생명 현상의 알고리즘이다.

알고리즘은 생물학보다는 IT 분야에서 더 익숙한 용어이지만 일반적으로는 문제를 해결하는 절차나 방법을 의미한다. 따라서 알고리즘은 종이에 작업 절차를 세세하게 적어 둔 메모부터 제품의 생산 공정까지 특정한 산출물을 내놓는 모든 과정을 포괄한다. 생명 현상 역시 알고리즘의 속성을 지닌다.

[A] ⎡ 생명 현상은 수많은 요소가 복잡하게 연결돼 혼란스러워 보인다. 그러나 생명 현상을 유전자 하나, 단백질 하나 수준으로 분석한 개별적인 프로세스의 조합으로 이해하면 질서가 보인다. 우리가 매일 사용하는 스마트폰의 운영 체제가 복잡해 보여도 결국은 제한된 기능을 지닌 작은 프로그램의 집합인 것과 비슷하다. 이와 같이 생명의 프로그램을 찾아내고 이들이 작동하는 방식을 규명함으로써 생명 현상을 제한된 기능을 지닌 모듈의 논리적 결합으로 재구성하는 분야가 합성 생물학이다. ⎣

일반적으로 생물학의 목표는 생명 현상의 근본 원리를 분석하고 이해하는 것이다. 그 과정에서 의학적으로, 또는 공학적으로 유용한 발견이 나오겠지만 어디까지나 부수적인 결과물이다. 페니실린이나 아스피린과 같은 유용한 물질은 발견된 것이지 발명된 것은 아니다. 그러나 합성 생물학은 공학에 더 가깝다. 합성 생물학자에게 생물은 분석해야 할 미지의 대상이 아니라 작동 원리를 속속들이 이해하고 필요에 맞게 조절할 수 있는 기계다. DNA는 생명 현상의 작동 방식을 정의한 코드이고, 효소*와 세포 소기관은 코드에 따라 일정한 기능을 수행하는 부품이며, 생명 현상은 부품이 일정한 규칙에 따라 작동하는 회로인 셈이다.

그러나 DNA, 즉 유전자의 기능을 검증하고 실제 공정에 적용하는 일은 생각보다 어려운 과정이다. 우선 방대한 양의 유전자 정보를 분석하고 목적에 맞게 조합해야 한다. 이렇게 설계한 유전자는 실험실에서 합성된 뒤 유전자 편집 기술을 이용해 실험 생물에 주입된다. 연구자는 실험 생물을 배양하면서 생물이 설계한 대로 물질을 만들어 내는지 시험하고 확인한다. 이러한 설계, 제조, 테스트, 학습의 순서로 이루어지는 과정은 실험 생물이 의도대로 생리 활성*을 보일 때까지 반복된다. 아무리 유전자 분석이나 합성 속도가 빨라졌다고 하더라도 시간과 인력이 절대적으로 필요한 일이다. 따라서 합성 생물학도 다른 공학 분야와 같이 표준화와 자동화의 과정이 수반되어야 발전 속도가 더 빨라질 수 있을 것이다.

STEP
Ⅰ

어휘 의미

1 다음과 같은 사전적 의미를 지닌 단어를 〈보기〉에서 찾아 쓰시오.

┌─ 보기 ──┐
│   에너지   메커니즘   프로세스   코드   │
└───┘

(1) 사물의 작용 원리나 구조. (   )

(2) 일이 처리되는 경로나 공정. (   )

(3) 정보를 나타내기 위한 기호 체계. (   )

(4) 물체나 물체계가 가지고 있는 일을 하는 능력을 통틀어 이르는 말. (   )

어휘 활용

2 다음 밑줄 친 부분이 윗글의 ㉠과 같은 의미로 사용된 것을 고르시오.

① 그녀는 눈물을 <u>흘리며</u> 애원했다.

② 동생이 우산을 가져갔다가 어디에 <u>흘리고</u> 왔다.

③ 그는 멋을 부리려고 일부러 글씨를 <u>흘려</u> 쓰기도 했다.

④ 선생님 말씀을 한마디도 <u>흘리지</u> 말고 집중해서 들어야 한다.

⑤ 밥상에서 음식을 먹을 때 밥을 <u>흘리는</u> 것은 예의에 어긋난다.

STEP
Ⅱ

서술형 중심 화제

1 윗글의 중심 내용을 쓰시오.

(   )

문단 정리

2 다음은 윗글의 각 문단의 중심 내용을 정리한 것이다. 빈칸에 들어갈 알맞은 말을 쓰시오.

1문단	복잡한 생명 현상의 메커니즘을 분석해 논리적인 프로세스로 ( )한 것을 생명 현상의 알고리즘이라고 한다.
2문단	알고리즘은 문제를 해결하는 절차나 방법을 의미하는데, 생명 현상도 알고리즘의 속성을 지닌다.
3문단	( )은 생명 현상을 제한된 기능을 지닌 모듈의 논리적 결합으로 재구성하는 분야이다.
4문단	합성 생물학에서 생물은 기계이며 DNA, 효소와 세포 소기관, 생명 현상은 생물이라는 기계를 움직이는 요소라고 바라본다.
5문단	유전자를 연구하는 것은 어려운 과정이므로 ( )와 자동화를 통해 합성 생물학의 발전 속도를 높일 필요가 있다.

서술형 내용 구조

3 다음 구조도의 빈칸에 알맞은 내용을 써넣어, 윗글의 내용을 정리하시오.

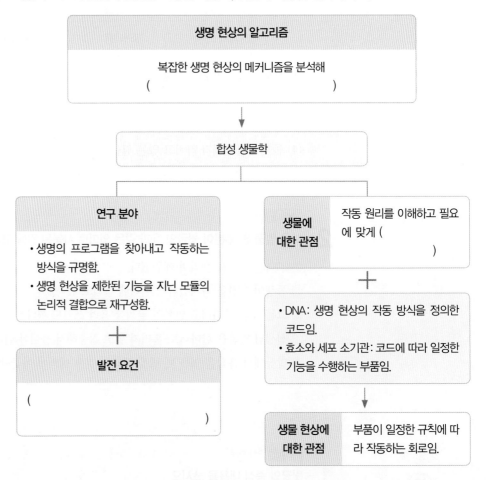

생명 현상의 알고리즘

복잡한 생명 현상의 메커니즘을 분석해
( )

↓

합성 생물학

연구 분야
• 생명의 프로그램을 찾아내고 작동하는 방식을 규명함.
• 생명 현상을 제한된 기능을 지닌 모듈의 논리적 결합으로 재구성함.

+

발전 요건
( )

생물에 대한 관점 | 작동 원리를 이해하고 필요에 맞게 ( )

+

• DNA: 생명 현상의 작동 방식을 정의한 코드임.
• 효소와 세포 소기관: 코드에 따라 일정한 기능을 수행하는 부품임.

↓

생물 현상에 대한 관점 | 부품이 일정한 규칙에 따라 작동하는 회로임.

수능형 세부 정보의 파악

1 윗글을 이해한 내용으로 적절하지 <u>않은</u> 것은?

① 합성 생물학자는 생명 현상을 부품이 일정한 규칙에 따라 작동하는 회로로 여기겠군.

② 운동할 때 땀을 흘리는 현상은 신경계와 순환계의 복잡한 생리 작용에 의해 나타나는군.

③ 합성 생물학 분야에서 실험 생물을 배양하기 위해서는 유전자 편집 기술의 발전을 필요로 하겠군.

④ 페니실린이나 아스피린과 같은 유용한 물질은 생명 현상의 근본 원리를 통해 산출된 발명품이로군.

⑤ 동아리 활동을 계획하고 실제 활동을 통해 산출물을 내놓는 절차는 알고리즘의 하나로 볼 수 있군.

수능형 자료 해석의 적절성 평가

2 〈보기〉에 제시된 ㉮의 입장에서 [A]를 이해한 내용으로 가장 적절한 것은?

┌ 보기 ┐

　심리학의 주류를 이루었던 구조주의는 우리의 지각 내용을 단순 요소들로 분해하여 이해할 수 있다는 이론적 입장을 취했다. 그러나 ㉮게슈탈트 심리학자들은 이러한 구조주의적 생각에 정면으로 도전하여 여러 가지 지각 현상을 보여 주었다. 예를 들어 정지된 장면들을 연속적으로 제시하면 정지된 화면들의 단순 조합으로는 설명할 수 없는 영화의 움직임이 나타나게 된다. 이처럼 게슈탈트 심리학자들은 인간의 심적 활동은 부분의 합으로 이뤄질 수 없으며, 항상 전체에 의해서 규정된다고 주장한다.

① 스마트폰의 운영 체제와 생명의 프로그램은 그 작동 원리가 근본적으로 같다.

② 생명체를 유전자 단위로 이해하면 개별 요소의 제한된 기능을 이해할 수 있다.

③ 인간의 심적 활동을 바탕으로 생명의 프로그램이 작동하는 방식을 규명할 수 있다.

④ 생명체를 이루는 개별적인 요소의 조합만으로 생명체 전체의 특성을 규명할 수 없다.

⑤ 생명 현상의 제한된 기능은 유전자 단위의 논리적 결합으로 재구성해서 설명해야 한다.

📖 **지문으로 엮어 읽는 배경지식** **페니실린**

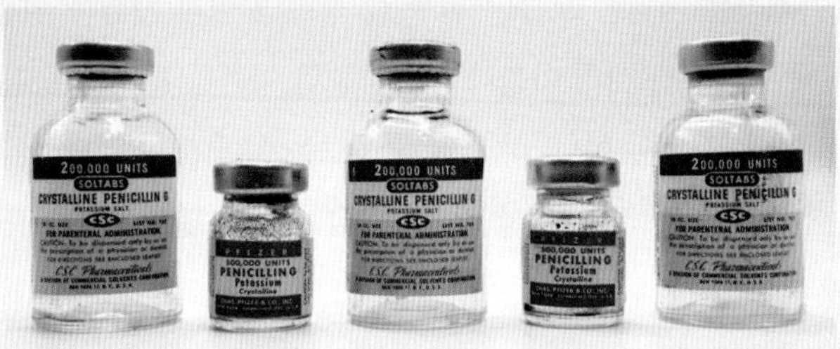

▲ 페니실린

▲ 푸른곰팡이

　페니실린(penicillin)은 영국의 미생물학자이자 세균학자인 알렉산더 플레밍이 인류 최초로 발견한 항생제이다. 그 유명한 '푸른곰팡이'를 배양해 얻은 항생 물질로, 세포벽의 합성을 저해하여 증식하는 세균을 죽이는 성질이 있다. 페니실린과 같은 항생제 개발은 인간과 미생물의 싸움에서 인류가 얻은 위대한 승리의 결과라고 할 수 있다. 페니실린은 제2차 세계 대전 중 상용화에 성공해 전투에서 부상을 입었던 수많은 병사의 목숨을 살렸고, 현재에도 폐렴·단독(丹毒)·패혈증 따위를 치료하는 데 사용한다.

예술이란 무엇인가?

필독 TIP

어휘 ★★

문장 ★★

배경지식 ★★

이 글은 예술이 미적 기술로 이해된다는 점을 바탕으로 예술의 다양한 특성을 설명하고 있다. 예술의 특성과 예술을 감상함으로써 얻을 수 있는 효과를 이해하며 읽도록 한다.

예술(art)은 원래 '기술(techne)'이라는 말에서 유래하였다. 기술이란 인간이 생존하기 위해 필요한 여러 목적을 효과적으로 이루기 위해 어떠한 재료를 가공*하고 형성하여 객관적인 성과나 물건을 산출*하는 능력 또는 활동을 말한다. 18세기에 들어와 예술은 기술의 의미를 바탕으로 음악, 문예*, 연극, 무용 등을 포함해 미적 가치의 실현을 목적으로 하는 미적 기술로 이해된다.

따라서 예술은 그 창작* 원리를 미에 토대를 두고 작품을 만드는 것인데, 여기서 미는 감각적 즐거움만이 아닌 삶의 진실을 깨닫게 해 주는 일을 가리킨다. 진실이 불유쾌하거나 슬프더라도 예술은 이를 승화하여 인생의 진실과 깨달음을 표현해 낸다. 작품이라는 전체적 형식 속에서 삶의 모든 요소, 즉 ㉠선(善)과 악(惡)의 요소, 미(美)와 추(醜)의 요소가 각자 나름의 역할을 하며 전체를 조화롭게 형성해 낸다.

예술은 그 창작 원리에 따라 내용과 형식을 갖춰 작품을 만들어 낸다. 예술의 내용은 현실을 토대로 하는데 예술가는 현실에서 소재를 찾고 실재와 유사하게 재현해 낸다. 즉 예술가는 현실을 정확하게 재현하는 것이 아니라 자신의 개성과 감정, 관점에 따라 새롭게 변형하여 내용을 만든다. 그런데 작품의 내용이 명료하게 전달되고 감동을 줄 수 있으려면 형식을 통해 잘 구성되어야 한다. 예술의 내용이 작품에 포함된 정신이나 정서*라면 예술의 형식은 내용이 감각적으로 드러난 모든 표현의 방식을 의미한다.

예술은 내용과 형식을 통해 감상자의 감정과 정서에 호소한다. 따라서 감상자는 예술에 대해 진위 판단이 아닌 자신의 감정과 느낌을 바탕으로 이해하고 해석한다. 이렇게 감상자는 예술 체험을 통해 일상적 경험과는 다른 특별한 감동을 맛본다. 예술을 체험하면서 작품이 전달하는 메시지나 작품의 형식에 귀를 기울이는 미적 체험(aesthetic experience)을 하게 되는 것이다. 이 체험에서 어떤 작품은 감상자의 정서를 뒤흔드는 감동을 주게 되며, 어떤 작품은 삶을 바라보는 시각을 새롭게 알거나 새로운 삶을 살고자 하는 계기를 제공하기도 한다.

예술적 감동에 관해 일찍이 아리스토텔레스는 '카타르시스'라고 불렀는데 이것은 감정을 정화(淨化)*하고 고상한 차원으로 인간성을 고양시킨다는 의미이다. 아리스토텔레스가 비극의 효과로 제시한 이 카타르시스라는 개념은 오늘날 전 예술 장르의 미적 체험을 일컫는 중요한 개념이 되었다. 이와 관련해 릴케도 고대의 아름다운 조각품인 아폴론 토르소를 감상하고, 이 작품이 감상자에게 '너는 삶을 바꾸어야 한다.'라고 하며 새로운 삶에 대한 결단을 촉구하는 것 같이 보인다고 표현했다. 진정한 예술 작품은 사람들의 예술 감각을 일깨우는 것뿐 아니라 일상생활을 풍요롭고 가치 있게 하도록 해 주는 것이다.

* **가공**: 원자재나 반제품을 인공적으로 처리하여 새로운 제품으로 만들거나 제품의 질을 높임.

* **산출**: 물건을 생산하여 내거나 인물·사상 따위를 냄.

* **문예**: 예술로서의 문학을 이르는 말.

* **창작**: 예술 작품을 독창적으로 지어냄. 또는 그 예술 작품.

* **정서**: 사람의 마음에 일어나는 여러 가지 감정. 또는 감정을 불러일으키는 기분이나 분위기.

* **정화**: 비극을 봄으로써 마음에 쌓여 있던 우울함, 불안감, 긴장감 따위가 해소되고 마음이 깨끗하게 되는 일.

STEP I

어휘 의미

1 다음 단어의 사전적 의미를 찾아 바르게 연결하시오.

(1) 승화하다 •	• ㄱ. 어떤 현상이 더 높은 상태로 발전하다.
(2) 변형하다 •	• ㄴ. 품위나 몸가짐의 수준이 높고 훌륭하다.
(3) 호소하다 •	• ㄷ. 모양이나 형태가 달라지거나 달라지게 하다.
(4) 고상하다 •	• ㄹ. 억울하거나 딱한 사정을 남에게 간곡히 알리다.

어법 이해

2 다음 밑줄 친 단어 중 그 의미가 윗글의 ㉠의 관계와 같은 것을 고르시오.

① 나는 보쌈보다는 족발을 더 좋아한다.

② 합격자 발표장은 그야말로 희비가 엇갈렸다.

③ 나는 떠오르는 아침 해를 보면 항상 희열을 느낀다.

④ 나는 그에게 속았다는 사실에 분노가 치밀어 올랐다.

⑤ 그는 어디로든지 떠나고 싶다는 욕구를 강하게 느꼈다.

STEP II

서술형 **중심 화제**

1 윗글의 중심 내용을 쓰시오.

( )

문단 정리

2 다음은 윗글의 각 문단의 중심 내용을 정리한 것이다. 빈칸에 들어갈 알맞은 말을 쓰시오.

1문단	예술은 미적 가치의 실현을 목적으로 하는 미적 기술로 이해된다.
2문단	예술은 미에 토대를 두고 작품을 만드는데, 그 요소로는 ( )과 미추가 있다.
3문단	예술은 창작 원리에 따라 ( )과 형식을 갖추어 작품을 만들어 낸다.
4문단	예술은 감상자의 감정과 정서에 호소하며, 감상자는 예술 체험을 통해 삶에 대한 새로운 시각과 계기를 얻기도 한다.
5문단	진정한 예술 작품은 예술 ( )을 일깨우고, 일상생활을 풍요롭고 가치 있게 해 주는 것이다.

서술형 | 내용 구조

3 다음 구조도의 빈칸에 알맞은 내용을 써넣어, 윗글의 내용을 정리하시오.

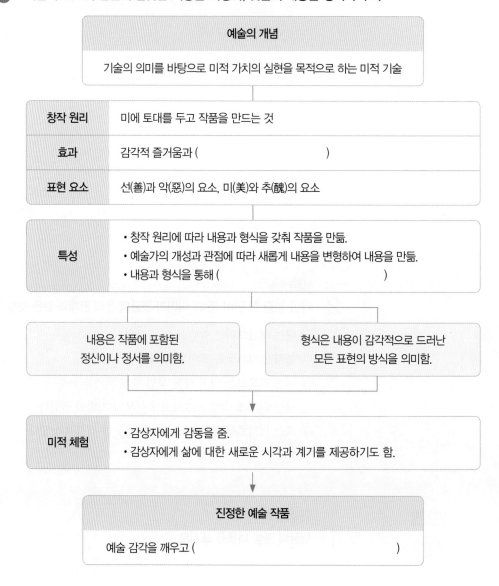

예술의 개념

기술의 의미를 바탕으로 미적 가치의 실현을 목적으로 하는 미적 기술

창작 원리	미에 토대를 두고 작품을 만드는 것
효과	감각적 즐거움과 ( )
표현 요소	선(善)과 악(惡)의 요소, 미(美)와 추(醜)의 요소

특성	• 창작 원리에 따라 내용과 형식을 갖춰 작품을 만듦. • 예술가의 개성과 관점에 따라 새롭게 내용을 변형하여 내용을 만듦. • 내용과 형식을 통해 ( )

내용은 작품에 포함된 정신이나 정서를 의미함.

형식은 내용이 감각적으로 드러난 모든 표현의 방식을 의미함.

미적 체험	• 감상자에게 감동을 줌. • 감상자에게 삶에 대한 새로운 시각과 계기를 제공하기도 함.

진정한 예술 작품

예술 감각을 깨우고 ( )

STEP
Ⅲ

수능형 | 핵심 정보의 파악

1 윗글에서 답을 찾을 수 있는 질문으로 적절하지 <u>않은</u> 것은?

① 예술이라는 말의 의미는 무엇인가?

② 예술의 창작 원리의 토대는 무엇인가?

③ 예술의 내용과 형식에서 중요한 것은 무엇인가?

④ 아리스토텔레스가 제시한 카타르시스의 개념은 무엇인가?

⑤ 예술 작품이 감상자들에게 주는 진정한 가치는 무엇인가?

수능형 반응의 적절성 판단

2 윗글을 바탕으로 〈보기〉에 대해 보인 반응으로 적절하지 <u>않은</u> 것은?

보기

조선 후기에 창작된 「춘향전」은 우리나라의 대표적 고전 소설이다. 줄거리를 살펴보면 남원 부사의 아들 이몽룡과 기생의 딸 성춘향이 신분을 뛰어넘는 아름다운 사랑을 하지만 이몽룡이 한양으로 가게 되면서 잠시 이별한다. 그리고 남원에 새로 부임한 탐관오리 변 사또는 성춘향의 미모에 반하여 수청을 강요하나 성춘향은 일부종사(一夫從事)를 앞세워 거절하다 죽을 지경에 이른다. 하지만 이몽룡은 암행어사가 되어 변 사또를 파직하고 성춘향을 구출한다. 이 고전 소설은 탐관오리가 횡행했던 조선 후기를 배경으로 절개나 지조 등의 유교적 이념과 함께 신분 상승이라는 민중의 소망을 반영한 작품으로 평가받고 있다.

① 「춘향전」에서 이몽룡과 성춘향이 나눈 신분을 뛰어넘는 아름다운 사랑은 선(善)이나 미(美)의 예술적 요소에 해당하겠군.

② 「춘향전」에서 이몽룡과 이별한 성춘향에게 수청을 강요하는 변 사또의 행태는 악(惡)이나 추(醜)의 예술적 요소에 해당하겠군.

③ 「춘향전」에 반영된 유교적 이념은 이 작품을 체험한 감상자들에게 전달하려는 작가의 정신이나 메시지로 이해될 수 있겠군.

④ 「춘향전」에서 이몽룡이 암행어사가 되는 것은 조선 후기 탐관오리가 횡행했던 현실을 정확하게 재현해 내려는 의도로 파악할 수 있겠군.

⑤ 「춘향전」을 미적 체험한 민중들이 신분 상승의 소망을 지니게 되었다면 감상자들에게 삶을 바라보는 새로운 시각을 제공한 것에 해당하겠군.

📖 지문으로 이해하는 독해 지식 **열거**

여러 가지 내용이나 사실을 낱낱이 죽 늘어놓아 설명하는 방법을 열거라고 한다. 열거를 활용하면 설명하고자 하는 내용의 종류와 예시를 보여 줄 수 있으므로, 설명할 내용을 상세하게 제시할 수 있다. 이 글에서는 예술에 포함된 여러 가지 갈래를 늘어놓아, 예술의 범위를 제시하고 있다.

예술(art)은 원래 '기술(techne)'이라는 말에서 유래하였다. 기술이란 인간이 생존하기 위해 필요한 여러 목적을
▨ : 열거로 설명하려는 내용
효과적으로 이루기 위해 어떠한 재료를 가공하고 형성하여 객관적인 성과나 물건을 산출하는 능력 또는 활동을 말

한다. 18세기에 들어와「예술은 기술의 의미를 바탕으로 음악, 문예, 연극, 무용 등을 포함해 미적 가치의 실현을 목
       「 」: 예술의 개념   예술의 범위에 포함되는 갈래를 열거함.
적으로 하는 미적 기술」로 이해된다.

아름다움을 알고, 느끼고, 즐기다

필독 TIP

어휘 ★★

문장 ★★

배경지식 ★★

이 글은 미술을 알고 능동적으로 참여하기 위해 필요한 마음이 무엇인지 설명하고 있다. 미술을 알기 위해 필요한 아름다움을 아는 마음, 느끼는 마음, 즐기는 마음을 이해하며 읽도록 한다.

미술에 능동적으로 참여하는 것은 '아름다움을 아는 마음, 느끼는 마음, 즐기는 마음'을 갖는 것입니다. 여러분들이 미술을 알기 위해 노력하게 되면 "미술이 이렇게 우리 가까이 있었나?"라고 할 정도로 놀라게 될 것입니다.

미술을 알기 위해 필요한 첫 번째 마음은 아름다움을 아는 마음입니다. 우리는 알게 모르게 미술의 세계 속에서 살고 있습니다. 여러분의 생활용품인 옷, 가방, 신발 등이 모두 미술과 연관이 있고 자동차, 지하철, 비행기, 자전거, 상점의 진열장, 광고 포스터 등도 마찬가지입니다. 미술에 ⓐ소질이 없다고 생각하는 학생들도 아마 연필 하나, 지우개 하나를 살 때에는 예쁜 것을 고르기 위해 ⓑ심사숙고할 것입니다. 이렇게 행동하는 것이 무엇일까요? 아름다움을 선택하는 미술 행위인 것입니다. 그러므로 미술에 대해서 좀 더 깊이 있게 알고 나면 주변에서 볼 수 있는 미술과 관련된 것들에서 깊이 있는 아름다움을 찾을 수 있고 아름다운 제품을 고를 수 있는 ⓒ안목을 높일 수도 있는 것이지요.

미술을 알기 위해 필요한 두 번째 마음은 느끼는 마음입니다. '느낀다'는 말은 상당히 추상적이지만 대체로 이런 것입니다. '좋은 그림을 보면 기분이 좋다.', '추상화*의 색상과 형태*를 보면 어린 시절이 생각난다.', '전원* 풍경을 그린 그림을 보면 외할머니 생각이 난다.', '산수화*를 보면 마치 내가 깊은 산속을 걷는 것 같다.' 등의 감정을 느끼는 것입니다. 이러한 느낌은 좋은 것입니다. 우리의 감성을 따뜻하게 해 주고 마음을 넉넉하게 해 줍니다. 사실 아름다움을 느낀다는 것은 어느 정도 여유로움을 가졌다는 것입니다. 경직된 생활을 한 어른들에게는 아름다움이 들어가기가 쉽지 않지만 학생들은 아직 따뜻한 마음을 가지고 있습니다. 어릴 때 키운 ⓓ감성이 평생을 갑니다. ㉠자연의 아름다움, ㉡인공의 아름다움, 어떤 대상을 통한 감동의 아름다움을 보고 느낄 수 있는 노력이 필요합니다.

세 번째는 즐기는 마음입니다. 여기에서 즐기는 마음이란 표현하는 즐거움을 말합니다. 그림을 그리거나 물건을 만드는 데 소질이 없는데 어떻게 즐기냐구요? 미술을 알고 또 아름다움을 느낄 수 있으면 그 느낌을 이제 표현해 보아야 합니다. 형태를 닮게 그리는 것이 문제가 아니고, 똑같게 되지 않아도 상관없습니다. ⓔ틀에 얽매여서는 즐겁게 그리거나 만들 수 없습니다. 표현의 주체는 자기 자신입니다. 무엇이든지 그릴 수 있고 채색*도 여러분이 원하는 색을 얼마든지 쓸 수가 있습니다. 추상으로 표현할 수도 있고, 형태를 변형시켜 구상*으로 표현할 수도 있으며, 표현 재료를 구김이나 붙임을 통해 입체*로 표현할 수도 있습니다. 정해진 틀 속에서 그리거나 만들게 되면 그 작품은 여러분 것이 아니지요. 그러므로 자신이 느끼는 대로 그 감정에 충실하게 표현하면 됩니다.

* **추상화**: 사물의 사실적 재현이 아니고 순수한 점·선·면·색채에 의한 표현을 목표로 한 그림. 일반적으로는 대상의 형태를 해체한 입체파 등의 회화도 포함한다.

* **전원**: 논과 밭이라는 뜻으로, 도시에서 떨어진 시골이나 교외(郊外)를 이르는 말.

* **형태**: 사물의 생김새나 모양.

* **산수화**: 동양화에서, 산과 물이 어우러진 자연의 아름다움을 그린 그림.

* **채색**: 그림 따위에 색을 칠함.

* **구상**: 실제로 있거나 상상할 수 있는 사물을 사실적으로 표현하는 미술.

* **입체**: 삼차원의 공간에서 여러 개의 평면이나 곡면으로 둘러싸인 부분.

STEP I

어휘 의미

1 다음 단어의 사전적 의미가 맞으면 ○, 틀리면 ×표를 하시오.

(1) 연관: 사물이나 현상이 일정한 관계를 맺는 일. (   )

(2) 추상적: 사물이 직접 경험하거나 지각할 수 있도록 일정한 형태와 성질을 갖추고 있는 것. (   )

(3) 경직: 그때그때의 사정과 형편을 보아 일을 처리함. (   )

(4) 충실: 내용이 알차고 단단함. (   )

어휘 활용

2 다음은 윗글의 ㉠, ㉡의 사전적 의미이다. 이를 참고하여 빈칸에 들어갈 알맞은 단어를 쓰시오.

> • ㉠: 사람의 힘이 더해지지 아니하고 저절로 생겨난 산, 강, 바다, 식물, 동물 따위의 존재. 또는 그것들이 이루는 지리적 · 지질적 환경.
> • ㉡: 사람의 힘으로 자연에 대하여 가공하거나 작용을 하는 일.

(1) 우리나라는 아름다운 (   )과 현대적인 모습이 어우러져 있다.

(2) 마을 근처에 (   ) 호수가 있어서 저녁 무렵이면 산책 나온 사람들로 붐볐다.

어휘 활용

3 윗글의 ⓐ~ⓔ를 활용한 문장으로 적절하지 않은 것을 고르시오.

① ⓐ: 나는 음악에 취미도 없고 소질도 없다.

② ⓑ: 그 문제를 풀기 위해 머리를 맞대고 심사숙고했지만 해결책을 찾지 못했다.

③ ⓒ: 장기적인 안목을 가지고 교육 정책을 수립할 필요가 있다.

④ ⓓ: 독서만이 아니라 음악 감상도 아이의 감성을 발달시킬 수 있다.

⑤ ⓔ: 식빵을 만드는 틀에 밀가루 반죽을 넣었다.

STEP II

서술형 **중심 화제**

1 윗글의 중심 내용을 쓰시오.

(   )

문단 정리

2 다음은 윗글의 각 문단의 중심 내용을 정리한 것이다. 빈칸에 들어갈 알맞은 말을 쓰시오.

1문단	미술에 능동적으로 참여하는 것은 '아름다움을 아는 마음, (　　　　) 마음, 즐기는 마음'을 갖는 것이다.
2문단	아름다움을 아는 마음은 아름다움을 선택하는 (　　　　) 행위이다.
3문단	느끼는 마음은 대상을 보고 느끼는 감정이다.
4문단	즐기는 마음은 (　　　　)하는 즐거움을 말한다.

내용 구조

3 다음은 미술을 알기 위해 필요한 세 가지 마음을 정리한 것이다. 빈칸에 들어갈 알맞은 말을 쓰시오.

```
                        미술을 알기 위해 필요한 마음
        ┌───────────────────────┼───────────────────────┐
   아름다움을 아는 마음            느끼는 마음                즐기는 마음
```

아름다움을 아는 마음	느끼는 마음	즐기는 마음
• 행동: 예쁜 것을 고르기 위해 심사숙고함. • 의미: 아름다움을 선택하는 미술 행위임. • 효과: 미술과 관련된 것에서 깊이 있는 아름다움을 찾을 수 있고, 아름다운 제품을 고를 수 있는(　　　) 을 높일 수 있음.	• 행동: 대상을 보고 느끼는 감정을 의미함. • 효과: (　　　)을 따뜻하게 하고, 마음을 넉넉하게 함. • 조건: 어느 정도의 여유로움이 있어야 함.	• 의미: 표현하는 즐거움을 의미함. • 방법: (　　　)에 얽매이지 않고 표현하기, 자신이 느끼는 감정대로 표현하기

STEP
Ⅲ

수능형 전개 방식 파악

1 윗글에 대한 설명으로 적절하지 <u>않은</u> 것은?

① 질문을 던져서 호기심을 유발하고 있다.

② 미술을 알기 위한 방법을 소개하고 있다.

③ 구체적인 예를 제시하여 이해를 돕고 있다.

④ 전문가의 말을 인용하여 신뢰성을 높이고 있다.

⑤ 높임말을 활용하여 글쓴이와 독자의 관계를 드러내고 있다.

수능형 구체적 상황에 적용

2 윗글을 바탕으로 〈보기〉의 A와 B를 평가한 내용으로 적절한 것은?

┌─ 보기 ─────────────────────────────────────

A는 옷이나 생활용품 등을 살 때 참으로 탁월한 선택을 합니다. 백화점에서 비싼 가격의 물건을 잘 사지 않고, 가격이 상대적으로 저렴한 시장에서 예쁜 것을 사려고 노력합니다. 사람들은 시장에서 저렴하게 샀다는 A의 말을 믿지 않을 정도입니다. 탁월한 안목을 가지고 자신에 맞는 물건을 잘 선택하는 것이지요. 반대로 B는 예쁘다고 생각한 옷을 아주 비싼 값을 주고 사서 입고 다니지만 아무도 거들떠보지 않습니다. 돈을 많이 들였지만 안목이 낮은 선택을 한 것입니다.

└──

① A는 미술 행위를 했으나, B는 미술 행위를 하지 않았다.

② A는 B에 비해 아름다움을 선택하는 미술 행위를 더 효과적으로 수행한 것이다.

③ A는 B에 비해 미술을 느끼는 마음이 많아서 같은 대상을 보더라도 느낌이 다양하다.

④ B는 A보다 즐기는 마음으로 미술 행위를 함으로써 더 큰 만족감을 얻는 삶을 살고 있다.

⑤ B는 A에 비해 미술과 관련된 것들에서 깊이 있는 아름다움을 찾느라 다른 사람들의 관심을 끌지 못했다.

📖 지문으로 이해하는 독해 지식 **관심 유발**

글쓴이는 독자의 관심을 유발하기 위해 다양한 방법을 사용한다. 의문문 형식으로 대상을 소개하거나, 속담이나 명언으로 글을 시작하거나, 널리 알려진 말의 뜻을 반대로 해석하거나, 참신한 관점을 제시하는 방법을 활용해 글에 대한 독자들의 흥미를 유발하여 관심을 가지도록 유도하기도 한다. 이 글에서는 일상생활에서 누구나 하는 행동을 제시해 아름다움을 선택하는 미술 행위를 설명하면서 독자의 흥미를 유발하고, 질문을 던져 미술을 즐기는 마음에 대한 독자의 관심을 끌고 있다.

• 미술을 알기 위해 필요한 첫 번째 마음은 아름다움을 아는 마음입니다. 우리는 알게 모르게 미술의 세계 속에서 살고 있습니다. 「여러분의 생활용품인 옷, 가방, 신발 등이 모두 미술과 연관이 있고 자동차, 지하철, 비행기, 자
　　　　　　　　↳ 일상생활의 행동을 제시해 독자의 흥미를 유발함.
전거, 상점의 진열장, 광고 포스터 등도 마찬가지입니다. 미술에 소질이 없다고 생각하는 학생들도 아마 연필 하나, 지우개 하나를 살 때에는 예쁜 것을 고르기 위해 심사숙고할 것입니다.」이렇게 행동하는 것이 무엇일까요?
아름다움을 선택하는 미술 행위인 것입니다.　■■■: 글쓴이가 설명하려는 내용

• 세 번째는 즐기는 마음입니다. 여기에서 즐기는 마음이란 표현하는 즐거움을 말합니다. 그림을 그리거나 물건을
만드는 데 소질이 없는데 어떻게 즐기냐구요? 미술을 알고 또 아름다움을 느낄 수 있으면 그 느낌을 이제 표현해
　　　　　↳ 질문을 던져 독자의 관심을 끌고 있음.
보아야 합니다.

풍경 작용으로 즐기는 한옥

한옥은 다양하고 가변적*인 풍경*을 제공한다. 한옥에서 다양하고 가변적인 요소는 한옥의 풍경 작용에서 잘 드러난다. 한옥의 풍경 작용이란 집을 하나의 풍경 요소로 파악하여 생활을 즐기며 집과 주변 환경을 하나의 풍경화처럼 만들어 낸다는 뜻이다. 한옥의 풍경 작용은 관찰자가 집 밖 멀리에서 집으로 접근하면서 일어나는 작용과 관찰자가 집 안에서 집 밖을 바라볼 때 일어나는 두 가지 작용으로 나타난다.

집 밖에서 일어나는 풍경 작용은 전경(全景)에서 시작된다. 전경은 먼발치서 집의 전체 모습을 하나의 풍경으로 파악하는 것이다. 이것이 풍경일 수 있는 이유는 대개 한옥이 산세*에 순응하고 어우러져 자연과 하나가 되는 모습이기 때문에, 집을 산과 숲의 구성 요소로 끼워 넣어 함께 파악할 수 있는 것이다. 그런 다음 대문이 보일 만큼 집에 가까이 접근하게 되면 전경 요소는 사라지고 대문을 통해 집 안 내부가 ㉠어렴풋이 눈에 들어온다. 대문이 마치 그림의 액자 역할을 하며 집을 큰 덩어리로 보는 것이 아니라 열린 부분을 통해 집 안 풍경의 일부를 초점화하여 보게 된다. 이때 원근의 차이나 시선의 각도에 따라 마당이 더 많이 보이고, 행랑채*가 더 많이 보이고, 안채*가 더 많이 보이는 등 다양한 풍경을 드러낸다.

집 안에서 집 밖을 바라볼 때 일어나는 풍경 작용은 한옥의 창이 대표적이다. 창은 외부로 향한 창의 설치 방향, 높낮이, 크기 등에 따라 다양한 외부의 풍경을 빌려 오는 차경(借景)을 이룬다. 특히 창은 사람이 스스로 여는 정도를 달리해 변화무쌍한 풍경을 연출한다. 그런데 창은 스스로 풍경이 되기도 한다. 한옥의 창은 대개 창호지*로 만들어지는데 창호지는 반투명이기 때문에 빛을 받으면 창살의 조형성을 잘 드러내는 한편, 두 짝으로 되어 있는 창의 경우 외부의 풍경과 나란히 병렬을 이루며 한옥의 아름다움을 연출한다. 창호지에 어리는 빛의 종류와 세기, 계절적 상황 등에 따라 창의 색이나 분위기가 달라지며 감성 작용을 일으켜 하나의 심미* 요소로 둔갑한다.

한옥의 다층적 풍경 작용은 관조*의 입장에서 자연을 이해하려는 결과라 할 수 있다. 관조는 이성적 시비 판단이나 이해타산을 하지 않고 그저 내 마음을 텅 비워 대상을 받아들이는 일이다. 분석해서 우열의 가치를 판단하지 않으며 좋고 싫음의 차별도 하지 않고 직관으로 받아들여 감상하고 즐기는 것이다. 이를 통해 자연과 어우러져 동등한 입장에서 함께 즐기는 전통적 가치관을 구현한 것이다. 아울러 실용적 목적도 살펴볼 수 있는데, 여름에는 시원한 바람을 잘 받고 겨울에는 따뜻한 햇볕을 집 안 깊숙이 끌어들여 계절에 따른 생활을 영위하는 방법으로도 활용되었다.

한옥의 풍경 작용은 집 스스로 풍경을 만들어 집에 그림을 가득 채우려는 목적이었다. 그 그림은 시시각각 변하는 살아 있는 실체로서 집과 사람, 자연을 하나로 연결하는 역할을 한다. 그리하여 한옥은 다양하고 살아 있는 풍경을 즐기며 사람이 살기에 즐거운 곳이라는 애착*을 느끼게 만드는 것이다.

STEP
I

어휘 활용

1 다음 문장의 빈칸에 들어갈 알맞은 단어를 〈보기〉에서 찾아 쓰시오.

┌─ 보기 ─────────────────────────
• 변화무쌍: 변하는 정도가 비할 데 없이 심함.
• 이해타산: 이해관계를 이모저모 모두 따져 봄. 또는 그런 일.
• 시시각각: 각각의 시각.
└─────────────────────────────

(1) 봄 하늘은 (   )으로 분위기가 변한다.

(2) 올해처럼 날씨가 (   )한 적은 없었던 것 같다.

(3) 그는 친구와의 우정 때문에 (   )을 생각하지 않고 그 일을 맡기로 했다.

어휘 활용

2 다음 밑줄 친 부분이 윗글의 ㉠과 같은 의미로 사용된 것을 고르시오.

① 옛일을 <u>어렴풋이</u> 기억해 내다.

② 달빛이 <u>어렴풋이</u> 마당을 비추고 있다.

③ 수미는 버스 안에서 <u>어렴풋이</u> 잠이 들었다.

④ 나는 선생님이 하시는 말을 <u>어렴풋이</u> 이해했다.

⑤ 쏟아지는 눈 사이로 <u>어렴풋이</u> 사람의 윤곽이 보였다.

STEP
II

서술형 중심 화제

1 윗글의 중심 내용을 쓰시오.

(   )

문단 정리

2 다음은 윗글의 각 문단의 중심 내용을 정리한 것이다. 빈칸에 들어갈 알맞은 말을 쓰시오.

1문단	한옥은 집을 하나의 풍경 요소로 파악하고 집과 주변 환경을 ( )로 만드는 풍경 작용이 나타난다.
2문단	집 밖의 먼발치에서 집의 전체 모습을 하나의 풍경으로 파악하는 풍경 작용을 전경이라고 한다.
3문단	집 안에서 집 밖을 바라보면서 외부의 풍경을 빌려 오는 풍경 작용을 ( )이라고 한다.
4문단	한옥의 다층적 풍경 작용은 ( )의 입장에서 자연을 이해하고, 실용적 목적으로도 활용되었다.
5문단	한옥의 풍경 작용은 한옥은 풍경을 즐기며 사람이 살기에 즐거운 곳이라는 애착을 느끼게 만든다.

내용 구조

3 다음 구조도의 빈칸에 알맞은 말을 써넣어, 윗글의 내용을 정리하시오.

한옥의 풍경 작용

집을 하나의 풍경 요소로 파악하여 생활을 즐기며
집과 주변 환경을 하나의 풍경화처럼 만들어 낸다는 뜻임.

전경(全景)

• 개념: 먼발치서 집의 전체 모습을 하나의 풍경으로 파악하는 것임.
• 관찰자의 위치: 관찰자가 집 밖 멀리에서 집으로 접근하면서 일어나는 작용임.
• 특징: 대문을 통해 집 안 내부를 볼 때, 원근의 차이나 (   )의 각도에 따라 다양한 풍경을 드러냄.

차경(借景)

• 개념: 집 안에서 다양한 외부의 풍경을 빌려 오는 것임.
• 관찰자의 위치: 관찰자가 집 안에서 집 밖을 바라볼 때 일어나는 작용임.
• 특징: 창은 여는 정도를 달리해 변화무쌍한 풍경을 연출하며 스스로 풍경이 되기도 함.

한옥의 다층적 풍경 작용

• 관조의 입장에서 자연을 이해하려는 결과임.
• (   )에 따른 생활을 영위하는 방법으로 활용됨.

풍경 작용의 목적과 효과

• 목적: 집 스스로 풍경을 만들어 집에 (   )을 가득 채우려 함.
• 효과: 한옥은 다양한 풍경을 즐기며 사람이 살기에 즐거운 곳이라는 애착을 느끼게 만듦.

STEP Ⅲ

수능형 | 세부 정보의 확인

1 윗글을 통해 알 수 있는 내용으로 적절하지 **않은** 것은?

① 한옥에서 풍경 작용을 활용하는 목적

② 창호지가 심미적 요소를 일으키게 되는 이유

③ 한옥에서 나타나는 풍경 작용의 두 가지 유형

④ 전경에서 다양한 집 안 풍경을 볼 수 있는 이유

⑤ 창이 외부의 풍경을 다양하게 연출할 수 있는 이유

수능형 반응의 적절성 판단

2 윗글을 읽은 학생이 〈보기〉에 대해 보인 반응으로 적절하지 <u>않은</u> 것은?

보기

제시된 사진은 전통 한옥의 장점을 살려 현대적으로 건축한 한옥의 마루 모습이다. 네 개의 문 중에서 두 개의 문을 열어 햇볕이 들어오고 바람이 통하게 하였다. 또한 문에 비친 햇빛을 통해 문살의 모습이 아름답게 나타나면서, 열린 문을 통해 바깥의 경치를 구경할 수 있도록 하였다.

① 마루에서 바라보는 바깥의 경치를 풍경으로 빌리고 있다는 점에서 관찰자가 집 안에서 집 밖을 바라보는 풍경 작용이 되고 있군.

② 사람이 문을 여는 정도를 조절한다면 자신이 보기 좋아하는 풍경과 보기 싫어하는 풍경을 가려내어 감상할 수 있는 효과가 나타나겠군.

③ 문을 여닫는 일을 통해 여름에는 바람을 맞이하고, 겨울에는 햇볕을 끌어들여 더위와 추위를 견디도록 하는 실용적 목적도 살펴볼 수 있군.

④ 열린 문으로 시시각각으로 변하는 외부의 풍경을 사람이 감상할 수 있다는 점에서 집과 사람, 자연이 하나로 어우러지는 한옥의 특성을 잘 보여 주고 있군.

⑤ 닫힌 두 개의 문과 열린 문으로 들어온 하나의 풍경이 병렬로 놓이고, 문에 햇빛이 비치면서 문살의 조형성도 드러낼 수 있다는 점에서 문도 하나의 풍경 요소가 되고 있군.

📖 지문으로 엮어 읽는 배경지식 **한옥의 마루와 온돌**

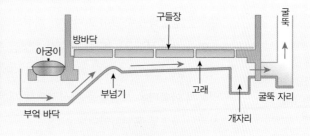

▲ 한옥의 대청마루　　　　　　　　▲ 온돌의 구조

　한옥의 특징 중 하나는 마루와 온돌이 함께 존재한다는 점이다. 마루는 집채 안에 바닥과 사이를 띄우고 깐 널빤지나 그 널빤지를 깔아 놓은 곳을 의미한다. 한옥에서 몸채의 방과 방 사이에 있는 큰 마루를 대청마루라고 하며, 이곳은 집의 중심이면서 모든 동선의 중심이기도 하다. 한옥의 마루는 따뜻한 남쪽 지방에서 발전하였고 주로 여름에 사용하는 공간이다.

　온돌은 따뜻한 기운이 방 밑을 통과하여 방을 덥히는 장치를 의미한다. 한옥의 온돌은 추운 북쪽 지방에서 추위를 이겨 내기 위해 만든 것으로, 음식을 만드는 일과 실내의 온도를 높여 따뜻하게 하는 일을 한 번에 해결할 수 있다.

　마루는 남쪽 지방에서 발전하여 북쪽 지방으로 전파되었고, 온돌은 북쪽 지방에서 발전하여 남쪽 지방으로 전파되었다. 이 두 개의 요소가 결합하여 오늘날 한옥의 특징으로 발전한 것이다.

로댕의 예술 세계

필독 TIP

어휘 ★★★
문장 ★★
배경지식 ★★★

이 글은 19세기 프랑스 조각가인 로댕의 예술 세계와 경향을 설명하고 있다. 로댕이 추구한 예술적 목표와 로댕이 사용한 주요 기법을 이해하며 읽도록 한다.

로댕은 고대 그리스의 조각을 ㉠모방하던 고전주의* 조각에서 벗어나 인간의 내면적인 정신 세계를 강조한 19세기 프랑스 조각가로 알려져 있다. 로댕은 조각이 예술을 위한 예술이어야 한다는 생각으로 사실적인 재현에서 벗어나 정신적이고 조형*적인 형태를 추구하였다.

로댕은 먼저 과거 신이나 영웅의 아름다운 모습만을 사실적으로 재현하는 기존 관행에서 벗어나 인간의 개성적이고 내면적인 정신세계를 표현하는 데 주력한다. 그의 「코가 일그러진 남자」는 추함도 예술에서는 보다 아름다운 모습으로 구현할 수 있다는 개성적 시각을 드러냈다. 로댕은 평범한 노동자의 주름 파인 이마와 일그러진 코 등을 조각하여 그 빈곤과 고통, 아픔 등 내적 진실을 드러내려 했다.

또한 로댕은 예술에서 완성의 개념에 의문을 제기하며 미완성의 조각을 통해 새로운 의미나 해석을 생성해 낼 수 있는 잠재성을 추구하려 했다. 로댕은 고대 조각에서 조각난 유물들을 많이 소장하고 있었는데, 이에 영향을 받아 미완성된 조각도 하나의 독립된 작품으로 인식하려 했다. 그의 미완성의 조각은 전신 조각 대신에 손이나 다리, 몸통으로만 된 것을 조각하는 방법, 전신을 조각하되 주조* 과정 중 생긴 기포*를 메우지 않거나 끌이나 망치 자국을 다듬지 않고 그대로 두는 방법으로 나타난다. 이와 같은 방식들은 조각을 완성된 물체가 아닌 흐르는 시간 속에서 진행되는 과정에 주목하게 하는 한편, 부분 형상을 통해 어떤 모습의 조각을 향해 나아갈 것인지에 대한 ㉡창조적이고 자유로운 상상을 하게 한다.

로댕은 조각들의 결합을 통해 새로운 의미를 생성하는 마코타주 기법에도 큰 관심을 기울였다. 마코타주는 개별적 작품을 결합하여 새로운 의미를 생성하는 방법이다. 대표적으로 『지옥의 문』은 로댕의 조각을 모아 놓은 '미술관' 같다는 평가를 받는데, 이 작품은 크고 작은 수많은 인간 형상을 배치하여 지옥의 형벌을 받는 인간의 고통을 표현하고 있다. 로댕은 손이나 다리의 토르소* 같은 인체의 부분 형상이나 인물상을 결합시킴으로써 예술의 내용에 대한 시공간적 개방과 확장을 가져왔다. 즉 개별 작품들을 다양하게 혼합하거나 배치하여 관람자의 자유로운 상상력을 유발하고 다양한 해석의 가능성을 열어 주었던 것이다.

이와 같이 로댕은 다양한 예술적 실험을 통해 조각가의 정신과 사상을 조각에 구현하려 하였다. 로댕은 스스로 "나는 과거와 현재 사이를 잇는 다리이다."라고 말한 것처럼 과거 신이나 영웅의 아름다운 모습만을 사실적으로 재현하는 조각 예술의 관행에서 벗어나 내면적이고 추상적인 사고를 표현하였던 것이다.

＊ 고전주의: 17~18세기 근대 유럽에서, 고대 그리스 · 로마의 예술 작품을 모범으로 삼아, 단정한 형식미를 중시하며 조화 · 균형 · 완성 따위를 추구하려는 창작 태도.
＊ 조형: 여러 가지 재료를 이용하여 구체적인 형태나 형상을 만듦.
＊ 주조: 녹인 쇠붙이를 거푸집에 부어 물건을 만듦.
＊ 기포: 액체나 고체 속에 기체가 들어가 거품처럼 둥그렇게 부풀어 있는 것.
＊ 토르소: 머리와 팔다리가 없이 몸통만으로 된 조각상.

STEP
Ⅰ

어휘 활용

1 다음에 제시된 초성자와 사전적 의미를 참고하여 빈칸에 들어갈 알맞은 단어를 쓰시오.

(1) ㅅㅅㅈ : 사물을 있는 그대로 그려 내는 것.

예 이번 소설은 다양한 삶의 모습을 매우 (   )으로 그렸다는 평을 받고 있다.

(2) ㅈㅅㅈ : 육체나 물질에 대립되는 영혼이나 마음에 관계되는 것.

예 그는 사고 이후 아직 (   ) 충격에서 벗어나지 못했다.

(3) ㄱㅅㅈ : 다른 사람이나 개체와 뚜렷이 구별되는 것.

예 동생은 얼굴이 워낙 (   )으로 생겨서 누구나 한 번만 보면 기억을 한다.

(4) ㄱㅂㅈ : 여럿 중에서 하나씩 따로 나뉘어 있는 것.

예 문화재는 하나하나마다 (   ) 가치를 지닌다.

서술형 어휘 의미

2 다음에 제시된 한자의 뜻을 참고하여 ㉠, ㉡의 의미를 쓰시오.

㉠ 모방(摸倣): 摸(모: 본뜨다), 倣(방: 본받다) → 다른 것을 ( )	↔	㉡ 창조(創造): 創(창: 처음), 造(조: 짓다) → 전에 없던 것을 ( )

STEP
Ⅱ

서술형 중심 화제

1 윗글의 중심 내용을 쓰시오.

(   )

문단 정리

2 다음은 윗글의 각 문단의 중심 내용을 정리한 것이다. 빈칸에 들어갈 알맞은 말을 쓰시오.

1문단	로댕은 사실적인 ( )에서 벗어나 정신적이고 조형적인 형태를 추구했다.
2문단	로댕은 인간의 개성적이고 내면적인 정신세계를 표현하는 데 주력했다.
3문단	로댕은 신체의 일부분만을 조각하거나 조각 과정을 그대로 두는 ( )의 조각 방법을 활용했다.
4문단	로댕은 개별적 작품을 결합하여 새로운 의미를 생성하는 마코타주 기법을 활용했다.
5문단	로댕은 조각 예술의 관행에서 벗어나 ( )이고 추상적인 사고를 표현했다.

내용 구조

3 다음 구조도의 빈칸에 알맞은 말을 써넣어, 윗글의 내용을 정리하시오.

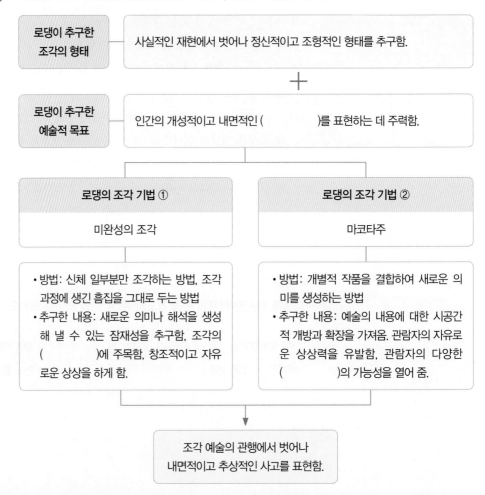

로댕이 추구한 조각의 형태 ─ 사실적인 재현에서 벗어나 정신적이고 조형적인 형태를 추구함.

\+

로댕이 추구한 예술적 목표 ─ 인간의 개성적이고 내면적인 (　　　　)를 표현하는 데 주력함.

로댕의 조각 기법 ①

미완성의 조각

- 방법: 신체 일부분만 조각하는 방법, 조각 과정에 생긴 흠집을 그대로 두는 방법
- 추구한 내용: 새로운 의미나 해석을 생성해 낼 수 있는 잠재성을 추구함, 조각의 (　　　　)에 주목함, 창조적이고 자유로운 상상을 하게 함.

로댕의 조각 기법 ②

마코타주

- 방법: 개별적 작품을 결합하여 새로운 의미를 생성하는 방법
- 추구한 내용: 예술의 내용에 대한 시공간적 개방과 확장을 가져옴. 관람자의 자유로운 상상력을 유발함, 관람자의 다양한 (　　　　)의 가능성을 열어 줌.

조각 예술의 관행에서 벗어나 내면적이고 추상적인 사고를 표현함.

STEP III

수능형 | 세부 정보의 추론

1 윗글을 바탕으로 강연회를 개최한다고 할 때, 그 제목으로 가장 적절한 것은?

① 로댕의 조각 예술의 경향과 기법은 무엇인가?
　　– 인간의 내면을 표현하기 위한 예술적 실험을 중심으로

② 로댕의 조각 예술의 탄생 배경과 전개는 어떠했나?
　　– 로댕이 살았던 당대의 시대적 상황과의 연관성을 중심으로

③ 로댕의 조각 예술이 현대 조각사에 지니는 위상은 어떠한가?
　　– 그리스 조각과 로댕 조각 예술의 상관성에 대한 규명을 중심으로

④ 로댕의 조각 예술에 담긴 예술성과 한계는 무엇인가?
　　– 로댕의 예술 인식과 당대 예술가들의 예술 인식과의 차이를 중심으로

⑤ 로댕의 조각 예술이 사회에 끼친 영향은 무엇인가?
　　– 로댕의 조각 작품들이 노동자 등 하층 계급의 인식 변화에 끼친 영향을 중심으로

수능형 반응의 적절성 평가

2 윗글을 읽은 학생이 〈보기〉에 대해 보인 반응으로 적절하지 <u>않은</u> 것은?

보기

로댕의 「움켜쥔 큰 손과 인물」이라는 조각 작품은 하늘을 향해 뻗어 있는 왼쪽의 큰 손 앞에 한 여인이 돌을 들어 올리는 듯한 모습을 표현했다. 이 조각은 손의 모양, 인체의 표면이나 근육을 다듬지 않고 울퉁불퉁하게 그대로 드러내 생동감을 주고 있다. 이 작품은 미완성의 조각 경향이나 마코타주의 기법을 잘 보여 주는 로댕의 대표적인 조각으로 평가받는다.

① 움켜쥔 큰 손과 돌을 들어 올리는 듯한 여인은 각각 독립된 작품으로 간주될 수 있겠군.

② 관람자는 움켜쥔 큰 손을 향한 여인의 모습에 어떤 정신적 내면세계가 담겨 있는지 살펴볼 필요가 있겠군.

③ 움켜쥔 큰 손 조각은 미완성의 조각 방법에서 인체의 부분 형상을 조각하는 방법을 활용했다고 할 수 있겠군.

④ 움켜쥔 큰 손이나 여인의 조각을 작업할 때 도구 사용의 흔적이 보이지 않게 매끄럽게 나타냄으로써 관람자들에게 예술적 흥미를 높이도록 했군.

⑤ 로댕은 움켜쥔 큰 손과 돌을 들어 올리는 듯한 여인의 모습이나 배치 등을 통해 관람자들이 자유롭게 해석하는 감상 태도를 보여 주기를 기대하겠군.

📖 지문으로 엮어 읽는 배경지식 **마코타주(marcottage)**

로댕의 조각 구성에서 중요한 의미를 지니는 마코타주는 개별적 작품을 결합하여 새로운 의미를 생성하는 방법이다. 즉 이전에 제작했던 작품 혹은 작품의 일부를 다른 작품과 결합해 새로운 작품으로 만들어 내는 것이다.

▲ 로댕, 「지옥의 문」

로댕의 대표적 작품인 「지옥의 문」은 이탈리아의 시인 단테가 지은 서사시인 『신곡(神曲)』의 「지옥 편」을 형상화한 조각이다. 「지옥의 문」을 살펴보면, 가장 윗부분에 세 명의 남자가 서 있는 「세 망령」이 있다. 그 아래에는 턱에 오른팔을 괴고 있는 「생각하는 사람」이 있다. 이 외에도 「우골리노와 그의 아들들」, 「입맞춤」, 「순교자」, 「허무한 사랑」, 「코가 일그러진 남자」 등의 많은 조각이 있다.

이처럼 로댕은 마코타주 기법을 활용해 개별적으로 발표했던 작품을 모아 자신의 예술 세계를 집대성한 「지옥의 문」에서 펼쳐 보임으로써, 서양 현대 조각의 문을 열었다는 평가를 받고 있다.

영화에서 사용하는 셔레이드

필독 TIP

어휘 ★★★★
문장 ★★
배경지식 ★★★

이 글은 영화에서 배우의 신체 언어나 특정한 물체 등을 활용해 의미를 전달하는 기법인 셔레이드에 대해 설명하고 있다. 셔레이드의 개념과 종류, 효과를 이해하며 읽도록 한다.

셔레이드(charade)는 원래 사람의 몸짓을 보고 그 의미를 알아맞히는 제스처* 놀이에서 기원하였는데, 풍요나 다산을 기원하는 주술적 행위들에서 고대인들의 셔레이드적 행위를 엿볼 수 있다.

영화에서 셔레이드는 대사 없이 의미 전달이나 상황을 효과적으로 표현하는 비언어적 커뮤니케이션*을 말한다. 즉 배우의 표정, 동작, 행위 등 신체 언어나 특정한 물체 등을 활용해 의미를 전달하는 기법을 의미하는 것이다. 특히 미국 영화의 아버지라 불리는 그리피스는 클로즈업 기법을 개발하여 자연스럽고 정교한 셔레이드 기법을 활용했는데, 카메라로 배우의 얼굴이나 의상 등을 크게 화면에 배치해 의미를 관객들에게 전달하고자 했다. 이후 찰리 채플린은 셔레이드의 활용을 통해 인물의 심성을 표현하는 수준을 넘어서 영화의 예술적, 사회적 가치를 끌어올리는 데 큰 기여를 하였다.

셔레이드의 방법으로 먼저 신체 언어를 활용한 셔레이드가 있는데 얼굴 표정이나 제스처가 그것이다. 루돌프 아른하임은 "인간의 사고와 감정은 얼굴 표정과 사지*와 제스처를 통해 가장 직접적으로 전달된다."라고 하면서 신체 언어 표현의 강력한 의미 전달력에 대해 말한 바 있다. 이는 배우의 안면 표정이나 제스처가 인물의 심리나 감정 등을 어떤 대사보다 호소력 있게 전달하며 내재된 무의식까지 표현된다는 점을 지적한 것이다.

소도구도 매우 중요한 셔레이드 방법이 된다. 그리피스는 영화에서는 물체도 연기를 한다고 말해 왔는데, 소품*까지도 클로즈업을 통해 함축적 의미나 맥락을 전달하는 것이다. 장소도 셔레이드를 나타내는 주요 방법이다. 특정한 장소나 공간이 인물의 상황이나 관계 등을 효과적으로 나타내기도 하는데, 예를 들어 부서져 있는 간판이나 떨어져 있는 메뉴판 등을 통해 폐업한 음식점이라는 공간을 보여 주며 인물의 몰락한 처지를 드러내기도 하는 것이다. 이 방법들은 각기 독립적으로 작용하기도 하나 상호 복합적으로 작용함으로써 다의적 의미를 함축하게 되는 경우도 있다.

그러면 셔레이드는 어떤 목적으로 활용될까? 셔레이드는 먼저 영상 속에서 인물의 성격이나 심리, 인물 관계나 상황 등을 드러내며 이야기에 공감도를 높이게 된다. 특히 셔레이드로 표현된 것 자체가 인간 내면의 심성을 표현하는 것이 많아 성격 구축*을 이루는 초석*이 되며 셔레이드를 통해 영화감독의 스타일을 규정하게 된다.

셔레이드는 영화 속에서 의미 전달을 보다 정서적으로 풍성하게 하며 관객이 영화의 주제를 현실감 있게 해석할 수 있도록 이끌어 주는 강한 힘을 발휘한다. 언어적인 대사가 단선적인 의미 전달에 치중하는 데 비해 셔레이드는 메시지 해석에 관객이 ⊙능동적으로 참여하게 하여 영화에 대한 감정적인 수용과 공감을 가능하게 한다.

＊ **제스처**: 말의 효과를 더하기 위하여 하는 몸짓이나 손짓

＊ **비언어적 커뮤니케이션**: 말이나 글과 같은 언어적 요소가 아닌 다른 모든 수단을 이용한 형태의 의사소통. 표정, 몸짓, 손짓이라든가 악수를 하는 행위와 기호를 이용한 의사소통도 모두 포함된다.

＊ **사지**: 사람의 두 팔과 두 다리를 통틀어 이르는 말.

＊ **소품**: 연극이나 영화 따위에서, 무대 장치나 분장에 쓰는 작은 도구류를 통틀어 이르는 말.

＊ **구축**: 체제, 체계 따위의 기초를 닦아 세움.

＊ **초석**: 어떤 사물의 기초를 비유적으로 이르는 말.

STEP
I

어휘 활용

1 다음 단어를 활용하기에 적절한 문장을 찾아 바르게 연결하시오.

(1) 풍요	•		•	ㄱ. 출생률이 낮은 요즘은 ( )을 장려하기도 한다.
(2) 다산	•		•	ㄴ. 대중 매체는 문화적인 ( )를 현대인에게 제공해 주었다.
(3) 무의식	•		•	ㄷ. 심리학자들은 범죄의 원인을 개인의 욕망과 ( )에서 찾기도 한다.

어휘 의미

2 다음은 윗글의 ㉠의 사전적 의미이다. 빈칸에 들어갈 이와 반대되는 의미를 지닌 단어를 고르시오.

| ㉠: 다른 것에 이끌리지 아니하고 스스로 일으키거나 움직이는 것. | ↔ | (   ): 스스로 움직이지 않고 다른 것의 작용을 받아 움직이는 것. |

① 구체적   ② 수동적   ③ 이상적   ④ 적극적   ⑤ 추상적

STEP
II

서술형 중심 화제

1 윗글의 중심 내용을 쓰시오.

(   )

문단 정리

2 다음은 윗글의 각 문단의 중심 내용을 정리한 것이다. 빈칸에 들어갈 알맞은 말을 쓰시오.

1문단	셔레이드는 제스처 놀이에서 기원했다.
2문단	영화에서 셔레이드는 ( ) 커뮤니케이션으로, 배우의 신체 언어나 특정한 물체 등을 활용해 의미를 전달하는 기법이다.
3문단	신체 언어를 활용한 셔레이드는 인물의 심리나 감정, 무의식까지 표현한다.
4문단	( )를 활용한 셔레이드는 함축적 의미나 맥락을 전달하고, 장소를 활용한 셔레이드는 인물의 상황이나 관계 등을 나타낸다.
5문단	셔레이드를 활용하면 인물의 성격이나 심리, ( )나 상황 등을 드러내며 이야기에 공감도를 높이게 된다.
6문단	셔레이드는 관객이 영화에 대한 감정적인 수용과 공감을 가능하게 한다.

서술형 | 내용 구조

3 다음 구조도의 빈칸에 알맞은 내용을 써넣어, 윗글의 내용을 정리하시오.

셔레이드의 기원

사람의 몸짓을 보고 그 의미를 알아맞히는 제스처 놀이에서 기원함.

셔레이드의 개념

• 대사 없이 의미 전달이나 상황을 효과적으로 표현하는 비언어적 커뮤니케이션임.
• 배우의 표정, 동작, 행위 등 신체 언어나 (
　　　　　　　　　　　　　)

셔레이드의 종류

신체 언어	소도구	장소
• 방법: 얼굴 표정이나 제스처를 이용함. • 효과: 인물의 심리나 감정을 호소력 있게 전달하며, 무의식까지 표현함.	• 방법: 소품도 클로즈업함. • 효과: 함축적 의미나 맥락을 전달함.	• 방법: 특정한 장소나 공간을 활용함. • 효과: (　　　　　　　　)

셔레이드의 효과

• 관객이 영화의 주제를 현실감 있게 해석할 수 있도록 이끌어 주는 강한 힘을 발휘함.
• 관객이 영화에 대한 (　　　　　　　　　　　　　　　　　　)

수능형 | 핵심 정보의 파악

1 윗글에서 답을 찾을 수 있는 질문으로 적절하지 <u>않은</u> 것은?

① 셔레이드가 유래된 기원은 무엇인가?

② 과거 영화인들이 셔레이드를 활용한 사례는 무엇인가?

③ 셔레이드가 관객의 영화 감상에 끼치는 영향은 무엇인가?

④ 영화감독이 셔레이드를 구축할 때 유의해야 할 점은 무엇인가?

⑤ 대사와 셔레이드가 의미 전달에서 차이가 나는 점은 무엇인가?

수능형 구체적 상황에 적용

2 윗글을 읽은 학생이 〈보기〉의 ㉮~㉱에 대해 이해한 내용으로 적절하지 <u>않은</u> 것은?

── 보기 ──

일본의 이와이 슌지 감독이 1998년에 발표한 영화 「4월 이야기」는 우츠키라는 여대생이 고등학생 때 짝사랑하던 선배를 우연히 만나 사랑을 이뤄 가는 내용이다. 이 영화에는 주인공을 중심으로 다양한 셔레이드가 나타난다. ㉮선배를 대학교에서 다시 마주했을 때 눈을 마주치지 못하고 얼굴만 붉히는 모습, ㉯선배가 자신을 알아보지 못하자 뒤돌아서서 입술을 깨무는 모습, ㉰바로 집으로 돌아갈 때 앙상한 나무로 가득한 길거리의 모습, ㉱학교 사물함에 붙어 있는 선배의 이름표를 보고 반가워서 호주머니에 넣는 모습, ㉲선배가 자신을 알아보고 드디어 만날 약속을 잡자 환한 얼굴로 빗속을 뚫고 거리를 힘차게 뛰어가는 모습 등에서 인물의 심리나 관계를 살펴볼 수 있다.

① ㉮는 신체 셔레이드를 통해 짝사랑하던 선배를 만난 부끄러움과 설렘을 나타내는군.

② ㉯는 신체 셔레이드를 통해 선배가 자신을 몰라본 데 대한 서운함과 야속함을 나타내는군.

③ ㉰는 장소 셔레이드를 통해 길거리의 모습을 배경으로 선배에게 받은 마음의 상처를 나타내는군.

④ ㉱는 신체와 소도구 셔레이드를 통해 선배의 사랑을 차지하고 싶은 주인공의 마음을 나타내는군.

⑤ ㉲는 신체와 장소 셔레이드를 통해 주인공과 선배가 다시 예전의 인물 관계로 돌아감을 나타내는군.

📖 지문으로 이해하는 독해 지식 **문답법**

문답법은 스스로 묻고 답하는 설명 방법으로, 글쓴이가 설명하려는 내용을 스스로 묻고 스스로 답변하는 방식으로 나타난다. 이 글에서는 '셔레이드의 활용 목적'을 설명하기 위해서 이와 관련된 질문을 하고, 그에 대한 답변을 제시하고 있다.

┌───┐
그러면 셔레이드는 어떤 목적으로 활용될까? 셔레이드는 먼저 영상 속에서「인물의 성격이나 심리, 인물 관계나
　　　　　　질문 - 셔레이드의 활용 목적　　　　　　　　　　　　　　　　답변 - 「　」: 셔레이드의 활용 목적
상황 등을 드러내며 이야기에 공감도를 높이게 된다. 특히 셔레이드로 표현된 것 자체가 인간 내면의 심성을 표현

하는 것이 많아 성격 구축을 이루는 초석이 되며 셔레이드를 통해 영화감독의 스타일을 규정하게 된다.」
└───┘

예술
06

오페라란 무엇인가?

필독 TIP

어휘 ★★★★
문장 ★★★
배경지식 ★★★

이 글은 오페라의 어원과 특징, 음악적 구성을 설명하고 있다. 오페라 음악의 종류와 특성을 파악하며 읽도록 한다.

오페라는 이탈리아어로 노동, 공사, 성과, 작품, 연극, 단체 등의 다양한 뜻이 있다. 영어로 말하면 'work'에 해당된다. 이탈리아어의 오페라나 영어의 '워크'에 음악적인 의미는 처음부터 존재하지 않았다. 여러 뜻 가운데 우리가 알고 있는 오페라의 뜻에 가장 가까운 것은 '작품'이다. 라틴어로 작품을 뜻하는 '오푸스'에서 비롯되었기 때문이다. 악보*나 음악회 프로그램에서 'Op.'라고 하는 것이 바로 오푸스의 약자이다.

오페라는 가극이라고 번역된다. 가극이란 노래로 하는 연극이라는 뜻인데 노래만이 오페라의 요소는 아니다. 오페라에는 기악*을 포함한 모든 음악이 포함된다. 그렇지만 음악극이라고 번역하지는 않는다. 음악, 특히 노래로 하는 연극에는 오페레타나 뮤지컬도 있다.

오페라의 모든 대사는 노래로 표현되는 점에서 그렇지 않은 오페레타나 뮤지컬과 (㉠). 그러나 「마술피리」나 「피델리오」, 「팔려 간 신부」, 「카르멘」처럼 노래가 아닌 대사가 포함되어도 오페라로 보기도 한다.

오페레타란 '작은 오페라'라는 뜻으로 19세기 후반에 노래와 춤을 넣어 대중적이고 희극적인 음악극이 되었다. 한편 뮤지컬은 음악과 연극 및 춤을 중심으로 하고 미술도 포함하여 섞어 만든 대중 종합 예술이다. 뮤지컬은 유럽의 코믹 오페라나 오페레타에서 비롯된 것이나 20세기에 와서 특히 영미를 중심으로 독자적인 발전을 했으며 현대에 와서 오페라와 차이가 많이 좁혀졌다.

오페라의 음악은 독창*, 합창* 및 관현악*으로 구성된다. 독창곡은 선율*의 아름다움을 주로 한 아리아와 레치타티보로 나누어진다. 아리아는 기악 반주*가 있는 독창을 말하는 것으로서 오페라의 극적 표현에서 중심을 형성하고, 레치타티보는 대화할 때의 억양을 유지한 낭송형 독창을 말하는 것으로 노래하는 것처럼 말하고 말하는 것처럼 노래하는 부분이다. 아리아보다는 덜 양식적이고 레치타티보보다는 덜 서술적인 세나는 보통 아리아 앞에서 불린다. 또한 아리오소도 아리아와 레치타티보의 중간 형태이다.

아리아가 주인공의 심정을 서정적인 선율로 표현하고, 레치타티보는 주인공이 놓여 있는 상황을 설명한다든가, 이야기 전개를 설명하는 경우에 사용된다.

아리아는 그 자체만으로도 '아리아의 밤'이라는 이름의 성악 발표회나 어느 가수의 '아리아 모음' 앨범처럼 별도로 불리며 따로 녹음하여 감상하지만 레치타티보는 '레치타티보의 밤'이라는 이름의 성악 발표회나 그것만의 앨범이 없다. 그러나 레치타티보가 오페라 중에서 대사를 전달하는 것으로 중요한 공헌을 하는 점은 부정할 수 없다. 특히 모차르트의 「피가로의 결혼」에서는 레치타티보가 뚜렷하며 드라마의 전개를 한층 부드럽게 한다.

＊악보: 음악의 곡조를 일정한 기호를 써서 기록한 것.
＊기악: 악기를 사용하여 연주하는 음악.
＊독창: 성악에서, 혼자서 노래를 부름. 또는 그 노래.
＊합창: 여러 사람이 여러 성부로 나뉘어 서로 화성을 이루면서 다른 선율로 노래를 부름. 또는 그 노래.
＊관현악: 관악기, 타악기, 현악기 따위로 함께 연주하는 음악.
＊선율: 소리의 높낮이가 길이나 리듬과 어울려 나타나는 음의 흐름.
＊반주: 노래나 기악의 연주를 도와주기 위하여 옆에서 다른 악기를 연주함. 또는 그렇게 하는 연주.

STEP
I

어휘 활용

1 다음 문장의 빈칸에 들어갈 알맞은 단어를 〈보기〉에서 찾아 쓰시오.

보기
- 대중적: 수많은 사람의 무리를 중심으로 한 것.
- 독자적: 다른 것과 구별되는 혼자만의 특유한 것.
- 극적: 극을 보는 것처럼 큰 긴장이나 감동을 불러일으키는 것.
- 서정적: 정서를 듬뿍 담고 있는 것.

(1) 그 가수는 차분하고 (   )인 노래를 주로 부른다.

(2) 그들은 헤어진 지 사십 년 만에 (   )으로 다시 만났다.

(3) 그 영화배우는 꾸준한 작품 활동을 통해 (   )인 인기를 끌고 있다.

(4) 그는 외국과는 다른 우리나라의 (   )인 음악을 개발하는 데 인생을 바쳤다.

어휘 의미

2 다음은 윗글의 ㉠에 들어갈 단어의 사전적 의미이다. ㉠에 알맞은 단어를 고르시오.

㉠: 비교가 되는 두 대상이 서로 같지 아니하다.

① 닮다   ② 다르다   ③ 똑같다   ④ 틀리다   ⑤ 비슷하다

STEP
II

서술형 중심 화제

1 윗글의 중심 내용을 쓰시오.

(   )

문단 정리

2 다음은 윗글의 각 문단의 중심 내용을 정리한 것이다. 빈칸에 들어갈 알맞은 말을 쓰시오.

1문단	오페라는 라틴어의 작품을 뜻하는 '( )'에서 비롯되었다.
2문단	오페라는 ( )으로 번역되며, 노래로 하는 연극에는 오페레타나 뮤지컬이 있다.
3문단	오페라는 모든 대사가 노래로 표현되는 점이 특징이다.
4문단	오페레타는 대중적이고 희극적인 음악극이고, 뮤지컬은 대중 종합 예술이다.
5문단	오페라의 음악 중 독창곡에는 아리아, 레치타티보, ( ), 아리오소가 있다.
6문단	아리아는 주인공의 심정을 서정적인 선율로 표현하고, 레치타티보는 ( )이나 이야기 전개를 설명하는 경우에 사용된다.
7문단	아리아는 그 자체만으로도 예술적 가치를 인정받고 있으며, 레치타티보도 오페라에서 대사를 전달하는 것으로 중요한 공헌을 하고 있다.

내용 구조

3 다음 구조도의 빈칸에 알맞은 말을 써넣어, 윗글의 내용을 정리하시오.

'작품'을 뜻하는 라틴어 '오푸스'

오페라
• 개념: 노래로 하는 연극이라는 뜻의 가극으로 번역됨. • 특징: 모든 대사가 대부분 노래로 표현됨. • 음악: 독창, (   ), 관현악으로 구성됨.

오페레타	뮤지컬
• 의미: 작은 오페라 • 특징: 노래와 춤이 가미된 대중적이고 희극적인 음악극	• 요소: 음악과 연극 및 ( )을 중심으로 미술도 포함함. • 특징: 대중 종합 예술임.

독창곡인 아리아와 레치타티보

아리아	• 개념: 기악 반주가 있는 독창 • 역할: ( )의 심정을 서정적 선율로 표현함. • 기능: 오페라의 극적 표현에서 중심을 형성함. • 특징: 그 자체로 예술적 가치를 인정받아, 성악 발표회나 별도의 앨범으로 활용됨.
레치타티보	• 개념: 대화할 때의 억양을 유지한 낭송형 독창 • 방식: 노래하는 것처럼 말하고 말하는 것처럼 노래함. • 역할: 주인공의 상황이나 이야기 전개를 설명함. • 특징: ( )를 전달하는 것으로 오페라에 공헌함.

수능형 세부 정보의 확인

1 윗글의 내용과 일치하지 <u>않는</u> 것은?

① 오페라는 라틴어로 '작품'을 뜻하는 '오푸스'가 어원이다.

② 오페라는 가극으로 번역되며 음악은 독창과 합창, 관현악으로 구성된다.

③ 아리아는 기악 반주가 있는 독창으로 주인공의 심정을 서정적인 선율로 표현한다.

④ 레치타티보는 대화할 때의 억양을 유지한 독창으로, 오페라의 극적 표현에서 중심을 형성한다.

⑤ 오페라는 대부분의 대사가 노래로 표현되지만, 오페레타는 노래와 춤을 넣은 음악극으로 표현된다.

2 윗글을 읽은 사람이 〈보기〉에 대해 보인 반응으로 적절한 것은?

┌ 보기 ─

　「공주는 잠 못 이루고」라고 알려진 「아무도 잠들지 말라」는 이탈리아 작곡가 자코모 푸치니의 오페라 『투란도트』에 나오는 아리아 중 하나이다.

　이 아리아가 나오기 전에 칼라프 왕자는 투란도트 공주가 모든 구혼자에게 내는 세 가지 수수께끼에 정확하게 대답하여 공주와 결혼할 기회를 얻는다. 하지만 공주는 그와 결혼하는 것을 거부한다. 이에 칼라프 왕자는 공주에게 날이 밝기 전까지 자신의 이름을 맞혀 보라는 문제를 낸다. 만약 공주가 그의 이름을 맞히면 공주의 뜻대로 칼라프 왕자를 처형할 수 있지만, 그렇지 못하면 그와 결혼해야 한다. 잔혹하고 차가운 감정을 가진 공주는 그날 밤 왕자의 이름을 맞힐 때까지 아무도 잠들지 말라고 명한다. 이러한 상황에서 「아무도 잠들지 말라」는 동이 터 오를 무렵 칼라프 왕자가 자신의 승리를 확신하며 부르는 아리아이다.

① 「아무도 잠들지 말라」는 노래하는 것처럼 말하고 말하는 것처럼 노래하는 부분이라고 할 수 있다.

② 「아무도 잠들지 말라」는 칼리프 왕자가 자신의 상황을 설명하고 이야기 전개를 설명하는 내용이다.

③ 「아무도 잠들지 말라」는 음악과 연극과 춤이 결합한 대중적인 성격의 노래였을 것으로 추측할 수 있다.

④ 「아무도 잠들지 말라」는 기악 반주가 있는 서정적 선율을 가진 노래이고 따로 앨범이 만들어졌을 가능성이 높다.

⑤ 「아무도 잠들지 말라」는 드라마의 전개를 부드럽게 하기 위해 대사를 전달하는 역할을 수행했을 것으로 추측해 볼 수 있다.

📖 지문으로 이해하는 독해 지식 **분석과 구분**

　대상을 구성하고 있는 요소나 부분들로 쪼개어 설명하는 방법을 분석이라고 한다. 분석은 구성 성분이나 기능 하나하나에 대한 자세한 설명을 통해서 복잡한 대상 전체를 자세하게 설명할 수 있다. 대상을 일정한 기준에 따라 나누어서 설명하는 방법을 구분이라고 한다. 따라서 구분은 상위 개념에서 하위 개념으로 나누어 설명하는 방식을 취한다. 이 글에서는 오페라의 음악을 독창, 합창 및 관현악으로 쪼개어 설명하는 분석과, 독창곡을 선율의 아름다움이라는 기준에 따라 나누어서 설명하는 구분을 활용하였다.

┌───┐
▒▒▒ : 분석과 구분으로 설명하려는 내용
오페라의 음악은 독창, 합창 및 관현악으로 구성된다. 독창곡은 선율의 아름다움을 주로 한 아리아와 레치타티
　　　　분석: 오페라의 음악을 구성하는 요소　　　　　　　　　　구분: 독창곡을 나누는 기준
보로 나누어진다. 「아리아는 기악 반주가 있는 독창을 말하는 것으로서 오페라의 극적 표현에서 중심을 형성하고,
　　　　　　　『 』: 아리아와 레치타티보의 개념 및 특징을 설명함.
레치타티보는 대화할 때의 억양을 유지한 낭송형 독창을 말하는 것으로 노래하는 것처럼 말하고 말하는 것처럼 노래하는 부분이다.」
└───┘

새로운 리얼리즘, 누보 레알리즘

필독 TIP

어휘 ★★★★
문장 ★★★
배경지식 ★★★★

이 글은 유럽 전위 미술 운동인 누보 레알리즘의 탄생 배경과 특성, 표현 기법, 후대에 끼친 영향 등을 설명하고 있다. 누보 레알리즘의 개념과 작가, 표현 기법을 이해하며 읽도록 한다.

1960년대 초 프랑스를 중심으로 발생한 누보 레알리즘(Nouveau Réalisme) 운동은 이전의 리얼리즘과는 다른 새로운 리얼리즘이라는 뜻의 유럽의 전위 미술* 운동이다. 누보 레알리즘은 1950년대 유럽 미술계를 지배하던 추상주의에 대항하려는 일련의 젊은 미술가들에 의해 형성된 미술 운동이다. 누보 레알리즘이라는 용어는 1960년 4월, 밀라노의 아폴리네르 화랑에서 아르망, 탱글리, 클랭, 세자르 등 젊은 미술가들의 그룹전이 열렸을 때, 당시 미술 비평가인 피에르 레스티니가 '누보 레알리즘 선언'을 함으로써 생겨났다.

누보 레알리즘 미술가들은 1950년대 미국과 유럽에서 유행했던 앵포르멜* 회화나 추상 표현주의* 등이 (㉠)이고 개인적이며 지나친 상상의 세계에 매몰되었다고 비판한다. 특히 추상주의 회화가 관람객과의 소통이 어려운 작품을 창작했다는 점을 비판하며 실재를 지각할 수 있는 새로운 접근의 미술 운동을 제시한다.

누보 레알리즘은 내면적 리얼리티를 추구하는 추상 회화에서 벗어나 가시적인 것, 구체적인 현실의 것을 객관화하려는 목표로 미술 운동을 전개한다. 특히 자본주의의 발달에 따른 대량 생산과 대량 소비의 사회적 현실을 그대로 보여 주려는 의도의 작품들을 창작했는데, 도시의 부와 공업의 발달을 보여 주려는 경향을 나타냈다. 자본주의의 현실에 대해 이전 다다이즘*이 부정적이고 파괴적인 경향을 보였지만 누보 레알리즘은 현실을 (㉡)으로 보여 주려는 데 집중했다.

이를 위해 누보 레알리즘에서는 혁신적으로 '오브제의 모험'을 시도한다. 그것은 '객관적 현실의 차용'을 표방하며 산업 문명과 관련된 오브제를 작품 속에 직접 차용함으로써 주변 환경의 리얼리티를 있는 그대로 보여 주는 것이다. 누보 레알리즘의 혁신적 오브제 사용의 기법으로 축적, 집적 등의 의미를 지닌 아상블라주를 들 수 있다.

대표 작가 아르망은 산업 사회와 관련된 기계나 부품, 산업 폐기물 등을 축적한 작품들을 선보임으로써 생산, 소비, 파괴의 체계에서 살고 있는 현대인들의 현실을 보여 주고자 했다. 공장에서 대량 생산되어 매장에 쌓이는 생산물에서부터 소비되고 난 뒤의 쓰레기까지 끊임없이 축적되는 현대 산업 사회의 생리를 보여 주고자 한 것이다. 아르망은 특히 블랙 유머적인 작품 제목, 축적된 오브제들의 숫자나 크기 등을 통해 현대 산업 사회의 양적인 리얼리티를 묘미 있게 제시했다. 이를 통해 아르망은 '미술가는 항상 자신의 시대의 증인'이어야 한다는 신념을 드러내었다.

누보 레알리즘은 화가만의 유일하고 독창적인 행적을 추구했던 추상 미술에 대한 반항적 태도를 보이며 땅 위에 두 발을 내딛는 미술 운동을 자처했다. 누보 레알리즘은 오브제를 직접 차용하는 방식을 활용함으로써 미술에 대한 새로운 시각을 제시한 것이다. 이러한 실험적이고 전위적인 방식은 이후 네오 다다, 정크 아트, 플럭서스 운동, 팝 아트 등에 영향을 끼치게 되었다.

---

* **전위 미술**: 인습적인 권위와 전통에 반항하는 급진적이고 혁명적인 미술을 통틀어 이르는 말.

* **앵포르멜**: 제2차 세계 대전 후 프랑스를 중심으로 일어난 서정적 추상 회화의 한 경향.

* **추상 표현주의**: 제2차 세계 대전 후에 일어난 미국의 추상 회화. 넓게는 형태에서 벗어나 역동성을 추구하는 추상 미술의 한 사상(思想)을 이른다.

* **다다이즘**: 모든 사회적 · 예술적 전통을 부정하고 반이성(反理性), 반도덕, 반예술을 표방한 예술 운동.

STEP
Ⅰ

어휘 활용

1 다음 문장의 빈칸에 들어갈 알맞은 단어를 〈보기〉에서 찾아 쓰시오.

보기

- 집적: 모아서 쌓음.
- 파괴: 때려 부수거나 깨뜨려 헐어 버림.
- 신념: 굳게 믿는 마음.

(1) 선수들은 이길 수 있다는 (   )을 가지고 경기에 임했다.

(2) 전쟁 중이라고 해도 무분별한 (   ) 행위는 인정될 수 없다.

(3) 여러 기업이 일정한 곳에 모이는 산업 (   )을 통해 이익을 얻을 수 있다.

어휘 의미

2 다음은 윗글의 ㉠, ㉡에 들어갈 단어의 사전적 의미이다. ㉠, ㉡에 알맞은 단어를 쓰시오.

| ㉠: 자기의 견해나 관점을 기초로 하는 것. → (   ) | ↔ | ㉡: 자기와의 관계에서 벗어나 제삼자의 입장에서 사물을 보거나 생각하는 것. → (   ) |

STEP
Ⅱ

서술형 중심 화제

1 윗글의 중심 내용을 쓰시오.

(   )

문단 정리

2 다음은 윗글의 각 문단의 중심 내용을 정리한 것이다. 빈칸에 들어갈 알맞은 말을 쓰시오.

1문단	누보 레알리즘은 프랑스를 중심으로 발생한 것으로, ( )에 대항하려는 미술 운동이다.
2문단	누보 레알리즘은 실재를 지각할 수 있는 새로운 접근의 미술 운동을 제시했다.
3문단	누보 레알리즘은 가시적인 것, 구체적인 현실의 것을 ( )으로 보여 주려는 데 집중했다.
4문단	누보 레알리즘의 혁신적 오브제 사용 기법으로 아상블라주가 있다.
5문단	누보 레알리즘의 대표 작가 아르망은 ( )의 생리를 비판적으로 표현했다.
6문단	누보 레알리즘은 미술에 대한 새로운 시각을 제시했으며, 이후의 미술에 영향을 끼쳤다.

서술형 내용 구조

3 다음은 누보 레알리즘에 대해 정리한 것이다. 빈칸에 들어갈 알맞은 내용을 쓰시오.

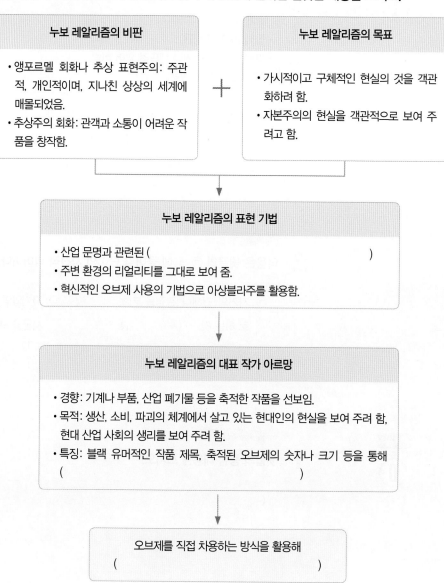

> **누보 레알리즘의 비판**
> • 앵포르멜 회화나 추상 표현주의: 주관적, 개인적이며, 지나친 상상의 세계에 매몰되었음.
> • 추상주의 회화: 관객과 소통이 어려운 작품을 창작함.

＋

> **누보 레알리즘의 목표**
> • 가시적이고 구체적인 현실의 것을 객관화하려 함.
> • 자본주의의 현실을 객관적으로 보여 주려고 함.

↓

> **누보 레알리즘의 표현 기법**
> • 산업 문명과 관련된 (   )
> • 주변 환경의 리얼리티를 그대로 보여 줌.
> • 혁신적인 오브제 사용의 기법으로 아상블라주를 활용함.

↓

> **누보 레알리즘의 대표 작가 아르망**
> • 경향: 기계나 부품, 산업 폐기물 등을 축적한 작품을 선보임.
> • 목적: 생산, 소비, 파괴의 체계에서 살고 있는 현대인의 현실을 보여 주려 함, 현대 산업 사회의 생리를 보여 주려 함.
> • 특징: 블랙 유머적인 작품 제목, 축적된 오브제의 숫자나 크기 등을 통해 (   )

↓

> 오브제를 직접 차용하는 방식을 활용해
> (   )

STEP III

수능형 세부 정보의 확인

1 윗글을 이해한 내용으로 적절하지 <u>않은</u> 것은?

① 누보 레알리즘은 새로운 리얼리즘이라는 뜻을 지닌 미술 운동이군.

② 누보 레알리즘은 추상주의에 대항하려는 젊은 미술가들이 시도한 것이군.

③ 누보 레알리즘은 후세에 주관적이고 이상적인 세계를 표현했다는 평가를 받았군.

④ 누보 레알리즘은 가시적이고 구체적인 현실의 것을 있는 그대로 객관적으로 보여 주려 하였군.

⑤ 누보 레알리즘은 오브제를 활용하는 혁신적인 방식을 통해 미술에 대한 새로운 시각을 제시하였군.

2 윗글을 활용해 〈보기〉를 감상한 내용으로 적절하지 <u>않은</u> 것은?

┌─ 보기 ───┐

 제시된 사진은 1982년 프랑스 파리 근교의 공원에 설치된 아르망의 「장기 주차(Long term parking)」라는 작품이다. 이 작품은 1,600톤의 시멘트를 사용하여 탑을 쌓고, 중간중간에 59대의 폐자동차를 끼워 넣었다. 작품의 크기는 가로 6미터, 세로 6미터, 높이는 18미터에 이른다.

└──┘

① 시멘트 탑 속에 자동차를 쌓아 올렸다는 점에서 아상블라주의 기법을 확인할 수 있군.

② 오브제로 폐자동차를 사용한 것은 쓰레기가 쌓이고 있는 산업 문명 사회의 생리를 보여 주려 한 것이군.

③ 「장기 주차」라는 작품의 제목은 앞으로 가야 할 자동차가 시멘트 탑 속에 박혀 움직이지 못하고 있는 상황을 나타낸다고 할 수 있군.

④ 파리 근교의 공원에 자동차를 소재로 한 작품을 설치한 데서 산업 사회 이전 환경의 리얼리티를 높여 관람객의 이해를 도우려는 노력을 엿볼 수 있군.

⑤ 18미터의 높이를 더 높이고 59대 이상의 자동차를 오브제로 사용한다면, 대량 생산과 대량 소비가 이루어지는 산업 사회에 살고 있는 현대인의 모습을 더 잘 나타내는 효과가 있겠군.

📖 지문으로 엮어 읽는 배경지식 **오브제**

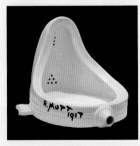

▲ 마르셀 뒤샹, 「샘」

　오브제는 프랑스어 'objet'에서 온 말로, 원래 뜻은 '사물', '객체(客體)', '물체' 등을 의미한다. 미술에서는 일상생활 용품이나 자연물 또는 예술과 무관한 물건을 원래의 기능이나 있어야 할 장소에서 분리하고 그대로 독립된 작품으로 제시하여, 일상적 의미와는 다른 상징적이고 환상적인 의미를 부여하는 것을 뜻한다. 즉 종래에는 미술 작품으로 생각하지 않았던 사물이나 방식이 작가의 재해석을 매개로 미술 작품이 될 때, 해당 작품을 오브제라고 할 수 있다.

　제시된 사진은 프랑스의 미술가 마르셀 뒤샹이 1917년에 미국 독립 작가 협회가 주최한 전시회에 「샘」이라는 제목으로 출품한 작품이다. 뒤샹은 평범한 소변기에 「샘」이라는 제목을 붙이고 하나의 미술 작품으로 출품함으로써, 소변기가 새로운 의미를 지닌 하나의 오브제가 된 것이다.

필독 TIP

어휘 ★★★
문장 ★★
배경지식 ★★★

이 글은 과학과 기술 영역이 통합된 지문으로 통일 신라 시대 창건된 불국사 돌벽에 나타난 건축학적 특성과 내진 설계 방법을 설명하고 있다. 불국사 돌벽의 구성과 건축 기법, 이를 통한 내진 설계 방법을 이해하며 읽도록 한다.

불국사(佛國寺)는 8세기 무렵 통일 신라 시대 불국토(佛國土)*를 완성하기 위한 국가적 사업으로 김대성이 주도하여 창건된 사찰이다. 불교문화가 융성했던 당대의 대표적 건축물로서 불국사는 사상적으로나 건축학적으로 이름이 높다.

불국사에서는 다보탑과 석가탑, 청운교와 백운교, 칠보교와 연화교 등 아름다운 건축물이 많지만, 특히 대웅전으로 오르는 자하문 전면의 돌벽은 우리나라의 다른 건축물과는 다른 특징을 보여 준다는 점에서 주목된다. 돌벽은 위층과 아래층으로 구분되는데 종축과 결구, 그랭이 기법 등에서 신라인들이 돌을 다루는 기법, 과학적 목적 등이 잘 나타나 있다.

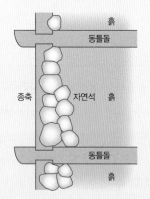

먼저 위층 돌벽에서는 종축, 결구 등 목조 건축적 기법을 잘 보여 주고 있다. 다른 건축물과는 달리 대웅전으로 오르는 자하문 돌벽은 기둥을 세울 때 긴 직사각형의 돌을 가로로 쌓지 않고 세로로 놓아 만들었는데 이를 종축이라 한다. 또한 여러 개의 긴 돌을 수 미터 간격으로 위아래로 배치한 뒤 기둥 돌 끝부분에는 홈을 판 뒤 마치 나무의 홈을 파고 다른 나무를 연결해 끼워 맞추는 것처럼 긴 직사각형의 돌을 끼워 기둥이 단단히 고정되도록 한다. 이를 결구라 하며 홈을 메워 종축을 연결하는 돌이 동틀돌이다. 이 동틀돌은 외부에 돌출되어 돌벽의 화려한 맛을 더해 준다. 이렇게 대강의 틀을 짠 뒤 기둥들 사이에 자연석을 쌓고 그 안쪽에 흙으로 다져 돌벽을 만들었던 것이다.

아래층 돌벽은 돌을 쌓아 벽을 만드는데 우리만의 독특한 방식인 그랭이 기법이 활용되었다. 아래층 돌벽은 지반*을 ㉠평평하게 고르는 공사를 하지 않고 원래의 땅 그대로 ㉡울퉁불퉁하게 둔 채 자연석인 큰 돌을 아래부터 쌓아 올라가면서 점차 위로 다양한 크기와 모양의 작은 돌을 조합하여 채웠다. 그리고 돌벽 맨 윗돌 위쪽에 인공 석재인 장대석*을 누르듯이 얹어서 완전히 밀착시킨다. 이때 돌벽 맨 윗돌의 모양에 따라 장대석의 일부분을 깎아 내는 것을 그랭이 기법이라고 한다.

그런데 종축 기법이나 그랭이 기법은 건축 미학적 고려뿐 아니라 불국사가 입지한 곳이 지진이 빈번한 활단층*이라는 점도 고려된 것으로 파악된다. 지진이 나면 돌벽 안쪽에 채워진 흙의 압력으로 인해 기둥들이 바깥으로 밀려날 가능성이 있는데, 종축과 결구는 기둥들을 짜 맞추는 방식을 통해 압력을 이겨 내는 효과를 거두었다. 그랭이 기법도 ⓐ내진 설계*와 관련 있다. 그랭이 기법은 자연석으로 쌓아 올린 부분과 인공 석재 부분이 그랭이질로 완전하게 밀착되어 지진의 수평 하중*에 의한 충격에 강한 응력*을 가지므로 수평으로 흔들려도 어긋나지 않는다. 아울러 자연석들 사이에는 조그만 틈이 있어 지진 에너지가 여기에서 상당히 소모되어 돌벽이 견딜 수 있게 된다.

이러한 건축 기법을 활용한 불국사 돌벽은 불국사에서 거의 유일하게 원형 그대로 1,300여 년 동안 보존된 부분이다. 이처럼 불국사 돌벽은 과학에 근거한 아름다움을 통해 우리나라 건축의 진정한 미를 보여 준 사례라 할 수 있다.

＊**불국토**: 부처가 있는 나라. 또는 부처가 교화하는 나라.
＊**지반**: 땅의 표면.
＊**장대석**: 섬돌 층계나 축대를 쌓는 데 쓰는, 길게 다듬어 만든 돌.
＊**활단층**: 현재 활동하고 있는 단층. 또는 활동한 기록이 있는 단층.
＊**내진 설계**: 지진을 견디어 낼 수 있도록 건축물을 설계하는 일.
＊**수평 하중**: 외부에서 작용하는 힘 가운데 구조물에 수평 방향으로 가해지는 하중. 지진력, 토압 따위에 의해 생긴다.
＊**응력**: 물체가 외부 힘의 작용에 저항하여 원형을 지키려는 힘.

STEP I

어휘 활용

1 다음 문장의 빈칸에 들어갈 알맞은 단어를 〈보기〉에서 찾아 쓰시오.

┌ 보기 ─────────────────────────────
• 창건: 건물이나 조직체 따위를 처음으로 세우거나 만듦.
• 융성: 기운차게 일어나거나 대단히 번성함.
• 돌출: 쑥 내밀거나 불거져 있음.
• 조합: 여럿을 한데 모아 한 덩어리로 짬.
└──────────────────────────────────

(1) 한반도는 대륙에서 해양으로 (   )한 모습이다.

(2) 신라 시대와 고려 시대에는 불교가 (   )하였다.

(3) 이 절은 신라 시대에 (   )되어 그동안 몇 차례의 수리를 받았다.

(4) 한글은 자음 14개, 모음 10개로 총 1만 1,172자를 (   )해 낼 수 있는 문자이다.

어휘 의미

2 다음은 윗글의 ㉠, ㉡의 사전적 의미이다. 빈칸에 들어갈 단어의 기호를 쓰시오.

┌──────────────────────────────────
• ㉠: 바닥이 고르고 판판하게.
• ㉡: 물체의 거죽이나 면이 고르지 않게 여기저기 몹시 나오고 들어간 데가 있게.
└──────────────────────────────────

(1) 버스는 조약돌이 (   ) 깔린 길을 뒤뚱거리며 달렸다.

(2) 벽화를 그리기 위해서 그는 담장 표면을 (   ) 하였다.

STEP II

서술형 중심 화제

1 윗글의 중심 내용을 쓰시오.

(　　　　　　　　　　　　　　　　　　　　　　　　　　　　　　　　　　　　)

문단 정리

2 다음은 윗글의 각 문단의 중심 내용을 정리한 것이다. 빈칸에 들어갈 알맞은 말을 쓰시오.

1문단	( )는 통일 신라의 국가적 사업으로 창건된 대표적인 건축물이다.
2문단	불국사 돌벽에는 신라인들이 돌을 다루는 기법, 과학적 목적 등이 잘 나타나 있다.
3문단	위층 돌벽에서는 종축, ( ) 등과 같은 목조 건축적 기법을 잘 보여 준다.
4문단	아래층 돌벽은 우리만의 독특한 방식인 ( ) 기법이 활용되었다.
5문단	불국사 건축에 사용된 종축과 결구, 그랭이 기법은 지진을 이겨 내는 수단이 되었다.
6문단	불국사 돌벽은 과학에 근거한 아름다움을 통해 우리나라 건축의 진정한 미를 보여 준 사례이다.

내용 구조

3 다음은 불국사 돌벽의 건축 기법과 내진 설계 방법에 대한 내용을 정리한 것이다. 빈칸에 들어갈 알맞은 말을 쓰시오.

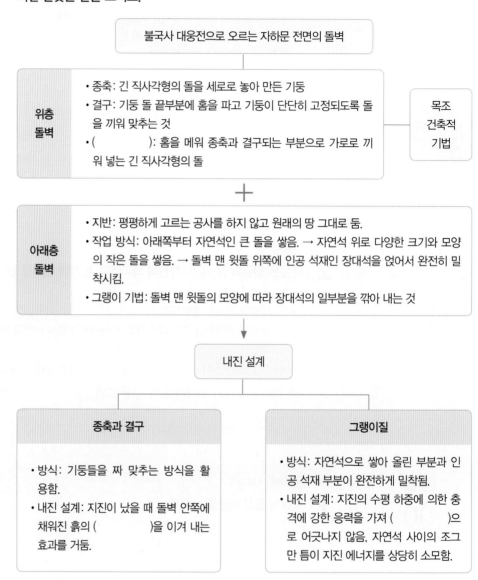

불국사 대웅전으로 오르는 자하문 전면의 돌벽

위층 돌벽
- 종축: 긴 직사각형의 돌을 세로로 놓아 만든 기둥
- 결구: 기둥 돌 끝부분에 홈을 파고 기둥이 단단히 고정되도록 돌을 끼워 맞추는 것
- (   ): 홈을 메워 종축과 결구되는 부분으로 가로로 끼워 넣는 긴 직사각형의 돌

목조 건축적 기법

아래층 돌벽
- 지반: 평평하게 고르는 공사를 하지 않고 원래의 땅 그대로 둠.
- 작업 방식: 아래쪽부터 자연석인 큰 돌을 쌓음. → 자연석 위로 다양한 크기와 모양의 작은 돌을 쌓음. → 돌벽 맨 윗돌 위쪽에 인공 석재인 장대석을 얹어서 완전히 밀착시킴.
- 그랭이 기법: 돌벽 맨 윗돌의 모양에 따라 장대석의 일부분을 깎아 내는 것

내진 설계

종축과 결구
- 방식: 기둥들을 짜 맞추는 방식을 활용함.
- 내진 설계: 지진이 났을 때 돌벽 안쪽에 채워진 흙의 (   )을 이겨 내는 효과를 거둠.

그랭이질
- 방식: 자연석으로 쌓아 올린 부분과 인공 석재 부분이 완전하게 밀착됨.
- 내진 설계: 지진의 수평 하중에 의한 충격에 강한 응력을 가져 (   )으로 어긋나지 않음, 자연석 사이의 조그만 틈이 지진 에너지를 상당히 소모함.

STEP Ⅲ

수능형 전개 방식 파악

1 윗글에 대한 설명으로 가장 적절한 것은?

① 불국사가 입지한 곳의 특성을 세부적 묘사를 통해 설명하고 있다.

② 불국사의 건축적 특성을 전문가의 의견을 인용하여 설명하고 있다.

③ 불국사의 건축 기법과 관련된 용어의 개념을 정의를 통해 설명하고 있다.

④ 불국사 대웅전과 자하문 전면의 돌벽의 차이점을 대조를 통해 설명하고 있다.

⑤ 불국사가 지진을 견딜 수 있는 설계로 건축된 이유를 유추를 통해 설명하고 있다.

수능형 세부 정보의 확인

2 윗글을 통해 알 수 있는 내용으로 적절하지 <u>않은</u> 것은?

① 불국사의 지형적 특성

② 불국사 창건 시기와 창건 목적

③ 그랭이 기법이 지진에 강한 이유

④ 불국사 대웅전으로 오르는 자하문 돌벽의 구성

⑤ 불국사 대웅전으로 오르는 자하문 전면의 돌벽이 불국사에서 갖는 건축적 위상

수능형 정보 간의 의미 파악

3 윗글의 ⓐ와 〈보기〉의 ⓑ를 비교한 내용으로 가장 적절한 것은?

― 보기 ―

신라의 수도인 경주에 위치한 첨성대는 선덕 여왕의 치세 기간에 세워졌다. 첨성대는 2016년에 일어났던 지진에도 무너지지 않고 그 모양을 유지하고 있다. 전문가들은 첨성대가 지진을 견딜 수 있었던 이유로 1,500여 년 전에 있었던 ⓑ내진 설계를 꼽고 있다.

첨성대가 지진에도 굳건하게 서 있는 이유로 무엇보다 낮은 무게 중심이 꼽힌다. 첨성대는 하부가 상부보다 직경이 더 길고, 첨성대 안쪽 절반 가까이 흙과 돌이 채워져 있다. 이러한 구조 때문에 첨성대의 무게 중심이 낮고 진동이 와도 오뚝이처럼 견디는 복원력을 지니고 있는 것이다.

첨성대 아래쪽에 있는 2단 구조의 돌도 첨성대가 지진을 견딜 수 있는 원인이다. 첨성대 아래쪽 지하 1.2m까지는 사각형으로, 그 아래 3m까지는 원형으로 돌이 채워져 있다. 이러한 2단 구조의 돌들이 지진의 충격을 흡수한 것이다.

또한 첨성대의 단면이 원형이고, 석재를 접착시키지 않고 엇갈려 쌓은 것도 첨성대가 지진에 강한 이유에 해당한다.

① ⓐ와 ⓑ는 3단으로 쌓아 만든 돌의 구조와 관계가 있겠군.

② ⓐ와 ⓑ는 석재를 접착시키지 않고 엇갈려 쌓은 것과 관계가 있겠군.

③ ⓐ는 석재의 단면이 원형이라는 것과, ⓑ는 기둥을 짜 맞추는 방식과 관계가 있겠군.

④ ⓐ는 수평으로 흔들려도 어긋나지 않는 그랭이 기법과, ⓑ는 무게 중심이 낮은 것과 관계가 있겠군.

⑤ ⓐ는 상부가 하부보다 직경이 더 긴 구조적 특징과, ⓑ는 안쪽 절반 가까이 채운 흙이나 돌과 관계가 있겠군.

수능형 | 반응의 적절성 판단

4 윗글을 읽은 학생이 〈보기〉에 대해 보인 반응으로 적절하지 <u>않은</u> 것은?

보기

㉮ 위층 돌벽
㉯ 아래층 돌벽

① ㉮에서 긴 직사각형의 돌을 세로로 박은 것은 종축이며, 목조 건축의 기법을 보여 준 것이겠군.

② ㉮에서 자연석 안쪽으로 다져 넣은 흙은 지진이 났을 경우 기둥을 향한 압력으로 작용할 수 있겠군.

③ ㉮에서 동틀돌은 기둥으로 세운 긴 직사각형의 돌들을 결구하는 역할로서, 기둥 사이의 자연석을 단단하게 만드는 역할을 하겠군.

④ ㉯에서 자연석 사이의 빈 공간들은 지진이 났을 경우 지진 에너지를 감소시킬 수 있는 효과를 거두게 하겠군.

⑤ ㉯에서 자연석과 만나는 인공 석재의 일부분을 깎아 내어 매끄럽게 다듬어 밀착시킨 것에서 그랭이 기법을 보여 준 것이군.

📖 지문으로 엮어 읽는 배경지식 | **그랭이질**

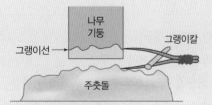

그랭이선 · 나무 기둥 · 그랭이칼 · 주춧돌

제시된 그림에서 주춧돌과 나무 기둥이 만날 때 맞닿는 면을 일치시키기 위하여 한쪽 부재를 다른 부재의 모양대로 깎아 내는 일련의 작업을 그랭이질이라고 한다.

그랭이질은 부재가 서로 만나는 곳에서는 어디서든지 생길 수 있다. 대표적으로는 주춧돌 위에 나무 기둥을 세울 때 주춧돌 모양에 맞춰 나무 기둥 아래를 깎아 내는 것에서 볼 수 있다. 돌을 쌓을 때도 그랭이질을 한다. 쌓은 돌에서 그랭이질을 볼 수 있는 것은 불국사 돌벽 석축이 대표적이다. 불국사 대웅전으로 오르는 자하문 전면의 돌벽은 자연석 위에 가공된 장대석을 올렸는데, 자연석의 굴곡에 맞춰 장대석을 깎아 낸 모습을 볼 수 있다.

액션 페인팅과 엔트로피

필독 TIP

어휘 ★★★
─────────────
문장 ★★★
─────────────
배경지식 ★★★

이 글은 예술과 과학 영역이 통합된 지문으로 추상 표현주의의 표현 기법과 물리학의 엔트로피 현상의 관련성을 설명하고 있다. 추상 표현주의의 표현 기법인 액션 페인팅의 특성과 엔트로피의 관계를 이해하며 읽도록 한다.

추상 표현주의는 제2차 세계 대전 후 나치에 반대해 유럽에서 미국으로 건너온 화가들을 중심으로 ㉠형성된 회화 사조이다. 추상 표현주의는 전쟁을 일으키게 했던 이성에 반대하여 개인의 근원적이고 자유로운 무의식 세계를 표현하려고 했다.

추상 표현주의를 대표하는 화가 잭슨 폴록은 회화에 어떤 의미를 담아야 한다는 회화적 관습을 과감하게 ㉡탈피하여 화폭을 바닥에 놓고 막대기나 에나멜페인트*, 래커 등으로 물감을 뿌리는 드리핑* 방법을 통해 자유분방하게 자신의 감정을 표현했다. 폴록은 그의 그림이 ㉢애초부터 어떤 의도나 주제 없이 그렸다는 것을 나타내기 위해 제목 없이 번호만 매겼을 만큼 화가의 감정과 본능을 추상의 방법으로 표현하려 했다. 커다란 캔버스에 물감을 흘리고, 끼얹고, 튀기며 온몸으로 그림을 그리는 폴록의 기법에 평론가 로젠버그는 액션 페인팅이라는 이름을 붙였다.

그런데 잭슨 폴록의 액션 페인팅 방식은 물감이 번지는 범위, 속도를 통한 연속적인 우연의 중첩 효과에 기반을 두고 있다. 캔버스에 물감을 떨어뜨리고 다른 물감을 또 떨어뜨리면, 시간이 지나면서 물감은 처음에 떨어진 자리에 가만히 있지 않고 퍼져 나가 섞이며 진하게 된다. 물감이 퍼져 나가는 방향과 속도는 예측하기 어렵고 복잡하다. 이것을 확산이라고 하는데 입자*의 밀도 혹은 농도 분포의 차이가 날 때 높은 쪽에서 낮은 쪽으로, 물질의 온도가 높을수록, 물질을 이루는 분자의 무게가 가벼울수록 확산 속도는 빨라진다. 잭슨 폴록은 물감의 확산 현상 자체를 그대로 채색에 활용했는데, 물질이 무질서하게 움직이는 효과를 바탕으로 한 것이다.

자연계에서 물질이 무질서하게 움직이는 정도를 엔트로피라고 한다. 일반적으로 자연계에서 물질의 변화는 엔트로피가 증가하는 방향으로 ㉣진행한다. 엔트로피는 다시 되돌릴 수 없는 비가역적* 변화이며 무질서한 상태로 ㉤증가하기만 한다. 잭슨 폴록의 페인팅 기법은 이러한 엔트로피 법칙을 그대로 따라가는데, 그가 그림을 그릴수록 캔버스는 점점 무질서해진다.

* **에나멜페인트**: 바니시와 안료를 섞어 만든 도료. 발라서 말라 굳어지면 사기질 광택이 난다.
* **드리핑**: 붓을 사용하지 않고 물감을 화면에 떨어뜨리거나 뿌리는 회화 기법.
* **입자**: 물질을 구성하는 미세한 크기의 물체.
* **비가역적**: 주위 환경의 변화에 따라 이리저리 쉽게 변하지 않는 것.
* **고전 물리학**: 뉴턴의 역학과 맥스웰의 전자기학을 바탕으로 하는 물리학. 20세기의 양자 역학이나 상대성 이론과 같은 현대 물리학과 구별하여 이르는 말이다.

사실 뉴턴 시대의 고전 물리학*에서는 질량을 갖는 물체의 처음 위치와 속도가 정해지면 그 후 위치와 속도를 구할 수 있다는 결정론적 관점을 유효하게 인정했다. 그러나 자연에서는 뉴턴의 법칙으로 설명할 수 없는 예측 불가능한 많은 현상이 존재했다. 뉴턴 이후 독일의 물리학자 하이젠베르크는 '불확정성의 원리'에서 입자의 속도와 위치를 정확히 아는 것은 불가능하므로 결정적인 추론은 불가능하며 확률론적인 추론만 가능하다고 주장했다. 엔트로피는 이러한 관점에서 탄생한 개념으로 엔트로피가 작으면 질서 정연한 상태, 엔트로피가 크면 무질서한 상태를 의미한다. 애초 재현할 의도나, 아무것도 재현하지 않으려 하며 복제도 불가능한 잭슨 폴록의 무질서한 그림은 바로 엔트로피 현상을 가장 잘 반영하고 있다고 평가되고 있다.

STEP
Ⅰ

어휘 활용

1 다음에 제시된 초성자와 사전적 의미를 참고하여 빈칸에 들어갈 알맞은 단어를 쓰시오.

(1) ㄱ ㅅ : 어떤 사회에서 오랫동안 지켜 내려와 그 사회 성원들이 널리 인정하는 질서나 풍습.

　　예 명절 때 차례를 지내는 일은 우리의 오랜 (　　　　　　)이다.

(2) ㅈ ㅊ : 거듭 겹치거나 포개어짐.

　　예 이 소설에서는 다양한 사건의 (　　　　　　)이 교묘한 구성을 이루고 있다.

(3) ㅇ ㅊ : 미리 헤아려 짐작함.

　　예 우리나라가 승리할 것이라는 전문가들의 (　　　　　　)은 정확히 맞아떨어졌다.

(4) ㅈ ㅅ : 혼란 없이 순조롭게 이루어지게 하는 사물의 순서나 차례.

　　예 벽에 그려진 연꽃무늬는 무척이나 (　　　　　　) 있게 배열되어 있었다.

어휘 활용

2 윗글의 ㉠~㉤을 바꿔 쓴 것으로 적절하지 <u>않은</u> 것을 고르시오.

① ㉠: 이루어진　　　　② ㉡: 벗겨서　　　　③ ㉢: 처음부터

④ ㉣: 나아간다　　　　⑤ ㉤: 늘어나기만

STEP
Ⅱ

서술형 중심 화제

1 윗글의 중심 내용을 쓰시오.

(　　　　　　　　　　　　　　　　　　　　　　　　　　　　　　　　　)

문단 정리

2 다음은 윗글의 각 문단의 중심 내용을 정리한 것이다. 빈칸에 들어갈 알맞은 말을 쓰시오.

1문단	추상 표현주의는 (　　　　　)에 반대하여 개인의 무의식 세계를 표현하려고 했다.
2문단	잭슨 폴록은 (　　　　　) 방법을 사용해 자신의 감정을 표현했는데, 이를 액션 페인팅이라고 한다.
3문단	잭슨 폴록의 액션 페인팅 방식은 물질이 무질서하게 움직이는 효과를 바탕으로 한다.
4문단	자연계에서 물질이 무질서하게 움직이는 정도를 (　　　　　)라고 하는데, 잭슨 폴록의 액션 페인팅 기법은 엔트로피 법칙을 따라간다.
5문단	엔트로피가 크면 무질서한 상태를 의미하는데, 잭슨 폴록의 그림은 엔트로피 현상을 잘 반영하고 있다.

서술형 | 내용 구조

3 다음은 잭슨 폴록이 활용한 액션 페인팅과 엔트로피에 대한 내용을 정리한 것이다. 빈칸에 들어갈 알맞은 내용을 쓰시오.

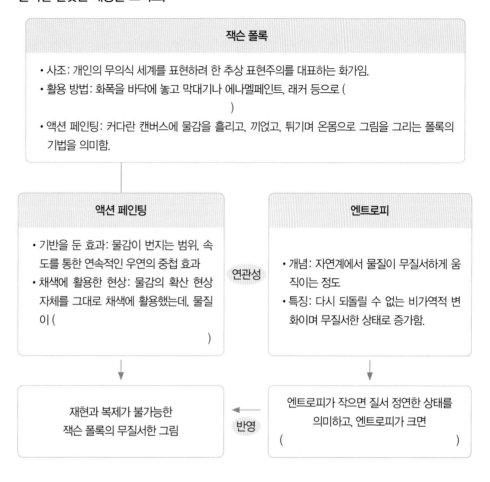

잭슨 폴록

- 사조: 개인의 무의식 세계를 표현하려 한 추상 표현주의를 대표하는 화가임.
- 활용 방법: 화폭을 바닥에 놓고 막대기나 에나멜페인트, 래커 등으로 ( )
- 액션 페인팅: 커다란 캔버스에 물감을 흘리고, 끼얹고, 튀기며 온몸으로 그림을 그리는 폴록의 기법을 의미함.

액션 페인팅

- 기반을 둔 효과: 물감이 번지는 범위, 속도를 통한 연속적인 우연의 중첩 효과
- 채색에 활용한 현상: 물감의 확산 현상 자체를 그대로 채색에 활용했는데, 물질이 ( )

연관성

엔트로피

- 개념: 자연계에서 물질이 무질서하게 움직이는 정도
- 특징: 다시 되돌릴 수 없는 비가역적 변화이며 무질서한 상태로 증가함.

재현과 복제가 불가능한 잭슨 폴록의 무질서한 그림

반영

엔트로피가 작으면 질서 정연한 상태를 의미하고, 엔트로피가 크면 ( )

STEP III

수능형 | 전개 방식 파악

1 윗글의 내용 전개 방식으로 가장 적절한 것은?

① 특정 미술 기법의 발전 과정을 설명하고 그 기법의 미술사적 의의를 강조하고 있다.

② 특정 미술 기법이 활용하는 방식을 제시하고 물리학적 개념과의 관계를 밝히고 있다.

③ 특정 미술가가 제시한 미술 기법의 유형을 비교하고 그의 미술 기법에 나타난 한계를 지적하고 있다.

④ 특정 미술가가 펼친 미술 기법의 특징을 제시하고 다양한 사례를 통해 미술 기법의 효율성을 설명하고 있다.

⑤ 특정 미술가가 분석하는 미술 기법의 발달 단계를 과학적으로 고찰하고 과학의 발전과 미술 기법의 발달 단계를 연관 짓고 있다.

2 윗글의 내용으로 적절하지 <u>않은</u> 것은?

① 추상 표현주의는 이성에 대한 회의에서 형성된 회화 사조이다.

② 추상 표현주의는 화가의 본능과 감정을 추상적으로 표현하는 데 치중했다.

③ 물질의 온도가 높을수록, 물질의 분자의 무게가 가벼울수록 확산이 잘 일어난다.

④ 물리학에서 결정론적인 관점은 입자의 속도와 위치에 대해 확률론적 추론을 제시했다.

⑤ 잭슨 폴록의 회화는 무질서한 움직임을 바탕으로 한 점에서 엔트로피 현상을 반영하고 있다.

3 '잭슨 폴록'에 대해 〈보기〉의 견해를 가진 사람이 비판한 내용으로 가장 적절한 것은?

보기

　인상주의는 19세기 후반 프랑스를 중심으로 일어난 근대 미술의 한 경향이다. 인상주의 화가들은 사물의 고유색을 부정하고 태양 광선에 의하여 시시각각으로 변하는 대상의 순간적인 색채를 포착해서, 빛에 따른 아주 작은 변화까지 고려하여 눈에 보이는 세계를 정확하고 객관적으로 기록하려 하였다. 그래서 인상주의 화가들은 실내에서 벗어나 이젤을 들고 야외로 나가서 그림을 그렸다.

---

① 당신은 온몸으로 그림을 그리려고 하지만, 그림은 사물의 고유색을 정확하게 표현하는 것이 필요합니다.

② 당신은 회화에 의미를 담아야 한다는 관습을 탈피하려고 하지만, 제목을 붙이는 것도 회화적 관습일 뿐입니다.

③ 당신은 전쟁을 일으켰던 이성을 반대하지만, 이성이야말로 인간을 다른 동물과 구별하는 인간의 본질적 특성입니다.

④ 당신은 개인의 무의식 세계를 표현하려고 하지만, 무의식은 자각이 없는 의식의 상태로 결코 그림으로는 표현할 수 없습니다.

⑤ 당신은 연속적인 우연의 중첩 효과를 통해 자유분방하게 감정을 표현하려고 하지만, 눈에 보이는 세계를 객관적으로 그리는 것이 그림의 역할입니다.

4 윗글을 읽은 학생이 〈보기〉에 대해 보인 반응으로 적절하지 <u>않은</u> 것은?

보기

㉮ 액션 페인팅 작업　　　　㉯ 잭슨 폴록, 「December 1」

① ㉮는 물감이 퍼지는 방향이나 속도를 정밀하게 계산해서 작업이 이루어지고 있군.

② ㉮는 액션 페인팅이 화폭을 바닥에 놓고 물감을 뿌리는 드리핑 작업임을 보여 주는군.

③ ㉯에서 색깔이 뒤섞인 부분일수록 여러 물감이 섞여서 중첩을 이루는 정도가 크다고 하겠군.

④ ㉯의 제목을 「December 1」으로 매긴 것은 특별한 창작 목적이나 주제가 없다는 의도를 나타내는군.

⑤ ㉮와 ㉯ 모두 대상의 외형에 대해 판별이 불가능한 것은 엔트로피의 정도가 크기 때문이겠군.

🎯 지문으로 분석하는 시각 자료 **잭슨 폴록의 기법**

▲ 액션 페인팅 작업

제시된 사진에서 잭슨 폴록은 커다란 캔버스를 바닥에 놓고 통에 담긴 물감을 붓으로 찍어, 캔버스에 물감을 흘리고 끼얹었으며 온몸으로 그림을 그리고 있다. 이처럼 회화적 관습을 과감하게 탈피한 기법을 드리핑이라고 하는데, 평론가 로젠버그는 잭슨 폴록의 이러한 기법에 액션 페인팅이라는 이름을 붙였다. 잭슨 폴록은 이러한 과정을 거쳐 완성한 작품에 제목 없이 번호만 매겼다. 이와 같은 번호는 그림에 특별한 창작 목적이나 주제가 없다는 의도를 나타내며, 그림에서 색깔이 뒤섞인 부분일수록 물감이 섞여서 중첩이 이루어진 정도가 크다고 할 수 있다. 이를 바탕으로 잭슨 폴록의 기법과 작품의 특성을 이해하고, 제시된 자료를 해석하여 선지 정보의 적절성을 판단한다.

주자학의 이념, 조선 왕조 500년의 힘

고려 말 원나라를 통해 도입된 주자학은 유학을 새롭게 해석해 체계화한 송나라 주자의 철학이었다. 조선 초기 신진 사대부*들은 주자학을 국가의 통치 이념으로 받아들여 고려 말 이래의 정치·사회 문제를 해결하고 새로운 질서를 확립하려는 노력의 일환으로 주자학의 교육과 보급을 주창했던 것이다.

주자의 가르침 가운데 조선 초기 신진 사대부들의 마음을 사로잡은 이념은 크게 두 가지다. 첫째는 ㉠위기지학(爲己之學)의 이념이다. 이것은 남에게 잘 보이기 위해 공부하는 대신 참된 나다움을 밝히기 위해 공부하는 것을 뜻한다. 즉 공부의 목적은 출세와 부귀영화가 아니라 인격 수양*을 통해 성인(聖人)이 되는 데 있다는 것이다. 둘째는 주자가 강조한 ㉡격물치지(格物致知) 정신이다. 이것은 인격 수양을 위해서는 먼저 사물을 연구하고 세상 만물의 이치를 깨달아 무엇이 진정 옳고 그른 것인지 명확히 알아야 한다는 것을 뜻한다. 그런데 사대부들은 사물을 연구한 것은 이미 공자나 맹자 같은 성현*들이 다 해 놓았으므로 후대 사람들은 이들의 글을 깊이 되새기기만 하면 된다고 보았다. 특히 격물치지의 경우, 성현들의 말씀을 잘 알고 예법에 맞게 행동하는 사람은 사대부이므로 이 유학 사상으로 무장한 신진 사대부들이 사회 지도층이 되어야 한다고 생각하거나 사대부는 다른 사람들과 신분이 다르다고 생각하는 것의 근거가 되었다.

따라서 세상은 도덕과 예절에 따라 질서가 잡혀 있어야 한다는 생각을 바탕으로 윗사람, 임금, 남성, 중국 등을 중심으로 위계가 잡혀 있어야 하며 이를 벗어난 것은 방종과 무질서에 다름 아니라고 여겼다. 격물치지의 정신에 따라 임금도 권력을 지키기 위해서 수양과 공부를 거듭할 수밖에 없었다. 임금은 일과 중 많은 시간을 독서로 보내야 했고 신하들이 임금에게 유학의 경서*를 강연하는 경연 등에서 자식의 학식을 신하들에게 입증해야 했다. 이 점은 관료들도 마찬가지였는데 권력의 정당성이 학문에서 나온다고 생각하여 유학의 사서(四書)*를 설명한 『사서집주』 등을 공부해 과거에 합격해야 했고, 수양과 학문을 통해 유교 덕목을 실천해야 했다.

조선의 권력은 주자학의 정신을 매개로 임금과 신하의 견제와 균형 속에서 유지되었다. 임금은 절대 권력으로 부도덕한 관리를 다스렸고, 사헌부·사간원은 임금이 유교 이념에 맞게 행동하는지 간섭했고, 홍문관·춘추관은 바람직한 국가 이념을 제시했다.

그러나 조선 후기에 이르러 주자학적 태도는 정책 대결보다는 예법에 관한 명분 싸움으로 흘러 당파 싸움의 원인이 되었다. 예를 들어 제사 기간, 제사 방식 등의 형식적인 예법이나 소신을 중시해 본래의 순수한 이념을 잃고 권력 투쟁의 도구가 되었다. 결국 '위기지학'이나 '격물치지'에 대한 숭상은 결국 소수의 권력 독점을 유지하는 방편으로 전락했고 예법의 존중이나 강화는 백성들을 옥죄는 명분으로 작용하면서 조선의 최후를 이끄는 요인이 되고 말았다.

* 신진 사대부: 고려 후기 새롭게 등장하여 조선을 건국한 정치 세력.
* 수양: 몸과 마음을 갈고닦아 품성이나 지식, 도덕 따위를 높은 경지로 끌어올림.
* 성현: 성인(聖人)과 현인(賢人)을 아울러 이르는 말. 성인은 지혜와 덕이 매우 뛰어나 길이 우러러 본받을 만한 사람이고, 현인은 어질고 총명하여 성인에 다음가는 사람이다.
* 경서: 옛 성현들이 유교의 사상과 교리를 써 놓은 책.
* 사서: 유교의 경전인 『논어』, 『맹자』, 『중용』, 『대학』을 통틀어 이르는 말.

STEP
I

어휘 의미

1 다음 단어의 사전적 의미를 찾아 바르게 연결하시오.

(1) 방종 •	• ㄱ. 제멋대로 행동하여 거리낌이 없음.
(2) 견제 •	• ㄴ. 일을 꾀할 때 내세우는 구실이나 이유 따위.
(3) 균형 •	• ㄷ. 어느 한쪽으로 기울거나 치우치지 아니하고 고른 상태.
(4) 명분 •	• ㄹ. 일정한 작용을 가함으로써 상대편이 지나치게 세력을 펴거나 자유롭게 행동하지 못하게 억누름.

어휘 의미

2 다음은 '위기지학'의 의미를 알기 위해 사전을 찾아 정리한 것이다. 이를 통해 알 수 있는 '위기지학'의 알맞은 의미를 고르시오.

> • 위인지학(爲人之學): 爲(위: 위하다), 人(인: 다른 사람), 之(지: 어조사), 學(학: 배우다)
> • 의미: 남에게 자기 자신을 드러내기 위한 학문.

> • 위기지학(爲己之學): 爲(위: 위하다), 己(기: 몸), 之(지: 어조사), 學(학: 배우다)
> • 의미: (   )

① 다른 사람을 위한 학문.
② 나라를 잘 다스리는 학문.
③ 온 세상을 평안하게 하는 학문.
④ 실제 사물의 이치를 연구하는 학문.
⑤ 자기 자신의 인격 수양을 위한 학문.

STEP
II

서술형 중심 화제

1 윗글의 중심 내용을 쓰시오.

(   )

2 다음은 윗글의 각 문단의 중심 내용을 정리한 것이다. 빈칸에 들어갈 알맞은 말을 쓰시오.

1문단	주자학은 고려 말 ( )를 통해 도입되었고, 조선 초기 신진 사대부들이 현실적인 목적으로 주자학의 교육과 보급을 주창했다.
2문단	조선 초기 신진 사대부들이 주자학에서 주요하게 여긴 이념은 위기지학의 이념과 격물치지 정신이다.
3문단	격물치지 정신을 실천하기 위해 임금과 사대부는 ( )과 학문을 통해 유교 이념을 실천해야만 했다.
4문단	조선의 권력은 주자학의 정신을 매개로 임금과 신하의 견제와 균형 속에서 유지되었다.
5문단	조선 후기의 주자학은 ( ) 싸움의 원인, 권력 투쟁의 도구가 되어 조선의 최후를 이끄는 요인이 되었다.

내용 구조

3 다음 구조도의 빈칸에 알맞은 말을 써넣어, 윗글의 내용을 정리하시오.

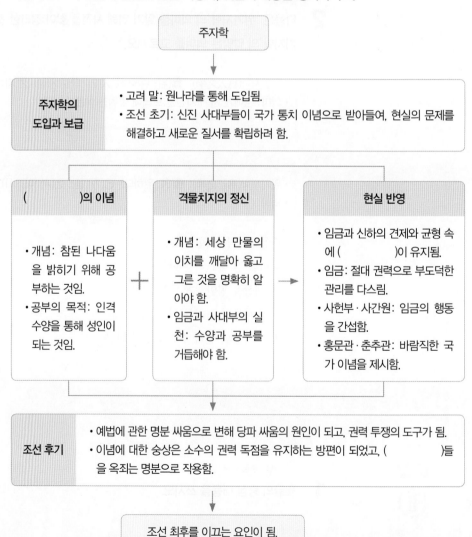

STEP III

1 수능형 전개 방식 파악

윗글의 내용 전개 방식으로 가장 적절한 것은?

① 중심 화제에 대한 새로운 관점을 제시하고, 그 관점을 구체화하고 있다.

② 중심 화제가 변화하는 과정을 통시적으로 설명하고, 그 한계를 제시하고 있다.

③ 중심 화제에 대해 대비되는 두 이론을 소개한 후, 각 이론의 장단점을 제시하고 있다.

④ 중심 화제가 분화되는 과정을 단계적으로 서술하고, 새로운 통합 방법을 밝히고 있다.

⑤ 중심 화제가 지닌 문제점을 구체적인 사례를 통해 강조하고, 해결 방안을 제시하고 있다.

2 수능형 핵심 정보의 파악

윗글을 통해 답을 찾을 수 있는 질문으로 적절하지 않은 것은?

① 주자학에서 사대부들이 공부하는 목적은 무엇인가?

② 주자학에서 인식하는 권력이 나오는 원천은 무엇인가?

③ 주자학이 조선의 신진 사대부에게 수용된 이유는 무엇인가?

④ 조선에서 신하가 임금의 권력을 견제하는 방법은 무엇인가?

⑤ 조선에서 주자학을 바탕으로 시행한 정책 대결은 무엇인가?

3 수능형 정보 간의 의미 파악

㉠과 ㉡에 대한 설명으로 적절하지 않은 것은?

① ㉠은 참된 나다움을 밝히기 위해 공부하는 것을 의미한다.

② ㉡은 먼저 세상 만물의 이치를 깨달아 무엇이 진정 옳고 그른 것인지 명확히 알아야 한다는 것을 의미한다.

③ ㉠은 ㉡과 달리 공부의 목적을 출세와 부귀영화가 아니라 인격 수양을 통해 성인(聖人)이 되는 데 두었다.

④ ㉡은 ㉠과 달리 사대부들이 권력층이 되는 정당성과 신분제의 정당성을 뒷받침하는 근거가 되었다.

⑤ ㉠과 ㉡은 모두 조선 초기 신진 사대부들의 마음을 사로잡은 이념에 해당한다.

영역 통합 03 **169**

수능형 반응의 적절성 판단

4 윗글을 읽은 학생이 〈보기〉에 대해 보인 반응으로 적절하지 <u>않은</u> 것은?

보기

조선 사대부들이 주자학에서 중시한 예학(禮學)은 역설적으로 임진왜란과 병자호란 등 사대부 중심의 통치가 위기를 겪는 상황 뒤에 더욱 강화되었다. 이렇게 관혼상제 등의 엄격한 예법을 중시하는 예학이 발달할 수 있었던 것은 유례없는 두 번의 큰 전쟁을 통해 양반의 지배 체제가 뿌리째 흔들리게 된 데 따른 것이다. 양반들의 지배 체제를 강화하기 위해 예(禮) 질서의 회복이 시대적 과제로 부각됐고, 성리학적 명분론과 예 질서를 강화함으로써 양반 중심의 신분제와 세도 가문 중심의 통치를 확립하고 다시 양반 중심의 지배 체제를 안정적으로 유지하려 했던 것이다.

① 주자학에서 중시하는 예학은 도덕과 예절을 중시하며 신분 질서를 강화하는 바탕이 되었겠군.

② 엄격한 예법을 중시하는 예학의 발달은 권력 투쟁을 통해 세도 가문 중심의 통치로 이어졌겠군.

③ '위기지학'이나 '격물치지'에 대한 숭상은 세도 가문 중심의 소수 권력 독점을 발생시키는 배경이 되었겠군.

④ 시대적 과제로 부각된 예(禮) 질서의 회복 노력은 결국 양반 중심의 지배 체제를 확고히 하려는 방향으로 진행되었겠군.

⑤ 성리학적 명분론을 중시하는 태도는 임금이 부도덕한 관리들을 다스려 주자학의 순수한 이념을 확립하려는 노력으로 이어졌겠군.

📖 지문으로 이해하는 독해 지식 **통시적 구성**

시간과 관련된 현상을 설명할 때는 통시적 구성과 공시적 구성을 활용한다. 통시적 구성은 여러 시대에 걸친 현상이나 특징을 설명할 때, 공시적 구성은 어떤 한 시기의 현상이나 특징을 설명할 때 활용한다. 이 글에서는 주자학에 대해서 '고려 말-조선 초기-조선 후기'로 나누어 설명하는 통시적 구성 방식을 활용했고, 이를 통해 고려 말에 받아들인 주자학이 조선에 어떤 영향을 미쳤는지, 또 조선 후기에는 어떤 방향으로 변해 갔는지를 보여 주고 있다.

고려 말 원나라를 통해 도입된 주자학은 유학을 새롭게 해석해 체계화한 송나라 주자의 철학이었다. 조선 초기
　　　　　　　█ : 통시적 구성으로 설명하려는 내용
신진 사대부들은 주자학을 국가의 통치 이념으로 받아들여 고려 말 이래의 정치·사회 문제를 해결하고 새로운 질서를 확립하려는 노력의 일환으로 주자학의 교육과 보급을 주창했던 것이다. 〈중략〉

그러나 조선 후기에 이르러 주자학적 태도는 정책 대결보다는 예법에 관한 명분 싸움으로 흘러 당파 싸움의 원인이 되었다. 예를 들어 제사 기간, 제사 방식 등의 형식적인 예법이나 소신을 중시해 본래의 순수한 이념을 잃고 권력 투쟁의 도구가 되었다.

엔터테인먼트 요소와 영화

필독 TIP

어휘 ★★★★
문장 ★★★
배경지식 ★★★★

이 글은 예술과 사회 영역이 통합된 지문으로 엔터테인먼트의 요소를 갖춘 영화를 설명하고 있다. 영화가 다양한 유통 창구를 통해 이익을 실현하는 윈도 효과와 문화적 명성을 획득한 영화가 상업적으로 귀결되는 과정을 이해하며 읽도록 한다.

현대 사회에서 엔터테인먼트(entertainment)는 인공적으로 대중의 감정에 어떠한 감동을 일으키게 하는 콘텐츠*나 장치로 기분을 즐겁게 하는 일을 가리킨다. 다시 말해, 엔터테인먼트는 즐기고 싶은 감정이나 경험을 일으키는 장치 산업이다.

영화는 엔터테인먼트 요소를 기본 속성으로 하는 대표적인 ㉠매체인데, 관객이 두어 시간을 소비하는 동안 특별한 심리적이고 감정적인 기억이나 경험을 일으키기 때문이다. 영화의 엔터테인먼트 요소는 스토리의 흥미진진함과 출연 배우의 연기, 영상 구성의 참신함이나 규모, 미학 등에서 제시된다. 이렇게 다양한 요소를 추구하는 이유는 영화는 잠재적 소비자를 대상으로 하기 때문인데, 이 때문에 제작자들은 호감도나 신뢰도가 높은 배우를 출연시켜 소비자를 유인하는 스타 시스템을 선호한다.

이렇게 영화는 엔터테인먼트 요소를 바탕으로 문화 상품으로 만들어져 시장에 접근한다. 발터 베냐민의 지적대로 영화는 기계적 복제로 된 예술로, 영화가 완성되면 영화관에서 반복적으로 상영되고 이후 ㉡TV나 인터넷 등으로 복제*·배포*된다. 즉 영화 한 편은 콘텐츠의 본질을 유지한 채 다양한 유통* 창구 즉 윈도(window)를 경유하여 이익을 실현한다. 이처럼 영화는 영화관 배급을 시작으로 TV나 인터넷 VOD 등으로 판권을 판매하여 각 매체에서 수익을 창출하는 것이다. 이러한 윈도 효과는 영상물의 가치를 더욱 다양화하여 의류, 완구 등에 들어가는 캐릭터 상품, 사운드트랙* 음반 판매까지 시장을 넓혀 준다.

그러나 상품적인 속성을 중시하는 상업적 영화의 특성과는 달리 문화적 세계를 중시하여 제작자나 영화감독의 특정한 의도나 사회적 이슈 등을 다루려는 영화도 있다. 이때 영화는 뉴스, 다큐 등과 마찬가지로 관객들의 사회적 행동에 영향을 미치는데, 이를 긍정적인 부대 효과*라고 한다. 이를 통해 관객들은 영화가 제공한 삶의 조건들을 간접적으로 경험하고 해석하여 특정한 인식이나 성찰을 나타내게 된다. 이러한 영화를 통해 제작자와 감상자 사이에 사회 문화적으로 다양한 교감이 이루어지면 사회적으로 진지한 문화적 명성*을 획득하게 된다.

(ⓐ) ㉯문화적 명성을 획득한 영화는 다시 상업적 성공을 동반하여 경제 자본으로 전환되는 경우도 적지 않다. 문화적 명성이 인정된 영화는 막대한 관람 수입은 물론 상업 영화에서처럼 유사한 윈도 효과의 단계를 거치게 된다. 특히 영화제 등을 통해 영화의 문화적 명성이 국내외적으로 공식화되면 상업적 속성이 더욱 강화되어 경제적 성공을 거두게 된다. (ⓑ) 문화는 상업을 유인하고, 상업은 문화를 선택하는 과정이 순환되는 것이다.

* **콘텐츠**: 인터넷이나 컴퓨터 통신 등을 통하여 제공되는 각종 정보나 그 내용물.
* **복제**: 본디의 것과 똑같은 것을 만듦. 또는 그렇게 만든 것.
* **배포**: 신문이나 책자 따위를 널리 나누어 줌.
* **유통**: 상품 따위가 생산자에서 소비자, 수요자에 도달하기까지 여러 단계에서 교환되고 분배되는 활동.
* **사운드트랙**: 영화의 주제 음악이나 배경 음악을 담은 음반.
* **부대 효과**: 기본이 되는 효과에 곁달아 덧붙는 효과.
* **명성**: 세상에 널리 퍼져 평판 높은 이름.

STEP
I

어휘 의미

1 다음과 같은 사전적 의미를 지닌 단어를 〈보기〉에서 찾아 쓰시오.

보기

흥미진진하다   선호하다   경유하다   순환하다

(1) 어떤 곳을 거쳐 지나다. (   )

(2) 주기적으로 자꾸 되풀이하여 돌다. (   )

(3) 넘쳐흐를 정도로 흥미가 매우 많다. (   )

(4) 여럿 가운데서 특별히 가려서 좋아하다. (   )

어법 이해

2 다음 밑줄 친 단어의 관계가 윗글의 ㉠, ㉡의 관계와 비슷한 것을 고르시오.

① 나는 사계절 중에서 가을을 제일 좋아한다.

② 호랑이 없는 골에 토끼가 왕 노릇 하는 격이다.

③ 나쁜 친구들과 손을 끊고, 새로운 일에 발을 디뎠다.

④ 동생은 항구를 떠나는 큰 배를 바라보며 달콤한 배를 먹었다.

⑤ 처음 마신 커피에서 처음에는 쓴맛, 나중에는 단맛이 느껴졌다.

어법 이해

3 다음은 윗글의 ⓐ, ⓑ에 들어갈 단어의 역할을 정리한 것이다. 이를 참고하여 ⓐ, ⓑ에 들어가기에 적절한 것을 고르시오.

- ⓐ: 앞의 내용과 반대되는 내용을 설명할 때 사용한다.
- ⓑ: 전달하고자 하는 사실을 강조할 때 사용한다.

	ⓐ	ⓑ
①	즉	하지만
②	결국	더구나
③	한편	이를테면
④	하지만	그야말로
⑤	왜냐하면	예를 들어

STEP
II

서술형 중심 화제

1 윗글의 중심 내용을 쓰시오.

(   )

문단 정리

2 다음은 윗글의 각 문단의 중심 내용을 정리한 것이다. 빈칸에 들어갈 알맞은 말을 쓰시오.

1문단	현대 사회에서 ( )는 즐기고 싶은 감정이나 경험을 일으키는 장치 산업이다.
2문단	영화는 엔터테인먼트 요소를 기본 속성으로 하기 때문에 호감도나 신뢰도가 높은 배우를 출연시켜 소비자를 유인하는 ( ) 시스템을 선호한다.
3문단	영화 한 편은 콘텐츠의 본질을 유지한 채 다양한 유통 창구를 경유하여 이익을 실현한다.
4문단	문화적 세계를 중시하는 영화는 사회적으로 진지한 문화적 명성을 얻기도 한다.
5문단	문화적 명성을 획득한 영화도 ( ) 효과의 단계를 거치며 경제적 성공을 거두게 된다.

내용 구조

3 다음은 영화의 특성과 문화적 명성을 얻은 영화가 상업적으로 귀결되는 과정을 정리한 것이다. 빈칸에 들어갈 알맞은 말을 쓰시오.

영화의 특성

- 영화: 엔터테인먼트 요소를 기본 속성으로 하는 대표적인 매체임.
- 영화의 엔터테인먼트 요소: 스토리의 흥미진진함과 출연 배우의 (   ), 영상 구성의 참신함이나 규모, 미학 등에서 제시됨.
- 제작자들의 선택: 호감도나 신뢰도가 높은 배우를 출연시켜 소비자를 유인하는 스타 시스템을 선호함.

+

윈도 효과

- 윈도: 다양한 유통 창구를 의미함.
- 영화 한 편은 콘텐츠의 본질을 유지한 채 윈도를 경유하여 이익을 실현함.
- 윈도 효과: 영화관 배급, 판권 판매를 통해 수익을 창출하고, 캐릭터 상품과 (   ) 판매까지 시장을 넓힘.

↓

문화적 명성을 획득하는 과정

문화적 세계를 중시하는 영화를 개봉함. → 긍정적인 (   ) 효과가 발생함. → 관객들이 특정한 인식이나 성찰을 보임. → 사회 문화적으로 다양한 교감이 이루어짐. → 문화적 명성을 획득함.

↓

문화적 명성을 획득한 영화의 상업화

영화제 등을 통해 문화적 명성이 국내외적으로 공식화됨. → 상업적 속성이 강화되어 막대한 관람 수입을 얻고 (   ) 성공을 거둠.

STEP III

수능형 세부 정보의 추론

1 윗글의 표제와 부제로 가장 적절한 것은?

① 영화의 엔터테인먼트 요소
 – 영화의 상업적 속성을 중심으로

② 영화와 문화적 상품의 관계
 – 영화의 다양한 유통 창구를 중심으로

③ 영화의 문화적 명성 획득의 과정
 – 영화의 긍정적 부대 효과를 중심으로

④ 영화가 속한 매체의 특성
 – 영화의 미술적 요소와 음악적 요소를 중심으로

⑤ 영화의 흥행을 위한 조건
 – 영화 제작자들이 선호하는 시스템을 중심으로

수능형 세부 정보의 확인

2 윗글을 통해 알 수 있는 내용으로 적절하지 않은 것은?

① 엔터테인먼트는 대중의 감정에 감동이나 즐거움을 일으키는 일을 가리킨다.

② 영화의 엔터테인먼트 요소는 호감도나 신뢰도가 높은 배우를 통해 제시된다.

③ 영화는 관객에게 특별한 감정을 일으키거나 기억, 경험에 호소하는 매체이다.

④ 영화는 기계적 복제가 가능해서 영화관이나 TV, 인터넷 등에서 반복 상영된다.

⑤ 영화의 윈도 효과는 영상물의 가치를 더욱 다양화하여 수익을 창출할 수 있다.

수능형 핵심 정보의 파악

3 ㉎에 대한 이해로 적절하지 않은 것은?

① 상업 영화와는 달리 윈도 효과에는 극히 제한적이다.

② 상업적 성공을 동반하여 경제 자본으로 전환되는 경우도 있다.

③ 문화적 세계를 중시하여 영화감독의 특정한 의도나 사회적 이슈를 다룬다.

④ 관객들의 사회적 행동에 영향을 미쳐 긍정적인 부대 효과를 만들기도 한다.

⑤ 감상자들은 간접 경험을 통해 특정한 인식이나 성찰을 나타내게 되기도 한다.

수능형 반응의 적절성 판단

4 윗글을 읽은 학생이 〈보기〉에 대해 보인 반응으로 적절하지 <u>않은</u> 것은?

보기

　　우리 사회의 부조리한 문제를 다루려고 한 영화감독의 의도가 반영된 영화 「기생충」은 자본주의 사회에서 나타나는 빈부 격차와 계급적 불평등이라는 문제를 날카롭게 조명하며 관객이나 평론가들에게 숱한 화제가 되었다. 이 영화는 천만 이상의 관객을 동원하고 제92회 아카데미 영화제에서 4관왕을 달성하며 세계 각지로 판권이 무수하게 팔려 나갔다. 또한 영화에서 언급된 라면의 판매량이 급증했고, 배우가 읊조린 멜로디도 노래로 불리며 세계적으로 큰 인기를 얻었다.

① 우리 사회의 부조리한 문제를 다루려 「기생충」이 제작되었다는 데서 사회적 이슈를 다루고자 하는 영화감독의 의도를 살펴볼 수 있군.

② 「기생충」이 자본주의 사회에서 나타나는 빈부 격차와 계급적 불평등이라는 문제를 조명하며 관객이나 평론가들에게 화제가 되었다는 데서 사회적으로 문화적 명성을 획득했음을 살펴볼 수 있군.

③ 「기생충」이 제92회 아카데미 영화제에서 4개 부분을 수상했다는 점을 통해 이 영화의 문화적 명성이 국내외적으로 공식화되었음을 살펴볼 수 있군.

④ 무수한 관객 동원이나 판권 판매, 라면의 판매량 급증 등이 이루어졌다는 데서 「기생충」이 윈도 효과로 인해 상업적 성공이 동반되었음을 살펴볼 수 있군.

⑤ 배우가 읊조린 멜로디가 노래로 인기를 끌었다는 데서 「기생충」이 관객들의 사회적 행동에 영향을 끼치는 긍정적 부대 효과를 살펴볼 수 있군.

📖 지문으로 이해하는 독해 지식 **과정**

　　어떠한 일이 되어 가는 순서에 따라 설명하는 방법을 과정이라고 한다. 과정의 설명 방법을 통해 어떤 대상이 만들어지는 과정이나 일 또는 행동이 나타나는 과정을 알아보면, 어떤 대상이나 일 또는 행동에 대해 명쾌하게 파악할 수 있다. 이 글에서는 문화적 세계를 중시한 영화가 문화적 명성을 획득하고, 상업적으로 성공을 거두는 과정을 설명하여, 영화가 지닌 엔터테인먼트 요소를 보여 주고 있다.

▨ : 과정으로 설명하려는 내용

문화적 세계를 중시하여 제작자나 영화감독의 특정한 의도나 사회적 이슈 등을 다루려는 영화도 있다. 이때 영화는 뉴스, 다큐 등과 마찬가지로 관객들의 사회적 행동에 영향을 미치는데, 이를 긍정적인 부대 효과라고 한다.
　　　　　　　　　　　　　　　　　문화적 명성을 획득하는 과정 ①
이를 통해 관객들은 영화가 제공한 삶의 조건들을 간접적으로 경험하고 해석하여 특정한 인식이나 성찰을 나타내
　　　　　　　　　　　　　　　　　　　　　　　　　문화적 명성을 획득하는 과정 ②
게 된다. 이러한 영화를 통해 제작자와 감상자 사이에 사회 문화적으로 다양한 교감이 이루어지며 사회적으로 진
　　　　　　　　　　　　　　　　　문화적 명성을 획득하는 과정 ③
지한 문화적 명성을 획득하게 된다.

　　하지만 문화적 명성을 획득한 영화는 다시 상업적 성공을 동반하여 경제 자본으로 전환되는 경우도 적지 않다. 문화적 명성이 인정된 영화는 막대한 관람 수입은 물론 상업 영화에서처럼 유사한 윈도 효과의 단계를 거치게 된다. 특히 영화제 등을 통해 영화의 문화적 명성이 국내외적으로 공식화되면 상업적 속성이 더욱 강화되어 경제적 성공을 거두게 된다.

출처

단원명	쪽수	제재명	저자	출처
인문	24	그리스 로마와 로마 신화	김상훈	신화콘서트. 〈비전팩토리〉
	40	같은 언어를 쓰면 생각도 비슷할까?	연세대 인문학연구원	10대에게 권하는 인문학. 〈글담출판〉
	48	존 로크의 백지론	손석춘	10대와 통하는 철학 이야기. 〈철수와 영희〉
사회	52	합리적 선택과 행동 경제학	한국심리학회	더 알고 싶은 심리학. 〈학지사〉
	76	사회 집단	민경배	처음 만나는 사회학. 〈다른 길〉
과학	80	잠을 꼭 자야 할까?	하지현	청소년을 위한 정신의학 에세이. 〈해냄〉
	84	에디슨과 테슬라의 전류 전쟁	곽영직	14살에 시작하는 처음 물리학. 〈북멘토〉
	88	화학의 달력, 주기율표	이희나	케미가 기가 막혀. 〈들녘〉
	92	단풍의 색은 어디에서 오는가?	차윤정	숲의 생활사−가을. 〈웅진닷컴〉
	96	지구의 불청객, 운석	이광식	내 생애 처음 공부하는 두근두근 천문학. 〈더숲〉
기술	104	과거에는 길이를 어떻게 쟀을까?	표준과학연구원	단위를 알면 세상이 보인다, 2014
	108	미시 세계로의 초대, 나노 과학	기초과학연구원	공식블로그, 2017
	116	생체 인식 기술의 발전	한국지질자원연구원	지질 자원 사람 12월호, 2019
	124	합성 생물학과 생명 현상	한국생명공학연구원	kribb focus 5월호, 2019
예술	128	예술이란 무엇인가?	이주영	예술론 특강. 〈미술문화〉
	132	아름다움을 알고, 느끼고 즐기다	김종수	1318미술여행. 〈동녘〉
	148	오페라란 무엇인가?	박홍규	비바 오페라. 〈가산출판사〉
영역 통합	161	액션 페인팅과 엔트로피	서민아	미술관에 간 물리학자. 〈어바웃어북〉
	166	주자학의 이념, 조선 왕조 500년의 힘	안광복	철학, 역사를 만나다. 〈웅진 지식하우스〉

효과가 상상 이상입니다.

예전에는 아이들의 어휘 학습을 위해 학습지를 만들어 주기도 했는데,
이제는 이 교재가 있으니 어휘 학습 고민은 해결되었습니다.
아이들에게 아침 자율 활동으로 할 것을 제안하였는데,
"선생님, 더 풀어도 되나요?"라는 모습을 보면,
아이들의 기초 학습 습관 형성에도 큰 도움이 되고 있다고 생각합니다.

ㄷ초등학교 안OO 선생님

어휘 공부의 힘을 느꼈습니다.

학습에 자신감이 없던 학생도 이미 배운 어휘가 수업에 나왔을 때 반가워합니다.
어휘를 먼저 학습하면서 흥미도가 높아지고
동기 부여가 되는 것을 보면서 어휘 공부의 힘을 느꼈습니다.

ㅂ학교 김OO 선생님

학생들 스스로 뿌듯해해요.

처음에는 어휘 학습을 따로 한다는 것 자체가 부담스러워했지만,
공부하는 내용에 대해 이해도가 높아지는 경험을 하면서
스스로 뿌듯해하는 모습을 볼 수 있었습니다.

ㅅ초등학교 손OO 선생님

앞으로도 활용할 계획입니다.

학생들에게 확인 문제의 수준이 너무 어렵지 않으면서도
교과서에 나오는 낱말의 뜻을 확실하게 배울 수 있었고,
주요 학습 내용과 관련 있는 낱말의 뜻과 용례를
정확하게 공부할 수 있어서 효과적이었습니다.

ㅅ초등학교 지OO 선생님

학교 선생님들이 확인한
어휘가 문해력이다의 학습 효과!
직접 경험해 보세요

학기별 교과서 어휘 완전 학습
<어휘가 문해력이다>
── 예비 초등 ~ 중학 3학년 ──

중 | 학 | 도 | 역 | 시 EBS

정답과 해설

중학 국어로 수능 잡기

중학 국어 | 비문학 독해 1

1 부

- 지문 분석편 -

해제 이 글은 그리스 문화를 받아들인 로마가 그리스 신화를 재활용하면서 나타난 그리스 신화와 로마 신화의 연관성과 차이점을 설명하고 있다. 로마에 대한 이해는 서구 세계를 이해하기 위해서 꼭 필요한데, 로마 문화는 그리스 문화와 밀접한 관련이 있다. 신화의 경우 로마가 그리스 신화를 그대로 재활용하였으며, 희랍어로 기록된 그리스 신화의 신들의 이름이 라틴어로 바뀐 것에 지나지 않는다. 최고의 신 제우스는 유피테르(주피터)로, 바다의 신 포세이돈은 넵투누스, 저승의 신 하데스는 플루톤으로 바뀌었다. 헤라는 유노, 데메테르는 케레스, 헤스티아는 베스타가 되었다. 그 중 그리스 신화에서 화로의 신이었던 헤스티아는 로마 신화에서 베스타로 바뀐 후 국가와 가정의 수호자라는 역할로 강화되어 나타나기도 한다.

주제 그리스 신화와 로마 신화의 연관성과 차이점

고대 서양 역사에서 로마의 존재감은 매우 크다. 현대의 법과 정치 제도의 기원을 거슬러 올라가다 보면 로마와 만난다. 모든 길은 로마로 통한다는 말이 괜한 말이 아니다. 그만큼 로마가 서

문제 2~①번 서구 사회에 끼친 로마의 영향력을 강조한 표현

구 세계에 미친 영향이 크다. ▶ 1문단: 로마가 서양 역사에 미친 영향

로마는 기원전 8세기 무렵 그리스에서 온 이주민들과 현지 주민들이 함께 세운 나라로 기원전 146년 그리스를 정복했다. 하지만 문화적으로는 그렇지 못했다. 이미 오래전부터 로마가 그리스 폴리스들의 문화를 받아들였으니 어쩌면 당연한 결과일지도 모른다. 심지어 로마의 어떤 시인들은 로마가 오히려 그리스에 정

문제 2~②번 그리스 문화의 우월성 및 그리스 문화와 로마 문화의 연관성

복됐다고 표현하기도 했다. 군사적으로는 로마가 앞섰을지 모르나 문화적으로는 확실히 그리스가 앞섰다.

▶ 2문단: 로마의 그리스 정복이 지닌 의미

신화도 예외가 아니다. 사실 로마에는 변변한 신화가 없었기 때문에 로마인들에게 그리스 신들의 세계는 무척 매력적이었다. 그래서 로마는 그리스 신들을 그대로 재활용했다. 고대 그리스어

그리스 신화를 이해하면 로마 신화를 이해할 수 있는 이유

인 희랍어를 로마의 언어인 라틴어로 바꾸었을 뿐 신들의 성격도 거의 변하지 않았다. 그리스 신화를 제대로 알면 로마 신화도 자

■■■ : 이 글의 중심 화제

연스럽게 알게 된다. ▶ 3문단: 그리스 신화와 로마 신화의 연관성

그리스 신화 최고의 신인 제우스에게는 두 명의 형과 세 명의 누나가 있었는데, 아버지 크로노스가 그들을 차례대로 삼켜 버렸다. 다행히 그 몹쓸 운명을 피한 제우스는 아버지 크로노스를 몰아낸 후 형제들을 모두 살려 낸다. 6남매는 똘똘 뭉쳐 거인 신들과 전쟁을 벌이고 마침내 승리하여 6남매의 시대를 연다. 이후 6남매는 각자가 다스릴 영역을 나누어 제우스는 하늘, 포세이돈은 바다, 하데스

○ : 그리스 신화의 대표적인 신

는 저승을 맡았다. 세 명의 누나도 각자의 역할이 있다. 헤라는 제우스의 아내이자 최고 여신으로서 출산과 양육의 신이 되었다. 데메테르는 곡물과 대지의 여신, 헤스티아는 화로의 여신이 되었다.

▶ 4문단: 그리스 신화의 대표적인 신

이들 6남매 신의 이름이 로마에서는 어떻게 바뀌었을까? 제우스는 유피테르로 바뀌었다. 태양계 행성 중 가장 큰 것이 목성이다. 『이 목성을 영어로 주피터라고 하는데, 유피테르를 영어로 발

「 」: 그리스 신화 속 신의 이름만 바뀐 로마 신화의 신

음한 것이 주피터이다. 바다의 신 포세이돈은 넵투누스, 저승의 신 하데스는 플루톤으로 바뀌었다. 헤라는 유노, 데메테르는 케레스, 헤스티아는 베스타가 되었다.』

▶ 5문단: 그리스 신화 속 신의 이름만 바꾼 로마 신화의 신

이 중 헤스티아를 조금 더 살펴보자. 헤스티아는 6남매 중 장녀이다. 게다가 고대 인류에게 가장 중요한 불씨를 담당했으니, 올림포스 12신에 무난히 이름을 올렸다. 하지만 시간이 흐르면서 헤스티아는 12신에서 슬그머니 사라지고, 술과 향락을 상징하는 디오니소스가 그 자리를 차지했다. 하지만 헤스티아의 로마 버전

향락을 추구하는 당시 그리스 사회의 문화 반영

인 베스타는 좀 다르다. 화로의 여신인 점은 달라지지 않았지만

문제 1~②번 「 」: 시대적 환경을 반영하여 변화되는 신화의 내용

그 중요성이 훨씬 커졌다. 로마에서는 불 자체를 베스타 신으로 여겼다. 베스타 신전에는 이 신을 상징하는 성화가 늘 활활 타올랐다. 일반 가정집에서도 베스타의 제단을 갖추고 불을 숭배했다. 그리스 신화의 헤스티아는 올림포스 12신에서 탈락되는 수모

문제 2~⑤번 로마 신화에서 위상이 달라진 베스타

를 겪었지만 로마의 베스타는 국가와 가정의 수호자로 우뚝 섰다.

▶ 6문단: 그리스 신 헤스티아와 로마 신 베스타의 차이점

해제 이 글은 일상생활에서 기억이 나타내는 의미와 작용, 기억의 지속 시간에 따른 유형 등을 설명하고 있다. 인간의 기억 능력은 뇌에서 정보의 저장과 인출의 과정으로, 기억이 뇌에 저장된 정보를 필요에 따라 끄집어내는 역할을 함으로써 일상생활이 가능하게 된다. 기억의 유형으로 감각 기억, 단기 기억, 장기 기억 등이 있다. 감각 기억은 순간적으로 사라지며, 단기 기억은 짧은 시간 동안 기억되며, 장기 기억은 오래 기억되는 특성이 있다. 장기 기억은 다시 의미 기억과 일화 기억으로 나뉜다. 의미 기억은 논리적이고 체계 있게 기억하는 일, 일화 기억은 개인적이고 특수한 기억을 말하는데, 보통 의미 기억이 일회 기억보다 잘 기억된다.

주제 기억의 작용과 유형

기억은 인간 생활에서 매우 중요한 심리적 작용이다. 「기억이 ▒▒▒: 이 글의 중심 화제 없으면 사람을 알아보지 못하고 과거의 일도 알 수 없고 어떤 새 「」: 기억의 중요성 로운 것을 배울 수도 없으며 현재만 존재하는 삶이 될 것이다.」 ▶ 1문단: 기억의 가치와 중요성 인간의 기억 능력은 뇌에서 정보의 저장과 인출의 과정을 수반 인간의 뇌에서 일어나는 기억 능력 한다. 「우선 외부 세계의 경험을 통해 형성된 정보는 뇌에서 성공적 「」: 정보 저장과 기억 인출 과정 으로 받아들이며 약호화되어 저장된다. 기억은 저장된 정보를 필 요에 따라 끄집어내는, 즉 인출하는 역할을 하는데 이를 통해 일상 문제 2~2번 기억의 역할 생활이 가능하게 되는 것이다.」 심리학에서 기억은 주로 기억의 양 상, 기억의 지속에 관해 관심을 기울여 왔다.
▶ 2문단: 정보 저장과 기억 인출 과정

우선 기억의 양상으로 우리는 하루 동안 지각한 것을 모두 기 억할 수 없듯이 자기에게 주어진 모든 정보를 기억하지는 않으며 기억할 수도 없다. 또한 우리는 아침에 신문을 보면서 TV에서 이 야기하는 내용을 동시에 기억할 수 없다. 단지 우리가 경험한 극 히 일부분만을 기억하고 있을 뿐이다. 이는 「사람들은 자기에게 문제 1~4번 「」: 선택적으로 기억되는 이유 특별한 의미를 지니거나 다른 자극과는 달리 매우 독특하고 새로 선택적 기억 ① 선택적 기억 ② 운 자극에 대해서 특별히 관심을 가지고 선택적으로 주의를 기울 이기 때문이다.」
▶ 3문단: 기억의 선택적 저장

기억의 지속 문제는 지속 시간의 차이를 중심으로 감각 기억, 단기 기억, 장기 기억의 세 가지 모형을 제시한다.
□: 지속 시간에 따른 기억의 유형 ▶ 4문단: 지속 시간에 따른 기억의 유형 먼저 감각 기억은 우리가 경험하는 시각적, 청각적, 후각적, 촉 각적 등의 순간적 자극과 같은 아주 짧은 정보에 대한 기억이다. 이러한 「감각적 자극들은 인간의 기억 체계에 거의 1~5초의 짧은 「」: 순간적으로 사라지는 감각 기억의 특성 시간 동안 머물게 되는데 대개 큰 주의를 기울이지 않기 때문에 기억 체계 속에서 거의 사라질 가능성이 높다.」
▶ 5문단: 감각 기억의 개념과 특성
단기 기억은 우리 머리에서 순간적이며 즉시적 자각에 관한 기 억으로 단편적인 사건이나 경험에 관련된 단순한 숫자나 단어, 대화, 물건 등이 주요 내용이다. 단기 기억의 상태는 약 30초 정 짧은 시간 동안 기억되는 단기 기억의 특성 도로 알려져 있는데, 이 중 어떤 정보는 사라지나 어떤 정보는 계 속된 반복이나 특정한 계기에 의해 인출되어 장기 기억으로 넘어 장기 기억으로 넘어가기도 하는 단기 기억의 특성 가기도 한다.
▶ 6문단: 단기 기억의 개념과 특성
장기 기억은 몇 분에서부터 수년, 평생에 이르는 기간에 저장 되는 기억으로 흔히 기억이라고 할 때 이를 가리킨다. 장기 기억

은 「반복 여부에 따른 빈도나 자신과 관계된 강렬한 경험인 인접 문제 2~4번 「」: 오래 기억되는 장기 기억의 특성 에 의해 형성되는 기억으로 거의 전후 참조적으로 기억된다.」 전 후 참조적은 여러 영역에 걸쳐 관련된 지식이 앞뒤 순서로 연결 전후 참조적의 개념 되어 기억된다는 의미이다.
▶ 7문단: 장기 기억의 개념과 특성

장기 기억은 다시 의미 기억과 일화 기억으로 나뉘는데, 의미 ○: 장기 기억의 두 가지 종류 기억은 사전의 뜻풀이와도 같이 논리적이고 체계 있게 기억하는 일, 일화 기억은 개인적, 특수한 기억을 말한다. 의미 기억이 라 문제 2~5번 면의 재료, 특성 등에 대한 기억이라면 일화 기억은 라면을 먹은 특정한 사건을 말한다. 보통 의미 기억이 일화 기억보다 더 잘 기 억되는데, 일화 기억은 제한된 색인을 가지고 있지만 의미 기억 의미 기억이 잘 기억되는 이유 은 구성이나 특성 등이 체계를 이루고 있기 때문이다.
▶ 8문단: 장기 기억의 유형

해제 이 글은 과거가 남긴 흔적이며 역사적 사실의 증거물인 사료의 개념과 유형, 사료 비판의 개념과 유형을 설명하고 있다. 먼저 사료는 문헌 사료, 비문헌 사료로 구분한다. 문헌 사료는 다시 전적 사료와 전고 사료로 분류되며, 비문헌 사료는 유물이나 유적으로 분류된다. 사료 비판은 수집한 자료의 진위 여부, 사료의 가치 등 그 확실성과 진실성을 평가하는 일이다. 사료 비판에는 사료의 진위를 가려내는 외적 비판, 사료 내용의 신빙성을 분석해 증거 능력을 밝혀내는 내적 비판이 있다. 내적 비판은 다시 어의 분석과 저술 의도 파악으로 나뉘는데, 사료에 대한 철저한 비판은 역사가의 연구가 객관적 설득력을 얻기 위한 최소한의 조건이다.

주제 사료와 사료 비판의 개념과 유형

역사가는 직접 체험하거나 경험하지 않은 과거의 사실을 어떻게 탐구할까? 블로크가 지적한 대로 역사가는 과거의 보고서, 신문, 잡지, 회화, 건축물, 생활용품 등 '과거가 남긴 흔적'을 통해서 과거의 사실을 알아낸다. **사료**는 과거가 남긴 흔적이며 역사적 사실의 증거물로 과거의 사실과 역사가의 과거 인식 사이를 연결하는 매개물이다.
: 이 글의 중심 화제
사료의 가치
▶ 1문단: 사료의 개념과 가치

사료는 일반적으로 문헌 사료, 비문헌 사료로 나누는 것이 가장 일반적이다. 먼저 (문헌 사료)는 문헌으로 기록된 사료로, 정부의 공문서, 일기나 편지 등의 사문서, 신문, 잡지, 도서와 같은 출판물 등을 말한다. 문헌 사료는 신빙성에 따라 전적 사료와 전고 사료로 구분되는데, 전자는 국가 기관이나 공공 단체의 업무 내용과 관련된 공문서가 대표적으로 사실이 정확하게 증명되는 사료이다. 후자는 신문, 도서, 잡지, 회고록 등인데 작성자의 의도에 따라 왜곡되거나 조작될 가능성이 있는 사료에 해당한다. 그러나 새로운 법률의 게시문, 정부의 포고문 등 일반에게 알리는 목적의 신문
문제 2-①번
기사는 전적 사료로 취급되기도 해 모든 사료가 엄격한 구분이 있
문제 1-⑤번 전적 사료의 다른 예시
는 것은 아니다. (비문헌 사료)는 유물이나 유적 등의 사료인데, 유물은 정부 물품, 예술품, 생활용품 등의 각종 물품이며, 유적은 고찰, 고분, 궁터 등 위치를 변경시킬 수 없는 과거의 흔적을 가리킨다.
문제 1-①번
문제 1-①번
▶ 2문단: 사료의 유형

그런데 사료는 곧바로 과거의 역사를 재구성하는 데 사용될 수 없다. 사료의 내용에는 남긴 자들의 사회적 지위와 관점 등 경향성을 띠고 있어 신빙성이 확인되지 않았기 때문이다. 따라서 역
사료가 바로 역사 연구에 쓰일 수 없는 이유
사가들은 수집한 자료의 진위 여부, 사료의 가치 등 그 확실성과 진실성을 평가해야 하는데 이를 **사료 비판**이라 한다. 사료 비판은 역사를 서술하기 전에 반드시 수행해야 하는 의무 작업으로
: 이 글의 중심 화제
사료 비판의 가치
정확한 역사 서술의 토대가 된다. ▶ 3문단: 사료 비판의 개념과 가치

사료 비판은 크게 외적 비판과 내적 비판으로 구분된다. 먼저 (외적 비판)은 사료의 진위를 가려내는 작업으로, 사료의 조작이나
문제 2-②번
위조 여부를 판단하는 작업이다. 이를 위해 사료가 작성된 당시와 같은 상태인가, 훼손된 점은 없는가를 기준으로 필적, 서체, 출처 등을 조사해 원본 여부를 판가름한다. 오늘날 외적 비판은 언어학, 금석학, 인류학 등 다른 학문의 도움뿐 아니라 컴퓨터,
문제 1-②번 과학 기술을 활용하는 외적 비판
현미경, 적외선, X선, 탄소 연대 측정법 등 과학 기술의 도움을 받게 된다. ▶ 4문단: 외적 비판의 개념과 방법

(내적 비판)은 외적 비판에 이어지는 다음 단계로서, 사료 내용
문제 1-④번 사료 비판의 순서: 외적 비판 → 내적 비판
의 신빙성을 분석하여 사료의 증거 능력을 밝혀내는 작업이다.
문제 1-④번
내적 비판은 크게 사료에 사용된 단어의 의미를 정확하게 파악하는 어의 분석과 저자의 저술 의도를 파악하는 작업으로 나뉜다.
어의 분석은 당대에 사용된 단어의 의미, 비유나 상징, 과장, 반
문제 2-③번 어의 분석에서 판단하는 내용
어 등의 사용 여부 등을 판단한다. 저술 의도 파악은 기록의 정확성과 편향성 등을 파악해 조작이나 왜곡 여부를 판단하거나 기록
문제 2-④, ⑤번 저술 의도 파악에서 판단하는 내용
된 내용의 상식성 여부를 주로 판단한다.
▶ 5문단: 내적 비판의 개념과 방법

역사 연구에서 사료는 필수적이다. 이 사료에 대한 철저한 비판은 역사가의 연구가 객관적 설득력을 얻기 위한 최소한의 조건
문제 1-③번 사료 비판의 의의
이라 할 수 있다. ▶ 6문단: 사료 비판의 의의

해제 이 글은 고대 그리스 시대에 인간의 공포심에서 벗어나 쾌락을 추구한 철학자 에피쿠로스의 철학 이론을 설명하고 있다. 에피쿠로스는 불쾌를 일으키는 고통을 피하고 행복을 얻기 위한 쾌락을 추구하는 것이 인간의 본능이므로 종교나 정치, 경제, 문화 등 모든 분야에서 공포를 배제하고 즐거움을 추구해야 한다고 주장했다. 이에 에피쿠로스는 육체적 쾌락보다는 정신적 쾌락을 전 생애에 걸쳐 추구해야 한다고 주장하며, 신과 죽음의 공포에서 벗어나는 방법을 제시했다. 글쓴이는 에피쿠로스를 육체적 향락보다는 정신적 쾌락을 추구해 사람들과 즐거운 대화를 나누고 아름다운 예술 작품을 감상하는 즐거움을 추구하는 고상한 쾌락주의자로 평가하고 있다.

주제 에피쿠로스 쾌락 철학의 특성과 본질

고대 그리스 헬레니즘 시대 철학자 에피쿠로스는 <u>공포심으로부터 해방과 쾌락에 기초한 개인의 행복 추구</u>를 철학의 목표로
▨ : 이 글의 중심 화제 - 에피쿠로스 쾌락 철학의 목표
삼았다. 인간은 불쾌를 일으키는 고통을 피하고 행복을 얻기 위
에피쿠로스가 쾌락 철학을 주장한 이유
한 쾌락을 추구하는 것이 본능이므로 종교나 정치, 경제, 문화 등
모든 분야에서 공포를 배제하고 즐거움을 추구해야 한다는 것이
다. ▶ 1문단: 에피쿠로스 쾌락 철학의 목표

그러나 에피쿠로스는 눈앞의 쾌락을 추구하라고 주장했던 것
은 아니다. 에피쿠로스는 <u>전 생애에 걸쳐 많은 쾌락을 누리려면</u>
정신적 쾌락의 중요성을 인식한 에피쿠로스
쾌락의 질적 차이를 고려해야 한다고 주장한다. 즉 현명한 사람
은 음주나 마약 등 강하고 순간적인 육체적 쾌락 대신에 문화와
문제 2-①번 에피쿠로스가 추구한 쾌락의 내용
예술 감상 등 전 생애에 걸쳐 약하지만 지속적인 정신적 쾌락을
추구한다. ▶ 2문단: 에피쿠로스가 추구한 쾌락의 특성

그런데 인간은 이를 잘 알면서도 바삐 무언가를 성취하려고 욕
망하는데, 전 생애에 쾌락의 양이 고통의 양보다 많도록 하기 위
해서는 평소의 훈련을 통해 고통을 이겨 내는 어떤 경지에 이르러야
한다. 그 경지는 어떤 일에도 정신적 동요나 혼란이 없는 평정심
문제 2-⑤번 정신적 쾌락에 이르기 위한 경지
의 상태 즉 <u>아타락시아(ataraxia)</u>의 상태이다. 인간은 동물과 달
리 육체적 쾌락보다 정신적 쾌락을 선택할 수 있는데, 이는 바로
아타락시아로 인한 것이다. ▶ 3문단: 에피쿠로스가 추구한 아타락시아의 경지

이러한 관점에서 에피쿠로스는 쾌락을 위해 망상이나 미신에
대한 공포를 제거하고 마음을 유쾌하게 하기 위한 방법을 제시했
쾌락을 이루어 행복에 이르게 하는 방법
다. 그런데 인간에게는 마음을 유쾌하지 못하게 하는 요소로 보
통 신과 죽음이 있다. ⓢ은 죄에 대해 심판을 가하기 때문에 무섭
◯: 에피쿠로스가 두려워할 필요가 없다고 제시한 것
게 느껴지고, 또 그러한 신과 직접 만나는 죽음을 두려워하기 때
문에 이를 제거해야 한다는 것이다. 먼저 에피쿠로스는 신은 존
재하지 않기 때문에 두려워할 필요가 없다고 주장한다. 「세상은
문제 2-③번 신의 존재에 대해 부정한 에피쿠로스
늘 불완전해 죄악이 들끓고 있는데, 만일 신이 이 세계를 창조했
「」: 신이 존재하지 않는 근거
다면, 완전한 신이 이처럼 불완전한 세계를 만들지 않았을 것이
다. 따라서 신은 존재하지 않는다는 것이다. ⓢ음도 마찬가지이
다. 에피쿠로스는 이 세상에 존재하는 것은 오직 원자와 공간뿐
이기 때문에 죽음이란 육체를 형성했던 원자가 흩어지는 것에 불
죽음의 두려움에 대해 부정한 에피쿠로스
과하다고 주장한다. 「인간의 영혼 역시 아주 작은 불의 원자로 되
「」: 죽음을 두려워하지 않는 근거
어 있기에 육체와 영혼은 죽는 순간 흩어져 버릴 뿐이므로 죽음
을 두려워할 필요가 없는 것이다.」
▶ 4문단: 쾌락을 위해 에피쿠로스가 제시한 방법
에피쿠로스는 기본적으로 삶을 긍정하며 삶의 충만함과 활기
삶에 대한 에피쿠로스의 태도 ①
를 중시한다. 죽음에 대한 공포로 마음의 평안을 해치는 일을 부
문제 2-④번 삶에 대한 에피쿠로스의 태도 ②
정하며 죽는 날까지 기쁘고 즐겁게 사는 것이 현명하다는 것이
다. 그의 생활 철학은 스스로 분수를 알아 절제와 고요함으로 마
에피쿠로스가 생활에서 추구한 쾌락의 내용
음의 평화를 중시했고, 작고 사소한 것에서 행복을 찾으려 했다.
「에피쿠로스는 육체적 향락보다는 정신적 쾌락을 추구해 사람들
「」: 에피쿠로스 쾌락 철학에 대한 글쓴이의 평가
과 즐거운 대화를 나누고 아름다운 음악에 귀를 기울이며 예술
작품을 감상하는 즐거움을 추구하는 고상한 쾌락주의자였던 것
이다. ▶ 5문단: 에피쿠로스가 추구한 쾌락의 본질

해제 이 글은 '언어가 사고를 지배하는가, 지배하지 않는가'라는 언어와 사고의 관계를 설명하고, 이에 대한 글쓴이의 주장을 제시하고 있다. 1980년대에는 언어가 사고를 지배한다는 생각을 지닌 학자들이 많았다. 그들은 언어가 하나의 세계관이어서 언어 공동체는 모두 같은 틀로 세상을 바라본다고 생각했다. 이러한 생각의 근거로는 '빛'이 파동인지 입자인지 고민한 것, 무지개 색에 대해 각각의 언어 문화권에 따라 표현한 단어의 숫자가 달랐다는 것을 제시했다. 하지만 이런 주장은 언어가 사고를 지배하는 것이 아니라 언어와 사고가 밀접한 관련이 있을 뿐이라는 주장에 자리를 넘겨주게 되었다. 수학의 공식이나 악보, 그림이 언어의 형식을 빌리지 않고도 수천 년 동안 잘 이해되고 발전되어 온 것을 보면 언어와 사고가 분리된 것임을 잘 알 수 있다. 이를 통해 글쓴이는 언어는 사고와 문화를 반영하는 역할을 한다는 주장을 펼치고 있다.

주제 언어와 사고의 관계

언어와 사고가 밀접한 관계가 있다는 것은 그 누구도 부정할 수 없는 사실이다. _{이 글의 화제에 대한 일반적 인식} 그런데 언어가 사고를 지배한다는 주장은 어떨까? 그러니까 「어떤 언어를 쓰느냐에 따라 어떤 생각을 하느냐_{ⓐ 언어가 사고를 지배한다는 주장의 내용}가 결정된다는 것이다. 지금은 지지를 받고 있지 못하지만 1980년대에는 많은 이들이 언어가 사고를 지배한다고 믿었다. 언어는 하나의 세계관이라고 생각했기 때문에 같은 언어를 사용하는 언어 공동체의 구성원들은 같은 틀로 세상을 바라본다고 해석했다.」 ▶ 1문단: 언어가 사고를 지배한다는 주장의 의미

언어가 사고를 지배한다는 주장의 대표적인 예는 '빛'에서 나타난다. _{언어가 사고를 지배한다는 주장의 예 ①} 유럽어에서 '빛'은 명사이기 때문에 오랫동안 서양학자들은 빛이 파동인지 입자인지 고민해 왔다는 것이다. 만일 '빛'에 해당하는 말에 명사가 없고 '비추다, 빛나도'처럼 모두 서술어로 존재하는 호피 인디언이 빛을 연구했다면 빛의 파동설을 훨씬 빨_{'빛'에 해당하는 말이 동사이므로 빛을 파동으로 이해하기 쉬웠을 것이기 때문에}리 발견했을 것이라고 주장한다. 즉, 언어가 과학적 사고의 발전에 걸림돌이 되었다는 의미이다. ▶ 2문단: 언어가 사고를 지배한다는 주장의 예 ①

또 다른 예는 무지개 색이다. 무지개 색은 과학적으로 7개로_{언어가 사고를 지배한다는 주장의 예 ②} 정리되지만, 어떤 언어권은 색을 표현하는 단어가 단순해 2개 혹은 5개, 6개로 표현된다. 또 눈이 많이 내리는 이누이트족*의 언_{언어의 한계 때문에 표현에 제약이 일어난 예}어에는 눈에 해당하는 어휘가 다양하게 나타난다. 즉, 같은 대상_{언어가 사고를 지배한다는 주장의 예 ③}이라도 대상을 표현하는 어휘의 수에 따라 대상에 대한 인식이 달라진다는 것이다. ▶ 3문단: 언어가 사고를 지배한다는 주장의 예 ②

그러나 위와 같은 사례들은 단지 「언어와 사고의 관련성을 보여_{「 」: 앞의 사례에 대한 글쓴이의 견해}주는 것일 뿐 전적으로 언어가 사고와 같은 과정이라거나 사고 과정이 언어에 의해 지배받는다는 것을 의미하지는 않는다.」 만일에 사고가 언어에 지배된다면 한국인은 한국어로 사고하고 스페인 사람은 스페인어로 사고하는 것일까? 이 말은 한국인 중에서도 경상도 사람은 경상도 방언으로 사고한다고 말하는 것과 같다. ▶ 4문단: 언어가 사고를 지배한다는 주장에 대한 글쓴이의 견해

우리가 사고할 때 언어로만 하지 않는다. 여러 이유로 사회와 격리되어 자란 아이들이 그 사회로 돌아와 교육을 받으면 일상의 예의를 배우고 자신이 겪은 것이나 생각을 표현하는 방법은 쉽게_{언어가 사고를 지배하지 않는다는 주장의 예 ①} 배울 수 있지만 언어는 쉽게 배울 수 없다. 이것은 언어 없이도

사고할 수 있다는 증거이다. ▶ 5문단: 언어가 사고를 지배하지 않는다는 주장의 예 ①

이처럼 아주 드물고 비정상적인 예가 아니더라도 우리는 일상생활에서 언어와 사고가 따로 작동하는 것을 많이 알고 있다. 사실 수학의 여러 공식들은 언어로 표현되지 않는다. 물론 '7+8=_{언어가 사고를 지배하지 않는다는 주장의 예 ②}15'를 '칠 더하기 팔은 십오'라고 읽지만 이렇게 읽는 것이 그리 오래된 일은 아니다. 방정식 외에도 악보, 그림 등은 정확한 언어_{언어가 사고를 지배하지 않는다는 주장의 예 ③}형식의 도움 없이도 수천 년 동안 잘 이해되고 발전되어 왔다. ▶ 6문단: 언어가 사고를 지배하지 않는다는 주장의 예 ②

이러한 증거들이 언어와 사고는 분리된 것임을 증명한다. 오히_{문제 1~④번 언어와 사고의 관계에 대한 주장}려 언어는 사고와 문화의 거울이라고 하는 것이 더 정확한 표현_{문제 2~②번 언어와 사고의 관계에 대한 글쓴이의 주장 ①}이라고 할 수 있다. 즉, 언어가 사고와 문화의 영향을 받는다는 의미이고, 사고와 문화의 발달에 따라 언어가 발전한다는 의미이_{문제 2~②번 언어와 사고의 관계에 대한 글쓴이의 주장 ②}다. ▶ 7문단: 글쓴이가 주장하는 언어와 사고의 관계

해제 이 글은 바운더리란 무엇인지, 어떤 기능을 하는지 등에 대해 설명하고 있다. 바운더리란 인간관계에서 나타나는 자아와 대상과의 경계이자 통로로, '나'와 '나 아닌 것'을 구별하고 자신을 보호하면서 상호 교류를 할 수 있게 해 주며, 자신을 표현하기도 한다. 그러나 바운더리에 이상이 생기면 남과 나를 구분하지 못하여 자신을 보호하지 못하거나 남과 건강

하게 교류하는 일에 어려움이 생긴다. 따라서 건강한 바운더리는 자신을 보호할 수 있을 만큼 튼튼하면서도 다른 사람들과 친밀하게 교류할 수 있을 만큼 개방적이어야 한다.

주제 바운더리의 의미와 기능

과잉 친절을 베푸는 A, 관계의 소유욕이 강한 B, 가까운 사람에게 폭력을 휘두르는 C. 【문제 1~5번】 바운더리에 문제가 있는 사람들의 사례 이들은 모습은 각각 다르지만 공통점이 하나 있다. 모두 나와 너를 구분하는 경계가 명확하지 않고 수평적인 관계를 맺지 못한다는 점이다. 바운더리 다시 말해 그들의 관계는 자아와의 균형을 잃었으며 일방적이다. 이는 그 균형을 조절해 주는 바운더리가 잘 발달하지 못했기 때문이다.
▶ 1문단: 바운더리 이상의 사례

우리의 몸이 피부를 통해 나와 외부의 경계를 확인하듯 우리의 자아에도 경계, 즉 바운더리가 있다. 바운더리란 인간관계에서 ▨▨ : 이 글의 중심 화제 나타나는 자아와 대상과의 경계이자 통로로 다음과 같은 기능을 한다. 첫째, 자타 식별의 기능이다. 【문제 1~①번】 쉽게 말해 '나'와 '나 아닌 것' 【문제 1~②번】 바운더리의 기능 ① 자타 식별의 의미 을 구분하는 것이다. 외부 대상과 자신을 물리적으로 구분하는 것부터 대인 관계에서 자신의 생각, 욕구, 감정, 소유, 역할, 책임 등을 지각하고 구분하는 것까지를 다 가리킨다. 바운더리가 건강한 사람은 상대를 나와 다른 마음을 가진 독립적인 인간으로 바라본다.
▶ 2문단: 바운더리의 개념과 바운더리의 자타 식별 기능

둘째, 자기 보호의 기능이다. 바운더리가 외부로부터 우리를 【문제 1~②번】 바운더리의 기능 ② 보호하기 때문에 우리의 몸과 마음이 외부와 뒤엉키지 않고 형태를 보존할 수 있다. 건강한 자아의 바운더리에는 위험을 감지하는 센서가 있는데 이 센서가 위험할 때는 알람을 울려 바운더리를 닫고, 그렇지 않을 때는 바운더리를 잘 열 수 있어야 한다.
▶ 3문단: 바운더리의 자기 보호 기능

셋째, 상호 교류의 기능이다. 인간에게 교류는 선택 사항이 아 【문제 1~②번】 바운더리의 기능 ③ 반드시 필요한 것이다. 니다. 외부와 교류하지 않고 혼자서 살아갈 수는 없기 때문이다. 물론 대상에 따라 개방의 정도는 달라야 한다. 좋지 않은 것을 받아들이지 않고 좋은 것을 받아들이는 것이 바운더리가 존재하는 이유이다.
▶ 4문단: 바운더리의 상호 교류 기능

이 밖에도 자기표현의 기능이 있다. 헤어스타일이나 옷차림이 【문제 1~②번】 바운더리의 기능 ④ 사람의 개성을 반영하듯, 관계에서 드러나는 표정, 말투, 몸짓, 자세 등도 상대에 대한 우리 내면의 생각과 감정을 반영한다. 바운더리가 건강한 사람은 내적 상태를 반영해서 바깥으로 표현하지만 건강하지 못한 사람은 내적 상태와 외적 표현이 크게 어긋난다.
▶ 5문단: 바운더리의 자기표현 기능

「바운더리에 생긴 이상은 남과 나를 구분하지 못하고 자아를 보 【문제 1~⑤번】 『 』: 바운더리에 이상이 생긴 경우

호하지 못할 정도로 '희미한 바운더리'와 이와 반대로 교류하는 바운더리에 생긴 이상 ① 것 자체가 힘들 정도로 지나치게 폐쇄적인 '경직된 바운더리'로 바운더리에 생긴 이상 ② 구분할 수 있다. 영양실조와 비만이 모두 병이듯, 관계의 건강함 역시 늘 양면성을 살펴야 한다. 자기 보호를 하지 못해 상대에게 자아를 보호하면서 남과 교류하는 것 끌려다니는 것도 문제이지만 자기 보호에 매달리느라 상호 교류를 하지 못하는 것 역시 문제라고 할 수 있다. 따라서 건강한 바운더리는 자신을 보호할 수 있을 만큼 튼튼하면서도 다른 사람들 【문제 1~③번】 건강한 바운더리의 조건 과 친밀하게 교류할 수 있을 만큼 개방적이어야 한다.
▶ 6문단: 건강한 바운더리의 조건

해제 이 글은 영국의 철학자인 존 로크가 모든 인간은 백지상태로 태어난다고 주장한 철학과 사상, 그것의 의의와 한계를 설명하고 있다. 로크는 모든 의식은 후천적 경험에 의해서 생긴다고 보았다. 이러한 로크 철학의 중요 개념은 '백지론'이다. 백지론이란 깨끗한 종이처럼 비어 있는 의식에 경험이 더해짐으로써 관념이 생긴다는 것이다. 백지론은 신분 질서가 엄격했던 당시에 혁명적인 의미를 지니고 있었다. 신분제 사회에서 억압받던 민중들에게 로크의 철학은 개성과 자주성을 일깨워 주었으며, 로크는 사회 여러 분야에서 색다른 시각으로 문제를 제기하였다. 로크의 사상은 17세기의 시대적 한계를 벗어나지는 못했지만, 그의 사후에도 이어져 저항을 민중의 권리로 인식하는 디딤돌이 되었다.

주제 백지론의 가치와 로크 철학의 한계와 의의

존 로크는 청교도적 신앙과 혁명가적 기풍이 강한 집안에서 태어났다.
<u>로크 철학의 정신적 기반</u>
베이컨의 영향을 받아 경험을 중시한 로크에게 <u>인간의 모든 의식은 밖에서부터 받아들인 외적 경험이거나 그것을 가공한 내적 경험이다.</u>
<u>로크의 철학적 기초</u>
다시 말해 로크는 의식의 모든 내용은 후천적인 경험에서 생겨난다고 보았다.
▶ **1문단: 존 로크의 집안 분위기와 사상적 기반**

'<u>타불라 라사</u>'는 로크의 중요한 철학 개념이다. 라틴어로 '<u>아무</u>
█████: 이 글의 중심 화제
<u>것도 씌어 있지 않은 종이</u>' 곧 <u>백지</u>라는 뜻이다. 로크는 우리 의식이 이와 같다고 말한다. 깨끗한 종이처럼 비어 있는 의식에 경험이 더해짐으로써 관념이 생긴다는 것이다.
<u>백지론의 의미</u>
▶ **2문단: 백지론의 의미**

인간은 태어날 때 모두 '백지'라는 생각은 지금 보면 대수롭지 않게 다가오지만, 당시 유럽의 상황을 짚어 보면 혁명적 의미를 지녔다는 것을 쉽게 짐작할 수 있다.
문제 2~①번 <u>신분제가 여전히 남아 있는 당시 유럽에 백지론이 던진 충격</u>
로크 이전의 중세 유럽에서 인간은 결코 '하얀 종이' 상태로 태어나지 않았다. <u>신분 제도 아래선 어느 계급, 어느 가문에서 태어났느냐가 한 사람의 인생을 좌우했기 때문이다.</u>
<u>로크의 철학이 혁명적인 이유</u>
▶ **3문단: 백지론의 혁명적 가치**

따라서 모든 인간은 백지상태로 태어난다는 철학은 핏줄에 기반을 둔 신분 제도 아래서 여전히 억압받고 있던 당시 사람들에게 희망과 힘이 되었다.
<u>백지론이 당시 신분제로 억압받던 사람들에게 준 영향</u>
더 나아가 로크는 <u>배우는 사람들에게 어떤 틀을 주입해서는 안 되고, 스스로 발전하도록 도와주어야 한</u>
<u>로크의 교육관</u>
다고 주장한다. 일방적으로 훈시할 것이 아니라 학생들이 자신의 생각을 펼쳐 가도록 도와야 한다는 것이다. 이는 자유롭고 성숙한 개성에 이르는 자주성을 중시한 까닭이다.
▶ **4문단: 백지론의 사회적·교육적 가치**

그리고 '타불라 라사'에 기반을 둔 로크의 정치사상은 민주주
문제 2~③번 ┌ ┚ 백지론의 정치적 가치
의 진전에 큰 영향을 끼쳤다. 「<u>모든 인간은 평등하다는 인권 의식</u>
문제 2~②번 백지론의 정치적 가치 ①
을 높였고, 왕과 귀족이 권력을 독점한 체제에서 <u>삼권 분립으로 변화하는 정치 제도의 전환점을 마련했다.</u>」
<u>백지론의 정치적 가치 ②</u>
▶ **5문단: 백지론의 정치적 가치**

로크는 모든 사람에게 평등한 법을 통해 개개인의 정당한 소유
문제 2~⑤번 로크의 소유관
를 보장하는 것을 통치자의 의무로 보았다. 왕과 귀족들이 상공인들의 재산을 자의적으로 빼앗아 온 관행에 쐐기를 박자는 것이었다.
▶ **6문단: 소유에 대한 로크의 견해**

어떤 통치자도 개개인의 종교적 신념을 좌우할 수 있는 권력을 신으로부터 부여받지 않았다며 정치와 종교의 분리도 주장했고,
<u>로크의 종교관</u>
정치적으로 경험론에 근거해 이성의 오류 가능성을 강조함으로써 관용의 필요성을 역설했다.
▶ **7문단: 종교에 대한 로크의 견해**

로크의 명성은 그가 죽은 뒤에 프랑스 혁명과 미국 독립 전쟁을 거치며 더 높아졌다. 그의 철학은 <u>초법적이고 특권적인 힘을 행사하는 권력에 대한 저항, 권력의 남용에 대한 저항을 민중의 권리로 인식하는 디딤돌이 되었다.</u>
<u>로크의 철학을 바탕으로 민중이 저항을 자신의 권리로 여기게 됨</u>
저항권은 그 뒤 민주주의의 주요 원리로 뿌리내렸다.
▶ **8문단: 저항권의 기초가 된 로크의 철학**

다만 로크도 17세기의 시대적 한계를 넘어서진 못했다. 가령
「<u>사회적 약자에 대한 배려를 개개인의 자유로운 선택에 맡겼다.</u>
┌ ♪ 로크 철학의 한계   문제 2~⑤번 사회 복지를 생각하지 못한 한계
<u>다른 사람들을 전혀 고려하지 않고 무분별하게 재산을 축적하는</u>
<u>행위도 궁극적으로는 공동선에 이바지할 수 있다고 주장하기도</u>
<u>무분별한 재산 축적 행위를 옹호한 한계</u>
했다.」
▶ **9문단: 로크 철학의 한계**

해제 이 글은 소비 행위의 구매 의사 결정 과정에서 나타나는 비합리적인 구매 의사 결정과 이를 예측하고 설명하기 위해 등장한 행동 경제학의 내용을 설명하고 있다. 사람들은 문제 인식, 정보 탐색, 대안 평가, 구매, 구매 후 평가의 과정을 거쳐 구매 의사 결정을 한다. 하지만 닻과 같은 기준으로 작용하는 요인이나 상황 또는 맥락 요인에 따라 비합리적인 선택을 하곤 한다. 이러한 비합리적인 행동의 규칙성을 인정하고 이를 설명하기 위해 등장한 학문이 행동 경제학이다. 행동 경제학은 심리학과 경제학이 접목된 학문으로, 이는 상황이나 맥락에 따라 달라지는 비합리적인 의사 결정을 설명한다. 그리고 좀 더 현명한 의사 결정을 할 수 있는지를 생각하게 한다.

주제 비합리적 의사 결정과 행동 경제학

우리는 평생 동안 끊임없이 소비하며, 그 안에서 헤아릴 수 없이 많은 선택을 한다. 이러한 소비자의 의사 결정 과정에는 충동적이거나 습관적으로 나타나는 것도 있으나 대체로 소비자가 문제를 인식하고, 관련된 정보를 찾고, 대안들을 평가하고 선택하여 구매하고, 이후 구매 후 평가하는 전반적인 과정을 거친다. 이러한 일반적인 구매 의사 결정 과정은 소비자들이 합리적이고 체계적인 의사 결정을 할 것이라는 가정을 전제로 한다.
▶ 1문단: 소비자들의 일반적인 구매 의사 결정 과정

하지만 사람들의 구매 의사 결정이 항상 합리적일까? 예를 들어 마트에 갔더니 가격표에 제품의 '원가 5만 원과 원가에서 40% 할인한 가격 3만 원이 함께 제시된 것'을 보았다고 생각해 보자.
닻과 같은 기준으로 작용하는 가격 정보
'할인가인 3만 원만 부착된 가격표를 본 상황'과 비교했을 때 사람들은 어떤 제품을 구매할까? 「대부분의 사람은 현재 지불할 가
「 」: 비합리적 구매 의사 결정 사례 ①
격이 3만 원이라고 단순하게 제시한 상황보다, 원래 5만 원인데 3만 원에 준다고 거래 조건을 제시했을 때 그 제품을 더 구매하고 싶어진다.」 이것은 처음 나에게 제시된 가격 정보가 해당 제품을
사례 ①의 발생 원인: 닻 효과
평가하는 닻과 같은 기준으로 작용했기 때문이다. 다시 말해 제시된 원가에 닻을 내리고 처음 주어진 정보를 토대로 가치를 판단하게 되는 것이다. 또한 같은 10개를 팔더라도 「그냥 파는 경우와 10개 한정이라 홍보하며 파는 경우에 한정이라는 말에 혹해서
「 」: 비합리적 구매 의사 결정 사례 ②
구매하게 되는 것」역시 판매 수량이 제한적이라는 상황이 제품이
사례 ②의 발생 원인: 상황과 맥락 효과
가진 객관적인 가치보다 더 좋은 것으로 느껴지게 만드는 착각을 가져올 수 있다. 다시 말해 제품을 평가하고 선택할 때에도 어떠한 상황과 맥락에서 제시되는지에 따라 어떤 부분에 주목하고 어떻게 바라보는지 등의 판단에 영향을 미치게 된다.
▶ 2문단: 소비자들의 비합리적 구매 의사 결정 사례

경제학적 관점에서 바라보는 인간은 도저히 이해할 수 없고 설명할 수 없는 선택들을 일상에서 무수히 많이 행하고 있다. 흥미로운 것은 이러한 실수가 보편적인 현상이며 비합리적인 행동에
문제 1-③번 행동 경제학의 등장 배경 ①
도 규칙성이 있다는 것이다. 이는 비합리적이고 비이성적인 행동이 예측 가능하다는 것을 의미하는데, 이처럼 사람들의 판단 오류와 실제 행동을 설명하기 위해 등장한 학문이 바로 행동 경제
문제 1-③번 행동 경제학의 등장 배경 ②   : 이 글의 중심 화제
학이다.
▶ 3문단: 행동 경제학의 등장 배경

행동 경제학은 심리학과 경제학을 접목하여, 상황이나 맥락에
문제 1-①번 행동 경제학의 기저 학문 분야

따라 달라지는 비합리적인 의사 결정을 설명한다. 모든 인간이
     : 이 글의 중심 화제
합리적이고 기대 효용이 가장 높은 대안을 선택한다는 이성적 인
문제 1-⑤번 경제학적 관점에서 인간의 선택에 전제하는 요소
간 행동을 전제로 하는 경제학적 관점만으로는 인간의 행동을 제대로 설명할 수 없기에, 심리학적인 지식을 활용하여 사람들의
행동 경제학의 목표
실제 행동의 설명력을 높이고 보다 정교하게 그들의 행동을 예측하고자 하는 것이다. 즉, 행동 경제학의 관점은 비합리적인 소비 사례와 이에 대한 심리학적 통찰력을 통해, 소비자로서 매일을 살아가는 우리가 어떻게 하면 좀 더 현명한 의사 결정을 할 수 있
문제 1-④번 행동 경제학의 의의
는지를 생각하게 한다.
▶ 4문단: 행동 경제학의 목표 및 의의

해제 이 글은 인간의 다양한 욕구를 충족시키지만 새로운 사회 문제를 야기하기도 하는 SNS의 특성과 두 가지 문제점, 그리고 전반적인 해결책에 대해 설명하고 있다. SNS로 나타나는 문제는 대표적으로 악플 쇄도와 에코 체임버 현상이다. 악플 쇄도는 욕구 불만을 가진 사람들이 누군가를 희생양으로 삼아 근거 없는 비방을 퍼붓는 행위이다. 에코 체임버 현상은 같은 의견을 가진 사람들끼리만 의견을 공유하는 현상으로, 집단을 형성

해 다른 의견을 가진 집단과 논쟁을 벌일 위험성이 있다. 이에 글쓴이는 SNS를 사용할 때 최대한 감정을 배제하고 다양한 사람과 매체를 통해 정보를 접하려는 태도를 지녀야 한다는 해결책을 제시하고 있다.

주제 SNS의 특성과 올바른 사용 태도

가 현대 사회에서 사람들은 SNS(Social Network Service)를 통해 편리하게 인간관계를 형성하거나 정보를 주고받고 있다. 이처럼 SNS는 인간의 다양한 욕구를 충족시켜 주는 편리한 방법이지만 그만큼 새로운 사회 문제도 야기하고 있다.
▶ 1문단: SNS의 특성과 사회 문제

나 SNS는 다른 사람과 다양하게 연결되면서 자신의 인정 욕구나 자아실현의 욕구를 충족시켜 준다. 그런데 욕구가 충족되지 않으면 그 반동도 생기게 마련인데 SNS상에서는 욕구 불만의 반동으로 '악플 쇄도'가 일어난다고 알려져 있다. 악플 쇄도는 개인의 언행 등에 대해 인터넷에서 중상 비방이 쇄도하는 현상을 가리킨다.
▶ 2문단: SNS상 악플 쇄도의 원인과 악플 쇄도의 개념

다 미국의 사회학자 피더슨은 이와 관련해 대학생들을 대상으로 희생양 실험을 진행했다. 대상자들을 과제 성적이 낮다며 일부러 불쾌한 감정을 자극한 '분노 있음' 그룹과 과제 성적에 대해 말하지 않은 '분노 없음' 그룹으로 나누고, TV 화면으로 문제를 내는 진행자에 대해 평가하는 실험을 했다. 같은 화면임에도 '분노 있음' 그룹은 '분노 없음' 그룹보다 진행자에 대한 평가가 현저히 낮은 결과를 나타냈다. 이는 '분노 있음' 그룹이 과제 성적이 낮은 일에 대한 분노를 진행자에게 투영해 희생양으로 삼아 공격한 것이라 볼 수 있다. 이렇듯 악플 쇄도는 SNS상에서 불쾌한 정보를 만나면 그동안의 욕구 불만이 촉발되어 희생양을 찾아 악플로 공격하는 행위로 설명된다. 여기에 SNS의 익명성도 희생양 현상을 만들어 악플을 감행하는 데 한몫하는 것이다.
▶ 3문단: 희생양 실험과 SNS상의 악플 쇄도

라 SNS상에서는 정치나 사회 문제에 관한 집단끼리의 의견 대립이 심하게 일어나는 경우도 있다. 문제는 SNS는 이런 의견 대립이 일어나기 쉬운 메커니즘을 가지고 있다는 것인데, SNS상의 팔로워나 친구 등록 등의 장치가 그것이다. SNS에 따라서는 자신과 흥미나 관심이 비슷한 사람이나 공통의 친구를 자동으로 찾아 주는 기능도 있다. SNS에서 이러한 기능을 통해 유사한 의견끼리 모이는 현상을 자신의 소리가 방(chamber)에서 계속 울린다(echo)는 의미의 에코 체임버 현상이라 한다.
▶ 4문단: SNS 기능과 에코 체임버 현상

마 에코 체임버 현상은 SNS가 사람들에게 자신과 생각이나 관심이 비슷한 사람을 쉽게 연계할 수 있도록 돕는 기능과 관련 깊

다. 미국에서 정치에 관한 트위터 25만 건을 분석한 결과에서 진보는 진보끼리, 보수는 보수끼리만 의견을 교환하며 상대 진영과는 거의 연계를 하지 않는 것으로 나타났다. 그래서 SNS상에서는 자신의 사고가 옳다고 믿기 쉬워지며 서로가 상대방이 틀렸다고 생각해 논쟁으로 이어져 결과적으로 집단 사이의 대립이 생길 위험성이 높다.
▶ 5문단: 에코 체임버 현상의 위험성

바 현대 사회에서는 SNS를 통해 사람과 사람을 쉽게 연결할 수 있게 되었다. 그 편리함은 장점이지만 이로 인해 파생되는 다양한 문제에 대해서는 방치할 수 없다. SNS도 일기가 아니라 다른 사람에게 읽히는 글이므로 최대한 감정을 배제해야 할뿐더러 다양한 사람과 매체를 통해 정보를 접하려는 노력도 해야 한다.
▶ 6문단: SNS의 올바른 사용 태도

해제 이 글은 많은 사람의 공동 소비를 위해 생산된 재화나 서비스인 공공재의 개념과 특성을 소개하고 공공재에서 발생하는 문제를 해결하는 방법을 설명하고 있다. 공공재에는 비경합성과 비배제성이라는 특성이 나타난다. 그런데 공공재의 이러한 특성으로 무임승차의 문제가 발생하며, 공유지의 비극을 파생시킨다. 공유지의 비극 문제는 의도치 않게 다른 사람에게 혜택을 주거나 손해를 입히는 외부 효과와 관련성이 있는데, 코즈는 이에 대해 한쪽의 재산권을 인정함으로써 조정을 하고 원만한 합의에 이르러야 한다고 주장하였다.

주제 공공재에서 발생하는 문제와 코즈의 해결 방법

공공재는 많은 사람의 공동 소비를 위해 생산된 국방, 치안, 도로, 공원 등과 같은 재화나 서비스를 말한다. 공공재는 일반적으로 비경합성과 비배제성의 특성을 갖는다. 비경합성은 한 사람의 소비 행위가 다른 사람의 소비에 질이나 양에 아무런 영향을 미치지 않는 일, 즉 가로등 사용 등을 가리킨다. 비배제성은 가격을 지불하지 않고서도 상품의 소비에 배제되지 않는 일, 즉 공중화장실 이용 등을 가리킨다. ▶ 1문단: 공공재의 개념과 특성

그런데 공공재는 이러한 성격으로 인해 공공재를 소비하는 사람들이 그것에 대한 가격을 지불하지 않고 혜택만 누리려는 무임승차의 문제를 발생시킨다. 즉, 공공재는 비경합성, 비배제성으로 인한 무임승차의 발생으로 공유지의 비극을 낳게 되는 것이다. 공유지의 비극은 공공재에 대한 무임승차의 욕구로 인해 쉽게 고갈되고 황폐화되는 일을 가리킨다. 누구나 사용할 수 있는 목초지에 농부들이 소를 데려와 마구 풀을 뜯게 한다면 풀이 고갈되는 비극이 발생하는 것과 같은 원리이다. ▶ 2문단: 공공재의 특성으로 발생하는 문제점

공유지의 비극 문제는 경제학에서는 외부 효과와 밀접한 관련성이 있다. 외부 효과는 경제 활동과 관련하여 다른 사람에게 의도하지 않은 혜택이나 손해가 발생했음에도 이에 대한 비용을 치르지 않는 것을 말한다. 외부 효과에서 의도하지 않은 혜택을 보는 경우 외부 경제, 의도하지 않은 손해를 보는 경우 외부 불경제라고 한다. 농부가 비용을 들여 버려야 할 가축 분뇨를 공유지인 강물에 몰래 방류하면 농부에게는 이익이 되지만 오염된 강물을 마신 하류 지역 사람은 건강을 해쳐 외부 불경제가 발생하게 된다. 이때 농부와 하류 지역 사람이 피해와 관련해 동의할 수 없는 상황이 되면 분쟁이 일어나게 된다. ▶ 3문단: 공유지의 바극과 관련 있는 외부 효과

미국의 경제학자 코즈는 시장 참여자 간의 조정을 통해 공유지의 비극과 같은 문제를 해결할 수 있다고 하였다. 먼저 코즈는 시장 참여자 간 분쟁이 강물이 공유지이기 때문에 벌어진 일이라 보고 강물에 대한 재산권을 확립한 뒤에 협상하도록 해야 한다고 주장한다. 예를 들어, 강물에 대한 재산권이 농부에게 있다면 분뇨를 버릴 때 하류 지역 사람의 동의를 구해야 한다. 반대로 재산권이 하류 지역 사람들에게 있다면 농부에게 분뇨 방류를 줄이도록 요구할 수 있다. 이러한 조정을 통해 분뇨 배출의 양을 낮추거나 하류 지역 사람에게 보상을 하는데, 이를 외부 효과의 내부화라고 한다. ▶ 4문단: 외부 효과의 문제를 해결하기 위한 코즈의 주장

이를 볼 때 코즈는 외부 효과의 문제를 시장 참여자 간의 상호적 성격을 바탕으로 해결하려 하였다. 즉 원인만을 놓고 보자면 분뇨 방류만이 문제가 아니라 하류 지역 사람들이 강물을 마시지 않았다면 외부 효과가 발생하지 않을 것이기 때문이다. 따라서 코즈의 이론은 일방적으로 한쪽을 가해자나 피해자로 상정하지 않고 상호 원만한 합의를 추구하는 방식으로 외부 효과의 문제를 해결하려 한 것으로 평가된다. ▶ 5문단: 코즈의 주장에 대한 평가

저작권과 CCL

해제 이 글은 사람의 생각이나 감정을 표현한 결과물에 대해 그 표현한 사람에게 주는 권리인 저작권의 종류와 저작권을 지키기 위한 제도인 CCL의 여러 가지 종류를 설명하고 있다. 저작권은 저작자가 인격적으로 갖는 권리인 저작 인격권과 저작물 이용에서 발생하는 경제적 이익을 보호하기 위한 저작 재산권으로 나뉜다. 저작 인격권은 양도와 상속이 불가능하고 공표권, 성명 표시권, 동일성 유지권으로 구분된다. 저작 재산권은 권리들을 나누어서 개별적으로 행사하거나 양도와 상속이 가능하다. 이러한 저작 재산권에는 복제권, 공연권, 배포권 등이 있다. 저작권을 지키기 위해 CCL을 주의 깊게 살펴야 한다. CCL은 저작자 표시 부호, 비영리 부호, 변경 금지 부호, 동일 조건 변경 허락 부호로 이뤄져 있으며 각 부호의 조합을 통해 저작권자가 저작물의 이용 방식을 규정하는 제도이다.

주제 저작권의 종류와 CCL

'저작권'은 사람의 생각이나 감정을 표현한 결과물에 대해 그 표현한 사람에게 주는 권리이다. 그러한 표현의 결과물을 '저작물'이라 하며 저작물은 보호를 받는다. 하지만 모든 표현 결과물이 저작물로 보호받는 것은 아니다. 일상생활에서 자주 쓰이는 간단한 문장들, 사건을 보도하기 위해 사실 그대로를 정리한 글, 단순히 이름순으로 정리한 전화번호부 같은 것들은 누가 하더라도 같거나 비슷하게 표현할 수밖에 없는 것이어서 창작적인 표현이 아니라고 보기 때문에 저작물로 보호하지 않는다.
▶ 1문단: 저작권과 저작물의 개념

저작권은 저작 인격권과 저작 재산권으로 분류된다. 저작 인격권은 정신적인 노력의 산물로 만들어 낸 저작물에 대해 저작자가 인격적으로 갖는 권리를 말한다. 저작 인격권은 다른 사람에게 양도되거나 상속되지 않는, 저작자에게만 인정되는 권리로서 공표권, 성명 표시권, 동일성 유지권으로 구분된다. 공표권이란 저작물에 대한 공표 여부를 결정하고 공표 방법을 선택할 수 있는 권리이고, 성명 표시권이란 저작자가 저작물에 대해 자신이 저작자임을 주장하고 이를 표시할 수 있는 권리이다. 또한 동일성 유지권이란 자신의 저작물이 창작한 본래의 모습대로 활용되도록 하는 권리이다.
▶ 2문단: 저작 인격권과 그 하위 권리

저작 재산권은 저작물을 일정한 방식으로 이용하는 것으로부터 발생하는 경제적 이익을 보호하기 위한 권리이다. 저작 재산권은 저작 인격권과 달리 권리들을 나누어서 개별적으로 행사하거나 양도 또는 상속하는 등 처분을 할 수 있다. 저작 재산권은 저작물에 대한 행위에 따라 다양하게 구분할 수 있다. 저작물을 인쇄, 복사하거나 사진을 찍는 등의 권리인 복제권, 여러 사람 앞에서 저작물을 공개할 수 있는 권리인 공연권, 저작물의 원본이나 복제물을 여러 사람에게 나눠 주거나 빌려주는 것을 할 수 있는 권리인 배포권 등이 저작 재산권에 해당한다.
▶ 3문단: 저작 재산권과 그 하위 권리

온라인의 검색이 편리해진 요즘, 우리는 저작권을 보호하기 위해 저작권의 보호와 사용에 대한 CC라이선스(CCL)를 반드시 이해해야 한다. CCL이란 '저작물 자유 이용 허락 표시 제도'라는 뜻으로, 저작권자가 본인의 저작물에 대한 권리 사항을 표시하여 정해 둔 범위 내에서 사람들이 저작물을 이용하게 한 제도이다. 저작물에는 신호등처럼 창작물에 CCL 관련된 부호가 4개 주어지게 되고, 그 부호의 조건에 맞춰 콘텐츠를 사용할 수 있다.
▶ 4문단: CCL의 개념

①는 저작자 표시 부호로 저작자의 이름, 출처 등 저작자를 반드시 표시해야 한다는 필수 조건이다. 저작물을 복사하거나 다른 곳에 게시할 때도 반드시 저작자와 출처를 표시해야 한다. ⊗는 비영리 부호로, 저작물을 영리 목적으로 이용할 수 없음을 의미한다. 따라서 영리 목적을 위해서는 저작자와의 별도의 계약이 필요하다. ☰는 변경 금지 부호로, 저작물을 변경하거나 저작물을 이용해 2차 저작물을 만드는 것을 금지한다는 의미이다. ↻는 동일 조건 변경 허락 부호로, 2차 저작물 창작을 허용하되, 2차 저작물에 원 저작물과 동일한 라이선스를 적용해야 한다는 의미이다. 저작물을 이용하는 사람이 이와 같은 4개 조건의 부호를 명확히 이해하면 저작권 분쟁 없이 저작물을 이용할 수 있다.
▶ 5문단: CCL 표시 부호의 의미

해제 이 글은 형법에서 제정한 원칙인 법률이 있어야 형벌을 내릴 수 있다는 죄형 법정주의의 발생 배경과 성립 요건을 설명하고 있다. 죄형 법정주의는 개인의 자유와 권리를 보장하기 위한 원칙으로 삼권 분립의 취지에서 수립되었다. 죄형 법정주의와 관련해서 어떤 행위의 사실관계를 판단할 법 규범이 없는 법률의 흠결이 발생하게 될 때, 법관은 법률을 적용하기 위해 해석을 해야 한다. 이때 법관은 이미 존재하고 있는 법 규범을 토대로 그 목표나 방향 설정의 범위 내에서 법규의 의미를 넓혀 가는 확장 해석에 주력해야 하며, 기존의 법 규범이 존재하지 않는 영역에서 수행하는 유추 해석을 하지 말아야 한다. 이러한 확장 해석과 유추 해석의 일반적인 기준은 일반인의 상식적인 판단이나 이해를 일컫는 언어의 가능한 의미라고 할 수 있다.

주제 죄형 법정주의의 원칙과 유의점

형법에서 <mark>죄형 법정주의</mark>는 어떤 행위가 범죄로 되어 어떤 형벌을 받을 것인가를 판결할 때 그 행위 이전에 법률이 미리 정해 두지 않는 한 그 행위를 범죄로 처벌할 수 없다는 원칙을 말한다. 죄형 법정주의는 '법률이 없으면 범죄도 없고 형벌도 없다.'라는 의미를 나타내는데, 이때 '법률이 없다'는 것은 법률에 범죄가 명문으로 규정되어 있지 않다는 뜻이다. 죄형 법정주의는 중세 절대주의 국가의 임의적인 형벌권 행사에 대한 대항적 원리에서 비롯된 원칙으로서, 개인의 자유와 권리를 보장하기 위한 원칙이다.
> 문제 1-①번 죄형 법정주의에서 '법률이 없다'의 개념
> 죄형 법정주의 발생 배경
> ▶ 1문단: 죄형 법정주의 개념과 발생 배경

죄형 법정주의는 권력 분립의 원칙에서 유래한다. 『입법부는 법률의 제정을, 사법부는 법률의 적용을, 행정부는 법률의 집행을 담당하는데, 죄형 법정주의를 통해 상호 견제하여 권한 행사의 남용을 방지한다. 법규의 제정은 입법부의 몫이므로, 사법부나 행정부가 마음대로 법규를 제정하여 시민을 처벌하지 못한다.』
> 문제 1-③번 『 』: 죄형 법정주의 원칙 수립의 취지
> ▶ 2문단: 죄형 법정주의 원칙 수립의 취지

먼저 죄형 법정주의는 어떤 행위에 대한 법률의 흠결 문제를 살펴야 한다. <u>법률의 흠결</u>은 법관이 어떤 행위의 사실관계를 판단할 법 규범이 없는 상황을 가리킨다. 『법률의 흠결을 명분으로 재판을 하지 않으면 직무 유기에 해당하므로 법관은 이를 해결해야 한다.』 이때 법관은 기존의 법 규범을 토대로 해석을 하게 되는데, 해석에는 흠결의 보완으로 인정되는 확장 해석과 흠결의 보완으로 인정하지 않는 유추 해석이 있다.
> 문제 2-①번
> 문제 1-④번 『 』: 죄형 법정주의에서 법률의 흠결을 처리하는 태도
> ◯: 법률의 흠결을 보완하는 해석 ▶ 3문단: 죄형 법정주의에서 법률의 흠결 문제

<u>확장 해석</u>은 이미 존재하고 있는 법 규범을 토대로 그 목표나 방향 설정의 범위 내에서 법규의 의미를 넓혀 가는 것이다. 예를 들어 구타 행위로 인해 외상은 없으나 정신적 충격으로 수면 장애 등이 발생했다면 상해에 관한 형법 257조를 근거로 신체를 해하는 행위뿐 아니라 생리적 기능의 훼손도 상해로 확장 해석하여 유죄로 인정하는 것이다.
> ▶ 4문단: 확장 해석의 개념

<u>유추 해석</u>은 확장 해석과 달리 기존의 법 규범이 존재하지 않는 영역에서 수행하는 해석이므로 죄형 법정주의에서는 금지된다. 19세기 말 독일 형법에서는 절도죄의 객체를 동산으로 규정하고 있었다. 따라서 남의 집에서 전기를 무단으로 사용한 사건에서, 전기를 동산으로 유추하는 것을 금지해 결국 무죄가 선고됐다. 전기를 동산으로 유추하면 법률의 창설이나 근거 없는 보충이 되어 피고인에게 불리하게 되므로 유추 해석이 허용되지 않은 것이다.
> 문제 2-③번
> 문제 2-④번 유추 해석이 허용되지 않는 이유
> ▶ 5문단: 유추 해석의 개념과 유추 해석이 허용되지 않는 이유

확장 해석과 유추 해석은 유추적 사고 과정을 필요로 하기 때문에 그 구분은 사실 분명하지 않다. 그 구분으로 제시되는 기준이 '언어의 가능한 의미'인데, 언어의 가능한 의미가 인정되면 확장 해석이고, 그 의미를 넘어서는 해석은 유추 해석이다. <u>언어의 가능한 의미</u>는 일반인의 이해나 예측에 기초한 것으로, 그 범위를 초월하지 않으면 확장 해석이고, 피고인에게 불리한 방향으로 그 의미를 넘어서면 유추 해석이라 할 수 있다.
> 문제 1-⑤번 확장 해석과 유추 해석을 구분하는 기준
> 일반인의 상식적인 판단이나 이해
> 확장 해석 및 유추 해석과 언어의 가능한 의미의 관계
> ▶ 6문단: 확장 해석과 유추 해석의 일반적 기준

해제 이 글은 서로 다른 나라 화폐의 교환 비율인 환율의 개념과 운용 방식에 따른 환율의 종류와 각 환율의 특성을 설명하고 있다. 환율은 자국이나 외국 돈에 대한 수요와 공급에 의해 결정되며 국내외 정치 상황이나 심리적 요인 등에 반응하여 결정된다. 환율은 환율 결정 방법에 따라 일정 수준으로 정해 놓는 방식인 고정 환율 제도, 외국 돈에 대한 수요와 공급에 의해 결정되는 방식인 변동 환율 제도로 나눌 수 있으며 일반적인 시장 경제 국가에서는 변동 환율 제도를 시행하고 있다. 우리가 흔히 접하는 환율은 명목 환율로, 자국 돈으로 표시한 외국 돈의 상대적 가치를 말한다. 명목 환율은 비교 대상이 되는 외국 화폐 단위를 함께 묶어 표기하며, 명목 환율의 상승은 국내 통화의 가치 하락과 외국 통화의 가치 상승을 의미한다. 이와 달리 소비자 물가 지수 등을 활용하여 계산되는 실질 환율은 거시적 관점에서 국내 제품의 국제 경쟁력 개선 여부나 우리나라 무역 상황의 실태를 파악하는 지표로 활용된다.

주제 환율의 개념과 종류

우리나라와 외국 간의 경제적 거래가 이뤄지려면 원화와 외국 돈을 서로 교환해야 한다. 이때 화폐의 교환 비율을 환율이라 한다. 환율은 외국 돈이 거래되는 외환 시장에서 외국 돈에 대한 수요와 공급에 의해 결정된다. 상품에 가격이 매겨지는 것처럼 외환 시장에서 거래되는 외국 돈의 가격이 환율이 되는 것이다. 외국에서 상품과 서비스를 수입하거나 외국의 금융 상품에 투자하는 경우에는 외국 돈에 대한 수요가 늘어나 환율이 상승한다. 반대로 우리나라의 상품과 서비스를 외국에 수출하거나 외국인이 우리나라 금융 상품에 투자하는 경우에는 외국 돈이 많아져 환율이 하락한다. 이 밖에도 환율은 국내외 정치 상황이나 심리적 요인 등에도 민감하게 반응한다. ▶ 1문단: 환율의 개념과 환율의 결정 요인

이처럼 환율이 외환 시장에서 외국 돈에 대한 수요와 공급에 의해 결정되는 시스템을 변동 환율 제도라고 하며 반대로 환율을 일정 수준으로 정해 놓는 방식은 고정 환율 제도라고 한다. 이 중 「고정 환율 제도는 환율을 일정하게 유지해야 하다 보니 여기에 맞춰 통화 정책을 유지해야 한다는 문제가 발생한다. 물가 안정이나 금융 안정 등 목표를 달성하기 위해 국내 경제 사정을 고려해서 적절한 통화 정책을 펼쳐야 하는데 그럴 수가 없는 것이다.」 이 때문에 한국을 비롯해 시장 경제를 도입한 많은 나라는 변동 환율 제도를 운영하고 있다. ▶ 2문단: 고정 환율 제도와 변동 환율 제도

우리가 흔히 접하는 환율은 명목 환율이다. 명목 환율은 자국 돈으로 표시한 외국 돈의 상대적 가치라고 말할 수 있다. 명목 환율은 '원/달러', '원/유로'처럼 비교 대상을 묶어 함께 표기한다. 달러당 1,000원에서 1,100원으로 변동된 경우를 떠올려 보자. 이러한 원/달러 환율의 상승은 국내 통화 가치의 하락과 달러 통화 가치의 상승을 의미한다. 한편 이런 환율 변화에 대해 원화가 평가 절하, 달러는 평가 절상되었다고도 말한다. 그러나 명목 환율은 교환 비율만을 나타낼 뿐, 서로 다른 국가 간 제품 경쟁력을 측정하는 데에는 한계가 있다. ▶ 3문단: 환율의 종류 ① - 명목 환율

이를 보완하기 위해 도입된 개념이 실질 환율이다. 예를 들어 명목 환율이 달러당 1,200원일 때 제품 특성이 동일한 핸드폰 A와 B가 있고, A는 한국에서 1대에 60만 원, B는 미국에서 1대에 120달러로 판매되고 있다고 가정해 보자. 이 경우 가격을 비교하기 위해서는 동일한 통화로 변환시킬 필요가 있다. 다시 말해 명목 환율(S)이 '원/달러'로 표시되었다면 두 제품 간의 가격 비교는 'S(1,200)×B의 가격÷A의 가격'의 형태로 나타냄으로써 달러에 대한 원화의 실질 환율을 구하여 가격을 비교할 수 있다. 다시 말해 실질 환율이 상승한다는 것은 동일 통화로 환산했을 때 해외 제품 가격이 국내 제품 가격보다 높다는 것을 의미하는 것이다. 일반적으로 실질 환율은 하나의 제품 가격 비교에 사용하지는 않고 전체 물가를 대표할 수 있는 소비자 물가 지수 등을 사용하여 계산된다. 따라서 실질 환율의 변화를 통해 국내 제품의 국제 경쟁력 개선 여부나 우리나라의 무역 상황의 실태를 파악할 수 있다. ▶ 4문단: 환율의 종류 ② - 실질 환율

해제 이 글은 사회적 존재로서 인간이 사회 집단의 구성원이 된다는 것을 밝히면서 사회 집단의 특징을 단순한 사람들의 집합체와 비교하여 설명하고 있다. 사회 집단은 한 가지 이상의 특성을 공유하며 같은 집단의 구성원이라는 소속감을 지니고 비교적 지속적으로 상호 작용한다는 특징이 있다. 그리고 개인은 사회 집단에 속하면서 그 집단의 규범이나 기대에 부응해야 하지만 사회 집단이 개인에게 일방적으로 영향을 주는 것은 아니다. 개인 역시 사회 집단에 영향을 주면서 사회 집단과 개인이 서로 발전할 수 있다.

주제 사회 집단의 특징과 영향

인간은 태어나면서부터 가족, 학교, 직장, 도시 또는 농촌 등과
<u>같은 다양한 집단 속에서 다른 사람들과 관계를 맺으면서 살아간</u>
문제 1-①, ③번 사회적 동물로서의 인간 ①
<u>다. 이렇듯 인간은 사회생활의 과정에서 여러 사회 집단의 구성</u>
문제 1-①, ③번 사회적 동물로서의 인간 ②
<u>원으로 소속되어 있다.</u> 그래서 아리스토텔레스는 인간을 '사회적
동물'이라고 불렀다.
▶ 1문단: 사회 집단의 구성원으로서의 인간

이렇듯 사회 집단이 인간의 삶에서 중요한 것임에도 불구하고
그 정의를 내리는 것이 그리 간단한 일은 아니다. 우리는 일반적
으로 다음의 기준들을 만족시킬 경우 그 모임을 사회 집단이라고
말한다. <u>첫째, 한 가지 이상의 특성을 공유한다. 둘째, 같은 집단</u>
                                    사회 집단의 기준 ①
<u>의 구성원이라는 소속감이 있다. 셋째, 비교적 지속적인 상호 작</u>
  사회 집단의 기준 ②   사회 집단의 기준 ③
<u>용 관계에 있다.</u> 이에 따르면 사회 집단이란 공통된 신념이나 태
                      ▨: 이 글의 중심 화제
도 혹은 목표를 가진 두 사람 이상이 어느 정도의 공동체 의식을
                      문제 1-②, ⑤번
갖고 비교적 지속적인 상호 작용을 하는 결합체를 의미한다.
▶ 2문단: 사회 집단의 기준과 개념

사회 집단은 단순한 사람들의 집합체와는 구분된다. 대형 공연
장에서 아이돌 그룹이 콘서트를 하고 있고 객석에는 수천 명의
        사례 제시
관중들이 환호를 보내고 있다고 가정해 보자. 이때 아이돌 그룹
은 하나의 사회 집단이라고 할 수 있다. <u>음악이라는 특성을 공유</u>
<u>하면서, 한 팀이라는 소속감을 갖고, 함께 지속적인 음악 활동을</u>
            아이돌 그룹을 사회 집단이라고 할 수 있는 이유
<u>하고 있기 때문이다.</u>
▶ 3문단: 사회 집단으로서의 아이돌 그룹

반면 객석에 모인 관중들은 비록 그 숫자는 아이돌 그룹보다
훨씬 많지만 엄밀한 의미의 사회 집단이라고는 할 수 없다. <u>이들</u>
<u>은 단지 이 공연을 보기 위해 일시적으로 모인 사람들이며, 공연</u>
            객석에 모인 관중들이 사회 집단이 아닌 이유
<u>이 끝나고 나면 뿔뿔이 흩어지고 마는 사람들의 집합이기 때문이</u>
<u>다.</u> 하지만 이 관중들 속에 아이돌 그룹의 팬클럽 회원들이 있다
면 그들은 다시 사회 집단으로 분류할 수 있다. 일반 관중들과 달
리 팬클럽 회원들은 <u>소속감을 갖고 지속적인 상호 작용을 하고</u>
                        사회 집단의 기준을 충족시킴.
있는 사람들이기 때문이다.
▶ 4문단: 사회 집단과 단순한 사람들의 집합체의 차이

「사회 집단은 단순한 개인들의 합을 능가하여, 그 구성원 개개
  문제 2번 「 」: 사회 집단의 특징과 영향
인과 무관한 집단 고유의 특성을 갖게 된다. 사회 집단이 유지되
려면 소속된 개인들이 그 집단의 규범과 기대에 따라 행동해야
한다. 때문에 각각의 개인도 자신의 사고와 행동이 사회 집단의
다른 구성원들과 일치해야 한다는 심리적 압박감을 받게 된다.

하지만 개인이 일방적으로 사회 집단의 영향을 받기만 하는 것은
            문제 1-④번 개인과 사회 집단의 상호 작용성
아니다. 인간은 자기 성찰과 의지를 통하여 사회 집단을 개조시
키거나 사회 집단의 영향을 어느 정도 거부할 수도 있다. 그러므
로 사회 집단의 영향과 개인의 자율성이 적절히 조화됨으로써 개
인과 사회 집단이 함께 발전할 수 있다. ▶ 5문단: 사회 집단의 특징과 영향

해제 이 글은 우리가 매일 자면서도 '꼭 자야만 할까?'라고 고민하는 잠의 역할과 형태에 따른 잠의 특징을 설명하고 있다. 잠은 일정한 시간이 지나기 전에는 쉽게 깨지 않으며 동물에 따라 자는 자세도 다르다. 잠을 통해 뇌는 낮 동안 입력된 정보를 정리하고, 몸은 에너지 충전을 위해 휴식을 취한다. 낮에 활동하다 보면 수면 유도 물질이 몸에 쌓이고, 이것이 일정량 이상이 되면 잠이 쏟아진다. 잠은 크게 렘수면과 비렘수면으로 나눈다. 렘수면은 안구를 빠르게 움직이는 수면으로 전체 수면 시간의 4분의 1에 해당하며 꿈을 꾸게 되는 수면 상태이다. 이와 구별되는 비렘수면은 깊은 잠을 말한다. 잠을 잘 자는 것에는 수면 시간이 긴 것보다는 수면의 질, 즉 깊은 잠을 얼마나 잤느냐가 영향을 미친다.

주제 잠의 역할과 특징

『영수는 기말고사 기간이다. 내일은 중요한 과목이어서 외울 것
『 』: 있을 법한 가상의 사례를 제시함.
이 참 많다. 그런데 영수의 최대 적은 게임이나 TV가 아니라 잠이다. 내일이 시험이고 공부할 것은 산같이 쌓여 있다. 마음 같아서는 밤새 공부하고 싶은데, 졸음을 참을 수 없다. 시험 기간 동안은 안 자고 시험이 끝나면 몰아서 보충했으면 딱 좋겠는데, 그것이 불가능하니 안타깝다. 아쉬운 마음에 <mark>잠, 꼭 자야 하는 걸</mark>
: 이 글의 중심 화제
<mark>까?</mark>' 하는 생각이 들었다.』
▶ 1문단: 잠에 대한 의문 제기

잠을 자는 동안에는 움직임이 거의 없고, 웬만한 소리나 빛, 동
잠의 일반적인 특성
작으로는 깨우기 어렵다. 그렇지만 시간이 지나면 일어날 수 있다. 또 종에 따라 독특한 자세로 잠을 잔다. 인간은 누워서, 말은
문제 1~②번 동물이 잠을 자는 다양한 자세
서서, 돌고래는 헤엄치면서, 앨버트로스는 날아가면서 잔다.
▶ 2문단: 잠의 일반적 특성과 다양한 잠의 자세

그러면 잠을 자는 동안은 온몸과 뇌가 쉬는 것일까? 그렇지 않
문답법: 스스로 묻고 답하여 문장에 변화를 줌.
다. 그냥 노는 시간이라면 인생의 3분의 1을 허공에 날리는 셈이니, 잠자는 시간이 아깝게 느껴진다. 잠을 자는 동안 근육은 쉬지
문제 1~④번 잠을 잘 때 근육과 뇌의 상태
만, 뇌는 깨어 있을 때와는 다르게 활동한다.
▶ 3문단: 잠을 자는 동안 다르게 활동하는 뇌

잠자는 동안 뇌는 낮 동안 입력된 정보들을 정리해서, 지워 버릴 정보와 오랫동안 보관할 것을 분류하여 장기 기억 폴더에 집어넣는다. 그리고 최대한 자율 신경계의 부교감 신경을 활성화시
문제 1~⑤번 잠을 잘 때의 상황
켜 심장 박동을 늦추고 근육을 이완하며 호흡수를 줄여서 최대한 잘 쉴 수 있도록 한다. 뇌는 다음 날 효율적으로 활동할 수 있게
잠의 역할 ①
정보를 정리하고, 몸은 에너지 충전을 위해 휴식을 취하는 것이
잠의 역할 ②
잠을 자는 동안 벌어지는 일이다. 그러므로 잠은 꼭 필요한 재충
잠의 역할과 가치
전과 정리의 시간이다.
▶ 4문단: 잠을 자는 동안 벌어지는 일

잠은 일정한 리듬으로 움직인다. 인간의 몸에는 생체 시계가 장착되어 있고, 24시간을 주기로 일정하게 수면과 각성을 오간
인간의 생체 리듬
다. 그래서 같은 시간에 졸리고, 시간이 되면 깨어난다. 낮에 활동하다 보면 수면 유도 물질이 몸에 쌓이고, 이것이 일정량 이상
잠을 자게 되는 원리
이 되면 잠이 쏟아진다. 잠과 관련해 가장 중요한 뇌의 부위는 시
문제 1~③번 잠과 관련된 물질
교차상핵으로, 송과체에서 멜라토닌이 분비된다. 멜라토닌은 어두우면 많이 분비되고 밝을 때에는 적게 분비된다. 그래서 비 오는 날에는 낮에도 졸린다.
▶ 5문단: 잠과 관련된 인간의 생체 리듬

잠은 두 가지 상태로 나눌 수 있다. 자는 동안 빠르게 안구가
렘수면의 특징 ①
운동하는 <mark>렘수면</mark>과 그렇지 않은 <mark>비렘수면</mark>이다. 두 수면의 생리적
□: 잠의 두 가지 형태
상태는 매우 다르고, 꿈은 주로 렘수면일 때 꾼다. 일반적으로 잠
문제 2~①번 렘수면의 특징 ③
은 비렘수면으로 시작해서 깊은 잠에 들어갔다가 렘수면으로 진
문제 2~③번 잠의 주기
행하는 주기를 거치는데, 보통 90분 정도다. 전체 수면 시간에서 렘수면은 4분의 1 정도로, 잠들고 나서 2시간 이내에 1번쯤 깨는 경우가 많다. 잠이 깊어질수록 뇌파는 느린 파형(서파)이 늘어나므로, 깊은 잠을 서파 수면이라고 한다. 잠의 질을 평가할 때 전체 수면 시간 중에 깊은 잠에 빠지는 비중을 측정해서 평가하기도 한다.
▶ 6문단: 잠의 두 가지 형태

그렇다면 꼭 8시간씩 자야 하는 것일까? 그렇지 않다. 5시간
문답법: 스스로 묻고 답하여 문장에 변화를 줌.
정도만 자도 충분한 사람이 있는가 하면, 10시간은 자야 하는 사람도 있다. 수면 시간은 타고난 체질과 평소 습관에 의해 결정된다. 여러 가지 이유로 평소보다 적게 잔 경우 언젠가는 벌충해야 한다고 믿는 사람이 많다. 평소 7시간을 자던 학생이 시험이라서 닷새 동안 매일 4시간씩 잤다면, 시험이 끝난 후 이 학생은 3시간×5일=15시간의 '수면 부채'가 생겼다고 생각한다. 그래서 주말 내내 8시간씩 더 자야 한다고 여기고 하루 종일 자려 했다. 허리가 아프고, 잠이 오지 않는데도 말이다. 그러나 다음 날 2~3시간 정도만 더 자도 충분히 보충될 것이고, 그 이상의 잠은 불필요하다. 중요한 것은 잠의 질이다. 짧더라도 깊이 잔다면 충분히 수면
문제 1~①번 잠의 질의 중요성
부채를 갚을 수 있다.
▶ 7문단: 바람직한 수면 시간과 잠의 질

해제 이 글은 에디슨과 테슬라 사이에서 직류와 교류를 두고 벌어졌던 전류 전쟁을 설명하고 있다. 전류는 항상 한 방향으로만 흐르는 직류와 전류가 흐르는 방향이 빠르게 바뀌는 교류로 나뉜다. 초기에 직류는 모터를 돌릴 수 있지만 열 발생 때문에 멀리 전송하기 어려웠고, 교류는 전기를 멀리 전송할 수 있지만 모터를 돌릴 수는 없었다. 이후 교류 모터가 개발되면서 직류의 장점이 사라졌다. 하지만 직류와 교류의 경쟁에서 처음에는 에디슨

의 보여 주기식 광고 덕분에 직류가 우위를 점하였다. 하지만 테슬라의 헌신과 노력으로 교류에 대한 부정적 인식이 줄어들고 교류의 장점이 부각되면서 교류가 점차 주도적 위치를 차지하게 되었다.

주제 직류와 교류의 차이점과 경쟁 과정

축음기, 전구 등을 발명하여 발명왕으로 유명한 미국의 토머스 에디슨은 회사를 설립하여 사업을 하기도 했다. 크로아티아 출신의 과학 기술자인 니콜라 테슬라는 한때 에디슨이 설립한 전기 회사에서 발전기를 개량하는 일을 했다. _{문제 1-②번} 한때 에디슨의 회사에서 일을 한 테슬라 ▶ 1문단: 에디슨과 테슬라의 관계

「전류에는 두 가지가 있다. 하나는 항상 한 방향으로만 흐르는 _{문제 2번}」: 대조, 정의, 구분을 활용한 설명 직류이고, 하나는 전류가 흐르는 방향이 빠르게 바뀌는 교류이 : 전류의 종류 다.」직류는 전선을 통해 전류가 흐를 때 전선에서 열이 많이 발생 초기 직류의 특징 하기 때문에 멀리 전송하는 데는 어려움이 있었지만, 모터를 돌릴 수 있다는 장점이 있다. 반면에 교류는 전기를 멀리 전송하는 데는 유리했지만 모터를 돌릴 수는 없었다. ▶ 2문단: 전류의 종류와 특징 _{문제 1-①번} 초기 교류의 특징 에디슨의 회사를 그만둔 테슬라는 곧 테슬라 전기 회사를 설립하고, 교류 발전기의 교류에서도 작동하는 모터를 개발했다. 교 테슬라의 성과 류 모터로 인해 교류로도 모터를 돌릴 수 있게 되자 직류의 장점은 사라졌다. 이후 테슬라는 웨스팅하우스라는 사람이 설립한 회사에 들어가 전기와 관련된 다양한 연구를 계속했다. ▶ 3문단: 전기와 관련된 연구를 계속한 테슬라 한편 에디슨은 1880년에 에디슨 조명 회사를 세워 뉴욕 맨해튼의 59가구에 110V의 직류 전기를 공급하기 시작했고, 1887년에는 미국의 121개 발전소에서 직류 전기를 공급했다. 그러나「직류 전기는 전선에 발생하는 열 때문에 2.4km 이내에서만 효과적 _{문제 1-⑤번}「」: 직류 전기의 한계 으로 공급할 수 있었고, 따라서 전기를 많이 사용하는 도시 근처에 발전소를 세워야 했다.」테슬라와 웨스팅하우스는 수백 킬로미터 떨어진 곳까지 전력 공급이 가능한 교류를 사용해야 한다고 : 이 글의 중심 화제 주장했다. 이것이 본격적인 전류 전쟁의 시작이었다. ▶ 4문단: 교류와 직류 간 전류 전쟁의 시작 에디슨은 교류는 너무 위험하다며 직류를 사용할 것을 강력하 _{문제 1-③번} 교류의 위험성을 주장한 에디슨 게 주장했다. 교류가 직류보다 위험하다는 에디슨의 주장은 사실과 달랐지만, 에디슨의 보여 주기식 광고 덕분에 초기의 전류 전쟁에서는 에디슨이 우세를 보였다. ▶ 5문단: 초기 전류 전쟁에서 우세를 보인 에디슨 교류 사용을 주장하던 웨스팅하우스는 거의 파산 지경에 이르렀다. 이에 테슬라는 자신의 발명 대가로 지불되는 특허료를 받 _{문제 1-④번} 위기 극복을 위한 테슬라의 노력 ① 지 않겠다고 웨스팅하우스와 약속했다. 웨스팅하우스와 테슬라는 어려운 가운데서도 교류의 장점을 널리 알리기 위해 노력했 위기 극복을 위한 테슬라의 노력 ② 고, 차츰 사람들의 생각이 바뀌기 시작했다. 마침내, 시카고 만국

박람회에 사용될 조명 설비 공급 입찰에서 웨스팅하우스사는 교류 전기로 박람회장을 환하게 밝혔다. 1895년에 있었던 나이아가라 폭포 수력 발전소 건설 공사 역시 웨스팅하우스가 따냈다. 교류의 공급은 크게 확대되었고, 에디슨과의 전류 전쟁에서 웨스팅하우스와 테슬라는 결국 승리를 거두었다. ▶ 6문단: 위기를 극복하고 전류 전쟁에서 승리를 거둔 테슬라와 웨스팅하우스 에디슨은 이후에도 계속 직류 사용을 주장했고, 에디슨이 직류를 처음 공급했던 뉴욕에서는 2007년까지도 1,600가구가 직류를 사용하다 그해 11월 14일에야 직류 전기의 공급이 중단되었다. 에디슨은 죽기 전, 자신의 가장 큰 실수는 테슬라와 그의 연구를 제대로 평가하지 못한 것이었다고 인정했다. ▶ 7문단: 테슬라의 연구를 인정한 에디슨

과학 03 화학의 달력, 주기율표

해제 이 글은 화학의 달력이자 화학 여행의 지도라고 할 수 있는 주기율표의 기본 원리와 발전 과정을 설명하고 있다. 주기율표는 러시아의 화학자 멘델레예프가 처음 만들었다. 멘델레예프는 원자량 순서대로 왼쪽 위에서부터 아래로 늘어놓으며 성질이 비슷한 원소를 바로 옆줄에 오도록 배열했다. 유사한 성질을 나타내는 원소가 없는 경우에는 그 자리를 빈칸으로 내버려 두었다. 20세기에 들어서 원자량이 원소의 화학적 성질을 결정하는 기준으로 적합하지 않다는 것이 발견되면서 영국의 모즐리가 원자 번호를 기준으로 한 새로운 주기율표를 만들어 멘델레예프의 주기율표가 가진 문제점을 극복하게 되었다. 이후 1905년에 스위스의 화학자 알프레도 베르너가 현재 사용되고 있는 주기율표를 만들었다.

주제 주기율표의 원리와 발전 과정

화학에도 달력과 같이 일정한 간격을 두고 반복되어 나타나는 '요일'과 같은 규칙이 있다. <u>문제 1·3번</u> 주기율표와 달력의 공통점 1869년, 러시아의 멘델레예프는 상트페테르부르크 대학에서 교수 생활을 하며 화학 교과서 『화학의 원리』를 집필했다. 그는 교과서를 쓰는 동안 화학 원소들 간의 관계를 연구하고자 노력했다. 당시 알려져 있던 63개의 원소를 각각 한 장의 카드로 만들고, 원자에 대해 필요한 정보를 함께 적어 두었다. 그는 카드를 원소의 성질에 따라 나열해 보기도 했다. 그러던 어느 날, 낮잠을 자던 멘델레예프는 문득 '원자량 순서대로 카드를 나열하면 논리적이지 않을까?' 하는 아이디어를 떠올렸다. 원자량은 원자의 부피와 원자 속에 있는 양성자, 그리고 전자의 수와 관계가 있다. 멘델레예프는 원자량 순서대로 카드를 나열하면서 인상적인 점을 발견하게 되었다. 그는 <u>원자를 원자량 순서대로 왼쪽 위에서부터 아래로 늘어놓으며 성질이 비슷한 원소를 바로 옆줄에 오도록 배열했다.</u> 문제 1·⑤번 문제 2·①번 멘델레예프 주기율표의 원리 ① 그러나 무리하게 꿰맞추지 않고, <u>유사한 성질을 나타내는 원소가 없는 경우에는 그 자리를 빈칸으로 내버려 두었다.</u> 문제 1·②번 멘델레예프 주기율표의 원리 ②
▶ 1문단: 멘델레예프 주기율표의 기본 원리

멘델레예프는 가로줄에 8장씩 카드를 놓으며 표를 만들었는데 그러다 깜짝 놀랄 만한 발견을 하게 되었다. 바로 <u>같은 열(세로줄)에 있는 원소들의 성질이 서로 비슷하다는 사실</u>이었다. 새로운 발견 ① 그는 아직 발견되지 않은 원소들 역시 빈칸으로 비워 둔 채 나머지를 각각의 성질에 따라 표에 배열했다. 더욱 놀라운 사실은 멘델레예프가 <u>이 표를 이용하여 빈자리에 들어갈 원소들의 원자량과 그들이 결합하게 될 화합물 등을 예측하기도 했다</u>는 점이다. 새로운 발견 ②
▶ 2문단: 멘델레예프가 주기율표를 만들면서 새로 발견한 점

이 사실은 주기율표를 이용하면 원소의 성질을 예측하고 설명 ■ : 이 글의 중심 화제 할 수 있음을 의미한다. 문제 1·①번 문제 2·②번 주기율표의 의의 마치 달력에 표시된 입춘이 되면 봄의 소식이 들려오고, 처서가 되면 더위가 멈추고 쌀쌀해지기 시작하는 것처럼 주기율표 속 원소의 위치는 그 원소가 어떤 성질을 지니고 있는지 예측할 수 있게 해 준다. ▶ 3문단: 멘델레예프 주기율표의 의의

그의 주기율표는 대단한 발견이었지만 몇 가지 한계점이 있었다. 원자를 원자량 순서로 배열함에 따라 <u>몇몇 원소들의 성질이 주기성에서 벗어난다는 문제점</u>이 드러났고, 문제 2·3번 멘델레예프 주기율표의 한계 ① <u>빈칸으로 남아 있는 부분에 대한 해결책도 필요했다.</u> 문제 2·3번 멘델레예프 주기율표의 한계 ② 왜냐하면 원자량은 원소의 화학 멘델레예프 주기율표의 한계가 생긴 원인 적 성질을 결정하는 적합한 기준이 아니었기 때문이다.
▶ 4문단: 멘델레예프 주기율표가 지닌 한계

20세기 들어서 원소의 화학적 성질을 만들어 내는 원인은 전자에 있음이 밝혀졌다. 영국의 모즐리가 <u>원소들을 원자량이 아닌 원자 번호순으로 배열해 원소의 화학적 성질에 대한 주기성은 유</u> 문제 1·⑤번 문제 2·④번 멘델레예프 주기율표의 한계를 극복한 방법 <u>지되면서 멘델레예프의 주기율표에서 드러난 단점을 보완하는</u> 문제 1·②번 문제 2·⑤번 <u>새로운 주기율표를 탄생시켰다.</u> 주기성에서 벗어나는 원소와 빈칸으로 남은 부분을 해결한 주기율표의 탄생 현재 사용하는 주기율표는 1905년 스위스의 화학자 알프레트 베르너가 작성했다. 이 역시 원소들의 원자 번호순으로 배열된 이전보다 긴 형태의 주기율표로서 화학의 달력이자 화학 여행의 지도라 할 수 있다.
■ : 이 글의 중심 화제에 대한 비유적 표현
▶ 5문단: 주기율표의 발전 과정

해제 이 글은 가을 숲에서 볼 수 있는 단풍이 만들어지는 조건과 단풍이 드는 원리를 설명하고 있다. 단풍이 아름답기 위해서는 여름이 여름답고 일교차가 크며 가뭄이 계속되거나 기온이 갑자기 낮아져야 한다. 나뭇잎에는 엽록소 외에도 카로티노이드와 안토시아닌 계통의 색소가 있다. 카로티노이드는 엽록소를 보조하고 안토시아닌은 종자의 번식과 수분을 용이하게 하는 역할을 하는 색소로 단풍과 밀접한 관련이 있다. 가을이 되어 기온이 낮아지면서 엽록소는 파괴되기 시작하지만 카로티노이드는 비교적 안정적이어서 그대로 잎 속에 남게 된다. 그리고 안토시아닌이 합성되어 나뭇잎은 아름다운 단풍색으로 변하게 된다. 안토시아닌 색소가 많으면 나뭇잎은 붉은색으로 물들고, 카로티노이드가 많으면 노란색으로 물든다.

주제 단풍이 아름답게 만들어지는 조건과 단풍이 드는 원리

여름이 끝나면서 많은 사람이 단풍을 기다린다. 여름 동안의 축축하던 물기가 공기 중으로 흩어지고 숲이 마르면서 어느 순간 누가 불을 댕기기라도 한 듯 가을 숲은 붉게 타오른다.
▶ 1문단: 단풍이 물드는 가을 숲

여름이 더욱 여름답고, 가을날의 아침저녁이 극적으로 쌀쌀하면 우리는 더욱 아름다운 단풍을 기대할 수 있다. 예상치 못한 차가운 밤공기는 나뭇잎의 푸른색을 여지없이 무너뜨려 극적인 비장감을 만들어 낼 수 있다. 특히 가뭄이 계속되거나 기온이 갑자기 낮아지면 엽록소가 급격히 파괴되어 나뭇잎은 더욱 선명하고 아름다운 단풍색을 드러낸다. 가을 밤바람이 유난히 차가우면 화려해질 단풍색을 떠올리며 위로받을 수 있다.
▶ 2문단: 단풍이 유난히 아름다울 수 있는 조건

단풍의 그 고운 빛은 어디서 오는 것일까? 푸른 나뭇잎 속에는 사실 처음부터 단풍의 색이 들어 있었다. 나뭇잎 속에는 여러 가지 색소가 포함되어 있는데, 흔히 초록색을 나타내는 엽록소 이외에 카로티노이드와 안토시아닌계 색소가 주를 이룬다. 카로티노이드는 잎을 비롯하여 뿌리, 줄기, 꽃, 열매의 색소체에 존재하여 노란색, 오렌지색, 적색 등을 나타내게 한다. 카로티노이드는 엽록소가 놓친 청색광과 보라색광을 흡수하여 광 흡수 효율을 높이고 빛이 강한 환경에서 엽록소가 타 버리는 것을 방지해 준다. 나뭇잎은 과거 자신들이 성장해 왔던 불완전한 지구의 환경을 아직 잊지 않고 있다. 카로티노이드는 부족한 빛 조건에서 살아가기 위한 보조 장치이다. 암흑 속에서도 합성될 수 있기 때문에 빛이 부족한 곳에서 자란 식물은 주로 노란색을 띤다.
▶ 3문단: 카로티노이드의 역할

안토시아닌 그룹은 다소 호들갑스러운 사치성 물질들로 꽃이나 잎, 열매의 붉은색, 보라색, 청색을 만들어 종자의 번식과 수분을 용이하게 하는 것으로 알려져 있다. 한여름날 뒤뜰에 앉아 아름다운 꽃색으로 손톱을 물들이는 봉숭아의 꽃 빛이 바로 안토시아닌에서 온 것이다. 안토시아닌은 맑고 서늘한 날씨가 계속될 때 잎에서 합성되어 액포에 축적된다.
▶ 4문단: 안토시아닌의 역할

가을날 아름다운 단풍을 만들기 위해서는 일정 기간 맑고 서늘한 날씨가 계속되어야 한다. 가을이 시작되면서 기온이 낮아지면 엽록소는 파괴되기 시작하지만 카로티노이드는 비교적 안정적이어서 그대로 잎 속에 남게 된다. 그리고 안토시아닌이 합성되어 나뭇잎은 아름다운 단풍색으로 변하게 된다.
▶ 5문단: 단풍이 드는 원리

단풍의 색은 색소들을 고르는 식물의 취향에 의해 결정된다. 안토시아닌이 많이 합성되면 선명한 붉은색을 띠게 되며, 카로티노이드를 선호하는 나무는 노란색을 띤다. 숲을 가득 메우고 있는 참나무류는 카로티노이드 계통의 물질을 많이 포함하고 있어 단풍은 단조로운 갈색을 띤다.
▶ 6문단: 식물의 색소에 따른 단풍의 다양한 색깔

해제 이 글은 우주 공간에 있는 소행성과 별똥별인 유성, 지구에 떨어지는 운석의 특징과 운석의 형성 과정을 설명하고 있다. 소행성은 태양 둘레를 공전하는 작은 행성을 말하는데, 화성과 목성 사이에는 이런 소행성들이 많이 몰려 있어 소행성대를 이룬다. 소행성은 질량이 매우 작지만 태양계가 형성될 때부터 있었던 물질들로 구성되어 있다. 혜성이나 소행성이 남긴 파편들이 행성 간 공간에 떠돌아다니다가 태양 주위를 공전하는 지구로 끌려 들어와 지구 대기로 진입하게 되는데, 이것이 대기와의 마찰로 가열되어 빛나는 유성이 된다. 그리고 지구 대기로 진입하는 대부분의 유성체는 작기 때문에 대기와의 마찰로 타서 사라지지만, 큰 유성체는 운석이 되어 떨어진다. 운석은 위험한 존재이지만 우주의 역사, 지구의 역사를 알려 주는 귀한 가치가 있는 물질이다.

주제 소행성과 유성, 운석의 형성 과정과 특징

지난 2013년 2월, 러시아의 우랄산맥 부근 첼랴빈스크 상공에서 폭발한 운석은 1천 명이 넘는 사람을 다치게 하고 많은 건물을 파괴했다. ──운석의 위험성── 보도에 따르면, 목격자들은 하늘에서 큰 물체가 한 번 번쩍인 뒤 큰 폭발음을 냈고, 이어 불타는 작은 물체들이 연기를 내며 땅으로 떨어졌다고 한다. 지역 주민들은 갑작스러운 운석우에 놀라 긴급 대피했으며, 일부 학교는 임시 휴교했다. 수업 중 운석우를 목격했다는 교사 발렌티나 니콜라예바는 '그런 섬광은 생전 처음 봤다. 마치 종말 때에나 있을 법한 것이었다.'라고 말했다. 이후의 조사에서 이 운석은 지름이 20m 정도로 히로시마에 떨어진 원자 폭탄의 30배가 넘는 위력을 가진 것으로 밝혀졌다. 그럼 이 **문제 1-⑤번 운석의 크기와 위력** 운석의 정체는 무엇이며, 대체 어디에서 날아온 걸까?

: 이 글의 중심 화제 ▶1문단: 운석으로 입은 피해 사례로 본 운석의 위력

소행성이란 화성과 목성 사이의 궤도에서 태양의 둘레를 공전 **문제 1-③번** 하는 작은 행성을 말한다. 1801년에 화성과 목성의 궤도 사이에서 세레스가 발견된 이후 수많은 소행성 발견이 줄을 이었고, 2013년 1월까지 35만 개 이상이 소행성으로 등록되어 있다. 이처럼 화성과 목성 사이의 많은 소행성이 존재하는 곳을 소행성대 **문제 1-②번 소행성대의 개념** 또는 소행성 지대라고 부른다. 매년 수천 개 이상의 새로운 소행성들이 발견되고 있어서 앞으로 모두 몇 개가 될지는 아무도 모른다. 새로 발견된 소행성은 발견자가 원하면 이름을 붙일 수도 **문제 1-④번 새로운 소행성에 이름을 붙인 사례** 있다. 새 소행성을 발견해 '통일'이라는 이름을 붙인 한국인도 있다.

▶2문단: 소행성의 개념과 개수

소행성은 그 수가 아주 많지만 질량이 매우 가벼워서, 모든 소행성을 다 합쳐도 지구 질량의 1,000분의 1을 넘지 않는다. 그중 **문제 1-①번 소행성의 질량** 에서 가장 덩치가 큰 소행성은 1801년에 처음 발견된 세레스로서, 지름이 약 1,020km이다.

▶3문단: 소행성의 질량과 크기

수많은 소행성은 모두 46억 년 전 태양계가 형성될 때부터 존재해 온 물질들이다. 이것들은 잘하면 행성이 될 수도 있었는데, 목성의 조석력이 하도 크다 보니 행성이 채 되기도 전에 부스러 ──소행성의 생성 원인── 져 버린 행성 부스러기라 할 수 있다. 이런 소행성들을 이루고 있는 물질은 얼음과 탄소, 약간의 금속 물질과 암석들이다. 이는 태양계 생성 초기에 원시 가스 구름이 응축되는 과정에서 생긴 물질이다.

▶4문단: 소행성의 생성 과정과 구성 물질

혜성이나 소행성이 남긴 파편들이 행성 간 공간에 떠돌아다니 **문제 2-①번 유성의 원래 모습** 다가 초속 30km의 속도로 태양 주위를 공전하는 지구로 끌려 들어오면 초속 10~70km의 속도로 지구 대기로 진입하게 된다. 이것이 대기와의 마찰로 가열되어 빛나는 유성, 곧 별똥별이 된다.

▶5문단: 별똥별의 생성 과정

대부분의 유성체는 작아서 지상 100km 상공에서 모두 타서 **문제 2-②번** 사라지지만 큰 유성체는 그 잔해가 땅에 떨어지는데, 이것이 바로 운석이다. 하루에 지구로 떨어지는 소행성이나 혜성 부스러기는 대략 100톤에 이른다고 한다. 그러나 대부분은 대기 중에서 타 버리거나, 바다나 사막, 산악 지대에 떨어지기 때문에 운석이 **문제 2-⑤번 운석이 쉽게 발견되지 않는 이유** 발견되기는 어렵다. 운석은 무서운 존재이기는 하지만, 한편으로는 지구를 포함한 태양계의 나이를 알아내는 데 실마리를 제공하 **문제 2-③번 태양계 생성 초기의 원시 가스 구름이 응축되어 있으므로** 는 태양계 화석이다.

▶6문단: 운석의 개념과 가치

해제 이 글은 17세기 후반과 18세기 유럽의 화학자들에게 큰 관심거리였던 연소 현상에 대한 플로지스톤설과 이에 대한 라부아지에의 과학적 증명을 설명하고 있다. 당시 화학자들은 연소의 본질을 몰랐기 때문에 약 100여 년 동안 플로지스톤설이 화학계를 지배했다. 그러나 프랑스 화학자 라부아지에는 플로지스톤설에 회의를 품고 물리적으로 실체가 분명하고 정량적으로 측정할 수 있는 기체를 찾아내 연소 현상을 과학적으로 설명하려 했다. 라부아지에는 실험을 통해 산화 수은을 가열해 산소를 얻었고,

이를 바탕으로 물질이 연소할 때 플로지스톤이 물질에서 빠져나가는 것이 아니라 산소와 결합한다는 것을 밝혀냈다. 이것은 금속을 가열하면 질량이 증가한다는 사실을 설명하지 못했던 플로지스톤설의 한계를 뛰어넘은 것으로 오늘날 근대 화학의 체계를 수립하는 데 큰 역할을 하였다.

주제 플로지스톤설의 한계와 라부아지에의 업적

17세기 후반과 18세기 유럽의 화학자들이 큰 관심을 가지고 연구한 주제는 연소, 즉 불이 타는 현상이었다. 이는 화학자들이 연소의 본질이 무엇인지 잘 몰랐기 때문인데 「어떤 화학자들은 4원소의 하나인 불의 원소가 작용하는 것으로 설명하고, 어떤 화학자들은 공기가 매우 중요한 역할을 하는 것으로도 설명했다.」
: 이 글의 중심 화제
문제 1~⑤번 : 연소에 대한 17세기 후반과 18세기 유럽 화학자들의 인식
▶ 1문단: 화학자들의 연소에 대한 설명

연소에 관련하여 다양한 가설이 난무하는 가운데 플로지스톤설이 등장했는데 이를 체계화한 사람이 독일의 슈탈이다. 플로지스톤은 그리스어 '불꽃'에 어원을 둔 말인데, 슈탈은 플로지스톤은 매우 가벼운 물질로, 온도가 높아지면 이 플로지스톤이 물체에서 빠져나가는 현상이 연소이며 이때 불꽃이 생긴다고 했다.
플로지스톤의 어원
플로지스톤의 특성
문제 1~①번 플로지스톤설에서 설명하는 연소 현상
그는 모든 물질에는 플로지스톤이 들어 있는데 이것이 모두 소모되어야 연소가 끝난다고 생각했다.
▶ 2문단: 연소에 대한 플로지스톤설의 설명

모든 가연성 물질에는 플로지스톤이라는 원소가 있다는 플로지스톤설은 당시 유력한 화학자들에게 인정받아 약 100여 년 동안 화학계를 지배했다. 칸트도 "슈탈의 플로지스톤설은 모든 자연과학자들에게 한 가닥 빛이 되었다."라고 칭찬했을 정도였다. 그러나 「1766년에서 1785년 사이에 영국에서 기체 화학이 발전하면
플로지스톤설의 개념
문제 1~②번 플로지스톤설에 대한 칸트의 평가
: 플로지스톤설에 대한 회의가 생겨난 과정
서 이산화 탄소, 질소, 수소, 산소 등 10여 개의 기체가 발견되었고, 이를 통해 4원소설, 연금술 등 고전적인 가설이 배제되는 한편, 프랑스 화학자 라부아지에를 중심으로 플로지스톤설에 대한 회의가 생겨나기 시작했다.」
▶ 3문단: 화학의 발전과 플로지스톤설에 대한 회의

라부아지에는 물리적으로 실체가 분명하고 정량적으로 측정할 수 있는 기체를 찾아내 연소 현상을 과학적으로 설명하려 했다. 라부아지에의 목표
라부아지에는 지름이 30cm가 넘는 커다란 렌즈로 햇빛을 모아 붉은색의 수은 금속 재[灰], 즉 산화 수은을 가열해 기체를 얻었다. 라부아지에는 이 기체가 기체 화학에서 발견한 산소임을 알고 이 산소는 수은이 오랜 시간 연소하면서 결합한 것이라고 했다. 그러면서 물질이 연소할 때는 플로지스톤을 방출하는 것이 아니라 산소와 결합한다는 새로운 연소 이론을 주장했다.
금속을 태우면 금속 재의 질량이 증가한 이유
라부아지에의 새로운 연소 이론
▶ 4문단: 라부아지에의 새로운 연소 이론

라부아지에는 새로운 연소 이론을 통해 플로지스톤설에서 설명하지 못했던 부분에 대한 명확한 답을 제시했다. 즉 플로지스

톤설에서는 나무를 가열하면 그 질량이 줄어드는데 이것은 플로지스톤이 빠져나간 것이기 때문이라고 설명했다. 그러나 금속을 가열하면 금속 재가 되면서 플로지스톤이 빠져나가 질량이 감소해야 하는데 반대로 증가하는 일에 대해 설명하지 못했다. 라부아지에는 수은 실험을 통해 산소의 결합으로 질량의 증가가 일어난다는 점을 분명히 밝힌 것이다.
플로지스톤설이 설명하지 못하는 내용
산소와 결합으로 질량의 증가가 일어남.
▶ 5문단: 라부아지에 연소 이론의 근거

「이후 라부아지에는 33종의 원소를 찾아 원소표를 작성하고 '금', '은', '산소', '인' 등의 원소에 제대로 된 이름을 붙여 현재에도 사용하게 되었다. 그는 '열소'나 '광소'처럼 사실은 현재의 원소가 아닌 것도 있지만 새로운 화학 용어를 널리 알리고 많은 저서를 통해 새로운 화학 체계를 수립했다.」
문제 1~④번 : 라부아지에가 화학계에 남긴 업적
현대식 화학 원소 명칭
▶ 6문단: 라부아지에가 화학계에 남긴 업적

해제 이 글은 과거 서양에서 활용했던 길이의 단위를 이집트부터 유럽에 이르기까지의 사례를 토대로 설명하고 있다. 고대 이집트의 대피라미드 제작에 사용했던 큐빗이 당시의 대표적 단위였다. 고대 이집트인들은 로열 이집트 큐빗이라는 단위를 사용했는데 이는 파라오의 팔꿈치에서 가운뎃손가락 끝까지의 길이에 손바닥 폭의 길이를 더한 길이다. 이 큐빗을 바탕으로 피라미드 건축자들은 로열 큐빗 마스터와 같은 자를 만들어 건축 현장에서 사용했다. 한편 신체를 활용한 다른 단위로 스팬, 팜, 디지트, 피트 등이 있다. 큐빗의 반은 스팬, 스팬의 1/3은 팜, 팜을 4로 나눈 것이 디지트이고, 16디지트는 1피트에 해당한다. 영국에서는 왕가의 후손이었던 헨리 1세가 10야드의 단위를 자신의 신체를 활용하여 선포하기도 했다.

주제 과거 서양에서 활용한 길이 단위

역사적으로 길이에 관한 수많은 단위가 존재했다. 그런데 이런
▓▓▓ : 이 글의 중심 화제
단위에 대한 정의는 종종 모호하고 부정확해서 상당수 단위는 그 뿌리가 같았지만 단위의 실젯값은 나라와 시대마다 제각기 달랐다. 하지만 어떤 시대에는 단위가 상당히 정밀한 수준으로 정의되었고 이를 바탕으로 만든 사물들이 현대의 기준에서 봐도 매우 정교한 경우도 있다. ▶ 1문단: 역사적으로 존재한 길이 단위

대표적인 사례가 이집트 기자 지역의 대(大)피라미드다. 기원
정교한 길이 단위를 활용한 사례
전 2,500년 무렵 건축된 것으로 추정되는 대피라미드의 높이는 146.60미터에 이른다. 이집트 정부는 1925년에야 대피라미드의 규모에 관한 최종 보고서를 내놓을 수 있었다. 이 보고서는 대피라미드가 얼마나 정확한 수치로 지어졌는지 말해 준다. 예를 들어 『피라미드의 정사각형 모양의 밑면에서 각 변의 길이를 살펴보
『 』: 피라미드의 정교함.
면, 남쪽 230.40미터, 동쪽 230.45미터, 서쪽 230.38미터, 북쪽 230.25미터이다. 즉, 이들 간의 길이 차가 고작 20㎝밖에 나지 않는 것이다.』 ▶ 2문단: 정확한 수치로 건축된 피라미드

고대 이집트인들이 이렇게 정밀하게 피라미드를 지을 수 있었던 것은 '로열 이집트 큐빗'이라는 정확한 자가 있었기 때문이다. 이는 당시 통치하던 파라오의 팔꿈치에서 가운뎃손가락 끝까지의
문제 1-③, ④번
길이에 손바닥 폭의 길이를 더한 길이다. 이렇게 정의된 로열 이집트 큐빗의 길이는 화강암에 새겨졌는데 이를 로열 큐빗 마스터
문제 1-②번 로열 이집트 큐빗의 단위를 자로 활용함.
라고 했다. 피라미드 건축자들은 로열 큐빗 마스터를 바탕으로
문제 1-⑤번 피라미드 건축자들이 자로 사용한 도구
나무나 화강석 재질의 자를 만들어 건축 현장에서 사용했다.
▶ 3문단: 고대 이집트 길이 단위인 로열 이집트 큐빗

이와 같이 신체를 사용한 사례는 서양의 길이 단위에서 다양하게 나타난다. 큐빗은 팔을 구부렸을 때 팔꿈치에서 가운뎃손가락
문제 2번 『 』: 1큐빗=2스팬=6팜=24디지트
끝까지의 길이로, 큐빗의 반은 스팬이라고 한다. 일반적으로 스팬은 손가락을 짝 벌렸을 때 엄지손가락 끝에서부터 새끼손가락 끝까지의 길이를 나타낸다. 그리고 스팬의 3분의 1을 팜이라고 했고, 이는 엄지손가락을 제외한 네 손가락의 너비였다. 그리고 팜을 다시 4로 나눈 것을 디지트라고 했는데, 1디지트는 손가락 1개의 폭과 같았다. 또한 발꿈치에서 발가락 끝까지의 길이에 해당하는 피트라는 단위도 있었다. 이는 16디지트에 해당하고 12
1피트=16디지트=약 12인치
인치와 거의 일치하는 길이이다.』
▶ 4문단: 과거에 활용한 다양한 길이 단위의 관계

이처럼 예전에는 몸 그 자체가 자였던 셈이다. 특별히 자를 휴대하고 다닐 필요가 없어서 편리했을지 모르지만 몸의 크기가 다르다 보니 길이 역시 제각각이었다. 단위는 있지만 표준은 없던 셈이다. 이는 다툼의 빌미가 될 수도 있었다. 예를 들어 옷감을 사고팔 때 누구의 몸을 기준으로 삼느냐를 두고 다툼이 벌어
길이 단위가 정확하지 않을 때 생길 수 있는 문제의 사례
질 수 있었다. 이런 문제를 해결한 방법의 하나가 권력자의 신체 부분을 표준으로 삼는 것이었다. 영국 왕가의 후손이었던 헨리 1세가 자신의 코에서 손가락까지의 거리를 1야드로 선포한 것이
문제 1-③번 영국에서 권력자의 신체를 활용해 길이 단위를 정의한 사례
바로 대표적 사례였다. 자신의 코끝에서 팔을 뻗어 엄지손가락을
문제 1-①번
세운 곳까지의 길이를 야드로 정의한 것이다.
▶ 5문단: 길이 단위의 표준이 필요한 이유와 영국의 길이 단위 사례

해제 이 글은 일반적인 물질을 나노 크기로 작게 만든 나노 물질이 원래 물질의 성질과 달라지는 이유를 설명하고, 나노 물질의 활용 예시를 제시하고 있다. 나노 물질의 특성은 나노 입자의 구조상 특징에 기인한다. 나노 입자는 표면 원자가 내부 원자보다 훨씬 많은 구조를 지니고 있다. 이는 일반적 물질의 입자 구조와 반대된다. 따라서 일반적 물질에서 보이는 성질이 내부 원자의 성질에 기인한다면, 이와 비교할 때 나노 입자는 표면 원자의 성질에 따라 그 특성이 나타난다고 볼 수 있다. 예를 들어 금덩어리를 나노 단위로 작게 자르면 색깔이 바뀌고 녹는점이 변하며, 산화 철을 나노 단위로 작게 자르면 자성을 띠는 초상자성 물질이 되는 변화를 보인다.

주제 나노 입자의 구조상 특징과 활용

나노 과학은 나노미터급 크기의 물질을 연구하는 학문이다. 물
└ : 이 글의 중심 화제
질이 나노 크기로 작아지면 물질의 광학적 성질인 색깔, 자기적 성질, 전기적 성질, 녹는점, 촉매 활성도 등 거의 모든 성질이 변
문제 1-⑤번 문제 2-①번 나노 물질의 특징
하고 산업적으로 유용해진다. 그렇다면 나노, 즉 크기가 극도로 작아진다는 것만으로 어떻게 이러한 다양한 일이 일어날 수 있는 것일까?
▶ 1문단: 나노 과학의 개념과 나노 물질의 특징

이는 나노 입자의 구조상 특징에 기인한다. 나노 입자는 표면 원자가 내부 원자보다 훨씬 많은 특이한 구조를 지니고 있다. 정
나노 물질의 특성이 나타나는 이유
육면체 상자 하나를 놓아둘 경우, 이 상자는 전체가 외부에 노출된다. 가로×세로×높이에 각각 두 개씩 총 8개의 상자를 쌓았을 때도 마찬가지다. 그러나 가로×세로×높이에 각각 세 개의 상자를 쌓으면 가장 내부에 있는 상자 하나는 외부에서 전혀 볼 수 없
물질이 커지면 보이지 않는 내부가 많아지는 것과 같음.
다. 한편 네 개씩 쌓으면 8개의 상자가 안 보이고, 56개의 상자가 보인다.
▶ 2문단: 나노 입자의 구조상 특징 비유

이러한 상자를 원자로 생각해 보자. 원자는 물론 정육면체는 아니지만, 상자를 쌓는 것처럼 삼차원 구조를 이루며 다른 원자들과 연결되어 있다. 그리고 원자는 표면에 노출된 것과 내부에 있어 보이지 않는 것의 에너지가 서로 다르다. 수많은 원자가 층층이 쌓여 연결된 일반적인 물질은 내부 원자의 비율이 훨씬 높
상자 쌓기와 비교: 보이지 않는 내부 상자가 더 많은 것과 같음.
고 표면 원자의 비율은 매우 낮다. 결국 표면 원자의 에너지는 무시되고, 내부 원자 에너지에 의해 물질의 성질이 결정된다. 하지
문제 2-③, ④번 일반적인 물질의 특성
만 물질이 나노 크기로 작아지면 표면 원자의 비율이 매우 높아
상자 쌓기와 비교: 보이는 외부 상자가 많아진 것과 같음.
져서 그 에너지는 무시하지 못할 정도가 된다. 다시 말해 큰 덩어리 상태였을 때 보이지 않았던 갖가지 성질들을 갖게 되는 것이다.
▶ 3문단: 나노 입자의 구조상 특징

예를 들어 금덩어리를 나노 단위로 작게 잘라 놓으면 색깔이 다채롭게 바뀐다. 즉, 7nm의 금 입자는 빨간색, 5nm의 금 입자
문제 1-①번 금덩이를 나노 단위로 잘랐을 때 나타나는 광학적 성질의 변화
는 초록색, 3nm의 금 입자는 파란색을 띤다. 「최근 광고에서 TV에 적용했다는 퀀텀 닷(양자점)이라는 것은 이처럼 나노 단위의
문제 1-③번 「 」: 나노 반도체 형광 물질인 퀀텀 닷
크기가 되었을 때 그 크기에 따라 다양한 색을 띠는 물질의 성질을 이용한 것으로, 입자 크기에 따라 다른 색깔의 빛을 띠는 나노 반도체 형광 물질을 가리킨다.」 한편 금덩어리를 나노 단위로 작게 잘라 놓으면 녹는점도 변한다. 금덩어리는 1,063℃에서 녹지만, 7nm의 금 입자는 1,000℃에서, 2nm의 금 입자는 27℃면 녹
문제 1-④번 금덩이를 나노 단위로 잘랐을 때 나타나는 물리적·화학적 변화
는다. 또한 자기적 성질이 변하기도 한다. 산화 철을 나노 미터 단위로 작게 만들면 평소엔 자성이 없다가 외부 자기장을 가하면
문제 1-②번 산화 철을 나노 단위로 잘랐을 때 나타나는 물리적 변화
자성을 띠는 초상자성 물질이 된다. 나노 물질의 자기적 성질은 MRI나 CT 촬영의 조영제 개발에도 사용된다.
문제 1-⑤번 나노 물질의 활용 분야 ▶ 4문단: 나노 물질의 다양한 성질 변화와 활용 사례

해제 이 글은 인공 지능의 개념을 밝힌 후 컴퓨터의 등장과 함께 인공 지능 프로그램 개발이 무엇을 기반으로 이루어지고 있는지 설명하고 있다. 인공 지능은 사람의 사고 과정을 모방하는 방향으로 개발되고 있는데, 구체적으로는 인간 두뇌의 신경망을 이용하는 '신경망 이론'이 있다. 이 이론을 발판으로 삼아 입력되는 정보의 중요도를 변화시키고 그것을 학습

하여 출력값을 발생시키는 '퍼셉트론'이 개발되었는데, 이것이 인공 신경망을 구현한 최초의 모델이다.

주제 인공 지능 컴퓨터 프로그램의 개발

인공 지능이란 사람이 수행했을 때 지능이 필요한 일을 기계에
: 이 글의 중심 화제
수행시키고자 하는 학문과 기술이다. 그러므로 인공 지능이란 「사람의 경험과 지식을 바탕으로 하여 새로운 문제를 해결하는 능
『 』: 인공 지능에 대해 좀 더 구체적으로 설명함.
력, 시각과 음성 지각 능력, 자연 언어 이해 능력, 자율적으로 움직이는 능력 등을 실현하는 기술」이며 궁극적인 인공 지능 연구의 목표는 사람처럼 생각하는 기계를 개발하는 것이다. 여기서 기계
인공 지능 연구 목표
라는 것은 프로그래밍 할 수 있는 컴퓨터를 말한다.
▶ 1문단: 인공 지능의 개념과 인공 지능 연구 목표

컴퓨터는 인공 지능의 역사에서 큰 역할을 하였다. 컴퓨터가 등장하여 비로소 인간의 사고 과정, 뇌 구조와 기능, 그 속에서
문제 1~②번 사람처럼 생각하는 인공 지능을 만들기 위한 기초가 된 컴퓨터의 역할
일어나는 생리 현상에 대한 연구가 촉진되었다. 소프트웨어로 프로그램을 제어할 수 있게 되면서 전자 기계 부품, 즉 하드웨어로 구성된 논리 회로는 과거와 완전히 달라졌다. 그 결과 사람의 지능에 도달하게 된 기계가 높은 수준의 복잡성과 유연성 그리고 외부 환경의 변화에 대응해 다음 작업을 판단하고 수행할 수 있는 능력을 지니게 되었다. ▶ 2문단: 컴퓨터와 인공 지능의 발달

인공 지능을 연구하는 학자들은 인간이 지닌 것과 같은 지식을 컴퓨터에 어떻게 넣어 주느냐를 고민하기 시작했다. 처음에는 인간의 지식 습득 과정을 그대로 답습하면 된다고 생각하였으나 현실 세계의 모든 지식을 컴퓨터에 입력하는 일은 실질적으로 불가능하였다. 그래서 학자들은 인간 두뇌의 신경망을 이용하면 어떤
인간 두뇌의 신경망을 모방하는 컴퓨터 프로그램이 필요하다고 생각함.
정보를 기초로 하여 그것을 적시 적소에 활용하게 만들 수 있다고 생각했다. 이런 생각에서 출발한 이론을 '신경망 이론'이라고 한다. ▶ 3문단: 컴퓨터에 지식을 입력하는 방법에 대한 연구

신경망 이론은 워런 매컬러와 월터 피츠가 처음 제시하였다.
: 이 글의 중심 화제
매컬러와 피츠는 생물학적인 신경망 이론을 단순화해서 논리, 산술, 기호 연산 기능을 구현할 수 있는 신경망 이론을 제시하였다. 그들은 마치 전기 스위치처럼 온(on)과 오프(off)로 작동하는 기본적인 기능이 있는 인공 신경을 그물망 형태로 연결하면, 그것이 사람의 뇌에서 동작하는 간단한 기능을 흉내 낼 수 있다는 것을 이론적으로 증명하였다. ▶ 4문단: 신경망 이론의 개발

신경망 이론을 발판으로 삼아 미국의 프랭크 로젠블랫은 사람처럼 시각적으로 사물을 인지하도록 훈련시킬 수 있는 프로그램
신경망 이론을 바탕으로 한 프로그램
인 '퍼셉트론'을 개발했다. 「이 프로그램은 인간의 신경 세포와 비
문제 1~②번 『 』: 퍼셉트론의 원리

숫한 방식으로 작동한다. 퍼셉트론의 각 단위는 여러 가지 입력 정보를 받아들인다. 이것들이 합쳐져 사전에 정해 놓은 특정한 한곗값을 넘어서면 출력이 발생한다. 이것은 많은 가지 돌기가 자극받을 때 신경 세포가 신경 신호를 발산하는 것과 같다. 각각
문제 2~③번 퍼셉트론과 인간의 신경 세포가 작동하는 방식의 유사점
의 단위가 특정 입력 정보에 부여하는 상대적 중요도를 변화시킴
입력된 정보의 중요도를 다르게 설정하여 출력값에 변화를 주기 위하여
으로써 퍼셉트론은 학습을 통해 올바른 답을 얻을 수 있다.」이러한 퍼셉트론은 인공 신경망을 실제로 구현한 최초의 모델이다.
▶ 5문단: 퍼셉트론의 원리

해제 이 글은 사람마다 고유한 생체 정보를 이용한 인증 시스템인 생체 인식 기술의 다양한 종류를 설명하고 있다. 대표적인 생체 인식 기술은 지문 인식이다. 지문 인식은 스캔을 통해 저장된 지문과 사용자의 지문 일치 여부를 판별한다. 그러나 지문이 지워졌거나 땀이 묻었을 때는 인식이 어려울 수 있다. 홍채 인식은 홍채의 모양, 색, 망막 모세 혈관의 형태를 분석해 사람을 인식하는 기술이다. 기존에 촬영한 홍채 코드와 사람의 홍채 패턴을 분석하여 일치 여부를 판별한다. 목소리 변화, 걷는 모습 등 움직이는 행동 정보를 이용하는 행동 인식 기술도 있다. 이중 음성 인식 기술은 비강, 구강, 음성 경로 등에 따른 화자의 음성학적 특성을 추출하여 활용한다. 걸음걸이 형태도 행동 인식의 암호로 활용한다. 이와 같은 생체 인식 기술은 보안성이 높고 편리하지만, 대중화를 위해서는 개인의 사생활 침해에 대한 논란이 해결되어야 한다.

주제 생체 인식 기술의 다양한 종류

생체 인식 기술은 사람마다 고유한 생체 정보를 이용한 인증
▭▭ : 이 글의 중심 화제
시스템이다. 우리가 쉽게 떠올릴 수 있는 생체 인식은 지문이다.

지문 인식은 보통 사람마다 다른 손가락 무늬인 지문 중 지문 융
▭ : 생체 인식 기술의 종류
기 분기점이나 끝점 위치와 속성을 추출하는 프로그램을 활용한
문제 1~②번 지문 인식 기술에 활용하는 정보
다. 스캔을 통해 저장된 지문과 사용자의 지문이 일치하면 전기
신호를 보내는 원리로 가동되며 살갗에 이물질이 묻어 있어도 인
식이 가능하다. 그러나 지문은 심한 노동을 하면 지워지기도 하
지문 인식 기술의 단점
고, 땀이 묻으면 제대로 인식이 안 되는 단점이 있다.
▶ 1문단: 생체 인식 기술의 개념과 지문 인식 기술
이러한 지문 인식의 단점을 보완할 수 있는 기술이 홍채 인식
이다. 홍채 인식은 홍채의 모양과 색, 망막 모세 혈관의 형태를
분석해 사람을 인식하는 기술이다. 지문의 경우 다른 사람과 똑
같을 확률이 640억분의 1로 매우 낮다. 그런데 홍채는 심지어 유
전적으로 동일한 일란성 쌍둥이조차 달라 보안성이 뛰어나다. 홍
문제 2~③번 홍채 인식 기술의 장점
채 인식은 홍채의 특성을 분석해 코드로 나타내고, 이를 영상 신
호로 바꾼다. 「사람이 일정한 거리에 서서 홍채 인식기에 눈을 맞
문제 2-①, ②, ④, ⑤번 「」: 홍채 인식의 과정
추면, 적외선 카메라가 줌 렌즈로 초점을 조절해서 홍채만 촬영
해 이미지를 만든다. 그러고 나면 홍채 인식 시스템이 홍채의 무
늬를 영역별로 분석해, 0과 1만 사용하는 디지털 신호로 바꿔 개
인 고유의 암호화된 홍채 코드를 생성해 저장한다. 이 홍채 코드
가 각종 홍채 인식 시스템에서 신원 확인에 이용된다.」
▶ 2문단: 홍채 인식 기술
차세대 개인 인증 방법으로 떠오르는 생체 인식 기술 중 하나
는 행동 인식이다. 목소리 변화, 걷는 모습 등 움직이는 행동 정
행동 인식 기술에 활용하는 정보
보를 이용하는 방법이다. 예를 들어 한 영화에서는 주인공이 어
렵게 탈취한 USB 메모리에서 데이터를 추출하는 장면이 나오는
데, 이때 음성 인식 기술이 등장한다. 특정 인물의 목소리로 인증
◯ : 행동 인식 기술의 종류
단계를 거쳐야 데이터에 접근할 수 있는 보안 시스템이다. 음성
인식 기술은 비강, 구강, 음성 경로 등에 따른 화자의 음성학적
음성 인식 기술에 활용하는 정보
특성에 초점을 맞춘다. 말 자체를 비교하는 것이 아니기 때문에
문제 1-③번 음성 인식 기술의 특징
타인의 성대모사로는 인증 음성을 모방할 수 없다. 다른 생체 인
식 분야와 달리 원거리에서도 전화를 이용해 확인할 수 있다.
문제 1-③번 음성 인식 기술의 장점 ▶ 3문단: 행동 인식 기술 ① - 음성 인식
걸음걸이 형태도 행동 인식의 암호로 관심을 끌고 있다. 이는

의학계에서 치료를 목적으로 오래전부터 연구해 온 기술로 처음
에는 신경이나 근육, 뼈 등에 이상이 있으면 비정상적인 걸음걸
걸음걸이 형태 인식 기술에 활용하는 정보
이가 나타난다는 데서 착안되었다. 현재는 걸음걸이만 보고도 누
구인지 구별해 낼 수 있을 정도로 발전한 이 연구의 궁극적 목표
는 밤이나 낮, 그리고 어떠한 기후 조건에 상관없이 최대 152m
거리에서 사람을 인식하고 분석하여 신원을 확인하는 것이다. 영
상 센서와 동작 인식 소프트웨어를 통해 주로 범죄자나 테러리스
트를 찾아내는 데 쓰인다. 그러나 다른 생체 인식에 비해 개인 인
문제 1-④번 걸음걸이 형태 인식 기술의 활용 분야
증을 위한 데이터베이스 작업 과정이 많이 소요되기 때문에 여전
문제 1-⑤번 걸음걸이 형태 인식을 위해 보완이 필요한 부분
히 많은 기술 발전이 필요한 분야다.
▶ 4문단: 행동 인식 기술 ② - 걸음걸이 형태
생체 인식 기술은 보안성이 높고 편리하다는 점에서 각광받고
있다. 그러나 생체 인식 기술이 대중화되려면 개인의 사생활 침
생체 인식 기술 활용 시 유의할 점
해에 대한 논란 등이 해결되어야 한다. 잘 사용하면 훌륭한 열쇠
가 되지만, 잘못 사용하면 내 행동을 감시하는 족쇄의 덫이 될 수
있기 때문이다. ▶ 5문단: 생체 인식 기술 활용 시 유의할 점

해제 이 글은 자기 부상 열차의 부상 원리에 적용된 패러데이 법칙과 렌츠의 법칙, 자기 부상 열차의 부상과 추진력 획득에 사용된 기술인 초전도 자석과 선형 전동기를 설명하고 있다. 자기 부상 열차의 부상 원리에 적용된 패러데이 법칙은 자기장의 변화가 도체에 유도 전류를 발생시킨다는 원리이고, 렌츠의 법칙은 자석이 움직이는 것을 방해하는 방향으로 유도 전류가 흐른다는 원리이다. 자기 부상 열차는 이 두 법칙을 바탕으로 한 초전도 자석을 활용하여 유도 전류를 발생시킨 후 그 반발력을 통해 선로 위에 떠서 운행할 수 있다. 아울러 열차의 바퀴가 선로에 닿지 않고 추진력을 얻기 위해서 선형 전동기의 작용을 활용하여 자기 부상 열차가 고속으로 운행하게 될 수 있다.

주제 자기 부상 열차에 적용된 법칙과 기술

열차는 달릴 때 선로와 바퀴 사이의 마찰력으로 인해 고속을 내는 데 한계가 있었다. 이 한계를 극복하기 위해 선로와 바퀴의 접촉이 없는 초고속 자기 부상(磁氣浮上) 열차 개발에 주력했다. 이를 가능하게 하려면 열차가 선로 위에 떠야 하고, 고속으로 달릴 수 있는 추진력이 있어야 했다. 이런 이유로 초전도 자석과 선형 전동기의 기술을 융합한 자기 부상 열차가 개발되었다.
자기 부상 열차의 개발 이유
: 이 글의 중심 화제

▶ 1문단: 자기 부상 열차의 개발 이유와 적용 기술

자기 부상 열차의 전자기적 힘과 사용은 패러데이 법칙과 함께 렌츠의 법칙과 관련 있다. 패러데이 법칙은 자기장을 변화시키면 전류가 흐르게 된다는 전자기 유도 현상을 말한다. 패러데이는 「철로 만든 원형 고리에 코일을 감고 회로에 연결한 뒤 막대자석
: 자기 부상 열차에 적용된 법칙
문제 2-②번 『 』: 패러데이가 전자기 유도 현상을 발견한 과정
을 가까이 대었더니 원형 고리에서 전류가 유도된다는 사실을 발견하고 이를 전자기 유도 현상이라 했다.」자석의 N극을 원형 고리에 가까이 대면 원형 고리 내부를 통과하는 자속이 증가하여 원형 고리에서 유도 전류가 흐르게 되는 것이다.

▶ 2문단: 자기 부상 열차에 적용된 패러데이 법칙

렌츠의 법칙은 패러데이 법칙에 따라 유도되는 전류는 외부 자기의 변화를 방해하는 방향으로 흐른다는 것이다. N극을 원형 고리에 가까이 대면 원형 고리에는 유도 전류가 생기지만 이 전류의 방향은 자석의 방향과는 반대로 향한다는 것이다. 결과적으로
문제 2-③번 렌츠의 법칙의 속성
N극과 N극이 마주치는 형태가 되어 자석을 향해 반발력이 생긴다.
자기 부상 열차가 부상하는 원리

▶ 3문단: 자기 부상 열차에 적용된 렌츠의 법칙

이때 자기 부상 열차를 뜨게 하기 위해서는 에너지 손실 없이 열차를 부상시킬 수 있을 정도의 강한 자석을 만드는 것이 관건이 된다. 그래서 자기 부상 열차에서는 자석 대신에 전력의 손실이 없고 저항도 없어 에너지의 손실을 막을 수 있는 초전도체를
문제 2-①번 『 자기 부상 열차에서 초전도체를 사용하는 이유
사용한다. 초전도체는 특정한 임계 온도 이하에서 한번 전류를
초전도체의 개념
흘리면 저항 없이 지속 전류를 유지하는 금속 도체를 말하는데,
이를 바탕으로 초전도 자석을 만든다. ◯: 자기 부상 열차에 적용된 기술

▶ 4문단: 자기 부상 열차에 사용된 초전도체의 특성

「자기 부상 열차가 N극을 아래 방향으로 하는 초전도 자석을 싣
문제 2-②, ③번 『 』: 자기 부상 열차에서 유도 전류가 흐르고, 밀치는 힘이 발생하는 과정
고 레일 위 코일을 감은 금속판 위를 달리면 유도 전류가 흐르고, 금속판에서도 외부 자기장의 변화를 방해하는 전류가 발생해 서로 밀치는 힘이 발생한다.」이때 열차가 금속판 위를 지나가는 속도가 빠르면 빠를수록 밀치는 힘 역시 커져 열차는 고속으로 달리게 된다.

▶ 5문단: 자기 부상 열차의 부상과 가속 원리

마지막 문제는 열차의 바퀴가 선로와 닿지 않은 상태에서 어떻
부상한 상태
게 추진력을 얻을 수 있는가이다. 이를 위해 선로의 양 벽에 N극
빨리 달릴 수 있게 하는 방법
과 S극이 순간순간 바뀌게 되는 교류 전류를 흐르게 하는 선형 전동기 코일을 설치한다. 「이 코일의 S극은 열차의 초전도 자석의
『 』: 선형 전동기의 작용
N극과 당기는 힘을 작용하고, 이 코일의 N극은 열차의 초전도
문제 2-④번 서로 다른 극끼리의 당기는 현상   서로 같은 극끼리 밀어내는 현상
자석의 N극과 밀어내는 힘을 작용하여 열차를 앞으로 밀어낸다.
열차가 S극을 가진 코일을 지나면서 당기는 힘을 작용했다면, 선형 전동기 코일에 흐르는 교류가 N극으로 바뀌어 다시 열차를 밀어내는 과정을 반복하면서 추진력을 얻어 달릴 수 있다.」이렇게 자기 부상 열차는 탑재된 초전도 자석과 지상에 설치된 코일 사
자기 부상 열차가 추진력을 얻는 원리
이에 작용하는 전자기적 힘을 이용하여 달리는 열차라 할 수 있다.

▶ 6문단: 자기 부상 열차에서 추진력을 얻는 원리

해제 이 글은 생명 현상을 제한된 기능을 지닌 모듈의 논리적 결합으로 재구성하는 합성 생물학의 연구 분야와 합성 생물학이 바라보는 생물과 생명 현상에 대해 설명하고 있다. 합성 생물학에서는 문제를 해결하는 절차나 방법을 의미하는 알고리즘의 속성을 생명 현상 역시 지니고 있다고 본다. 그래서 합성 생물학에서는 생명 현상을 유전자나 단백질 등 하나의 단위 수준으로 분석하고, 이 개별적인 프로세스들의 조합으로 이해하여 질서를 파악하려 한다. 다시 말해 합성 생물학은 생명 현상이 부품과 일정

한 규칙에 의해 작동하는 회로라고 보고 있는 것이다. 그러나 유전자의 기능을 검증하고 실제 공정에 적용하는 일은 생각보다 어렵다. 따라서 합성 생물학도 다른 공학 분야와 같이 표준화와 자동화의 과정이 수반되어야 발전 속도가 빨라질 수 있을 것이다.

주제 합성 생물학의 연구 내용

생명 현상은 복잡한 과정을 거쳐 일어난다. 「우리가 운동할 때
▨: 이 글의 중심 화제   문제 1-②번 ┘: 생명 현상의 복잡한 알고리즘
땀을 흘리는 간단한 현상을 보자. 신경계가 근육에 명령을 내리고, 순환계가 근육에 영양소와 산소를 공급하며, 근육이 에너지를 소모하고, 이 과정에서 발생한 열을 발산하기 위해 땀을 흘리는 생리 작용이 복잡하게 얽혀 땀을 흘리는 반응으로 나타난다.」 이처럼 복잡한 생명 현상의 메커니즘을 분석해 논리적인 프로세스로 재구성한 것이 생명 현상의 알고리즘이다.
▶ 1문단: 생명 현상의 알고리즘의 개념
알고리즘은 생물학보다는 IT 분야에서 더 익숙한 용어이지만 일반적으로는 문제를 해결하는 절차나 방법을 의미한다. 따라서 알고리즘은 종이에 작업 절차를 세세하게 적어 둔 메모부터 제품
문제 1-⑤번 알고리즘의 속성
의 생산 공정까지 특정한 산출물을 내놓는 모든 과정을 포괄한다. 생명 현상 역시 알고리즘의 속성을 지닌다.
▶ 2문단: 알고리즘의 개념과 속성
생명 현상은 수많은 요소가 복잡하게 연결돼 혼란스러워 보인다. 그러나 생명 현상을 유전자 하나, 단백질 하나 수준으로 분석한 개별적인 프로세스의 조합으로 이해하면 질서가 보인다. 우리가 매일 사용하는 스마트폰의 운영 체제가 복잡해 보여도 결국은 제한된 기능을 지닌 작은 프로그램의 집합인 것과 비슷하다. 이와 같이 생명의 프로그램을 찾아내고 이들이 작동하는 방식을 규명함으로써 생명 현상을 제한된 기능을 지닌 모듈의 논리적 결합
▨: 이 글의 중심 화제
으로 재구성하는 분야가 합성 생물학이다.
└──────────────▶ 3문단: 합성 생물학의 개념과 합성 생물학의 연구 분야
일반적으로 생물학의 목표는 생명 현상의 근본 원리를 분석하
일반적인 생물학의 목표
고 이해하는 것이다. 그 과정에서 의학적으로, 또는 공학적으로 유용한 발견이 나오겠지만 어디까지나 부수적인 결과물이다. 페니실린이나 아스피린과 같은 유용한 물질은 발견된 것이지 발명
문제 1-④번 생물학에서 발견한 부수적 결과물인 페니실린이나 아스피린
된 것은 아니다. 그러나 합성 생물학은 공학에 더 가깝다. 합성 생물학자에게 생물은 분석해야 할 미지의 대상이 아니라 작동 원리를 속속들이 이해하고 필요에 맞게 조절할 수 있는 기계다.
합성 생물학에서 생물을 바라보는 관점
「DNA는 생명 현상의 작동 방식을 정의한 코드이고, 효소와 세포
DNA에 담긴 정보를 생명 현상을 이루고 있는 기호 체계로 인식함.
소기관은 코드에 따라 일정한 기능을 수행하는 부품이며, 생명
문제 1-①번 「 ┘: 합성 생물학에서 생명 현상을 바라보는 관점
현상은 부품이 일정한 규칙에 따라 작동하는 회로인 셈이다.」
▶ 4문단: 합성 생물학에서 생물과 생명 현상을 바라보는 관점
그러나 DNA, 즉 유전자의 기능을 검증하고 실제 공정에 적용

하는 일은 생각보다 어려운 과정이다. 우선 「방대한 양의 유전자
문제 1-③번 「 ┘:'설계 → 제조 → 테스트 → 학습'의 과정
정보를 분석하고 목적에 맞게 조합해야 한다. 이렇게 설계한 유전자는 실험실에서 합성된 뒤 유전자 편집 기술을 이용해 실험 생물에 주입된다. 연구자는 실험 생물을 배양하면서 생물이 설계한 대로 물질을 만들어 내는지 시험하고 확인한다.」 이러한 설계, 제조, 테스트, 학습의 순서로 이루어지는 과정은 실험 생물이 의도대로 생리 활성을 보일 때까지 반복된다. 아무리 유전자 분석이나 합성 속도가 빨라졌다고 하더라도 시간과 인력이 절대적으로 필요한 일이다. 따라서 합성 생물학도 다른 공학 분야와 같이 표준화와 자동화의 과정이 수반되어야 발전 속도가 더 빨라질 수
합성 생물학의 발전을 위해 필요한 요소
있을 것이다.   ▶ 5문단: 합성 생물학의 발전을 위해 필요한 요소

해제 이 글은 예술이 음악, 문예, 연극, 무용 등을 포함해 미적 가치의 실현을 목적으로 하는 미적 기술로 이해된다는 점을 바탕으로 예술의 다양한 특성과 예술을 감상함으로써 얻을 수 있는 효과를 설명하고 있다. 예술은 인생의 진실과 깨달음을 표현하며 전체적 형식 속에서 삶의 선(善)과 악(惡), 미(美)와 추(醜)를 드러낸다. 특히 예술은 일정한 내용과 형식을 지니며 이를 통해 감상자의 감정과 정서에 호소한다. 이렇게 예술은 감상자들에게 미적 체험을 하게 만듦으로써 감동을 주고, 예술 감각을 일깨우고 일상생활을 풍요롭고 가치 있게 하는 계기를 제공한다.

주제 예술의 개념과 특성

예술(art)은 원래 '기술(techne)'이라는 말에서 유래하였다. 기
■■■: 이 글의 중심 화제   예술의 어원
술이란 인간이 생존하기 위해 필요한 여러 목적을 효과적으로 이루기 위해 어떠한 재료를 가공하고 형성하여 객관적인 성과나 물건을 산출하는 능력 또는 활동을 말한다. 18세기에 들어와 예술은 기술의 의미를 바탕으로 음악, 문예, 연극, 무용 등을 포함해
문제 1-①번 예술의 개념
미적 가치의 실현을 목적으로 하는 미적 기술로 이해된다.
▶ 1문단: 예술의 일반적 개념

따라서 예술은 그 창작 원리를 미에 토대를 두고 작품을 만드
문제 1-②번 예술의 창작 원리
는 것인데, 여기서 미는 감각적 즐거움만이 아닌 삶의 진실을 깨
예술의 효과
닫게 해 주는 일을 가리킨다. 진실이 불유쾌하거나 슬프더라도 예술은 이를 승화하여 인생의 진실과 깨달음을 표현해 낸다. 작품이라는 전체적 형식 속에서 삶의 모든 요소, 즉 선(善)과 악(惡)의 요소, 미(美)와 추(醜)의 요소가 각자 나름의 역할을 하며 전체
문제 2-①, ②번 예술의 표현 요소
를 조화롭게 형성해 낸다.   ▶ 2문단: 예술의 창작 원리와 예술의 표현 요소

예술은 그 창작 원리에 따라 내용과 형식을 갖춰 작품을 만들
문제 1-③번 예술의 특성 ①: 내용과 형식으로 구성됨.
어 낸다. 예술의 내용은 현실을 토대로 하는데 예술가는 현실에서 소재를 찾고 실재와 유사하게 재현해 낸다. 즉 예술가는 현실을 정확하게 재현하는 것이 아니라 자신의 개성과 감정, 관점에 따라 새롭게 변형하여 내용을 만든다. 그런데 작품의 내용이 명
문제 2-④번 예술의 특성 ②: 예술가의 의도나 관점이 반영됨.
료하게 전달되고 감동을 줄 수 있으려면 형식을 통해 잘 구성되어야 한다. 예술의 내용이 작품에 포함된 정신이나 정서라면 예술의 형식은 내용이 감각적으로 드러난 모든 표현의 방식을 의미한다.   ▶ 3문단: 예술의 특성 ①

예술은 내용과 형식을 통해 감상자의 감정과 정서에 호소한다.
예술의 특성 ③: 감상자의 감정과 정서에 호소함.
따라서 감상자는 예술에 대해 진위 판단이 아닌 자신의 감정과 느낌을 바탕으로 이해하고 해석한다. 이렇게 감상자는 예술 체험을 통해 일상적 경험과는 다른 특별한 감동을 맛본다. 예술을 체험하면서 작품이 전달하는 메시지나 작품의 형식에 귀를 기울이
문제 2-③번
는 미적 체험(aesthetic experience)을 하게 되는 것이다. 「이 체
문제 2-⑤번 예술 체험의 효과
험에서 어떤 작품은 감상자의 정서를 뒤흔드는 감동을 주게 되며, 어떤 작품은 삶을 바라보는 시각을 새롭게 알거나 새로운 삶을 살고자 하는 계기를 제공하기도 한다.」
▶ 4문단: 예술의 특성 ②와 예술 체험의 효과

예술적 감동에 관해 일찍이 아리스토텔레스는 카타르시스라고 불렀는데 이것은 감정을 정화(淨化)하고 고상한 차원으로 인
문제 1-④번

간성을 고양시킨다는 의미이다. 아리스토텔레스가 비극의 효과로 제시한 이 카타르시스라는 개념은 오늘날 전 예술 장르의 미적 체험을 일컫는 중요한 개념이 되었다. 이와 관련해 릴케도 고
카타르시스라는 개념의 의의
대의 아름다운 조각품인 아폴론 토르소를 감상하고, 이 작품이 감상자에게 '너는 삶을 바꾸어야 한다.'라고 하며 새로운 삶에 대
릴케가 느낀 예술의 감동
한 결단을 촉구하는 것같이 보인다고 표현했다. 진정한 예술 작품은 사람들의 예술 감각을 일깨우는 것뿐 아니라 일상생활을 풍
문제 1-⑤번 예술 작품 감상의 효과와 의의
요롭고 가치 있게 하도록 해 주는 것이다.
▶ 5문단: 예술의 감동과 예술 작품 감상의 의의

해제 이 글은 미술을 알고 능동적으로 참여하기 위해 필요한 세 가지 마음을 설명하고 있다. 미술을 알기 위해서 필요한 마음은 첫째 아름다움을 아는 마음이다. 우리의 일상은 미술과 밀접하게 관련되어 있으며 일상생활에서 마음에 드는 상품을 선택하는 것도 아름다움을 선택하는 미술 행위이다. 둘째는 느끼는 마음이다. 따뜻한 마음으로 미술 작품을 보면서 다양하게 느껴 보는 것이다. 자연의 아름다움, 인공의 아름다움, 어떤 대상을 통한 감동의 아름다움을 보고 느낄 수 있는 노력이 필요하다. 셋째는 즐기는 마음으로, 표현할 때 틀에 얽매이지 않고 자유롭게 표현하는 것을 말한다. 즉, 자신이 느끼는 대로 그 감정에 충실하게 표현하면 된다.

주제 미술을 알기 위해 필요한 마음

▦: 이 글의 중심 화제

미술에 능동적으로 참여하는 것은 '▦아름다움을 아는 마음, 느끼는 마음, 즐기는 마음▦'을 갖는 것입니다. 여러분들이 미술을 알
문제 1-②번 미술에 능동적으로 참여하는 것의 의미
기 위해 노력하게 되면 "미술이 이렇게 우리 가까이 있었나?"라고 할 정도로 놀라게 될 것입니다.
▶ 1문단: 미술에 능동적으로 참여하는 것의 의미

미술을 알기 위해 필요한 첫 번째 마음은 아름다움을 아는 마
▭: 미술을 알기 위해 필요한 마음
음입니다. 우리는 알게 모르게 미술의 세계 속에서 살고 있습니다. 「여러분의 생활용품인 옷, 가방, 신발 등이 모두 미술과 연관
문제 2-①번 『 』: 일상생활 속 미술 행위
이 있고 자동차, 지하철, 비행기, 자전거, 상점의 진열장, 광고 포스터 등도 마찬가지입니다. 미술에 소질이 없다고 생각하는 학생들도 아마 연필 하나, 지우개 하나를 살 때에는 예쁜 것을 고르기 위해 심사숙고할 것입니다.」이렇게 행동하는 것이 무엇일까요? 아름다움을 선택하는 미술 행위인 것입니다. 그러므로 미술에 대
문제 2-②번 미술 행위의 의미
해서 좀 더 깊이 있게 알고 나면 주변에서 볼 수 있는 미술과 관련된 것들에서 깊이 있는 아름다움을 찾을 수 있고 아름다운 제
아름다움을 아는 마음의 효과
품을 고를 수 있는 안목을 높일 수도 있는 것이지요.
▶ 2문단: 미술을 알기 위해 필요한 마음 ①-아름다움을 아는 마음

미술을 알기 위해 필요한 두 번째 마음은 느끼는 마음입니다. '느낀다'는 말은 상당히 추상적이지만 대체로 이런 것입니다. 「'좋은 그림을 보면 기분이 좋다.', '추상화의 색상과 형태를 보면 어
문제 1-③번 『 』: '느낀다'의 예
린 시절이 생각난다.', '전원 풍경을 그린 그림을 보면 외할머니 생각이 난다.', '산수화를 보면 마치 내가 깊은 산속을 걷는 것 같다.'」등의 감정을 느끼는 것입니다. 이러한 느낌은 좋은 것입니다. 우리의 감성을 따뜻하게 해 주고 마음을 넉넉하게 해 줍니다. 사
느끼는 마음의 효과
실 아름다움을 느낀다는 것은 어느 정도 여유로움을 가졌다는 것
아름다움을 느끼는 조건
입니다. 경직된 생활을 한 어른들에게는 아름다움이 들어가기가 쉽지 않지만 학생들은 아직 따뜻한 마음을 가지고 있습니다. 어릴
아름다움을 느낄 수 있는 조건이 되는 학생들
때 키운 감성이 평생을 갑니다. 자연의 아름다움, 인공의 아름다움, 어떤 대상을 통한 감동의 아름다움을 보고 느낄 수 있는 노력이 필요합니다.
▶ 3문단: 미술을 알기 위해 필요한 마음 ②-느끼는 마음

세 번째는 즐기는 마음입니다. 여기에서 즐기는 마음이란 표현하는 즐거움을 말합니다. 그림을 그리거나 물건을 만드는 데 소
즐기는 마음의 의미
질이 없는데 어떻게 즐기냐구요? 미술을 알고 또 아름다움을 느
문제 1-①번 질문을 던져 호기심을 유발함.
낄 수 있으면 그 느낌을 이제 표현해 보아야 합니다. 형태를 닮게 그리는 것이 문제가 아니고, 똑같게 되지 않아도 상관없습니다. 틀에 얽매여서는 즐겁게 그리거나 만들 수 없습니다. 표현의 주
즐기는 마음을 갖는 방법 ① - 틀에 얽매이지 않기
체는 자기 자신입니다. 「무엇이든지 그릴 수 있고 채색도 여러분
『 』: 틀에 얽매이지 않는 표현의 예
이 원하는 색을 얼마든지 쓸 수가 있습니다. 추상으로 표현할 수도 있고, 형태를 변형시켜 구상으로 표현할 수도 있으며, 표현 재료를 구김이나 붙임을 통해 입체로 표현할 수도 있습니다.」정해진 틀 속에서 그리거나 만들게 되면 그 작품은 여러분 것이 아니지요. 그러므로 자신이 느끼는 대로 그 감정에 충실하게 표현하
즐기는 마음을 갖는 방법 ② - 느끼는 감정에 충실할 것
면 됩니다.
▶ 4문단: 미술을 알기 위해 필요한 마음 ③-즐기는 마음

해제 이 글은 다양하고 가변적인 풍경을 제공하는 한옥 풍경 작용의 개념과 유형, 효과를 설명하고 있다. 한옥의 풍경 작용은 집을 하나의 풍경 요소로 파악하여 생활을 즐기며 집과 주변 환경을 하나의 풍경화처럼 만들어 낸다는 뜻이다. 한옥의 풍경 작용은 관찰자가 집 밖 멀리에서 집으로 접근하면서 일어나는 전경과 관찰자가 집 안에서 집 밖을 바라볼 때 일어나는 차경의 두 가지 작용으로 나타난다. 이러한 한옥의 다층적 풍경 작용

은 관조의 입장에서 자연을 이해하려는 결과라 할 수 있다. 한옥의 풍경 작용은 집과 사람, 자연을 하나로 연결하는 역할을 하며, 한옥은 사람이 살기에 즐거운 곳이라는 애착을 느끼게 만드는 것이다.

주제 한옥 풍경 작용의 개념과 유형

한옥은 다양하고 가변적인 풍경을 제공한다. 한옥에서 다양하고 가변적인 요소는 한옥의 풍경 작용에서 잘 드러난다. 한옥의 풍경 작용 :이 글의 중심 화제 이란 집을 하나의 풍경 요소로 파악하여 생활을 즐기며 집과 주변 환경을 하나의 풍경화처럼 만들어 낸다는 뜻이다. 한옥의 풍경 작용은 관찰자가 집 밖 멀리에서 집으로 접근하면서 일어나는 작용과 문제 1-③번 한옥 풍경 작용의 유형 ① 관찰자가 집 안에서 집 밖을 바라볼 때 일어나 문제 1-③번 문제 2-①번 한옥 풍경 작용의 유형 ② 는 두 가지 작용으로 나타난다. ▶ 1문단: 한옥 풍경 작용의 개념과 유형

집 밖에서 일어나는 풍경 작용은 전경(全景)에서 시작된다. 전경은 먼발치서 집의 전체 모습을 하나의 풍경으로 파악하는 것이 문제 1-④번 다. 이것이 풍경일 수 있는 이유는 대개 한옥이 산세에 순응하고 어우러져 자연과 하나가 되는 모습이기 때문에, 집을 산과 숲의 구성 요소로 끼워 넣어 함께 파악할 수 있는 것이다. 그런 다음 대문이 보일 만큼 집에 가까이 접근하게 되면 전경 요소는 사라지고 대문을 통해 집 안 내부가 어렴풋이 눈에 들어온다. 대문이 대문에서 집 안까지 보이게 되는 풍경 작용 마치 그림의 액자 역할을 하며 집을 큰 덩어리로 보는 것이 아니라 열린 부분을 통해 집 안 풍경의 일부를 초점화하여 보게 된다. 이때 원근의 차이나 시선의 각도에 따라 마당이 더 많이 보이고, 집 안 모습이 다양하게 보이는 이유 행랑채가 더 많이 보이고, 안채가 더 많이 보이는 등 다양한 풍경을 드러낸다. ▶ 2문단: 한옥 풍경 작용에서 전경

집 안에서 집 밖을 바라볼 때 일어나는 풍경 작용은 한옥의 창 한옥 풍경 작용에서 차경 이 대표적이다. 창은 외부로 향한 창의 설치 방향, 높낮이, 크기 등에 따라 다양한 외부의 풍경을 빌려 오는 차경(借景)을 이룬다. 문제 2-①번 특히 창은 사람이 스스로 여는 정도를 달리해 변화무쌍한 풍경을 문제 1-⑤번 문제 2-②번 창을 여닫는 정도를 달리했을 때의 효과 연출한다. 그런데 창은 스스로 풍경이 되기도 한다. 「한옥의 창은 대개 창호지로 만들어지는데 창호지는 반투명이기 때문에 빛을 문제 2-⑤번 「」: 한옥 창의 역할 받으면 창살의 조형성을 잘 드러내는 한편, 두 짝으로 되어 있는 창의 경우 외부의 풍경과 나란히 병렬을 이루며 한옥의 아름다움을 연출한다.」 창호지에 어리는 빛의 종류와 세기, 계절적 상황 등 문제 1-②번 창호지를 통한 다양한 풍경 작용 에 따라 창의 색이나 분위기가 달라지며 감성 작용을 일으켜 하나의 심미 요소로 둔갑한다. ▶ 3문단: 한옥 풍경 작용에서 차경과 창의 특성

한옥의 다층적 풍경 작용은 관조의 입장에서 자연을 이해하려는 결과라 할 수 있다. 관조는 이성적 시비 판단이나 이해타산을

하지 않고 그저 내 마음을 텅 비워 대상을 받아들이는 일이다. 분석해서 우열의 가치를 판단하지 않으며 좋고 싫음의 차별도 하지 않고 직관으로 받아들여 감상하고 즐기는 것이다. 이를 통해 자연과 어우러져 동등한 입장에서 함께 즐기는 전통적 가치관을 구현한 것이다. 아울러 실용적 목적도 살펴볼 수 있는데, 여름에는 시원한 바람을 잘 받고 겨울에는 따뜻한 햇볕을 집 안 깊숙이 끌 문제 2-③번 한옥 풍경 작용의 실용성 어들여 계절에 따른 생활을 영위하는 방법으로도 활용되었다. ▶ 4문단: 한옥 풍경 작용의 실용성

한옥의 풍경 작용은 집 스스로 풍경을 만들어 집에 그림을 가 문제 1-①번 한옥 풍경 작용의 목적 득 채우려는 목적이었다. 그 그림은 시시각각 변하는 살아 있는 실체로서 집과 사람, 자연을 하나로 연결하는 역할을 한다. 그리 문제 2-④번 한옥 풍경 작용에 나타나는 그림의 역할 하여 한옥은 다양하고 살아 있는 풍경을 즐기며 사람이 살기에 한옥 풍경 작용의 효과 즐거운 곳이라는 애착을 느끼게 만드는 것이다. ▶ 5문단: 한옥 풍경 작용의 목적과 효과

해제 이 글은 19세기 프랑스 조각가인 로댕의 예술 세계와 경향, 그가 활용한 기법의 종류와 특성을 설명하고 있다. 로댕은 조각이 예술을 위한 예술이어야 한다는 생각으로 사실적인 재현에서 벗어나 정신적이고 조형적인 형태를 추구하였고, 평범한 인물에 대한 세밀한 조각을 통해 인간의 정신세계를 드러내려 했다. 로댕은 기법적으로 예술에서 완성의 의미는 없다는 생각으로 미완성의 조각 세계를 표현했으며, 마코타주 기법을 활용해 개별적 작품을 결합하여 새로운 의미를 나타내려 했다. 이러한 작품 세계를 펼친 로댕은 다양한 예술적 실험을 통해 조각가의 정신과 사상을 조각에 구현하려 한 작가로 평가받고 있다.

주제 로댕 조각 예술의 특성과 기법

로댕은 고대 그리스의 조각을 모방하던 고전주의 조각에서 벗
▩▩: 이 글의 중심 화제
어나 인간의 내면적인 정신세계를 강조한 19세기 프랑스 조각가로 알려져 있다. 로댕은 조각이 예술을 위한 예술이어야 한다는 생각으로 사실적인 재현에서 벗어나 정신적이고 조형적인 형태
문제 2-②번 로댕이 추구한 조각의 형태
를 추구하였다. ▶ 1문단: 로댕이 추구한 조각의 형태

로댕은 먼저 과거 신이나 영웅의 아름다운 모습만을 사실적으로 재현하는 기존 관행에서 벗어나 인간의 개성적이고 내면적인
문제 2-②번 로댕의 예술적 목표
정신세계를 표현하는 데 주력한다. 그의 「코가 일그러진 남자」는 추함도 예술에서는 보다 아름다운 모습으로 구현할 수 있다는 개성적 시각을 드러냈다. 로댕은 평범한 노동자의 주름 파인 이마와 일그러진 코 등을 조각하여 그 빈곤과 고통, 아픔 등 내적 진실을 드러내려 했다. ▶ 2문단: 로댕의 예술적 목표

또한 로댕은 예술에서 완성의 개념에 의문을 제기하며 **미완성**
▭: 로댕의 조각 기법
의 조각을 통해 새로운 의미나 해석을 생성해 낼 수 있는 잠재성
미완성 조각을 통해 로댕이 추구한 것 ①
을 추구하려 했다. 로댕은 고대 조각에서 조각난 유물들을 많이 소장하고 있었는데, 이에 영향을 받아 미완성된 조각도 하나의 독립된 작품으로 인식하려 했다. 그의 미완성의 조각은 전신 조각
문제 2-③, ④번 ◯: 미완성의 조각 방법
대신에 손이나 다리, 몸통으로만 된 것을 조각하는 방법, 전신을 조각하되 주조 과정 중 생긴 기포를 메우지 않거나 끌이나 망치 자국을 다듬지 않고 그대로 두는 방법으로 나타난다. 이와 같은 방식들은 조각을 완성된 물체가 아닌 흐르는 시간 속에서 진행되
미완성 조각을 통해 로댕이 추구한 것 ②
는 과정에 주목하게 하는 한편, 부분 형상을 통해 어떤 모습의 조각을 향해 나아갈 것인지에 대한 창조적이고 자유로운 상상을 하
미완성 조각을 통해 로댕이 추구한 것 ③
게 한다. ▶ 3문단: 로댕의 조각 기법 ①

로댕은 조각들의 결합을 통해 새로운 의미를 생성하는 마코타주 기법에도 큰 관심을 기울였다. **마코타주**는 개별적 작품을 결합하여 새로운 의미를 생성하는 방법이다. 대표적으로 『지옥의
문제 2-①번
문』은 로댕의 조각을 모아 놓은 '미술관' 같다는 평가를 받는데, 이 작품은 크고 작은 수많은 인간 형상을 배치하여 지옥의 형벌을 받는 인간의 고통을 표현하고 있다. 로댕은 손이나 다리의 토르소 같은 인체의 부분 형상이나 인물상을 결합시킴으로써 예술
마코타주 기법을 통해 로댕이 추구한 것 ①
의 내용에 대한 시공간적 개방과 확장을 가져왔다. 즉 개별 작품들을 다양하게 혼합하거나 배치하여 관람자의 자유로운 상상력을 유발하고 다양한 해석의 가능성을 열어 주었던 것이다.
문제 2-⑤번 마코타주 기법을 통해 로댕이 추구한 것 ② ▶ 4문단: 로댕의 조각 기법 ②

이와 같이 로댕은 다양한 예술적 실험을 통해 조각가의 정신과 사상을 조각에 구현하려 하였다. 로댕은 스스로 "나는 과거와 현재 사이를 잇는 다리이다."라고 말한 것처럼 과거 신이나 영웅의
과거를 토대로 새로운 조각 예술의 세계를 개척한 로댕
아름다운 모습만을 사실적으로 재현하는 조각 예술의 관행에서 벗어나 내면적이고 추상적인 사고를 표현하였던 것이다.
로댕 조각 예술의 의의 ▶ 5문단: 로댕이 추구한 조각 예술의 의의

해제 이 글은 영화에서 배우의 표정, 동작, 행위 등 신체 언어나 특정한 물체 등을 활용해 의미를 전달하는 기법인 셔레이드의 개념과 종류, 효과를 설명하고 있다. 셔레이드는 대사 없이 의미 전달이나 상황을 효과적으로 표현하는 비언어적 커뮤니케이션을 말하는데 신체 언어, 소도구, 장소 등을 활용한다. 셔레이드 기법은 영상 속에서 인물의 성격이나 심리, 인물 관계나 상황 등을 드러내며 이야기에 공감도를 높이려는 목적으로 사용되며 셔레이드를 통해 영화감독의 스타일을 규정하게 된다. 또한 셔레이드는 관객들이 메시지 해석에 능동적으로 참여하게 하여 영화에 대한 감정적인 수용과 공감을 가능하게 한다.

주제 셔레이드의 개념과 여러 가지 방법

셔레이드(charade)는 원래 사람의 몸짓을 보고 그 의미를 알
::이 글의 중심 화제   문제 1-①번 셔레이드의 기원
아맞히는 제스처 놀이에서 기원하였는데, 풍요나 다산을 기원하는 주술적 행위들에서 고대인들의 셔레이드적 행위를 엿볼 수 있다. ▶ 1문단: 셔레이드의 기원

영화에서 셔레이드는 대사 없이 의미 전달이나 상황을 효과적으로 표현하는 비언어적 커뮤니케이션을 말한다. 즉 배우의 표정, 동작, 행위 등 신체 언어나 특정한 물체 등을 활용해 의미를
                영화에서 셔레이드의 의미
전달하는 기법을 의미하는 것이다. 특히 미국 영화의 아버지라 불리는 그리피스는 클로즈업 기법을 개발하여 자연스럽고 정교
         문제 1-②번 ◯: 셔레이드 활용 사례
한 셔레이드 기법을 활용했는데, 카메라로 배우의 얼굴이나 의상 등을 크게 화면에 배치해 의미를 관객들에게 전달하고자 했다. 이후 찰리 채플린은 셔레이드의 활용을 통해 인물의 심성을 표현하는 수준을 넘어서 영화의 예술적, 사회적 가치를 끌어올리는 데 큰 기여를 하였다. ▶ 2문단: 영화에서 셔레이드의 개념과 활용 사례
                      ▭: 셔레이드의 방법
셔레이드의 방법으로 먼저 신체 언어를 활용한 셔레이드가 있
                    셔레이드의 방법 ①
는데 얼굴 표정이나 제스처가 그것이다. 루돌프 아른하임은 "인
                              신체 언어
간의 사고와 감정은 얼굴 표정과 사지와 제스처를 통해 가장 직접적으로 전달된다."라고 하면서 신체 언어 표현의 강력한 의미 전달력에 대해 말한 바 있다. 이는 배우의 안면 표정이나 제스처가 인물의 심리나 감정 등을 어떤 대사보다 호소력 있게 전달하
                신체 언어를 활용한 셔레이드의 장점
며 내재된 무의식까지 표현된다는 점을 지적한 것이다.
                          ▶ 3문단: 신체를 이용한 셔레이드의 방법
소도구도 매우 중요한 셔레이드 방법이 된다. 그리피스는 영화
셔레이드의 방법 ②
에서는 물체도 연기를 한다고 말해 왔는데, 소품까지도 클로즈업을 통해 함축적 의미나 맥락을 전달하는 것이다. 장소도 셔레이
          소도구를 활용한 셔레이드의 장점   셔레이드의 방법 ③
드를 나타내는 주요 방법이다. 특정한 장소나 공간이 인물의 상
                          장소를 활용한 셔레이드의 장점
황이나 관계 등을 효과적으로 나타내기도 하는데, 예를 들어 부서져 있는 간판이나 떨어져 있는 메뉴판 등을 통해 폐업한 음식점이라는 공간을 보여 주며 인물의 몰락한 처지를 드러내기도 하는 것이다. 이 방법들은 각기 독립적으로 작용하기도 하나 상호 복합적으로 작용함으로써 다의적 의미를 함축하게 되는 경우도 있다. ▶ 4문단: 소도구나 장소를 이용한 셔레이드의 방법

그러면 셔레이드는 어떤 목적으로 활용될까? 셔레이드는 먼저 영상 속에서 인물의 성격이나 심리, 인물 관계나 상황 등을 드러
                          셔레이드의 활용 목적
내며 이야기에 공감도를 높이게 된다. 특히 셔레이드로 표현된 것 자체가 인간 내면의 심성을 표현하는 것이 많아 성격 구축을 이루는 초석이 되며 셔레이드를 통해 영화감독의 스타일을 규정하게 된다. ▶ 5문단: 셔레이드의 활용 목적

셔레이드는 「영화 속에서 의미 전달을 보다 정서적으로 풍성하
        문제 1-③, ⑤번 「 」: 셔레이드의 효과
게 하며 관객이 영화의 주제를 현실감 있게 해석할 수 있도록 이끌어 주는 강한 힘을 발휘한다. 언어적인 대사가 단선적인 의미 전달에 치중하는 데 비해 셔레이드는 메시지 해석에 관객이 능동적으로 참여하게 하여 영화에 대한 감정적인 수용과 공감을 가능하게 한다.」 ▶ 6문단: 셔레이드의 효과

해제 이 글은 라틴어로 작품을 뜻하는 '오푸스'에서 비롯된 오페라의 특징과 음악적 구성을 독창곡을 중심으로 설명하고 있다. 오페라는 우리말로는 가극이라고 번역하며, 대부분의 오페라는 모든 대사가 노래로 표현된다는 점에서 오페레타나 뮤지컬과 구별된다. 오페라의 음악은 독창, 합창, 관현악으로 구성된다. 그중 독창곡은 아리아와 레치타티보로 나누어지는데 아리아는 기악 반주가 있는 독창으로 주인공의 심정을 정서적인 선율로 표현한다. 레치타티보는 낭송형의 독창을 말하는데 상황을 설명하거나 이야기 전개를 설명하는 역할을 한다. 오페라에서는 아리아가 주목을 받지만 레치타티보도 중요한 역할을 한다.

주제 오페라의 특징과 음악적 구성

오페라는 이탈리아어로 노동, 공사, 성과, 작품, 연극, 단체 등
: 이 글의 중심 화제
의 다양한 뜻이 있다. 영어로 말하면 'work'에 해당된다. 이탈리아어의 오페라나 영어의 '워크'에 음악적인 의미는 처음부터 존재하지 않았다. 여러 뜻 가운데 우리가 알고 있는 오페라의 뜻에 가장 가까운 것은 '작품'이다. 라틴어로 작품을 뜻하는 '오푸스'
문제 1-①번 오페라의 어원
에서 비롯되었기 때문이다. 악보나 음악회 프로그램에서 'Op.'라고 하는 것이 바로 오푸스의 약자이다. ▶ 1문단: 오페라의 어원

오페라는 가극이라고 번역된다. 가극이란 노래로 하는 연극이
문제 1-②번 오페라의 뜻
라는 뜻인데 노래만이 오페라의 요소는 아니다. 오페라에는 기악을 포함한 모든 음악이 포함된다. 그렇지만 음악극이라고 번역하지는 않는다. 음악, 특히 노래로 하는 연극에는 오페레타나 뮤지컬도 있다. ▶ 2문단: 오페라의 개념

오페라의 모든 대사는 노래로 표현되는 점에서 그렇지 않은 오
문제 1-⑤번 오페라의 특징
페레타나 뮤지컬과 다르다. 그러나 「마술피리」나 「피델리오」, 「팔려 간 신부」, 「카르멘」처럼 노래가 아닌 대사가 포함되어도 오페라로 보기도 한다. ▶ 3문단: 모든 대사가 노래로 표현되는 오페라
: 오페라와 유사한 형태의 공연 예술
오페레타란 '작은 오페라'라는 뜻으로 19세기 후반에 노래와
춤을 넣어 대중적이고 희극적인 음악극이 되었다. 한편 뮤지컬은
문제 1-⑤번 오페레타의 특징
음악과 연극 및 춤을 중심으로 하고 미술도 포함하여 섞어 만든
문제 2-③번 뮤지컬의 특징
대중 종합 예술이다. 뮤지컬은 유럽의 코믹 오페라나 오페레타에서 비롯된 것이나 20세기에 와서 특히 영미를 중심으로 독자적인 발전을 했으며 현대에 와서 오페라와 차이가 많이 좁혀졌다.
「 」: 오페라 음악의 종류와 특성 ▶ 4문단: 오페레타와 뮤지컬의 특징
「오페라의 음악은 독창, 합창 및 관현악으로 구성된다. 독창곡
문제 1-②번 오페라의 음악 구성
은 선율의 아름다움을 주로 한 아리아와 레치타티보로 나누어진
○: 오페라의 음악
다. 아리아는 기악 반주가 있는 독창을 말하는 것으로서 오페라
의 극적 표현에서 중심을 형성하고, 레치타티보는 대화할 때의
문제 1-③, ④번
억양을 유지한 낭송형 독창을 말하는 것으로 노래하는 것처럼 말
하고 말하는 것처럼 노래하는 부분이다. 아리아보다는 덜 양식적
문제 1-④번 문제 2-①번
이고 레치타티보보다는 덜 서술적인 세나는 보통 아리아 앞에서
불린다. 또한 아리오소도 아리아와 레치타티보의 중간 형태이다.
▶ 5문단: 오페라의 음악
아리아가 주인공의 심정을 서정적인 선율로 표현하고, 레치타
문제 1-③번 문제 2-④번 아리아의 역할
티보는 주인공이 놓여 있는 상황을 설명한다든가, 이야기 전개를
문제 2-②번 레치타티보의 역할

설명하는 경우에 사용된다.」 ▶ 6문단: 아리아와 레치타티보의 역할

아리아는 그 자체만으로도 '아리아의 밤'이라는 이름의 성악 발표회나 어느 가수의 '아리아 모음' 앨범처럼 별도로 불리며 따
문제 2-④번 그 자체로 예술적 가치를 인정받은 아리아
로 녹음하여 감상하지만 레치타티보는 '레치타티보의 밤'이라는 이름의 성악 발표회나 그것만의 앨범이 없다. 그러나 레치타티보가 오페라 중에서 대사를 전달하는 것으로 중요한 공헌을 하는
문제 2-⑤번 레치타티보의 가치
점은 부정할 수 없다. 특히 모차르트의 「피가로의 결혼」에서는 레치타티보가 뚜렷하며 드라마의 전개를 한층 부드럽게 한다.
▶ 7문단: 아리아와 레치타티보의 가치

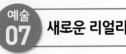
해제 이 글은 새로운 리얼리즘이라는 뜻의 유럽 전위 미술 운동으로 1960년대 프랑스를 중심으로 발생한 누보 레알리즘의 탄생 배경과 특성, 표현 기법, 후대에 끼친 영향 등을 설명하고 있다. 누보 레알리즘은 1950년대 유럽 미술계를 지배하던 추상 표현주의에 대항하려는 일련의 젊은 미술가들에 의해 형성된 미술 운동이다. 누보 레알리즘은 내면적 리얼리티를 추구하는 추상 회화에서 벗어나 가시적인 것, 구체적인 현실의 것을 객관화하려는 목표로 미술 운동을 전개했다. 누보 레알리즘은 현실을 객관으로 보여 주려는 데 집중하여 산업 문명과 관련된 오브제를 작품 속에 직접 차용하는 작품들을 선보였다. 특히 혁신적인 오브제 사용의 기법으로 아상블라주를 활용함으로써 현대 산업 사회의 문제점을 직접 드러내려고 노력했다. 누보 레알리즘은 이후 미술사에 여러 가지 영향을 미쳤다.

주제 누보 레알리즘의 특성과 표현 기법

1960년대 초 프랑스를 중심으로 발생한 <mark>누보 레알리즘</mark>
: 이 글의 중심 화제
(Nouveau Réalisme) 운동은 이전의 리얼리즘과는 다른 새로운
문제 1-①번
리얼리즘이라는 뜻의 유럽의 전위 미술 운동이다. 누보 레알리즘
은 1950년대 유럽 미술계를 지배하던 추상주의에 대항하려는 일
문제 1-②번 누보 레알리즘의 의미
련의 젊은 미술가들에 의해 형성된 미술 운동이다. 누보 레알리
즘이라는 용어는 1960년 4월, 밀라노의 아폴리네르 화랑에서 아
르망, 탱글리, 클랭, 세자르 등 젊은 미술가들의 그룹전이 열렸을
때, 당시 미술 비평가인 피에르 레스티니가 '누보 레알리즘 선언'
을 함으로써 생겨났다. ▶ 1문단: 누보 레알리즘의 개념과 탄생 배경

누보 레알리즘 미술가들은 1950년대 미국과 유럽에서 유행했
던 앵포르멜 회화나 추상 표현주의 등이 주관적이고 개인적이며
문제 1-③번 누보 레알리즘의 비판 ①
지나친 상상의 세계에 매몰되었다고 비판한다. 특히 추상주의 회
화가 관람객과의 소통이 어려운 작품을 창작했다는 점을 비판하
누보 레알리즘의 비판 ②
며 실재를 지각할 수 있는 새로운 접근의 미술 운동을 제시한다.
▶ 2문단: 누보 레알리즘의 비판 내용
누보 레알리즘은 내면적 리얼리티를 추구하는 추상 회화에서
문제 1-④번 누보 레알리즘의 목표
벗어나 가시적인 것, 구체적인 현실의 것을 객관화하려는 목표로
미술 운동을 전개한다. 특히 자본주의의 발달에 따른 대량 생산
과 대량 소비의 사회적 현실을 그대로 보여 주려는 의도의 작품
들을 창작했는데, 도시의 부와 공업의 발달을 보여 주려는 경향
을 나타냈다. 자본주의의 현실에 대해 이전 다다이즘이 부정적이
고 파괴적인 경향을 보였지만 누보 레알리즘은 현실을 객관적으
누보 레알리즘이 집중한 분야
로 보여 주려는 데 집중했다. ▶ 3문단: 누보 레알리즘의 목표와 집중 분야

이를 위해 누보 레알리즘에서는 혁신적으로 '오브제의 모험'을
시도한다. 그것은 '객관적 현실의 차용'을 표방하며 산업 문명과
관련된 오브제를 작품 속에 직접 차용함으로써 주변 환경의 리얼
문제 2-④번
리티를 있는 그대로 보여 주는 것이다. 누보 레알리즘의 혁신적
오브제 사용의 기법으로 축적, 집적 등의 의미를 지닌 <mark>아상블라</mark>
문제 2-①번
<mark>주</mark>를 들 수 있다. ▶ 4문단: 누보 레알리즘의 오브제 사용 기법

대표 작가 <mark>아르망</mark>은 「산업 사회와 관련된 기계나 부품, 산업 폐
문제 2-②, ⑤번 「 」: 아르망의 목적 아르망이 사용한 오브제
기물 등을 축적한 작품들을 선보임으로써 생산, 소비, 파괴의 체
계에서 살고 있는 현대인들의 현실을 보여 주고자 했다. 공장에
아르망이 보여 주고자 한 것 ①
서 대량 생산되어 매장에 쌓이는 생산물에서부터 소비되고 난 뒤
의 쓰레기까지 끊임없이 축적되는 현대 산업 사회의 생리를 보여
아르망이 보여 주고자 한 것 ②
주고자 한 것이다.」아르망은 특히 블랙 유머적인 작품 제목, 축적
된 오브제들의 숫자나 크기 등을 통해 현대 산업 사회의 양적인
문제 2-③번 아르망이 현대 산업 사회의 양적인 리얼리티를 묘미 있게 제시하는 방법
리얼리티를 묘미 있게 제시했다. 이를 통해 아르망은 '미술가는
항상 자신의 시대의 증인'이어야 한다는 신념을 드러내었다.
아르망의 신념 ▶ 5문단: 아르망 작품의 목적과 신념
누보 레알리즘은 화가만의 유일하고 독창적인 행적을 추구했
던 추상 미술에 대한 반항적 태도를 보이며 땅 위에 두 발을 내딛
현실성을 중시했던 누보 레알리즘
는 미술 운동을 자처했다. 누보 레알리즘은 오브제를 직접 차용
하는 방식을 활용함으로써 미술에 대한 새로운 시각을 제시한 것
문제 1-⑤번 누보 레알리즘의 의의
이다. 이러한 실험적이고 전위적인 방식은 이후 네오 다다, 정크
아트, 플럭서스 운동, 팝 아트 등에 영향을 끼치게 되었다.
누보 레알리즘이 후대에 끼친 영향 ▶ 6문단: 누보 레알리즘 운동의 의의

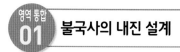

영역 통합 01 불국사의 내진 설계

해제 이 글은 통일 신라 시대 국가적 사업으로 창건된 사찰인 불국사 돌벽에 나타난 건축학적 특성과 이를 통한 내진 설계 방법을 설명하고 있다. 불국사 돌벽은 위층과 아래층으로 구분되는데 종축과 결구, 그랭이 기법 등에서 건축적 특성과 과학적 목적 등이 나타나 있다. 위층 돌벽에는 종축과 결구 등을 통해 목조 건축적 기법이 나타나고, 아래층 돌벽에는 그랭이 기법에서 우리 고유의 건축적 기법이 나타나 있다. 이런 기법은 지진이 빈번한 불국사 지역의 지형적 특성에 대비한 내진 설계와도 관련이 있

다. 종축과 결구는 기둥을 튼튼히 하여 흙의 압력을 견디는 방법이며, 그랭이 기법은 지진 에너지에 견디는 방법으로 설계된 것이다. 이러한 건축 기법을 활용한 불국사 돌벽은 과학에 근거한 아름다움을 통해 우리나라 건축의 진정한 미를 보여 준 사례이다.

주제 불국사 돌벽의 건축적 기법과 내진 설계 방법

불국사(佛國寺)는 8세기 무렵 통일 신라 시대 불국토(佛國土)
〔문제 2-②번〕 불국사의 창건 시기와 창건 목적
를 완성하기 위한 국가적 사업으로 김대성이 주도하여 창건된 사찰이다. 불교문화가 융성했던 당대의 대표적 건축물로서 불국사는 사상적으로나 건축학적으로 이름이 높다.
▶ 1문단: 불국사의 창건 목적

불국사에서는 다보탑과 석가탑, 청운교와 백운교, 칠보교와 연화교 등 아름다운 건축물이 많지만, 특히 대웅전으로 오르는 자하문 전면의 돌벽은 우리나라의 다른 건축물과는 다른 특징을 보
〔: 이 글의 중심 화제〕
여 준다는 점에서 주목된다. 돌벽은 위층과 아래층으로 구분되는
〔문제 2-④번〕 돌벽의 구성
데 종축과 결구, 그랭이 기법 등에서 신라인들이 돌을 다루는 기
돌벽에 구현된 건축 기법
법, 과학적 목적 등이 잘 나타나 있다. ▶ 2문단: 불국사의 건축과 특징

먼저 위층 돌벽에서는 종축, 결구 등 목조 건축적 기법을 잘 보
〔문제 4-①번〕 위층 돌벽에 구현된 건축적 특징
여 주고 있다. 다른 건축물과는 달리 대웅전으로 오르는 자하문 돌벽은 기둥을 세울 때 긴 직사각형의 돌을 가로로 쌓지 않고 세로로 놓아 만들었는데 이를 종축이라 한다. 또한 여러 개의 긴 돌을
〔문제 4-①번〕
수 미터 간격으로 위아래로 배치한 뒤 기둥 돌 끝부분에는 홈을 판 뒤 마치 나무의 홈을 파고 다른 나무를 연결해 끼워 맞추는 것처럼 긴 직사각형의 돌을 끼워 기둥이 단단히 고정되도록 한다. 이를
결구라 하며 홈을 메워 종축을 연결하는 돌이 동틀돌이다. 이 동
〔문제 4-③번〕
틀돌은 외부에 돌출되어 돌벽의 화려한 맛을 더해 준다. 이렇게
〔문제 4-③번〕 동틀돌의 기능
대강의 틀을 짠 뒤 기둥들 사이에 자연석을 쌓고 그 안쪽에 흙으로 다져 돌벽을 만들었던 것이다. ▶ 3문단: 위층 돌벽의 건축 기법

아래층 돌벽은 돌을 쌓아 벽을 만드는데 우리만의 독특한 방식인 그랭이 기법이 활용되었다. 아래층 돌벽은 지반을 평평하게 고
아래층 돌벽에 구현된 건축적 특징
르는 공사를 하지 않고 원래의 땅 그대로 울퉁불퉁하게 둔 채 자연석인 큰 돌을 아래부터 쌓아 올라가면서 점차 위로 다양한 크기와
아래층 돌벽의 벽 구성
모양의 작은 돌을 조합하여 채웠다. 그리고 돌벽 맨 윗돌 위쪽에 인공 석재인 장대석을 누르듯이 얹어서 완전히 밀착시킨다. 이때 돌벽 맨 윗돌의 모양에 따라 장대석의 일부분을 깎아 내는 것을 그
〔문제 4-⑤번〕
랭이 기법이라고 한다. ▶ 4문단: 아래층 돌벽의 건축 기법

그런데 종축 기법이나 그랭이 기법은 건축 미학적 고려뿐 아니라 불국사가 입지한 곳이 지진이 빈번한 활단층이라는 점도 고려
〔문제 2-①번〕 불국사의 건축적 기법과 불국사 입지의 관계

된 것으로 파악된다. 지진이 나면 돌벽 안쪽에 채워진 흙의 압력으로 인해 기둥들이 바깥으로 밀려날 가능성이 있는데, 종축과 결
〔문제 4-②번〕 지진이 났을 때의 상황
구는 기둥들을 짜 맞추는 방식을 통해 압력을 이겨 내는 효과를
〔문제 3-③번〕 종축과 결구의 효과
거두었다. 그랭이 기법도 내진 설계와 관련 있다. 그랭이 기법은
〔: 이 글의 중심 화제〕
자연석으로 쌓아 올린 부분과 인공 석재 부분이 그랭이질로 완전하게 밀착되어 지진의 수평 하중에 의한 충격에 강한 응력을 가지므로 수평으로 흔들려도 어긋나지 않는다. 아울러 자연석들 사
〔문제 2-③번〕〔문제 3-④번〕 그랭이 기법의 효과
이에는 조그만 틈이 있어 지진 에너지가 여기에서 상당히 소모되어 돌벽이 견딜 수 있게 된다. ▶ 5문단: 불국사의 내진 설계 방법
〔문제 4-④번〕 자연석의 효과

이러한 건축 기법을 활용한 불국사 돌벽은 불국사에서 거의 유일하게 원형 그대로 1,300여 년 동안 보존된 부분이다. 이처럼
불국사 돌벽의 보존 상황
불국사 돌벽은 과학에 근거한 아름다움을 통해 우리나라 건축의 진정한 미를 보여 준 사례라 할 수 있다. ▶ 6문단: 불국사 돌벽의 가치

해제 이 글은 잭슨 폴록으로 대표되는 추상 표현주의의 표현 기법과 물리학의 엔트로피 현상이 연관되어 있음을 설명하고 있다. 잭슨 폴록은 화폭을 바닥에 놓고 물감을 뿌리는 드리핑 방법을 통해 자유분방하게 자신의 감정을 표현했는데, 이는 화가의 감정과 본능을 추상의 방법으로 표현하려 한 것이다. 이러한 기법을 액션 페인팅이라고 하는데 무질서와 우연적인 현상을 나타낸다는 점에서 물리학의 엔트로피 현상과 공통점을 이룬다. 엔트로피는 입자의 속도와 위치를 정확히 아는 것은 불가능하므로 결정적인 추론은 불가능하며 확률론적인 추론만 가능하다는 관점에서 탄생한 개념이다. 엔트로피의 무질서한 상태는 재현과 복제가 불가능한 잭슨 폴록의 무질서한 그림이 잘 반영하고 있다.

주제 액션 페인팅과 엔트로피 현상의 관련성

추상 표현주의는 제2차 세계 대전 후 나치에 반대해 유럽에서 미국으로 건너온 화가들을 중심으로 형성된 회화 사조이다. 추상 표현주의는 전쟁을 일으키게 했던 이성에 반대하여 개인의 근원적이고 자유로운 무의식 세계를 표현하려 했다.
문제 2-①번 추상 표현주의가 표현하려는 세계
▶ 1문단: 추상 표현주의가 표현하려는 세계
추상 표현주의를 대표하는 화가 잭슨 폴록은 회화에 어떤 의미를 담아야 한다는 회화적 관습을 과감하게 탈피하여 화폭을 바닥에 놓고 막대기나 에나멜페인트, 래커 등으로 물감을 뿌리는 드리핑 방법을 통해 자유분방하게 자신의 감정을 표현했다. 폴록은
문제 4-②번 잭슨 폴록의 기법
그의 그림이 애초부터 어떤 의도나 주제 없이 그렸다는 것을 나타내기 위해 제목 없이 번호만 매겼을 만큼 화가의 감정과 본능을 추상의 방법으로 표현하려 했다. 커다란 캔버스에 물감을 흘
문제 2-③번 문제 2-④번 추상 표현주의의 표현 방법
리고, 끼얹고, 튀기며 온몸으로 그림을 그리는 폴록의 기법에 평론가 로젠버그는 액션 페인팅이라는 이름을 붙였다.
액션 페인팅 명칭의 유래
: 이 글의 중심 화제 ▶ 2문단: 잭슨 폴록의 액션 페인팅
그런데 잭슨 폴록의 액션 페인팅 방식은 물감이 번지는 범위, 속도를 통한 연속적인 우연의 중첩 효과에 기반을 두고 있다. 캔
문제 4-③번 액션 페인팅이 기반을 둔 효과
버스에 물감을 떨어뜨리고 다른 물감을 또 떨어뜨리면, 시간이 지나면서 물감은 처음에 떨어진 자리에 가만히 있지 않고 퍼져나가 섞이며 진하게 된다. 물감이 퍼져 나가는 방향과 속도는 예측하기 어렵고 복잡하다. 이것을 확산이라고 하는데 「입자의 밀도
문제 4-①번
혹은 농도 분포의 차이가 날 때 높은 쪽에서 낮은 쪽으로, 물질의
문제 2-③번 「 」: 확산 속도가 빨라지는 조건
온도가 높을수록, 물질을 이루는 분자의 무게가 가벼울수록 확산 속도는 빨라진다.」 잭슨 폴록은 물감의 확산 현상 자체를 그대로 채색에 활용했는데, 물질이 무질서하게 움직이는 효과를 바탕으로 한 것이다.
문제 4-①번 물리학의 엔트로피 현상과 유사한 잭슨 폴록의 그림
▶ 3문단: 액션 페인팅 기법의 효과
자연계에서 물질이 무질서하게 움직이는 정도를 엔트로피라고
: 이 글의 중심 화제
한다. 일반적으로 자연계에서 물질의 변화는 엔트로피가 증가하는 방향으로 진행한다. 엔트로피는 다시 되돌릴 수 없는 비가역적 변화이며 무질서한 상태로 증가하기만 한다. 잭슨 폴록의 페인팅 기법은 이러한 엔트로피 법칙을 그대로 따라가는데, 그가
재현이나 복제가 불가능한 엔트로피의 특성
그림을 그릴수록 캔버스는 점점 무질서해진다.
▶ 4문단: 액션 페인팅 기법에 반영된 엔트로피 법칙
사실 뉴턴 시대의 고전 물리학에서는 질량을 갖는 물체의 처음 위치와 속도가 정해지면 그 후 위치와 속도를 구할 수 있다는 결

정론적 관점을 유효하게 인정했다. 그러나 자연에서는 뉴턴의 법칙으로 설명할 수 없는 예측 불가능한 많은 현상이 존재했다. 뉴
엔트로피 이론의 등장 배경
턴 이후 독일의 물리학자 하이젠베르크는 '불확정성의 원리'에서 입자의 속도와 위치를 정확히 아는 것은 불가능하므로 결정적인 추론은 불가능하며 확률론적인 추론만 가능하다고 주장했다. 엔
문제 2-④번 하이젠베르크의 주장
트로피는 이러한 관점에서 탄생한 개념으로 엔트로피가 작으면 질서 정연한 상태, 엔트로피가 크면 무질서한 상태를 의미한다.
문제 4-⑤번 엔트로피 이론의 핵심 내용
애초 재현할 의도나, 아무것도 재현하지 않으려 하며 복제도 불가능한 잭슨 폴록의 무질서한 그림은 바로 엔트로피 현상을 가장
문제 1-②번 문제 2-⑤번 잭슨 폴록의 그림과 엔트로피 현상의 관련성
잘 반영하고 있다고 평가되고 있다.
▶ 5문단: 예측 불가능한 세계를 나타내는 엔트로피의 개념과 잭슨 폴록의 그림

해제 이 글은 고려 말에 도입된 주자학을 조선 초기 신진 사대부들이 받아들여 새로운 국가 통치 이념으로 삼은 이래, 주자학이 조선 시대를 관통하며 미친 영향을 설명하고 있다. 고려 말에 원나라를 통해 도입된 주자학을 조선 초기의 신진 사대부들은 정치·사회 문제를 해결하고 새로운 질서를 확립하려는 노력의 일환으로 활용했다. 그중에서도 위기지학의 이념은 인격 수양을 통해 성인이 되는 것으로 나타났다. 격물치지의 정신은 임금과 사대부들의 생활, 나아가 국가 질서와 권력을 유지하는 근간으로 작용했다. 그러나 주자학이 형식적인 예법 논쟁으로 전개되면서 당파 싸움의 원인이나 권력 투쟁의 도구가 되었고, 이는 조선의 쇠퇴를 이끄는 요인이 되었다.

주제 조선의 흥망을 이끈 주자학의 이념

고려 말 원나라를 통해 도입된 주자학은 유학을 새롭게 해석해 체계화한 송나라 주자의 철학이었다. 조선 초기 신진 사대부들은 주자학을 국가의 통치 이념으로 받아들여 고려 말 이래의 정치·사회 문제를 해결하고 새로운 질서를 확립하려는 노력의 일환으로 [문제 2-③번 조선 초기 신진 사대부들이 주자학을 도입한 이유] 주자학의 교육과 보급을 주창했던 것이다.
▶ 1문단: 주자학의 교육과 보급이 이루어진 이유

주자의 가르침 가운데 조선 초기 신진 사대부들의 마음을 사로잡은 이념은 크게 두 가지다. 첫째는 위기지학(爲己之學)의 이념이다. ▨▨▨: 이 글의 중심 화제 이것은 남에게 잘 보이기 위해 공부하는 대신 참된 나다움을 밝히기 위해 공부하는 것을 뜻한다. 즉 공부의 목적은 [문제 3-①번] 출세와 부귀영화가 아니라 인격 수양을 통해 성인(聖人)이 되는 [문제 2-①번 문제 3-③번 공부의 목적] 데 있다는 것이다. 둘째는 주자가 강조한 격물치지(格物致知) 정신이다. ▨▨▨: 이 글의 중심 화제 이것은 인격 수양을 위해서는 먼저 사물을 연구하고 세상 만물의 이치를 깨달아 무엇이 진정 옳고 그른 것인지 명확 [문제 3-②번] 히 알아야 한다는 것을 뜻한다. 그런데 사대부들은 사물을 연구한 것은 이미 공자나 맹자 같은 성현들이 다 해 놓았으므로 후대 사람들은 이들의 글을 깊이 되새기기만 하면 된다고 보았다. 특히 격물치지의 경우, 성현들의 말씀을 잘 알고 예법에 맞게 행동하는 사람은 사대부이므로 이 유학 사상으로 무장한 신진 사 [문제 3-④번 격물치지의 쓰임: 권력의 정당성] 대부들이 사회 지도층이 되어야 한다고 생각하거나 사대부는 다 [문제 3-④번 문제 4-①번 격물치지의 쓰임: 신분제의 정당성] 른 사람들과 신분이 다르다고 생각하는 것의 근거가 되었다.
▶ 2문단: 조선 사대부가 주목했던 주자의 가르침

따라서 세상은 도덕과 예절에 따라 질서가 잡혀 있어야 한다는 [삼강오륜의 내용] 생각을 바탕으로 윗사람, 임금, 남성, 중국 등을 중심으로 위계가 잡혀 있어야 하며 이를 벗어난 것은 방종과 무질서에 다름 아니라고 여겼다. 격물치지의 정신에 따라 임금도 권력을 지키기 위해서 수양과 공부를 거듭할 수밖에 없었다. 임금은 일과 중 많은 [격물치지 정신을 구현하기 위한 임금의 실천] 시간을 독서로 보내야 했고 신하들이 임금에게 유학의 경서를 강연하는 경연 등에서 자식의 학식을 신하들에게 입증해야 했다. 이 점은 관료들도 마찬가지였는데 권력의 정당성이 학문에서 나 [문제 2-②번 격물치지의 정신이 권력과 학문에 미친 영향] 온다고 생각하여 유학의 사서(四書)를 설명한 『사서집주』 등을 공부해 과거에 합격해야 했고, 수양과 학문을 통해 유교 덕목을 실 [격물치지 정신을 구현하기 위한 사대부의 실천] 천해야 했다.
▶ 3문단: 주자학을 실천하기 위한 방법

「조선의 권력은 주자학의 정신을 매개로 임금과 신하의 견제와 [문제 2-④번 『 』주자학의 이념이 권력 관계에 미친 영향]

균형 속에서 유지되었다. 임금은 절대 권력으로 부도덕한 관리를 [관리에 대한 임금의 견제] 다스렸고, 사헌부·사간원은 임금이 유교 이념에 맞게 행동하는 [임금에 대한 관리의 견제] 지 간섭했고, 홍문관·춘추관은 바람직한 국가 이념을 제시했다.」 [주자학의 이념 실천 ▶ 4문단: 조선의 권력 관계에 반영된 주자학의 이념] 그러나 「조선 후기에 이르러 주자학적 태도는 정책 대결보다는 [문제 4-②, ③, ④번 『 』조선 후기에 나타난 주자학의 한계] 예법에 관한 명분 싸움으로 흘러 당파 싸움의 원인이 되었다. 예를 들어 제사 기간, 제사 방식 등의 형식적인 예법이나 소신을 중 [예법 논쟁의 폐해 ①] 시해 본래의 순수한 이념을 잃고 권력 투쟁의 도구가 되었다. 결국 '위기지학'이나 '격물치지'에 대한 숭상은 결국 소수의 권력 [예법 논쟁의 폐해 ②] 독점을 유지하는 방편으로 전락했고 예법의 존중이나 강화는 백 [조선을 쇠퇴하게 만든 요인] 성들을 옥죄는 명분으로 작용하면서 조선의 최후를 이끄는 요인이 되고 말았다.」
▶ 5문단: 조선 후기에 나타난 주자학의 한계

해제 이 글은 엔터테인먼트의 개념을 제시한 후, 영화가 엔터테인먼트 요소를 갖춘 대표적인 매체임을 설명하고 있다. 영화의 엔터테인먼트 요소는 스토리의 흥미진진함과 출연 배우의 연기, 영상 구성의 참신함이나 규모, 미학 등에서 제시된다. 따라서 영화 제작자들은 호감도나 신뢰도가 높은 배우를 출연시켜 소비자를 유인하는 스타 시스템을 선호한다. 또한 영화는 상업적 속성을 바탕으로 한 문화 상품인데, 영화에서 다른 매체로 확산되는 윈도 효과가 강하다는 점이 이를 뒷받침한다. 따라서 문화적 명성이 인정된 비상업적 영화도 결국 윈도 효과로 상업적 속성으로 귀결될 수밖에 없는 것이다. 이러한 상황은 문화는 상업을 유인하고 상업은 문화를 선택하는 과정이 순환되는 것이다.

주제 영화의 엔터테인먼트 요소와 상업적 속성

현대 사회에서 엔터테인먼트(entertainment)는 인공적으로 대중의 감정에 어떠한 감동을 일으키게 하는 콘텐츠나 장치로 기분을 즐겁게 하는 일을 가리킨다. 다시 말해, 엔터테인먼트는 즐기고 싶은 감정이나 경험을 일으키는 장치 산업이다.
문제 2-①번
엔터테인먼트의 의미
▶ 1문단: 엔터테인먼트의 개념

영화는 엔터테인먼트 요소를 기본 속성으로 하는 대표적인 매체인데, 관객이 두어 시간을 소비하는 동안 특별한 심리적이고 감정적인 기억이나 경험을 일으키기 때문이다. 영화의 엔터테인먼트 요소는 스토리의 흥미진진함과 출연 배우의 연기, 영상 구성의 참신함이나 규모, 미학 등에서 제시된다. 이렇게 다양한 요소를 추구하는 이유는 영화는 잠재적 소비자를 대상으로 하기 때문인데, 이 때문에 제작자들은 호감도나 신뢰도가 높은 배우를 출연시켜 소비자를 유인하는 스타 시스템을 선호한다.
문제 2-③번 영화가 엔터테인먼트를 기본 속성으로 하는 이유
: 이 글의 중심 화제
문제 2-②번 영화에서 엔터테인먼트를 일으키는 요소
영화에서 엔터테인먼트를 일으키는 방법
▶ 2문단: 영화의 엔터테인먼트적 요소

이렇게 영화는 엔터테인먼트 요소를 바탕으로 문화 상품으로 만들어져 시장에 접근한다. 발터 베냐민의 지적대로 『영화는 기계적 복제로 된 예술로, 영화가 완성되면 영화관에서 반복적으로 상영되고 이후 TV나 인터넷 등으로 복제·배포된다.』 즉 영화 한 편은 콘텐츠의 본질을 유지한 채 다양한 유통 창구 즉 윈도(window)를 경유하여 이익을 실현한다. 이처럼 영화는 영화관 배급을 시작으로 TV나 인터넷 VOD 등으로 판권을 판매하여 각 매체에서 수익을 창출하는 것이다. 이러한 윈도 효과는 『영상물의 가치를 더욱 다양화하여 의류, 완구 등에 들어가는 캐릭터 상품, 사운드트랙 음반 판매까지 시장을 넓혀 준다.』
문제 2-④번 『 』: 복제와 관련된 영화의 특성
영화의 유통 창구 ①
문제 2-⑤번 문제 4-④번 『 』: 윈도 효과의 역할   영화의 유통 창구 ②
▶ 3문단: 영화의 다양한 유통 창구

그러나 상품적인 속성을 중시하는 상업적 영화의 특성과는 달리 문화적 세계를 중시하여 제작자나 영화감독의 특정한 의도나 사회적 이슈 등을 다루려는 영화도 있다. 이때 영화는 뉴스, 다큐 등과 마찬가지로 관객들의 사회적 행동에 영향을 미치는데, 이를 긍정적인 부대 효과라고 한다. 이를 통해 관객들은 영화가 제공한 삶의 조건들을 간접적으로 경험하고 해석하여 특정한 인식이나 성찰을 나타내게 된다. 이러한 영화를 통해 제작자와 감상자 사이에 사회 문화적으로 다양한 교감이 이루어지면 사회적으로 진지한 문화적 명성을 획득하게 된다.
문제 3-③번 문제 4-①번 상업적 속성을 배제하려는 영화
문제 3-④번
문제 3-⑤번 긍정적 부대 효과의 특성
문제 4-②번 문화적 명성을 획득하기 위한 조건
▶ 4문단: 영화에서 중시되는 문화적 세계

하지만 『문화적 명성을 획득한 영화는 다시 상업적 성공을 동반
문제 3-①, ②번 문제 4-③번 『 』: 문화적 명성을 획득한 영화의 상업화 과정

하여 경제 자본으로 전환되는 경우도 적지 않다. 문화적 명성이 인정된 영화는 막대한 관람 수입은 물론 상업 영화에서처럼 유사한 윈도 효과의 단계를 거치게 된다. 특히 영화제 등을 통해 영화의 문화적 명성이 국내외적으로 공식화되면 상업적 속성이 더욱 강화되어 경제적 성공을 거두게 된다.』 그야말로 문화는 상업을 유인하고, 상업은 문화를 선택하는 과정이 순환되는 것이다.
상업적인 유통을 통해 이익을 창출하는 경우
문화적 영화의 상업적 속성
영화의 문화성과 상업성
▶ 5문단: 상업적 속성으로 귀결되는 영화의 특성

정답과 해설

2부

– 문제 분석편 –

그리스 신화와 로마 신화 본문 24~27쪽 / 지문 분석편 2쪽

STEP Ⅰ 1 (1) ㄹ (2) ㄷ (3) ㄱ (4) ㄴ
　　　　 2 (1) × (2) ○ (3) × (4) ○

STEP Ⅱ 1 그리스 신화와 로마 신화의 연관성과 차이점
　　　　 2 서양, 재활용, 헤스티아
　　　　 3 유피테르, 헤라, 불

STEP Ⅲ 1 ②　　　2 ③

1 6문단에서 그리스 신화에서 헤스티아는 화로의 여신이었고, 로마 신화에서 베스타는 같은 화로의 여신이었지만 중요성은 더욱 커졌다고 언급했다. 이러한 두 신의 관계를 바탕으로 할 때, 신화도 시대의 변화에 따라 내용이 변형될 수 있다는 것을 알 수 있다.

오답 해설
① 헤스티아와 베스타의 이야기는 신화가 흥미 위주로 재편성된다는 내용과 관련이 없다.
③ 신화 속의 이야기는 일정한 구조를 지니고 있지만, 헤스티아와 베스타의 이야기가 이런 내용을 추론할 근거를 제시하고 있지는 않다.
④ 헤스티아와 베스타의 이야기는 신화의 신성성을 부정하는 것이 아니라 오히려 신화의 신성성을 강조하고 있다.
⑤ 헤스티아와 베스타의 이야기는 교육적 목적과는 관련이 없는 신화의 내용이다.

2 이 글에서는 로마 신화가 그리스 신화를 거의 그대로 차용하고 있다는 점을 강조하고 있다. 또한 4~5문단에서 그리스 신화의 신들이 로마 신화에서 역할은 같지만 이름이 바뀌어 등장하고 있다고 언급했을 뿐, 이름은 같지만 다른 역할을 하는 신이 있다는 내용은 제시되어 있지 않다.

오답 해설
① 1문단에서 모든 길은 로마로 통한다는 말처럼 로마가 서구 세계에 미친 영향이 크다고 언급했다. 따라서 로마를 이해하는 것이 서구 세계를 이해하는 데 중요하다고 할 수 있다.
② 2문단에서 오래전부터 로마가 그리스 폴리스들의 문화를 받아들였고, 로마가 그리스에게 문화적으로는 정복당했다고 표현한 데에서 로마의 문화는 그리스 문화와 밀접한 관련이 있다고 할 수 있다.
④ 4문단에서 그리스 신화의 제우스 6남매는 영역을 나누어 다스렸다고 언급했고, 5문단에서 그리스 신화에 등장하는 주요 신들은 이름만 바뀌었을 뿐 역할의 변화 없이 로마 신화에 등장한다는 것을 언급했다.
⑤ 6문단에서 그리스 신화의 헤스티아가 로마 신화의 베스타가 되면서 화로의 여신이라는 역할은 달라지지 않았지만, 국가와 가정의 수호자라는 역할도 수행했음을 언급했다.

인간은 어떻게 정보를 기억할까? 본문 28~31쪽 / 지문 분석편 3쪽

STEP Ⅰ 1 (1) 순간적 (2) 선택적 (3) 심리적 (4) 논리적
　　　　 2 ⑤

STEP Ⅱ 1 기억의 작용과 유형
　　　　 2 저장, 정보, 평생
　　　　 3 1~5초의 짧은 시간 동안 머묾, 약 30초 정도 기억됨, 논리적이고 체계 있게 기억하는 일

STEP Ⅲ 1 ④　　　2 ③

1 [A]는 자기에게 주어진 모든 정보를 기억하지는 않으며 기억할 수도 없다는 내용을 토대로, 이는 자기에게 특별한 의미를 지니거나 독특하고 새로운 자극에 대해 주의를 기울여 기억하기 때문임을 설명하고 있다. 이를 볼 때 [A]는 '왜 어떤 정보는 기억되고 어떤 정보는 기억되지 못할까?'와 같은 질문에 대한 답이라고 할 수 있다.

오답 해설
① [A]와 심리학에서 기억에 대한 관점과는 관련이 없다.
② [A]와 기억에서 정보를 인출하는 과정은 관련이 없다.
③ [A]와 정보를 인출하지 못할 때 발생하는 부작용은 관련이 없다.
⑤ [A]와 기억을 통해 인출된 정보의 활용 문제는 관련이 없다.

2 〈보기〉의 시인에게 어린 시절에 느꼈던 아버지의 서느런 옷자락은 촉각적 자극은 맞지만, 현재까지 시인에게 기억으로 남아 있어 현재의 시점에서 상기하는 것이므로 순식간에 사라지는 감각 기억이 아닌 장기 기억에 해당한다.

오답 해설
① 시인이 산수유 열매를 따 오신 아버지에 대한 장기 기억이 있었기 때문에 아버지를 향한 그리움을 표현할 수 있었던 것이다.
② 도시에서 내리는 눈이 시인으로 하여금 어린 시절을 상기시킨 점에서 이는 시인의 어릴 적 사건을 인출하는 역할을 한 것이라 할 수 있다.
④ 시인이 산수유 열매를 지금도 기억한다는 점에서 처음에는 단기 기억이었으나 강렬한 경험인 인접에 의해 장기 기억으로 넘어온 것이라 할 수 있다.
⑤ 어릴 적 자신을 위해 아버지가 붉은 산수유 열매를 따 오신 일에 대한 기억은 개인의 특수한 경험에 따른 기억이라는 점에서 일화 기억에 해당한다.

STEP Ⅰ 1 (1) ㄹ (2) ㄴ (3) ㄷ (4) ㄱ
　　　 2 (1) ⓒ (2) ⓐ

STEP Ⅱ 1 사료와 사료 비판의 개념과 유형
　　　 2 사료, 사료 비판, 내적
　　　 3 전적, 유적, 어의 분석, 설득력

STEP Ⅲ 1 ②　　2 ⑤

1 4문단에서 외적 비판은 수집한 사료의 진위 여부를 가리는 작업이기 때문에 언어학, 금석학, 인류학 등 다른 학문의 도움뿐 아니라 컴퓨터, 현미경, 적외선, X선, 탄소 연대 측정법 등 과학 기술의 도움을 받게 된다고 언급했다. 내적 비판은 사료 내용의 신빙성을 분석하는 작업이므로 내적 비판보다는 외적 비판에서 과학 기술의 활용 가능성이 높다고 할 수 있다.

오답 해설

① 2문단에서 유물은 정부 물품, 예술품, 생활용품 등의 각종 물품이며, 유적은 고찰, 고분, 궁터 등 위치를 변경시킬 수 없는 과거의 흔적을 가리킨다고 언급했다.
③ 6문단에서 사료에 대한 철저한 비판은 역사가의 연구가 객관적 설득력을 얻기 위한 최소한의 조건이라고 언급했다.
④ 5문단에서 사료 내용의 신빙성을 분석하는 내적 비판은 외적 비판에 이어지는 다음 단계라고 언급했다.
⑤ 2문단에서 새로운 법률의 게시문, 정부의 포고문 등 일반에게 알리는 목적의 신문 기사는 전적 사료로 취급되기도 한다고 언급했다.

2 5문단에서 어의 분석은 당대에 사용된 단어의 의미, 비유나 상징, 과장, 반어 등의 사용 여부를 판단한다고 언급했다. 또한 저술 의도 파악은 기록의 정확성과 편향성 등을 파악해 조작이나 왜곡 여부를 판단하거나 기록된 내용의 상식성 여부를 주로 판단한다고 언급했다. (나)에서 페르시아인에 비해 아테네인의 전사자 수가 턱없이 적은 것에 주목한 것은, 기록의 정확성과 편향성 등을 파악해 조작이나 왜곡 여부를 판단하거나 기록된 내용의 상식성 여부를 주로 판단하는 저술 의도 파악에 해당한다.

오답 해설

① 2문단에서 신문, 도서, 잡지, 회고록 등은 작성자의 의도에 따라 왜곡되거나 조작될 가능성이 있는 전고 사료라고 언급했다. (가)의 「콘스탄티누스 대제 기진장」은 편지, (나)의 헤로도토스의 『역사』는 도서에 해당하므로 모두 전고 사료에 해당한다.
② 4문단에서 외적 비판은 사료의 진위를 가려내는 작업으로, 사료의 조작이나 위조 여부를 가려내는 작업이라고 언급했다. (가)에서 로렌초 발라는 언어학적 분석과 고증을 통해 「콘스탄티누스 대제 기진장」이 조작된 가짜임을 밝혀냈으므로 외적 비판에 해당한다.
③ 5문단에서 사료에 사용된 단어의 의미를 정확하게 파악하는

어의 분석은 당대에 사용된 단어의 의미, 비유나 상징, 과장, 반어 등의 사용 여부를 판단한다고 언급했다. (가)에서 「콘스탄티누스 대제 기진장」에 대해 언어학적 분석을 시행한 것은 단어의 의미를 정확하게 파악하여 사료가 당대에 작성된 것인지 아닌지를 가려내기 위한 것이라고 볼 수 있다.
④ 5문단에서 저술 의도 파악은 기록의 정확성과 편향성 등을 파악해 조작이나 왜곡 여부를 판단하거나 기록된 내용의 상식성 여부를 주로 판단한다고 언급했다. (나)에서 아테네인의 전사자 수가 턱없이 적은 헤로도토스의 기록을 그리스인의 긍지를 나타내기 위해 아테네에 유리한 쪽으로 기록된 것이라고 판단한 것은 저술의 의도를 고려한 사료 비판이라 할 수 있다.

STEP Ⅰ 1 (1) 배제 (2) 성취 (3) 긍정 (4) 창조
　　　 2 ④

STEP Ⅱ 1 에피쿠로스 쾌락 철학의 특성과 본질
　　　 2 쾌락, 아타락시아, 신
　　　 3 공포, 원자, 정신적

STEP Ⅲ 1 ①　　2 ②

1 에피쿠로스는 공포심으로부터 해방과 쾌락에 기초한 개인의 행복 추구를 철학의 목표로 삼았고, 쾌락의 질적 차이를 고려하여 육체적 쾌락보다는 정신적 쾌락을 지속적으로 추구했다. 또한 개인의 행복과 즐거움에 이르기 위해 에피쿠로스는 신과 죽음에 대한 공포를 제거하는 방법을 제시했다. 이러한 내용을 바탕으로 강연회를 개최한다면, 강연회의 제목은 '에피쿠로스가 추구한 쾌락의 실체', 부제목으로는 '행복에 이르는 방법을 중심으로'가 가장 적절하다.

오답 해설

② 쾌락이 인간의 삶을 기쁘고 행복하게 만들기 때문에 에피쿠로스는 쾌락을 가치 있게 평가한 것이다. 1문단에서 에피쿠로스가 고대 그리스 헬레니즘 시대 철학자라는 사실을 언급했지만, 에피쿠로스의 쾌락 철학과 헬레니즘 철학과의 연관성은 언급하지 않았다.
③ 1문단에서 에피쿠로스가 추구한 쾌락 철학의 목표는 언급했지만, 에피쿠로스 쾌락 철학의 성립 과정은 언급하지 않았다. 또한 당대의 종교, 정치, 경제, 문화 상황도 언급하지 않았다.
④ 이 글은 에피쿠로스가 추구했던 쾌락의 개념과 쾌락을 추구하는 방법을 설명하고 있다. 하지만 에피쿠로스 쾌락 철학의 의의와 한계는 언급하지 않았다. 또한 쾌락의 가치가 후대에 미친 영향에 대해서도 언급하지 않았다.

⑤ 5문단에서 글쓴이는 에피쿠로스를 육체적 향락보다는 정신적 쾌락을 추구한 고상한 쾌락주의자라고 평가했다. 하지만 쾌락에 대한 견해가 당시의 문화·예술에 끼친 영향은 언급하지 않았다.

2 〈보기〉에서 A 씨가 병원에서 검진을 한 것은 몸에 이상을 느껴서 한 행위에 불과하며, 삶을 긍정하며 충만함을 찾기 위한 행위는 아니다.

① 2문단에서 에피쿠로스는 쾌락의 질적 차이를 고려해 전 생애에 걸쳐 약하지만 지속적인 쾌락을 추구해야 한다고 언급했다. 따라서 에피쿠로스는 〈보기〉의 A 씨가 순간적인 쾌락보다는 지속적인 쾌락을 추구했어야 한다고 생각했을 것이다.

③ 4문단에서 에피쿠로스는 신은 존재하지 않기 때문에 두려워할 필요가 없다고 언급했다. 따라서 에피쿠로스는 〈보기〉의 A 씨가 존재하지 않는 절대자에게 용서를 구할 필요는 없다고 생각했을 것이다.

④ 5문단에서 에피쿠로스는 죽음에 대한 공포로 마음의 평화를 해치는 일을 부정하며 죽는 날까지 기쁘고 즐겁게 사는 것이 현명하다고 언급했다. 따라서 에피쿠로스는 〈보기〉의 A 씨가 죽음의 공포로 떨기보다는 즐거움을 느낄 수 있는 일을 찾아보는 것이 좋겠다고 생각했을 것이다.

⑤ 3문단에서 에피쿠로스는 어떤 일에도 정신적 동요나 혼란이 없는 평정심의 상태인 아타락시아 상태가 되어야 마음의 평안을 얻는다고 언급했다. 따라서 에피쿠로스는 〈보기〉의 A 씨가 아타락시아의 경지를 추구해야 마음의 평정과 위안을 찾겠다고 생각했을 것이다.

① '사고는 어떤 과정을 거쳐 이루어지는가?'라는 질문을 해결할 수 있는 내용은 현상에 대한 판단과 뇌의 작용에 대해 설명하는 글이어야 한다.

② '언어는 어떻게 만들어지고 발전했는가?'라는 질문을 해결할 수 있는 내용은 언어의 발생과 발전 과정에 대해 설명하는 글이어야 한다.

③ '다양한 언어의 분화는 어떻게 드러나는가?'라는 질문을 해결할 수 있는 내용은 다양한 언어의 종류와 기원, 분화의 과정에 대해 설명하는 글이어야 한다.

⑤ '각각의 언어를 배우기 위한 올바른 방법은 무엇인가?'라는 질문을 해결할 수 있는 내용은 언어 각각의 특징과 이에 대한 학습 방법을 설명하는 글이어야 한다.

2 〈보기〉는 한 사회의 문화를 반영하여 언어가 발달했음을 설명하고 있다. 따라서 글쓴이가 〈보기〉에 대해 언어가 문화와 생각을 담아내는 그릇과 같은 역할을 한다는 반응을 보이는 것이 가장 적절하다.

① 〈보기〉는 한 대상을 나타내는 어휘가 다양하다는 점에서는 언어가 사고를 지배한다는 주장에 제시된 이누이트족의 눈에 대한 어휘 색 사례와 유사하다. 그러나 글쓴이는 언어는 사고와 문화를 반영한다고 보기 때문에 이를 언어가 사고나 문화를 지배하는 사례로 볼 것이 아니라, 언어가 사고나 문화의 영향을 받는다는 사례로 볼 것이다.

③ 〈보기〉는 언어가 문화를 반영한다는 사례이지 문화의 발달 정도가 언어의 발전과 관련된다는 사례는 아니다. 또한 글쓴이는 언어가 사고나 문화를 반영하는 거울이라고 했지만, 문화 발달이 있어야 언어가 발전한다고 말하지는 않았다.

④ 〈보기〉는 언어가 문화와 밀접한 관련이 있음을 보여 주는 대표적인 자료이다.

⑤ 〈보기〉는 언어와 문화의 밀접한 관계를 보여 주고 있으나, 그 관계를 다른 영역에까지 확대하고 있지는 않다.

인문 **05** 같은 언어를 쓰면 생각도 비슷할까?
본문 40~43쪽
지문 분석편 6쪽

STEP ① **1** (1) ㄷ (2) ㄹ (3) ㄱ (4) ㄴ
2 ②

STEP ② **1** 언어와 사고의 관계
2 빛, 그림, 사고
3 언어와 사고는 밀접한 관계가 있다. 수학의 여러 공식은 언어로 표현되지 않음, 언어가 사고와 문화의 영향을 받음.

STEP ③ **1** ④ **2** ②

1 이 글은 언어가 사고를 지배하는 관계가 아니라 언어와 사고는 분리되어 있으며, 오히려 언어가 사고와 문화의 영향을 받는 관계에 있다는 것을 설명하고 있다. 따라서 이 글을 통해 언어와 사고의 관계에 대한 질문을 해결할 수 있다.

인문 **06** 자아의 바운더리
본문 44~47쪽
지문 분석편 7쪽

STEP ① **1** (1) 교류 (2) 통로 (3) 일방적 (4) 과잉 (5) 균형
2 (1) 알아서 깨달음. (2) 느껴서 앎.
3 (1) 소유욕 (2) 경계 (3) 식별

STEP ② **1** 바운더리의 의미와 기능
2 바운더리, 경계, 자기 보호, 상호 교류, 개방적
3 자타 식별, 교류, 자기표현

STEP ③ **1** ④ **2** ③

1 이 글은 바운더리의 의미와 바운더리의 기능(자타 식별, 자기 보호, 상호 교류, 자기표현) 등에 대해 설명하고 있다. 하지만 바운더리의 구성 요소는 제시되어 있지 않다.

오답 해설

① 2문단에서 바운더리란 인간관계에서 나타나는 자아와 대상과의 경계이자 통로라고 언급했는데, 이를 통해 자아의 바운더리의 개념을 알 수 있다.

② 2문단에서 바운더리의 자타 식별의 기능, 3문단에서 바운더리의 자기 보호의 기능, 4문단에서 바운더리의 상호 교류의 기능, 5문단에서 바운더리의 자기표현의 기능을 확인할 수 있다.

③ 6문단에서 건강한 바운더리는 자신을 보호할 수 있을 만큼 튼튼하면서도 다른 사람들과 친밀하게 교류할 수 있을 만큼 개방적이어야 한다고 언급했는데, 이를 통해 바운더리가 건강한 사람의 특징을 확인할 수 있다.

⑤ 1문단에서 과잉 친절을 베푸는 A, 관계의 소유욕이 강한 B, 가까운 사람에게 폭력을 휘두르는 C는 자아와의 균형을 잃고 일방적인 관계를 보여 주며 이는 균형을 조절해 주는 바운더리가 잘 발달하지 못했기 때문이라고 언급했다. 또한 6문단에서 바운더리에 생긴 이상은 남과 나를 구분하지 못하고 자아를 보호하지 못할 정도로 '희미한 바운더리'와 이와 반대로 교류하는 것 자체가 힘들 정도로 지나치게 폐쇄적인 '경직된 바운더리'로 구분할 수 있다고 언급했다. 이를 통해 바운더리에 이상이 생겼을 때 나타나는 문제를 확인할 수 있다.

2 〈보기〉에서 동양은 고맥락 사회로 '나'보다 '우리'를 중요하게 여기기 쉽고, 자기주장이나 개성을 불편해하는 경향이 있다고 하였다. 따라서 동양에서는 서양에 비해 내적 상태를 표현하는 것을 어려워할 수 있다고 유추할 수 있다.

오답 해설

① 〈보기〉에서 저맥락 사회는 인간을 독립된 개인으로 보는 경향이 강하면서 집단과 개인을 구분한다고 언급했다. 따라서 저맥락 사회에서는 남들과 교류하는 것보다 자신을 표현하는 것을 우선시할 것이라고 유추할 수 있다.

② 〈보기〉에서 고맥락 사회는 사람들이 집단의 가치와 문화의 영향을 많이 받고, '나'보다는 '우리'를 중요하게 여기기 쉽다고 언급했다. 따라서 고맥락 사회의 사람들은 바운더리를 통해 나와 외부의 경계를 뚜렷하게 구분하지 않을 것이라고 유추할 수 있다.

④ 〈보기〉에서 동양은 고맥락 사회, 서양은 저맥락 사회라고 한다고 언급했다. 따라서 집단을 위해 개인의 욕구를 희생하는 일이 바람직하다고 생각하는 곳은 고맥락 사회인 동양이라고 유추할 수 있다.

⑤ 〈보기〉에서 동양은 고맥락 사회, 서양은 저맥락 사회라고 한다고 언급했다. 따라서 바운더리를 개방하는 정도를 결정하는 데에 집단의 가치가 영향을 많이 주는 것은 동양이라고 유추할 수 있다.

인문 **07** 존 로크의 백지론

본문 48~51쪽
지문 분석편 8쪽

STEP ① **1** (1) 개성 (2) 기풍 (3) 신분 (4) 남용
　　　　2 ⑤

STEP ② **1** 백지론의 가치와 로크 철학의 한계와 의의
　　　　2 백지론, 소유, 한계
　　　　3 관념, 인권, 삼권 분립, 저항권

STEP ③ **1** ②　　**2** ④

1 이 글은 존 로크가 주장한 백지론의 개념을 밝히고 백지론이 지닌 가치를 3~5문단에서 각각 사회, 교육, 정치 등의 분야로 나누어 분석하고 있다.

오답 해설

① 1문단에서 로크의 집안 분위기에 대해 언급했지만, 일상적 삶에 대해서는 설명하고 있지는 않다.

③ 1문단에서 로크의 사상이 베이컨의 영향을 받았다고 언급했지만, 두 사람의 사상을 비교·대조하고 있지는 않다.

④ 1문단과 2문단에서 로크의 사상에서 기초가 되는 중심 개념을 언급하기는 했지만, 로크 사상의 발전 과정을 중심으로 다루고 있지는 않다.

⑤ '일대기'란 어느 한 사람의 삶을 출생부터 사망까지 시간 순서에 따라 서술한 것을 말한다. 이 글은 로크의 일대기를 서술하고 있지 않으며, 로크 사상의 변화 과정을 다루고 있지도 않다.

2 5문단에서 로크의 정치사상은 모든 인간은 평등하다는 인권 의식을 높였다고 언급했고, 4문단에서 로크는 개성과 자주성을 중시하여 배우는 사람인 학생들에게 어떤 틀을 주입해서는 안 되고, 스스로 발전하도록 도와주어야 한다는 주장을 했다고 언급했다. 따라서 로크의 평등사상이 국가 주도의 획일적인 교육 정책을 수립하는 철학적 기반이 되었다고 보기는 어렵다.

오답 해설

①, ② 3문단에서 로크의 백지론은 신분 제도가 있었던 당시 유럽의 상황에서 혁명적 의미를 지녔다고 언급했다. 또한 5문단에서 로크의 백지론은 모든 인간은 평등하다는 인권 의식을 높였다고 언급했다. 이를 통해 볼 때 로크의 백지론은 모든 사람은 신분의 구별 없이 백지와 같은 상태로 평등하게 태어난다는 내용을 담고 있었으며, 이러한 내용은 신분 제도가 유지되었던 당시 유럽에서는 충격적이고 혁명적인 사상이었을 것이다.

③ 5문단에서 로크의 정치사상은 모든 인간은 평등하다는 인권 의식을 높였고, 왕과 귀족이 권력을 독점한 체제에서 삼권 분립으로 변화하는 정치 제도의 전환점을 마련했다고 언급했다. 이를 통해 당시 억압받던 민중들은 로크의 사상을 바탕으로 자신도 왕족이나 귀족 계급과 평등한 존재임을 깨닫게 되었으리라고 짐작할 수 있다.

⑤ 6문단에서 로크는 개개인의 정당한 소유를 보장하는 것을 통치자의 의무로 보았다고 언급했다. 9문단에서 로크는 17세기의 시대적 한계를 넘지 못하고 사회적 약자에 대한 배려를 개개인의 자유로운 선택에 맡겼다고 언급했다. 이를 통해 로크는 경제 활동의 자유가 보장되어야 한다고 생각했지만, 사회적 약자의 보호에 대해서는 구체적인 방법을 내놓지 못했다고 할 수 있다.

본문 52~55쪽
지문 분석편 9쪽

사회 01 비합리적 선택과 행동 경제학

STEP Ⅰ **1** (1) 보편적 (2) 제한적 (3) 충동적 (4) 전반적
(5) 습관적
2 조화

STEP Ⅱ **1** 비합리적 의사 결정과 행동 경제학
2 상황, 행동 경제학, 행동
3 가격, 규칙성, 의사 결정

STEP Ⅲ **1** ② **2** ③

1 이 글은 소비 행위의 구매 의사 결정 과정에서 나타나는 비합리적인 구매 의사 결정과 이를 예측하고 설명하기 위해 등장한 행동 경제학의 내용을 설명하고 있다. 하지만 행동 경제학의 정교화 과정은 나타나지 않는다.

오답 해설
① 4문단에서 행동 경제학은 심리학과 경제학에 기반을 두고 있다고 언급했다.
③ 3문단과 4문단의 내용을 통해 행동 경제학은 경제학적 관점만으로는 설명되지 않는 비합리적이고 비이성적인 인간의 행동이나 선택을 설명하기 위한 학문임을 알 수 있다.
④ 4문단에서 행동 경제학을 통해 어떻게 하면 좀 더 현명한 의사 결정을 할 수 있는지를 배울 수 있다고 언급했다.
⑤ 4문단에서 경제학적 관점은 모든 인간이 합리적이고 기대 효용이 가장 높은 대안을 선택한다는 이성적 인간 행동을 전제로 하고 있다고 언급했다.

2 〈보기〉의 (가)에서 원기둥의 그림자와 주변 환경은 사람들의 비합리적 판단을 유도한다. 이는 물건을 구매하려는 사람들의 의사 결정 과정에서, ⓒ처럼 판매 수량이 제한적이라는 상황이 사람들의 비합리적인 판단을 유도하는 요인으로 작용한 것과 동일하다.

오답 해설
① 〈보기〉의 (가)에서 A와 B의 색상이 다르다고 판단한 것은 처음과 나중에 주어진 정보의 차이가 아니라 원기둥의 그림자와 주변 환경의 영향 때문이다.
② 〈보기〉의 (가)에서 원기둥의 그림자와 주변 환경은 사람들의 비합리적 판단을 유도한다. 하지만 ⓒ에는 할인된 제품의 가격만 붙어 있어 사람들이 비합리적인 판단을 유도한다고 보기는 어렵다.
④ 〈보기〉의 (나)에서 A와 B의 색상이 같다고 판단하는 것은 합리적 판단이다. 하지만 ㉠과 ⓒ에서 제품의 판매 가격이 3만원으로 동일하지만, 제품의 판매 가격이 다르다고 판단하여 ㉠이 더 싸다고 생각하는 것은 비합리적인 판단이다.
⑤ 〈보기〉의 (나)에 그려진 두 줄의 세로 막대로 인해 A와 B의 색상이 같다는 것을 파악할 수 있다. 하지만 ⓒ에서 제시한 제한된 판매 수량은 제품이 가진 객관적인 가치보다 더 좋은 것으로 느껴지게 만드는 착각을 가져올 수 있다. 따라서 ⓒ

에서 '10개 한정'이라고 홍보하는 것은 판매 대상에 대한 비합리적 판단을 유도하는 것이라고 볼 수 있다.

본문 56~59쪽
지문 분석편 10쪽

사회 02 SNS 슬기롭게 사용하기

STEP Ⅰ **1** (1) ㄴ (2) ㄷ (3) ㄱ (4) ㄹ
2 ②

STEP Ⅱ **1** SNS의 특성과 올바른 사용 태도
2 중상 비방, 의견, 정보
3 희생양을 찾아 악플로 공격함, 팔로워나 친구 등록 등의 장치, 최대한 감정을 배제함.

STEP Ⅲ **1** ① **2** ③

1 이 글은 SNS의 특성과 두 가지 문제점을 설명하고 이에 대한 전반적인 해결책을 제시하고 있다. (가)에서 SNS의 특성과 문제점에 관한 화제를 제시한 뒤, (나)와 (다)에서 악플 쇄도의 문제를, (라)와 (마)에서 에코 체임버 현상의 문제를 언급했다. 그런 다음 (바)를 통해 SNS의 문제점에 대한 전반적인 해결책을 제시하며 마무리하고 있다. 즉, (가)는 설명문의 머리말, (나)~(마)는 본문, (바)는 맺음말에 해당한다.

2 〈보기〉는 A와 B의 데이트 사진이 공개되면서 인터넷에서 악플 쇄도와 에코 체임버 현상이 일어나는 사례를 보여 준다. (나)에서 악플 쇄도는 개인의 언행 등에 대해 인터넷에서 중상 비방이 쇄도하는 현상이라고 언급했고, (다)에서 SNS의 익명성도 희생양을 만들어 악플을 감행하는 데 한몫한다고 언급했다. 따라서 A의 팬들이 A와 B의 데이트 사진을 보고 B를 희생양으로 삼은 것은 SNS의 익명성과 관련된 악플 쇄도 현상이라고 할 수 있다. (라)에서 에코 체임버 현상은 SNS상에서 유사한 의견을 지닌 사람들끼리 연계하여 집단을 형성하는 행위라고 언급했다. 이러한 에코 체임버 현상과 SNS의 익명성은 직접적인 관련이 없다.

오답 해설
① (나)에서 악플 쇄도는 개인의 언행 등에 대해 인터넷에서 중상 비방이 쇄도하는 현상이라고 언급했다. A의 팬들이 B가 하지 않은 말까지 조작하여 B를 인신공격한 일은 악플 쇄도에서 근거 없는 비방 행위에 해당하므로 중상 비방에 속한다.
② (다)에서 악플 쇄도는 SNS상에서 불쾌한 정보를 만나면 그동안의 욕구 불만이 촉발되어 희생양을 찾아 악플로 공격하는 행위로 설명된다고 언급했다. 따라서 B를 시기해 악플 쇄도를 퍼부은 A의 극렬 팬들에 대해서는 자신들의 욕구 불만에서 비롯된 행동을 한 것은 아닌지 점검할 필요가 있다.

④ (라)에서 SNS상에서는 팔로워나 친구 등록 등의 장치, 흥미나 관심이 비슷한 사람이나 공통의 친구를 자동으로 찾아 주는 기능으로 에코 체임버 현상이 나타난다고 언급했다. 따라서 B의 팬들이 짧은 시간에 수만 명의 팬을 규합할 수 있었던 것은 SNS상의 팔로워나 친구 등록 등의 장치와 같은 의견을 가진 사람끼리 쉽게 집단을 형성할 수 있는 기능 덕분이라고 할 수 있다.
⑤ (마)에서 에코 체임버 현상으로 자신의 사고는 옳고 상대방의 사고는 틀렸다고 생각해 논쟁으로 이어지고, 결과적으로 집단 사이의 대립이 생길 위험성이 높다고 언급했다. 따라서 A의 팬과 B의 팬들이 서로 같은 의견을 가진 사람들을 모아 격렬하게 댓글 싸움을 벌인 것은, 다른 사고를 지닌 사람은 틀렸다는 생각에서 벌어진 집단 간의 싸움이라 할 수 있다.

본문 60~63쪽
지문 분석편 11쪽

사회 03 공공재에서 발생하는 문제와 코즈 이론

STEP Ⅰ **1** (1) ㄷ (2) ㄱ (3) ㄴ
2 ③

STEP Ⅱ **1** 공공재에서 발생하는 문제와 코즈의 해결 방법
2 비배제성, 외부 효과, 합의
3 많은 사람의 공동 소비를 위해 생산된 재화나 서비스, 한 사람의 소비 행위가 다른 사람에게 영향을 끼치지 않는 일, 공유지의 재산권을 확립함.

STEP Ⅲ **1** ③ **2** ④

1 이 글은 공공재의 개념을 설명하고 공공재에서 발생하는 문제와 해결 법법 등을 제시하고 있다. 2문단에서 공공재의 비경합성, 비배제성은 사람들의 무임승차 욕구를 발생시키고 이로 인해 공유지의 비극을 낳게 된다고 언급했다. 따라서 공유지의 비극이 무임승차 욕구를 발생시킨다는 설명은 적절하지 않다.

오답 해설
① 1문단에서 공공재는 많은 사람의 공동 소비를 위해 생산된 국방, 치안, 도로, 공원 등과 같은 재화나 서비스를 말한다고 언급했다.
② 1문단에서 가로등 사용처럼 한 사람의 소비 행위가 다른 사람의 소비에 질이나 양에 아무런 영향을 미치지 않는 일을 공공재의 비경합성이라고 언급했다.
④ 1문단에서 공중화장실 이용처럼 가격을 지불하지 않고서도 상품의 소비에 배제되지 않는 일을 공공재의 비배제성이라고 언급했다.
⑤ 3문단에서 공공재의 특성으로 인해 발생한 공유지의 비극 문

제는 외부 효과와 밀접한 관련성이 있는데, 외부 효과는 경제 활동과 관련하여 다른 사람에게 의도하지 않은 혜택이나 손해가 발생했음에도 이에 대한 비용을 치르지 않는 것을 말한다고 언급했다.

2 〈보기〉는 A 공장의 유독 가스 방출 때문에 인근 주민들이 피해를 당해 분쟁이 일어난 사례를 소개하고 있다. 4문단과 5문단에 제시된 코즈의 주장에 따르면 이 문제는 어느 한쪽의 재산권을 인정함으로써 조정을 통해 합의에 이르러야 한다. 법원에서 오염권을 인정하게 되면 A 공장에 유리한 재산권을 인정해 주는 것이다. 이때 주민들은 A 공장에 100만 원을 들여 유독 가스 포집 시설을 설치해 주든지, 현재 피해액인 150만 원을 그대로 감수해야 한다. 그런데 피해액인 150만 원을 감수하는 것보다 100만 원을 들여 A 공장에 유독 가스 포집 시설을 설치해 주는 것이 이익이므로, 인근 주민들이 현재의 피해액을 감수하는 것이 더 이익이 되겠다는 내용은 적절하지 않다.

오답 해설

① 2문단에서 공유지의 비극은 공공재에 대한 무임승차의 욕구로 쉽게 고갈되고 황폐화되는 일을 가리킨다고 언급했다. 〈보기〉에서 A 공장과 인근 주민의 분쟁은 A 공장의 유독 가스 배출로 공공재인 하늘이 오염되었기 때문에 나타난 것이다. 따라서 A 공장과 인근 주민의 분쟁은 하늘이 공유지인 상황에서 벌어진 것이라고 할 수 있다.

② 3문단에서 경제 활동과 관련하여 다른 사람이 의도하지 않은 손해를 보는 경우를 외부 불경제라고 한다고 언급했다. 따라서 〈보기〉에서 A 공장의 유독 가스 배출 때문에 인근 주민들이 피해를 당한 것은 A 공장의 경제 활동과 관련하여 의도하지 않은 손해를 보는 경우이므로, 외부 불경제가 나타난 것이라고 볼 수 있다.

③ 〈보기〉의 상황에서 법원이 환경권을 인정하게 된다면, A 공장에서는 100만 원이 드는 유독 가스 포집 시설을 설치하거나 주민 피해액인 150만 원을 보상해야 한다. 이럴 경우에 A 공장의 입장에서는 주민 피해액인 150만 원을 보상하는 것보다 100만 원을 들여 유독 가스 포집 시설을 설치하는 것이 이익이 된다고 할 수 있다.

⑤ 4문단에서 조정을 통해 배출량을 낮추거나 피해를 입은 사람에게 보상하는 것을 외부 효과의 내부화라고 한다고 언급했다. 즉 법원 판결에 따라 유독 가스 포집 시설이 설치되거나 인근 주민들에 대한 피해 보상이 이루어지면 외부 효과의 내부화가 이루어진 것이라 할 수 있다.

STEP ① **1** (1) 영리 (2) 권리 (3) 복제물 (4) 출처
2 예술이나 학문에 관한 책이나 작품 따위를 지은 사람.

STEP ② **1** 저작권의 종류와 CCL
2 저작물, 재산권, 비영리
3 권리의 개별적 행사 및 양도나 상속 가능, 영리 목적으로 이용할 수 없음, 2차 저작물에 원 저작물과 동일한 라이선스를 적용함.

STEP ③ **1** ① **2** ④

1 저작자가 인격적으로 갖는 권리는 저작 인격권이다. 2문단에서 저작 인격권은 다른 사람에게 양도되거나 상속되지 않는다고 언급했다.

오답 해설

② 2문단에서 성명 표시권이란 저작자가 저작물에 대해 자신이 저작자임을 주장하고 이를 표시할 수 있는 권리라고 언급했다.

③ 1문단에서 누가 하더라도 같거나 비슷하게 표현할 수밖에 없는 것은 저작물로 보호하지 않는다고 언급했다. 친구들의 연락처를 정리한 문서는 누가 하더라도 비슷하게 표현할 수밖에 없는 결과물이므로 저작물로 보호받지 못한다.

④ 2문단에서 동일성 유지권이란 자신의 저작물이 창작한 본래의 모습대로 활용되도록 하는 권리라고 언급했다. 따라서 저작물이 창작 당시와 다른 모습이 된 경우 동일성 유지권을 훼손한 것으로 볼 수 있다.

⑤ 3문단에서 저작 재산권은 저작물을 일정한 방식으로 이용하는 것으로부터 발생하는 경제적 이익을 보호하기 위한 권리이며, 이에는 복제권, 공연권, 배포권이 있다고 언급했다. 따라서 저작자의 포스터 복제권은 경제적 이익이 발생할 수 있는 결과물이며 이를 통해 경제적 이익을 얻을 수 있다.

2 ① 표시가 있으므로 저작자에 관한 표시를 해야 한다. ◎ 표시가 있으므로 2차 저작물 창작을 허용하되, 원 저작물과 동일한 라이선스를 적용해야 한다.

오답 해설

① ① 표시가 있으므로 저작자에 관한 표시를 해야 한다.

② ① 표시가 있으므로 저작자에 관한 표시를 해야 한다. ⑧ 표시가 있으므로 영리 목적의 이용은 불가능하다.

③ ① 표시가 있으므로 저작자에 관한 표시를 해야 한다. ⊜ 표시가 있으므로 변경 없이 그대로 이용해야 한다.

⑤ ① 표시가 있으므로 저작자에 관한 표시를 해야 한다. ⑧ 표시가 있으므로 영리 목적의 이용은 불가능하고, ⊜ 표시가 있으므로 변경 없이 그대로 이용해야 한다.

사회 05 죄형 법정주의

본문 68~71쪽
지문 분석편 13쪽

STEP Ⅰ **1** (1) ㄹ (2) ㄱ (3) ㄴ (4) ㄷ
2 ㉠ 잘못이나 죄가 있음. ㉡ 잘못이나 죄가 없음.

STEP Ⅱ **1** 죄형 법정주의의 원칙과 유의점
2 형벌, 권력, 의미
3 흠결, 의미, 이해

STEP Ⅲ **1** ② **2** ②

1 1문단에서 죄형 법정주의가 생긴 배경으로 중세 절대주의 국가의 임의적인 형벌권 행사에 대한 대항적 원리에서 비롯되었다고 언급했다. 하지만 죄형 법정주의를 파생시킨 구체적인 역사적 사건은 언급되지 않았다.

오답 해설

① 1문단에서 죄형 법정주의의 '법률이 없다'는 말은 법률에 범죄가 명문으로 규정되어 있지 않다는 뜻이라고 언급했다.

③ 2문단에서 죄형 법정주의라는 원칙이 수립된 것은 권력 분립에 기초해 사법부나 행정부가 마음대로 법규를 제정하여 시민을 처벌하지 못하게 하려는 취지에서 수립된 것이라고 언급했다.

④ 3문단에서 법관은 법률의 흠결이 있을 때 이를 명분으로 재판을 하지 않으면 직무 유기에 해당하기 때문에 법관은 이를 확장 해석 등으로 해결해야 한다고 언급했다.

⑤ 6문단에서 확장 해석과 유추 해석의 구분은 명확하지는 않지만, 그 구분으로 제시되는 기준이 '언어의 가능한 의미'라고 언급했다.

2 〈보기〉는 갑이 다른 지역에서 출생·사육한 소를 2~3개월 동안 ○○ 지역에서 키운 후 '○○ 한우'라는 이름으로 전국에 판매한 행위에 대한 처벌을 내릴 법 규범이 없어 법률의 흠결이 생긴 상황이다. 4문단에서 확장 해석은 이미 존재하고 있는 법 규범을 토대로 그 목표나 방향 설정의 범위 내에서 법규의 의미를 넓혀 가는 것이라고 언급했으므로, 확장 해석은 법률의 토대 위에 법률의 흠결을 보완해야 하는 것이다. 따라서 갑이 ○○ 지역에서 2~3개월 동안 소를 열심히 사육한 사실을 일반인들까지 이해할 정도라는 것과 확장 해석과는 관련이 없다.

오답 해설

① 3문단에서 법률의 흠결은 법관이 어떤 행위의 사실관계를 판단할 법 규범이 없는 상황을 가리킨다고 언급했다. 따라서 〈보기〉의 상황에서 소의 사육 기간과 관련해 원산지 표시 위반에 대한 명확한 내용이 없으므로, 이를 처벌할 법 규범이 없는 법률의 흠결이 발생했다고 볼 수 있다.

③ 5문단에서 유추 해석은 기존의 법 규범이 존재하지 않는 영역에서 수행하는 해석이므로 죄형 법정주의에서 금지된다고 언급했다. 또한 〈보기〉의 상황에서 당시 '농산물 품질 관리법'은 농산물의 원산지를 허위로 표시하는 행위에 관한 언급과 그에 관한 처벌 규정만 있었을 뿐, 원산지 표시 행위에 관

한 분명한 판단 기준이 없었다고 했다. 따라서 갑의 행위를 원산지 허위 표시라고 유추 해석하기 어려웠을 것이다.

④ 5문단에서 19세기 독일의 예를 들어 법률의 창설이나 근거 없는 보충으로 피고인에게 불리하게 되므로 유추 해석이 허용되지 않았다고 언급했다. 따라서 〈보기〉에서 대법원이 갑의 행위에 대해 무죄를 선고한 것은 원산지 표시 행위에 관한 분명한 판단 기준이 없었기 때문에 갑에게 불리한 유추 해석을 하지 않았다고 할 수 있다.

⑤ 2문단에서 입법부는 법률의 제정을 담당한다고 언급했다. 또한 3문단에서 법률의 흠결은 법관이 어떤 행위의 사실관계를 판단할 법 규범이 없는 상황이라고 언급했다. 따라서 〈보기〉에 나타난 갑의 사례에서 법률의 흠결이 나타났다고 볼 수 있으며, 국회가 원산지 표시와 관련해 12개월의 사육 기준을 마련한 것은 입법부가 법률 제정이라는 기능을 발휘해 법률의 흠결을 보완한 것이라고 할 수 있다.

사회 06 환율이 변하면 어떻게 될까?

본문 72~75쪽
지문 분석편 14쪽

STEP Ⅰ **1** (1) 변동, 고정 (2) 실질, 명목 (3) 수요, 공급
2 ④

STEP Ⅱ **1** 환율의 개념과 종류
2 원화, 변동, 실질
3 원화와 외국 돈을 교환할 때 화폐의 교환 비율, 적절한 통화 정책을 펼치는 데 방해가 됨, 자국 돈으로 표시한 외국 돈의 상대적 가치

STEP Ⅲ **1** ① **2** ③

1 1문단에서 우리나라의 상품과 서비스 수출량이 늘어날 경우 외국 돈이 많아져 환율이 하락한다고 언급했다. 이러한 환율 변화는 3문단의 내용을 통해 국내 통화 가치의 상승과 달러 통화 가치의 하락을 의미하며, 원화의 평가 절상을 나타낸다는 것을 알 수 있다.

오답 해설

② 2문단에서 시장 경제를 도입한 많은 나라가 변동 환율 제도를 운영하고 있다고 언급했다.

③ 4문단에서 실질 환율은 하나의 제품 가격 비교에 사용하지는 않는다고 언급했다.

④ 3문단에서 명목 환율은 각국 통화 간 교환 비율을 의미한다고 언급했고, 4문단을 통해서 실질 환율은 각국의 물가를 반영한 환율이라는 것을 알 수 있다.

⑤ 원화의 가격이 달러당 1,200원에서 1,300원이 되었다면 환율이 상승한 경우이다. 3문단에서 환율이 상승하면 원화에 대한 달러의 통화 가치는 상승한다는 것을 알 수 있다.

2 1문단에서 우리나라의 상품과 서비스를 외국에 수출하면 외국 돈이 많아져 환율이 하락한다고 언급했다. 3문단을 통해서 환율이 하락하면 국내 통화 가치가 상승하고, 달러 통화 가치가 하락한다는 것을 알 수 있다. 또한 4문단에서 실질 환율은 '명목 환율×외국에서 판매되는 제품 가격÷제품의 국내 가격'임을 알 수 있다. 〈보기〉에서 명목 환율이 '1,100원/1달러'이고, 쌀 1kg당 가격이 미국에서는 3달러, 우리나라에서는 3,000원이라고 했다. 따라서 4문단에서 제시한 방법대로 계산한다면 '1,100×3÷3,000=1.1'임을 알 수 있다.

사회 07 사회 집단

본문 76~79쪽
지문 분석편 15쪽

STEP I
1 (1) ㄴ (2) ㄱ (3) ㄷ (4) ㄹ
2 (1) 구분되어 (2) 공유하고 (3) 무관하게 (4) 능가했다
3 (1) 손님이 앉는 자리. (2) 보기 위하여 모인 사람들.

STEP II
1 사회 집단의 특징과 영향
2 사회 집단, 상호 작용, 소속감
3 특성, 소속감, 지속적

STEP III
1 ① **2** ②

---

1 1문단에서 인간은 태어나면서부터 가족, 학교, 직장, 도시 또는 농촌 등과 같은 다양한 집단 속에서 다른 사람들과 관계를 맺으며 살아가는 존재이며, 여러 사회 집단의 구성원으로 소속되어 있다고 언급했다.

오답 해설
② 2문단에서 사회 집단이란 공통된 신념이나 태도 혹은 목표를 가진 두 사람 이상이 어느 정도의 공동체 의식을 갖고 비교적 지속적인 상호 작용을 하는 결합체를 의미한다고 언급했다. 이를 통해 지속적인 상호 작용 여부는 사회 집단이 될 수 있는지를 판별하는 기준임을 확인할 수 있지만, 이것이 사회 집단의 규모를 결정한다고 보기는 어렵다.
③ 1문단에서 인간은 태어나면서부터 다양한 집단 속에서 다른 사람과 관계를 맺으며 살아가고, 사회생활의 과정에서 여러 사회 집단의 구성원으로 소속되어 있다고 언급했다. 따라서 어떤 형태의 사회 집단에도 속하지 않는 개인이 존재한다고 보기는 어렵다.
④ 5문단에서 개인이 일방적으로 사회 집단의 영향을 받기만 하는 것은 아니며 사회 집단의 영향을 어느 정도 거부할 수도 있다고 언급했다. 따라서 사회 집단을 유지하기 위해 집단의 규범은 강제적일 수밖에 없다고 보기는 어렵다.
⑤ 2문단에서 사회 집단이란 공통된 신념이나 태도 혹은 목표를 가진 두 사람 이상이 어느 정도의 공동체 의식을 갖고 비교적 지속적인 상호 작용을 하는 결합체를 의미한다고 언급했다. 이를 통해 공동체 의식, 즉 소속감이 사회 집단을 정의하는 특징 중 하나임을 알 수 있으나 그것이 사회 집단의 가장 중요한 요소라는 내용이라고 보기는 어렵다.

2 5문단에서 사회 집단이 유지되려면 소속된 개인들이 그 집단의 규범과 기대에 따라 행동해야 한다고 언급했다. 따라서 아이돌 그룹이 사회 집단으로 유지되기 위해서는 구성원들이 아이돌 그룹의 규범과 기대에 따라 행동해야 할 것이다. 하지만 5문단에서 사회 집단의 영향과 개인의 자율성이 적절히 조화됨으로써 개인과 사회 집단이 함께 발전할 수 있다고 언급했다. 따라서 아이돌 그룹이 소속감을 전제로 구성되었다고 해서 그룹 구성원들의 자율성을 보장할 수 없다고 보기는 어렵다.

오답 해설
① 5문단에서 사회 집단은 단순한 개인들의 합을 능가하며, 그 구성원 개개인과 무관한 집단 고유의 특성을 갖게 된다고 언급했다. 따라서 아이돌 그룹은 구성원들의 고유한 특성과는 다른, 그룹 고유의 특성을 띠게 될 것이다.
③ 5문단에서 사회 집단에 속한 개인은 자신의 사고와 행동이 사회 집단의 다른 구성원들과 일치해야 한다는 심리적 압박감을 받게 된다고 언급했다. 따라서 아이돌 그룹의 구성원들은 자신의 의견이 다른 구성원들과 다를 경우 압박감을 느낄 수 있을 것이다.
④ 5문단에서 사회 집단의 구성원들은 그 집단의 규범과 기대에 따라 행동함과 동시에 사회 집단에 영향을 행사함으로써 함께 발전할 수 있다고 언급했다. 따라서 아이돌 그룹 구성원들은 자신이 맡은 역할을 충실히 이행하고 집단의 일에 적극적으로 참여하게 될 것이다.
⑤ 5문단에서 개인은 사회 집단의 구성원으로서 그 집단의 영향을 일방적으로 받기만 하는 것이 아니고 자신의 성찰과 의지를 통해 사회 집단을 개조시키거나 사회 집단의 영향을 적절히 거부할 수 있다고 언급했다. 또한 사회 집단의 영향과 개인의 자율성이 적절히 조화됨으로써 개인과 사회 집단이 함께 발전할 수 있다고 언급했다. 따라서 아이돌 그룹의 구성원들은 그룹 구성원으로서의 정체성과 개인으로서의 정체성을 적절히 조화시키는 것이 바람직할 것이다.

과학 01 잠은 꼭 자야 할까?

본문 80~83쪽
지문 분석편 16쪽

STEP I 1 (1) ㄷ (2) ㄴ (3) ㄱ

STEP II 1 잠의 역할과 특징
2 뇌, 멜라토닌, 질
3 에너지 충전을 위해 휴식을 취함. 꿈을 주로 꾸는 수면 임. 비렘수면에서 시작해서 렘수면으로 진행함.

STEP III 1 ⑤   2 ②

1 4문단에서 잠을 잘 때 최대한 자율 신경계의 부교감 신경을 활성화시켜 심장 박동을 늦추고 근육을 이완하며 호흡수를 줄여서 최대한 잘 쉴 수 있도록 한다고 언급했다. 따라서 잠을 잘 때 부교감 신경을 억제한다는 설명은 적절하지 않다.

오답 해설

① 7문단에서 수면 시간보다는 잠의 질이 더 중요하다고 언급했고, 6문단에서 잠의 질을 결정하는 것은 깊은 잠이라고 언급했다.
② 2문단에서 인간은 누워서, 말은 서서, 돌고래는 헤엄치면서, 앨버트로스는 날아가면서 잠을 잔다고 언급했다.
③ 5문단에서 잠과 관련해 뇌에서 분비되는 물질은 멜라토닌이라고 언급했다.
④ 3문단에서 잠을 자는 동안 근육은 쉬지만, 뇌는 쉬지 않고 깨어 있을 때와는 다르게 활동한다고 언급했다. 또한 4단원에서 잠자는 동안 뇌는 낮 동안 입력된 정보를 처리해서, 지워버릴 정보와 오랫동안 보관할 것을 분류하여 장기 기억 폴더에 집어넣는다고 언급했다.

2 〈보기〉의 그래프를 통해 잠을 잘 때 비렘수면의 주기는 길어지고 깊이는 점점 얕아짐을 확인할 수 있다.

오답 해설

① 6문단에서 주로 렘수면 중에 꿈을 꾼다는 것을 언급했고, 〈보기〉의 그래프에서 일어나기 직전에는 렘수면 상태이므로 이때 꿈을 꿀 가능성이 있음을 알 수 있다.
③ 6문단에서 일반적으로 잠은 비렘수면으로 시작해서 깊은 잠에 들어갔다가 렘수면으로 진행하는 주기를 거치는데, 그 시간이 보통 90분 정도라고 언급했다. 〈보기〉의 그래프를 보면 12시에 잠이 들어서 90분 후인 1시 30분에 첫 번째 렘수면에 들어간다. 따라서 첫 번째 렘수면에 들어가기 전까지 가장 깊은 잠을 자게 됨을 알 수 있다.
④ 6문단에서 렘수면은 전체 수면 시간의 4분의 1 정도라고 언급했다. 또한 〈보기〉의 그래프에서 렘수면의 길이는 점차 길어지고 있음을 알 수 있다.
⑤ 〈보기〉의 그래프를 보면 렘수면이 자는 시간 동안 4번 일어나고 있음을 알 수 있다.

과학 02 에디슨과 테슬라의 전류 전쟁

본문 84~87쪽
지문 분석편 17쪽

STEP I 1 (1) 전송 (2) 공급 (3) 개량 (4) 작동
2 으뜸

STEP II 1 직류와 교류의 차이점과 경쟁 과정
2 전류, 직류, 교류
3 모터, 직류, 교류

STEP III 1 ③   2 ④

1 5문단에서 에디슨은 직류보다 교류가 더 위험하다고 주장했는데, 이는 근거가 없는 잘못된 주장이었다고 언급했다.

오답 해설

① 2문단에서 초기의 교류는 전기를 멀리 전송하는 장점이 있었지만 모터를 돌릴 수 없는 약점을 가지고 있었다고 언급했다. 3문단에서 에디슨과 결별한 테슬라가 교류에서 작동하는 모터를 개발함으로써 이를 극복할 수 있었다고 언급했다.
② 1문단에서 테슬라는 한때 에디슨이 설립한 회사에서 발전기를 개량하는 일을 했다고 언급했다.
④ 6문단에서 초기 전류 전쟁에서 에디슨에게 우위를 넘겨주게 된 테슬라는 자신의 특허료를 포기하면서 교류 공급을 확대하기 위해 노력했다고 언급했다.
⑤ 4문단에서 직류 전기는 전선에서 발생하는 열 때문에 멀리 전송하는 데 어려움이 있으므로, 직류 전기를 효율적으로 이용하기 위해서는 도시 근처에 발전소를 세워야 했다고 언급했다.

2 두 대상을 견주어 차이점을 중심으로 설명하는 방법을 대조라고 한다. 이 글에서는 직류와 교류, 에디슨과 테슬라를 견주어 차이점을 중심으로 설명하고 있다(㉮). 대상의 뜻을 정확하게 밝히는 방식으로 설명하는 방법을 정의라고 한다. 2문단의 '하나는 항상 한 방향으로만 흐르는 직류이고, 하나는 전류가 흐르는 방향이 빠르게 바뀌는 교류이다.'라는 부분에서 직류와 교류의 뜻을 명확하게 밝히며 설명하고 있다(㉱). 대상을 일정한 기준에 따라 종류를 나누어 설명하는 방법을 구분이라고 한다. 2문단의 '전류에는 두 가지가 있다. 하나는 항상 한 방향으로만 흐르는 직류이고, 하나는 전류가 흐르는 방향이 빠르게 바뀌는 교류이다.'에서 전류를 일정한 기준인 흐르는 방향에 따라 종류를 나누어 설명하고 있다(㉯).

오답 해설

㉰ 대상을 구성하고 있는 요소로 나누어 설명하는 방법을 분석이라고 하는데, 이 글에서 분석은 사용되지 않았다.

과학 03 화학의 달력, 주기율표

본문 88~91쪽
지문 분석편 18쪽

STEP Ⅰ **1** (1) 배열 (2) 해결책 (3) 한계점 (4) 화합물
2 ①

STEP Ⅱ **1** 주기율표의 원리와 발전 과정
2 원자량, 예측, 원자 번호
3 빈칸, 주기성, 달력

STEP Ⅲ **1** ④　　**2** ④

1 이 글은 주기율표가 여러 과학자들에 의해 발전해 온 과정을 설명하고 있지만, 과학자들의 경쟁이 있었다는 언급은 없다.

［오답 해설］

① 3문단에서 주기율표를 이용하면 원소의 성질을 예측하고 설명할 수 있다고 언급했다. 따라서 주기율표는 원소의 성질을 이해하는 기초가 되는 자료라고 할 수 있다.
② 1문단에서 멘델레예프는 주기율표를 만들면서 유사한 성질을 나타내는 원소가 없는 경우에는 그 자리를 빈칸으로 내버려 두었다고 언급했다. 4문단에서 멘델레예프 주기율표는 빈칸으로 남아 있는 부분이 문제점이라고 했으며, 5문단에서 영국의 모즐리가 멘델레예프 주기율표에 드러난 단점을 보완하는 새로운 주기율표를 만들었다고 언급했다. 따라서 멘델레예프가 만든 초기 주기율표의 빈칸은 화학의 발전과 더불어 채워졌다고 할 수 있다.
③ 1문단에서 화학에도 일정한 간격을 두고 반복되어 나타나는 요일과 같은 규칙이 있다고 언급했다. 그래서 5문단에서는 주기율표를 화학의 달력이자 화학의 여행 지도라고 언급했다. 따라서 주기율표와 달력은 규칙성 있게 배열되었다는 점에서 공통점이 있다고 할 수 있다.
⑤ 멘델레예프는 원자량 순서대로 주기율표를 만들었고, 모즐리는 원소의 화학적 성질을 만들어 내는 원인이 전자에 있음이 밝혀진 후 원자 번호에 따라 주기율표를 만들었다. 따라서 화학적 성질을 나타내는 원인이 바뀌면 주기율표의 배열에도 변화가 생길 수 있다고 할 수 있다.

2 5문단에서 모즐리와 베르너의 주기율표는 원자 번호를 기준으로 원소를 배치함으로써 멘델레예프의 주기율표에 드러난 문제점을 극복했다고 언급했다.

［오답 해설］

① 1문단에서 멘델레예프 주기율표의 원자 배열 기준은 원자량 순서였다고 언급했다.
② 3문단에서 멘델레예프가 만든 주기율표를 이용하면 원소의 성질을 예측하고 설명할 수 있다고 언급했다.
④ 4문단에서 멘델레예프가 만든 주기율표는 원자량을 기준으로 했으므로 몇몇 원소의 성질이 주기성에 맞지 않거나 빈칸으로 남는 부분이 생긴다는 단점이 있었다고 언급했다.
⑤ 5문단에서 모즐리와 베르너가 만든 주기율표는 화학적 성질

을 만들어 내는 전자를 기준으로 하여 원자 번호순으로 원소를 배열하여, 원소의 화학적 성질에 대한 주기성을 유지했고 멘델레예프의 주기율표에 드러난 단점을 극복했다고 언급했다.

과학 04 단풍의 색은 어디에서 오는가?

본문 92~95쪽
지문 분석편 19쪽

STEP Ⅰ **1** (1) 단조롭다 (2) 선명하다 (3) 화려하다
(4) 호들갑스럽다
2 ②

STEP Ⅱ **1** 단풍이 아름답게 만들어지는 조건과 단풍이 드는 원리
2 가뭄, 카로티노이드, 붉은색
3 가뭄, 기온, 부족한 빛 조건에서 살아가기 위한 보조 장치에 해당함, 기온이 낮아져 엽록소가 파괴됨.

STEP Ⅲ **1** ⑤　　**2** ②

1 이 글은 가을 숲에 나타나는 단풍이 아름답게 만들어지는 조건과 단풍이 드는 원리를 과학적으로 설명하고 있는 글로, 정보 전달을 목적으로 한다.

［오답 해설］

① 가을 숲에 대한 느낌이 드러나 있지만, 그것을 표현하기 위해 쓴 글은 아니다.
② 가을 숲의 변화가 주는 교훈은 담겨 있지 않다.
③ 가을 숲의 단풍을 소재로 하고 있지만, 글쓴이의 추억이 담겨 있지는 않다.
④ 가을 숲의 아름다움에 대해 설명하고 있지만, 가을 숲의 가치를 전하기 위한 글은 아니다.

2 2문단에서 여름이 더욱 여름답고, 가을날의 아침저녁이 극적으로 쌀쌀하면 단풍이 더 아름답다고 언급했다. 또한 5문단에서 가을날 아름다운 단풍을 만들기 위해서는 일정 기간 맑고 서늘한 날씨가 계속되어야 한다고 언급했다. 〈보기〉는 단풍이 아름답게 든 산과 관련된 방송 보도 내용인데, 올해 유난히 단풍이 아름답다고 하였다. 따라서 올가을 날씨가 맑고 서늘했으며 일교차가 컸다고 볼 수 있다.

［오답 해설］

① 2문단에서 여름이 더욱 여름다워야 단풍이 아름답다고 했다. 〈보기〉에서 올해에는 작년에 비해 단풍이 유난히 선명하고 아름답다고 했으므로, 올해 여름은 작년에 비해 평균 기온이 더 높았을 것이라고 할 수 있다.
③ 6문단에서 안토시아닌 합성이 많이 이루어진 나무들의 색은 붉은색을 띤다고 언급했고, 〈보기〉에서 산 정상 부근의 단

풍이 붉은색을 띠고 있다고 했다. 따라서 산 정상 부근의 나뭇잎들은 안토시아닌 그룹의 색소가 많을 것이라고 할 수 있다.

④ 6문단에서 단조로운 갈색 단풍은 카로티노이드 계통의 물질을 많이 포함한 참나무류에서 나타난다고 언급했고, 〈보기〉에서 산자락이 갈색으로 변해 은은한 아름다움을 드러낸다고 했다. 따라서 산자락에는 카로티노이드 색소가 많은 참나무류의 나무들이 집중적으로 분포되어 있을 것이라고 볼 수 있다.

⑤ 6문단에서 카로티노이드를 선호하는 나무는 단풍이 노란색을 띤다고 언급했고, 〈보기〉에서 산 서쪽에는 노란색 단풍이 있다고 했다. 따라서 산 서쪽에는 카로티노이드 색소가 많이 함유된 나무들이 다수 분포되어 있었을 것이라고 볼 수 있다.

 과학 05 지구의 불청객, 운석

본문 96~99쪽
지문 분석편 20쪽

STEP Ⅰ 1 ④   2 ③

STEP Ⅱ 1 소행성과 유성, 운석의 형성 과정과 특징
2 태양, 유성, 운석
3 가스, 파편, 화석

STEP Ⅲ 1 ③   2 ④

1 2문단에서 소행성은 화성과 목성 사이의 궤도에서 태양 둘레를 공전한다고는 언급했다. 따라서 소행성이 목성의 둘레를 공전한다는 내용은 적절하지 않다.

오답 해설

① 3문단에서 소행성의 수는 많지만 모든 소행성의 총 질량은 지구의 1,000분의 1을 넘지 않는다고 언급했다.

② 2문단에서 화성과 목성 사이에는 많은 소행성이 몰려 있는 소행성대가 있다고 언급했다.

④ 2문단에서 소행성을 새로 발견하면 발견자의 뜻에 따라 새로운 이름을 붙일 수 있다고 언급하면서, '통일'이라고 이름 붙은 소행성을 소개하기도 했다.

⑤ 1문단에서 러시아에 떨어진 운석에 대해 소개하면서 운석의 위력을 구체적으로 설명했고, 지름이 20m 정도인 운석이 히로시마에 떨어진 원자 폭탄의 30배가 넘는 위력을 가지고 있었다고 언급했다.

2 〈보기〉는 경남 진주 지역에 떨어진 운석을 설명하는 내용이다. 5문단에서 운석은 혜성이나 소행성이 남긴 파편으로 행성 간 공간을 떠돌아다니다가 지구 대기로 진입하게 된다고 언급했다. 또한 6문단에서 이러한 유성체가 지구의 땅에 떨어지면 운석이 된다고 언급

했다. 따라서 운석은 혜성이나 소행성이 남긴 파편으로 지구 생성에 참여하지 못한 물질과는 관련이 없다.

오답 해설

① 5문단과 6문단을 통해 혜성이나 소행성이 남긴 파편이 유성이 되고, 유성체 중에 지구에 떨어진 것이 운석이 된다는 것을 알 수 있다. 따라서 〈보기〉에서 발견된 한반도 상공의 밝은 유성은 혜성이나 소행성의 파편이라고 할 수 있다.

② 5문단과 6문단을 통해 혜성이나 소행성이 남긴 파편이 유성이 되고, 유성체 중에 지구에 떨어진 것이 운석이 된다는 것을 알 수 있다. 따라서 〈보기〉의 경남 진주에 있는 비닐하우스 농장에서 발견된 이상한 돌은 운석이므로 유성체의 잔해라고 할 수 있다.

③ 4문단에서 소행성을 이루고 있는 물질은 태양계 생성 초기에 원시 가스 구름이 응축되는 과정에서 생긴 물질이라고 언급했으며, 5문단에서 이러한 소행성의 파편이 운석이 된다고 언급했다. 6문단에서 운석이 지구를 포함한 태양계의 나이를 알아내는 데 실마리를 제공하는 태양계 화석이라고 언급했으므로, 〈보기〉의 경남 진주에 있는 비닐하우스 농장에서 발견된 이상한 돌에 지구의 역사를 추측할 수 있는 물질이 담겨 있다고 할 수 있다.

⑤ 6문단에서 대부분의 유성체는 대기 중에서 타 버리거나, 바다나 사막, 산악 지대에 떨어지기 때문에 발견되는 경우가 매우 드물다고 언급했다. 따라서 〈보기〉의 경남 진주에 있는 비닐하우스 농장에서 발견된 이상한 돌과 같은 물질도 쉽게 발견되기 어려운 것이다.

과학 06 플로지스톤설과 라부아지에

본문 100~103쪽
지문 분석편 21쪽

STEP Ⅰ 1 (1) 본질 (2) 어원 (3) 가연성 (4) 회의
2 (1) 감소하다 (2) 증가하다

STEP Ⅱ 1 플로지스톤설의 한계와 라부아지에의 업적
2 연소, 산소, 질량
3 모든 가연성 물질에는 플로지스톤이라는 원소가 있음, 산소의 결합으로 질량이 증가한다, 원소에 제대로 된 이름을 붙임.

STEP Ⅲ 1 ③   2 ②

1 3문단에서 1766년에서 1785년 사이에 영국에서 기체 화학이 발전하면서 이산화 탄소, 질소, 수소, 산소 등 10여 개의 기체가 발견되었다고 언급했다. 하지만 이를 통해 연소 현상을 어떻게 설명했는지는 언급되어 있지 않다.

오답 해설

① 2문단에서 슈탈의 이론을 제시해, 플로지스톤은 매우 가벼운 물질로 온도가 높아지면 플로지스톤이 물체에서 빠져나가는 현상이 연소라고 설명했다고 언급했다.

② 3문단에서 칸트는 "슈탈의 플로지스톤설은 모든 자연 과학자들에게 한 가닥 빛이 되었다."라고 칭찬했다고 언급했다.

④ 6문단에서 라부아지에는 33종의 원소를 찾아 원소표를 작성하고, '금', '은', '산소', '인' 등의 원소에 제대로 된 이름을 붙였으며, 새로운 화학 용어를 널리 알리고, 많은 저서를 통해 새로운 화학 체계를 수립했다고 언급했다.

⑤ 1문단에서 17세기 후반과 18세기 무렵 유럽 화학자들은 연소의 본질이 무엇인지 잘 몰랐기 때문에 여러 가지 내용으로 연소에 대해 설명했다고 언급했다.

2 4문단에서 라부아지에는 지름이 30cm가 넘는 커다란 렌즈로 햇빛을 모아 붉은색의 수은 금속 재, 즉 산화 수은을 가열해 기체를 얻었다고 했다. 그는 이 기체가 기체 화학에서 발견한 산소임을 알고 이 산소는 수은이 오랜 시간 연소하면서 결합한 것이라고 주장했다고 언급했다. 또 5문단에서 라부아지에는 수은 실험을 통해 산소의 결합으로 질량의 증가가 일어난다는 점을 분명히 밝혔다고 언급했다. 〈보기〉에서 라부아지에가 수은 외에 주석을 이용해 실험하고 같은 결과를 얻었다고 언급했다. 따라서 산화 주석을 분해해 산소를 얻었고, 이를 통해 산소와의 결합으로 금속 재의 질량이 증가했다는 사실을 확인했을 것이다. 이러한 과정을 통해 연소가 가연성 물질이 공기 중의 산소와 반응하여 열과 빛을 수반하는 화학 변화인 산화라는 사실을 알게 되었을 것이다.

기술 01 과거에는 길이를 어떻게 쟀을까?

본문 104~107쪽
지문 분석편 22쪽

STEP Ⅰ **1** (1) 정밀하다 (2) 정확하다 (3) 부정확하다
(4) 모호하다
2 ②

STEP Ⅱ **1** 과거 서양에서 활용한 길이 단위
2 길이, 큐빗, 신체
3 화강암에 새긴 로열 이집트 큐빗의 길이, 엄지손가락 끝에서부터 새끼손가락 끝까지의 길이, 발꿈치에서 발가락 끝까지의 길이

STEP Ⅲ **1** ③ **2** ②

1 3문단과 5문단을 통해 과거 이집트와 영국 모두 권력자의 신체 부분을 표준으로 삼은 길이 단위를 활용했음을 알 수 있다.

오답 해설

① 5문단에서 영국의 헨리 1세는 자신의 코끝에서 팔을 뻗어 엄지손가락을 세운 곳까지의 길이를 야드로 선포했다고 언급했다. 이는 신체를 활용한 주관적인 지표임을 알 수 있다.

② 3문단에서 로열 큐빗 마스터는 로열 이집트 큐빗의 길이를 화강암에 새긴 일종의 자로 볼 수 있다고 언급했다. 따라서 로열 이집트 큐빗을 세분화했다고 볼 수 없다.

④ 3문단에서 대피라미드 건축자들이 활용한 로열 이집트 큐빗은 당시 통치하던 파라오의 팔꿈치에서 가운뎃손가락 끝까지의 길이에 손바닥 폭의 길이를 더한 길이라고 언급했다.

⑤ 2문단과 3문단을 통해 대피라미드 건축자들은 로열 이집트 큐빗을 건설에 활용할 기본 단위로 삼았고, 로열 이집트 큐빗의 길이는 화강암에 새겨져 있는 로열 큐빗 마스터를 바탕으로 자를 만들어 활용했음을 알 수 있다.

2 1큐빗은 2스팬, 2스팬은 6팜, 6팜은 24디지트이다. 따라서 2큐빗은 48디지트와 유사한 길이 단위이다. 1피트는 16디지트이므로 2피트는 32디지트이다. 따라서 2큐빗과 2피트는 유사한 길이로 볼 수 없다.

오답 해설

① 1큐빗은 2스팬, 2스팬은 6팜, 6팜은 24디지트이다. 따라서 2큐빗은 12팜과 유사한 길이로 볼 수 있다.

③ 1큐빗은 2스팬, 2스팬은 6팜, 6팜은 24디지트이다. 따라서 2큐빗은 48디지트와 유사한 길이로 볼 수 있다. 12인치와 16디지트가 유사한 길이이므로, 36인치는 48디지트와 유사한 길이로 볼 수 있다.

④ 1큐빗은 2스팬, 2스팬은 6팜, 6팜은 24디지트이다. 따라서 2큐빗은 4스팬과 유사한 길이로 볼 수 있다.

⑤ 1큐빗은 2스팬, 2스팬은 6팜, 6팜은 24디지트이다. 따라서 2큐빗은 48디지트와 유사한 길이로 볼 수 있다.

STEP Ⅰ **1** (1) ㄴ (2) ㄹ (3) ㄱ (4) ㄷ
2 ④

STEP Ⅱ **1** 나노 입자의 구조상 특징과 활용
2 구조상, 표면
3 내부, 빨간색, 성질

STEP Ⅲ **1** ② **2** ③

1 4문단에서 산화 철을 나노 단위로 작게 만들면 평소엔 자성이 없다가 외부 자기장을 가하면 자성을 띠는 초상자성 물질이 된다고 했다.

오답 해설

① 4문단에서 금덩어리를 나노 단위로 작게 자르면 금 입자의 광학적 성질인 색깔이 달라진다고 언급했다.
③ 4문단에서 퀀텀 닷이 입자의 크기에 따라 다른 색깔의 빛을 띠는 나노 반도체 형광 물질을 의미한다고 언급했다.
④ 4문단에서 금 입자의 크기에 따라 녹는점이 달라지는 현상을 확인할 수 있다고 언급했다.
⑤ 1문단과 4문단을 통해 물질이 나노 단위로 작아지면 원래 물질이 지닌 특성이 달라지고, 산업적인 활용이 가능해진다는 것을 알 수 있다.

2 3문단에서 일반적인 물질은 내부 원자의 비율이 훨씬 높아서 내부 원자 에너지에 의해 물질의 성질이 결정되고, 나노 크기로 작아지면 표면 원자의 비율이 매우 높아져서 그 에너지는 무시하지 못할 정도가 된다고 언급했다. 〈보기〉의 ㉮는 내부 원자의 비율이 훨씬 높고 표면 원자의 비율이 낮은 일반적 물질이다. 따라서 내부 원자의 특성에 의해 물질의 성질이 결정된다고 볼 수 있다.

오답 해설

① 1문단에서 물질이 나노 크기로 작아지면 물질의 전기적 성질이 바뀐다고 언급했다. 따라서 〈보기〉의 ㉮의 전기적 성질이 물리적으로 바뀐다고 해도 원래 물질이 나노 단위로 작아지는 것은 아니다.
② 1문단과 4문단을 통해 일반적인 물질을 나노 단위로 작게 잘라 놓으면 나노 물질이 된다는 것을 알 수 있다. 즉 일반 물질인 〈보기〉 ㉮의 크기가 작아지면 나노 물질이 되는 것이다.
④ 3문단에서 일반적인 물질은 내부 원자의 비율이 훨씬 높아서 내부 원자 에너지에 의해 물질의 성질이 결정되고, 나노 크기로 작아지면 표면 원자의 비율이 매우 높아져서 그 에너지는 무시하지 못할 정도가 된다고 언급했다. 〈보기〉의 ㉮는 일반 물질이고, ㉯는 나노 물질이다. 즉 내부 원자의 비율이 높고 표면 원자의 비율이 낮은 것은 일반적 물질인 ㉮이다.
⑤ 〈보기〉에서 ㉮를 나노 크기로 만들면 빛을 받아 다양한 화학 반응을 일으켜 광촉매가 된다고 했다. 즉 ㉯를 광촉매로 활용할 수 있는 것이다.

STEP Ⅰ **1** (1) 답습 (2) 발판 (3) 수행 (4) 증명 (5) 대응
2 (1) 실현 (2) 개발 (3) 제어 (4) 구현 (5) 발산

STEP Ⅱ **1** 인공 지능 컴퓨터 프로그램의 개발
2 인공 지능, 컴퓨터, 신경망, 그물망, 시각적
3 인공 신경, 퍼셉트론, 학습

STEP Ⅲ **1** ② **2** ③

1 이 글은 인공 지능의 개념과 인공 지능 역사에서 컴퓨터의 역할을 밝힌 후, '신경망 이론'과 이를 발판으로 삼아 개발된 '퍼셉트론'의 원리를 설명하고 있다.

오답 해설

① 이 글은 인공 지능의 개념과 발달 과정, 현재 개발된 인공 지능의 원리를 설명하고 있으나, 인공 지능 프로그램의 한계를 지적하고 있지는 않다.
③ 4문단에서 매컬러와 피츠는 생물학적인 신경망 이론을 단순화해서 논리, 산술, 기호 연산 기능을 구현할 수 있는 신경망 이론을 제시했다고 언급했으며, 5문단에서 신경 세포가 신경 신호를 발산한다고 언급했다.
④ 3문단에서 현실 세계의 모든 지식을 컴퓨터에 입력하는 일은 실질적으로 불가능했다고 언급했으나, 그 이유를 논리적으로 증명하고 있지는 않다.
⑤ 2문단에서 소프트웨어로 프로그램을 제어할 수 있게 되면서 전자 기계 부품, 즉 하드웨어로 구성된 논리 회로는 과거와 완전히 달라졌다고 언급했으나, 인공 지능 컴퓨터가 외부 환경의 변화에 대응하는 방법을 설명하고 있지는 않다.

2 〈보기〉에서 퍼셉트론은 실제 뉴런과 유사하게 작동하도록 설계되었고, 퍼셉트론은 가중치를 통해 입력값의 중요도를 스스로 선별하고 결괏값을 출력한다고 언급했다. 또한 [A]에서 퍼셉트론은 인간의 신경 세포와 비슷한 방식으로 작동하는데, 이는 많은 가지 돌기가 자극받을 때 신경 세포가 신경 신호를 발산하는 것과 같다고 언급했다. 이를 통해 퍼셉트론의 기능은 신경 세포가 신경 신호를 발산하는 인간 뇌의 기능을 모방한 것이라고 볼 수 있다.

오답 해설

①, ⑤ 〈보기〉에서 퍼셉트론은 가중치를 통해 입력값의 중요도를 스스로 선별하고 이를 바탕으로 결괏값을 출력해 낸다고 언급했다.
② 〈보기〉에서 퍼셉트론은 일정 이상의 자극에 해당하는 입력값을 받아야 출력값을 출력해 내는데, 입력값의 중요도를 스스로 선별하여 결괏값을 출력해 낸다고 언급했다. 따라서 모든 정보의 입력값이 극대화될 필요는 없다.
④ 〈보기〉에서 퍼셉트론은 입력값의 중요도에 따라 결괏값을 도출해 내는 프로그램이라고 언급했다. 따라서 입력값에 상관없이 중요한 정보를 처리한다고 보기는 어렵다.

기술 04 생체 인식 기술의 발전

본문 116~119쪽
지문 분석편 25쪽

STEP I 1 (1) 인식 (2) 인증 (3) 보안 (4) 신원
2 ③

STEP II 1 생체 인식 기술의 다양한 종류
2 지문 인식, 음성학적, 사생활
3 땀이 묻으면 인식이 안 되는 경우가 생김, 전화를 통해 인식이 가능함, 걸음걸이 형태를 활용함.

STEP III 1 ④ 2 ③

1 4문단에서 걸음걸이 형태 인식 기술은 주로 범죄자나 테러리스트를 찾아내는 데 쓰인다고 언급했다.

오답 해설

① 3문단에서 음성 인식 기술은 말 자체를 비교하는 것이 아니기 때문에 타인의 성대모사로는 인증 음성을 모방할 수 없다고 언급했다.
② 1문단에서 지문 인식은 사람마다 다른 손가락 무늬인 지문 중 지문 융기 분기점이나 끝점 위치와 속성을 추출하는 프로그램을 활용한다고 언급했다.
③ 3문단에서 음성 인식 기술은 다른 생체 인식 분야와 달리 원거리에서도 전화를 이용해 확인할 수 있다고 언급했다.
⑤ 4문단에서 걸음걸이 형태를 인식하는 기술은 다른 생체 인식에 비해 개인 인증을 위한 데이터베이스 작업 과정이 많이 소요된다고 언급했다.

2 ㉠은 홍채 인식이고, ㉮는 열 분포 인식이다. 2문단에서 홍채는 유전적으로 동일한 일란성 쌍둥이조차 달라 홍채 인식은 보안성이 뛰어나다고 언급했다. 이를 통해 홍채 인식 기술은 유전적으로 동일한 일란성 쌍둥이를 서로 다른 사람으로 구분할 수 있다는 것을 알 수 있다.

오답 해설

① 2문단에 홍채 인식기에 눈을 맞추면 적외선 카메라가 줌 렌즈로 초점을 조절해서 홍채만 촬영해 이미지를 만든다고 언급했다. 이를 통해 ㉠은 신체의 일부를 촬영할 수 있는 적외선 카메라 기술을 필요로 함을 알 수 있다. 또한 〈보기〉에서도 얼굴 혈관에서 발생한 열을 적외선 카메라로 촬영한다고 했으므로, ㉮도 신체의 일부를 촬영할 수 있는 적외선 카메라 기술을 필요로 함을 알 수 있다.
②, ⑤ 2문단에서 홍채 무늬를 영역별로 분석해 0과 1만 사용하는 디지털 신호로 바꿔 개인 고유의 암호화된 홍채 코드를 생성해 저장하고, 이 홍채 코드를 신원 확인에 이용한다고 언급했다. 〈보기〉에서 얼굴 인식도 선택된 얼굴 특징과 안면 데이터 베이스를 서로 비교함으로써 이루어지며, 얼굴 혈관에서 발생한 열을 적외선 카메라로 촬영해 암호화된 디지털 정보로 변환하여 데이터베이스에 저장한다고 했다. 따라서 ㉠과 ㉮는 물리적 생체 정보를 디지털 신호로 전환하여 저장할 수 있는

장치가 구축되어야 함을 알 수 있다. 또한 ㉠과 ㉮는 기존에 입력된 생체 정보와 비교하려는 생체 정보의 동일성을 판단하는 장치가 갖춰져야 함을 알 수 있다.
④ 2문단에서 ㉠은 개인 고유의 암호화된 홍채 코드를 생성해 저장한다고 언급했다. 〈보기〉에서도 얼굴 혈관에서 발생한 열을 적외선 카메라로 촬영해 암호화된 디지털 정보로 변환한다고 했다. 따라서 ㉠과 ㉮는 생체 정보를 암호화하여 관리할 수 있는 보안 기술을 필요로 함을 알 수 있다.

기술 05 자기 부상 열차의 원리

본문 120~123쪽
지문 분석편 26쪽

STEP I 1 (1) ㄹ (2) ㄴ (3) ㄱ (4) ㄷ
2 ㉠ 당기다 ㉡ 밀어내다

STEP II 1 자기 부상 열차에 적용된 법칙과 기술
2 자기 부상, 렌츠의 법칙, 초전도
3 전자기, 유도 전류, 교류

STEP III 1 ① 2 ⑤

1 이 글은 패러데이 법칙과 렌츠의 법칙을 소개하고, 이를 바탕으로 자기 부상 열차가 운행되는 원리와 방법을 설명하고 있다.

오답 해설

② 2문단과 3문단에서 과거에 발표된 패러데이 법칙과 렌츠의 법칙을 활용했다고 언급했다. 하지만 시간적 순서에 따라 자기 부상 열차의 개발 과정과 발전 단계를 설명한 부분은 제시되지 않았다.
③ 1문단에서 제시한, 선로와 바퀴 사이의 마찰력으로 인해 열차 속력이 제한되는 점이 자기 부상 열차의 개발 동기와 목적이라고 할 수 있다. 하지만 역사적 사건이 설명된 부분은 제시되지 않았다.
④ 2문단과 3문단에서 패러데이 법칙과 렌츠의 법칙이 제시되었고, 5문단에서 자기 부상 열차는 마찰력이 없어 고속으로 달릴 수 있다는 장점이 제시되었다. 하지만 학자들의 견해를 활용한 자기 부상 열차의 장점과 단점, 보완 내용은 제시되지 않았다.
⑤ 1문단에서 열차가 지닌 한계점을 지적하고 있으나, 자기 부상 열차의 다양한 유형과 종류를 설명한 부분은 제시되지 않았다.

2 ㉮는 초전도 자석, ㉯는 금속판, ㉰는 선형 전동기 코일이다. 6문단에서 선형 전동기 코일의 극과 열차의 초전도 자석의 극은 서로 N극끼리 만나야 열차를 밀어내는 작용을 한다고 언급했다. 따라서 ㉰의 N극은 ㉮의 S극과 작용하여 열차를 밀어내는 힘을 발생시켜

추진력을 얻는다는 내용은 적절하지 않다.

① 4문단에서 자기 부상 열차에서는 자석 대신에 전력의 손실이 없고 저항도 없어 에너지의 손실을 막을 수 있는 초전도체를 사용한다고 언급했다. ㉮는 초전도 자석이므로 이에 해당한다.

② 2문단에서 패러데이는 철로 만든 원형 고리에 코일을 감고 회로에 연결한 뒤 막대자석을 가까이 대었더니 원형 고리에서 전류가 유도된다는 사실을 발견했다고 언급했다. 또한 5문단에서 자기 부상 열차가 N극을 아래로 향하는 초전도 자석을 싣고 레일 위 코일을 감은 금속판 위를 달리면 유도 전류가 흐른다고 언급했다. 따라서 ㉮의 자기장으로 인해 ㉯에서는 유도 전류가 발생한다고 할 수 있다.

③ 3문단에서 렌츠의 법칙은 N극을 원형 고리에 가까이 대면 원형 고리에는 유도 전류가 생기지만 이 전류의 방향은 자석의 방향과는 반대로 향해 반발력이 생긴다고 언급했다. 또한 5문단에서 유도 전류가 흐르면 금속판에서도 외부 자기장의 변화를 방해하는 전류가 발생해 서로 밀치는 힘이 발생한다고 언급했다. 이에 따르면 ㉮와 ㉯ 사이는 밀어내는 방향으로 힘이 작용하고 있다고 할 수 있다.

④ 6문단에서 선형 전동기 코일은 교류로 작동하며, 선형 전동기 코일의 S극은 열차의 초전도 자석의 N극과 당기는 힘을 작용한다고 언급했다. 이에 따르면 ㉰의 S극이 서로 다른 극인 ㉮의 N극과 만나면 당기는 힘이 작용하므로 이를 통해 추진력을 얻는다는 설명은 적절하다.

기술 06 합성 생물학과 생명 현상

본문 124~127쪽
지문 분석편 27쪽

STEP Ⅰ **1** (1) 메커니즘 (2) 프로세스 (3) 코드 (4) 에너지
　　　　2 ①

STEP Ⅱ **1** 합성 생물학의 연구 내용
　　　　2 재구성, 합성 생물학, 표준화
　　　　3 논리적인 프로세스로 재구성한 것임, 조절할 수 있는 기계임, 표준화와 자동화의 과정이 수반되어야 함.

STEP Ⅲ **1** ④　　　**2** ④

1 4문단에서 페니실린이나 아스피린과 같은 유용한 물질은 발견된 것이지 발명된 것은 아니라고 언급했다.

① 3문단과 4문단의 내용을 통해 합성 생물학은 생명 현상을 정해진 코드에 의해 움직이는 부품들이 일정한 규칙에 따라 작동하는 회로로 여기고 있음을 알 수 있다.

② 1문단에서 땀을 흘리는 현상은 신경계가 근육에 명령을 내리고, 순환계가 근육에 영양소와 산소를 공급하는 등의 복잡한 생리 작용에 의해 나타난다고 언급했다.

③ 5문단에서 유전자 정보를 분석하고 조합한 후, 설계한 유전자를 합성한 뒤 유전자 편집 기술을 이용해 실험 생물에 주입하고, 연구자는 실험 생물을 배양하면서 설계대로 만들어 냈는지 확인한다고 언급했다. 따라서 실험 생물을 배양하기 전에 유전자 편집 기술이 적용되어야 하므로, 합성 생물학에서 해당 기술의 발전이 필요하다는 점을 알 수 있다.

⑤ 2문단에서 알고리즘은 종이에 작업 절차를 세세하게 적어 둔 메모부터 제품의 생산 공정까지 특정한 산출물을 내놓는 모든 과정을 포괄한다고 언급했다. 따라서 동아리 활동을 계획하고 실제 활동을 통해 산출물을 내놓는 절차 역시 알고리즘의 하나로 볼 수 있다.

2 〈보기〉의 내용을 통해 ㉮는 전체를 부분의 합으로 보지 않으며, 전체를 단순 요소로 분해하여 이해하는 것에 반대함을 알 수 있다. 그런데 [A]에 제시된 합성 생물학은 생명 현상을 유전자 하나, 단백질 하나 수준으로 분석한 개별적인 프로세스의 조합으로 파악하고 있음을 알 수 있다. 따라서 ㉮는 생명체를 이루는 개별적인 요소의 조합만으로 생명체 전체의 특성을 규명할 수 없다고 주장할 수 있다.

① [A]에서 합성 생물학은 스마트폰 운영 체제와 생명 프로그램의 작동 원리가 비슷하다는 입장을 취한다고 했다. 따라서 스마트폰의 운영 체제와 생명 프로그램의 작동 원리가 근본적으로 같다는 내용은 합성 생물학의 주장에 해당한다고 볼 수 있다.

② [A]에서 합성 생물학은 유전자 하나, 단백질 하나 수준으로 생명 현상을 이해한다고 했다. 또한 생명 현상을 제한된 기능을 지닌 모듈의 논리적 결합으로 재구성한다고 했다. 따라서 생명체를 유전자 단위로 이해하면 개별 요소의 제한된 기능을 이해할 수 있다는 내용은 합성 생물학의 주장에 해당한다고 볼 수 있다.

③ [A]에는 합성 생물학에서 생명 현상을 바라보는 관점이 나타나 있지만, 인간의 심적 활동과 관련된 내용은 나타나지 않는다. 따라서 인간의 심적 활동을 바탕으로 생명의 프로그램이 작동하는 방식을 규명할 수 있다는 내용은 어느 쪽의 주장인지 확인할 수 없다.

⑤ [A]에서 합성 생물학은 생명의 프로그램을 찾아내고 이들이 작동하는 방식을 규명함으로써 생명 현상을 제한된 기능을 지닌 모듈의 논리적 결합으로 재구성한다고 했다. 따라서 생명 현상의 제한된 기능은 유전자 단위의 논리적 결합으로 재구성해서 설명해야 한다는 내용은 합성 생물학의 주장에 해당한다고 볼 수 있다.

예술 01 예술이란 무엇인가?

본문 128~131쪽
지문 분석편 28쪽

STEP **Ⅰ** **1** (1) ㄱ (2) ㄷ (3) ㄹ (4) ㄴ
2 ②

STEP **Ⅱ** **1** 예술의 개념과 특성
2 선악, 내용, 감각
3 삶의 진실을 깨닫게 함, 감상자의 감정과 정서에 호소함, 일상생활을 풍요롭고 가치 있게 해 줌.

STEP **Ⅲ** **1** ③   **2** ④

1 3문단에서 예술은 창작 원리에 따라 내용과 형식을 갖춰 작품을 만들어 낸다고 언급했다. 또한 예술의 내용과 형식의 개념을 설명하고 있으나, 무엇이 중요한지에 대해서는 언급하지 않았다.

오답 해설
① 1문단에서 예술은 기술의 의미를 바탕으로 음악, 문예, 연극, 무용 등을 포함해 미적 가치의 실현을 목적으로 하는 미적 기술로 이해된다고 언급했다.
② 2문단에서 예술은 그 창작 원리를 미에 토대를 두고 작품을 만든다고 언급했다.
④ 5문단에서 아리스토텔레스는 '카타르시스'를 감정을 정화(淨化)하고 고상한 차원으로 인간성을 고양시킨다는 의미로 설명했다고 언급했다.
⑤ 5문단에서 진정한 예술 작품은 사람들의 예술 감각을 일깨우는 것뿐 아니라 일상생활을 풍요롭고 가치 있게 하도록 해 주는 것이라고 언급했다.

2 3문단에서 예술가는 현실에서 소재를 찾고 실재와 유사하게 재현해 내는데, 현실을 정확하게 재현하는 것이 아니라 자신의 개성과 감정, 관점에 따라 새롭게 변형시킨다고 언급했다. 이에 따르면 〈보기〉에서 이몽룡이 암행어사가 되는 설정은 예술가의 개성과 관점에 따른 것이지, 조선 후기 탐관오리가 횡행했던 현실을 정확하게 재현해 내려는 의도라고는 볼 수 없다.

오답 해설
① 「춘향전」에서 이몽룡과 성춘향이 나눈 신분을 뛰어넘는 아름다운 사랑은, 2문단에서 제시한 인생의 아름다운 면모로서 선(善)이나 미(美)의 예술적 요소라고 할 수 있다.
② 「춘향전」에서 이몽룡과 이별한 성춘향에게 수청을 강요하는 변 사또의 행태는, 2문단에서 제시한 인생의 더럽고 추악한 면모로서 악(惡)이나 추(醜)의 예술적 요소라고 할 수 있다.
③ 「춘향전」에는 절개나 지조 등의 유교적 이념이 나타나고 있는데, 이는 4문단에서 제시한 작가가 작품을 통해 감상자들에게 전달하려는 메시지라 할 수 있다.
⑤ 「춘향전」을 미적 체험한 민중들이 신분 상승의 소망을 지니게 되었다면, 4문단에서 제시한 감상자들에게 삶을 바라보는 새로운 시각이나 새로운 삶을 살고자 하는 계기를 제공한 것이라 할 수 있다.

예술 02 아름다움을 알고, 느끼고, 즐기다

본문 132~135쪽
지문 분석편 29쪽

STEP **Ⅰ** **1** (1) ○ (2) × (3) × (4) ○
2 (1) 자연 (2) 인공
3 ⑤

STEP **Ⅱ** **1** 미술을 알기 위해 필요한 마음
2 느끼는, 미술, 표현
3 안목, 감성, 틀

STEP **Ⅲ** **1** ④   **2** ②

1 이 글에서는 전문가의 의견이 나타나지 않는다. 따라서 전문가의 말을 인용하여 신뢰성을 높였다는 설명은 적절하지 않다.

오답 해설
① 4문단에서 '그림을 그리거나 물건을 만드는 데 소질이 없는데 어떻게 즐기냐구요?'라고 질문을 던짐으로써 독자의 호기심을 유발하고 있다.
② 이 글은 미술을 알기 위해 필요한 마음 세 가지를 아름다움을 아는 마음, 느끼는 마음, 즐기는 마음이라고 설명하고 있다.
③ 3문단에서 미술 작품에 대해 느끼는 내용을 구체적으로 드러내고 있다.
⑤ 이 글은 '-습니다.'의 경어체를 사용함으로써 글쓴이가 독자를 존중하는 느낌을 주고 있다.

2 2문단에서 물건을 살 때 예쁜 것을 고르기 위해 고민하는 행동도 아름다움을 선택하는 미술 행위라고 언급했다. 〈보기〉를 보면 A는 적은 돈을 들이고도 아름다움을 선택하는 미술 행위를 효과적으로 했기 때문에 다른 사람들의 찬사를 받는다. 하지만 B는 A보다 더 많은 돈을 들여도 아름다움을 선택하는 미술 행위를 효과적으로 하지 못했기 때문에 사람들에게 좋지 않은 평가를 받는 것이다.

오답 해설
① 2문단에서 물건을 살 때 예쁜 것을 고르기 위해 고민하는 행동도 아름다움을 선택하는 미술 행위라고 언급했다. 따라서 A와 B는 모두 미술 행위를 했다고 할 수 있다.
③ A는 B에 비해 효과적인 미술 행위를 했다고 할 수 있는데, 그렇다고 하더라도 그것이 A가 B에 비해 미술에 대한 느낌이 다양하다고 단정할 수는 없다.
④ B가 자신의 감정에 충실하여 옷을 선택했을 수는 있지만, B가 A보다 즐기는 마음이 더 많았다고 단정할 수는 없다.
⑤ B의 선택이 미술과 관련된 것들에서 깊이 있는 아름다움을 추구했다고 보기는 어렵다.

예술 03 풍경 작용으로 즐기는 한옥

본문 136~139쪽
지문 분석편 30쪽

STEP I 1 (1) 시시각각 (2) 변화무쌍 (3) 이해타산
2 ⑤

STEP II 1 한옥 풍경 작용의 개념과 유형, 효과
2 풍경화, 차경, 관조
3 시선, 계절, 그림

STEP III 1 ④ 2 ②

1 2문단에서 전경은 먼발치서 집의 전체 모습을 하나의 풍경으로 파악하는 것인데, 대문이 보일 만큼 집에 가까이 접근하게 되면 전경 요소는 사라지고 대문을 통해 집 안 내부가 어렴풋이 눈에 들어온다고 언급했다. 따라서 전경에서 다양한 집 안 풍경을 볼 수 있는 것은 아니다.

오답 해설
① 5문단에서 한옥의 풍경 작용은 집 스스로 풍경을 만들어 집에 그림을 가득 채우려는 목적이라고 언급했다.
② 3문단에서 창호지에 어리는 빛의 종류와 세기, 계절적 상황 등에 따라 창의 색이나 분위기가 달라지며 감성 작용을 일으켜 하나의 심미 요소로 둔갑한다고 언급했다.
③ 1문단에서 한옥의 풍경 작용은 관찰자가 집 밖 멀리에서 집으로 접근하면서 일어나는 작용과 관찰자가 집 안에서 집 밖을 바라볼 때 일어나는 작용, 두 가지로 나타난다고 언급했다.
⑤ 3문단에서 창은 사람이 스스로 여는 정도를 달리해 변화무쌍한 풍경을 연출한다고 언급했다.

2 3문단에서 창은 사람이 스스로 여는 정도를 달리해 변화무쌍한 풍경을 연출한다고 언급했다. 따라서 〈보기〉에서 사람이 문을 여는 정도를 조절하는 것은 보기 좋아하는 풍경과 보기 싫어하는 풍경을 가려내기 위한 것이 아님을 알 수 있다.

오답 해설
① 1문단에서 관찰자가 집 안에서 집 밖으로 풍경을 바라보는 것도 풍경 작용이 된다고 언급했고, 3문단에서 창을 통해 다양한 외부의 풍경을 빌려 오는 차경을 이룬다고도 언급했다. 따라서 〈보기〉는 문을 통해 바깥의 경치를 빌리고 집 밖을 바라본다는 점에서 관찰자가 집 안에서 집 밖을 바라보는 풍경 작용에 해당한다.
③ 4문단에서 한옥의 풍경 작용은 여름에는 시원한 바람을 잘 받고 겨울에는 따뜻한 햇볕을 집 안 깊숙이 끌어들여 계절에 따른 생활을 영위하는 방법으로도 활용하는 실용적 목적도 있다고 언급했다. 따라서 〈보기〉는 문을 열어 바람이 통하게 하고 햇볕이 들어오게 했다는 점에서 실용적 목적도 있음을 확인할 수 있다.
④ 5문단에서 풍경 작용을 통해 보이는 그림은 시시각각 변하는 살아 있는 실체로서 집과 사람, 자연을 하나로 연결하는 역할을 한다고 언급했다. 따라서 〈보기〉는 문을 통해 시시각각

으로 변하는 외부의 풍경을 감상할 수 있다는 점에서 집과 사람, 자연이 하나로 어우러지는 한옥의 특성을 잘 보여 준다고 할 수 있다.
⑤ 3문단에서 한옥의 창은 빛을 받으면 창살의 조형성을 잘 드러내며, 두 짝으로 되어 있는 창의 경우 외부의 풍경과 나란히 병렬을 이루며 한옥의 아름다움을 연출한다고 언급했다. 따라서 〈보기〉는 문과 풍경이 병렬로 놓이고, 햇빛을 받은 문살의 조형성이 잘 드러난다는 점에서 문도 하나의 풍경 요소라고 할 수 있다.

예술 04 로댕의 예술 세계

본문 140~143쪽
지문 분석편 31쪽

STEP I 1 (1) 사실적 (2) 정신적 (3) 개성적 (4) 개별적
2 ㉠ 본뜨거나 본받음. ㉡ 처음으로 만듦.

STEP II 1 로댕 조각 예술의 특성과 기법
2 재현, 미완성, 내면적
3 정신세계, 과정, 해석

STEP III 1 ① 2 ④

1 이 글은 로댕이 인간의 내면적 정신세계를 표현하기 위해 노력했으며, 미완성의 조각과 마코타주 기법 등을 활용했음을 설명하고 있다. 따라서 이 글의 주요 화제는 로댕 조각 예술의 경향과 기법이며, 이를 인간의 내면을 표현하기 위한 예술적 실험을 바탕으로 설명하고 있다고 할 수 있다.

오답 해설
② 이 글에서는 로댕 조각 예술의 탄생 배경과 관련해 그가 살았던 당대의 시대적 상황은 설명하지 않았다.
③ 이 글에서는 로댕의 조각 예술이 그동안의 관행에서 벗어나 내면적이고 추상적인 사고를 표현하려 했다는 점에서 의의가 있다고 했으나, 그리스 조각과 로댕 조각 예술의 상관성을 설명하지는 않았다.
④ 이 글에서는 로댕의 조각 예술에 담긴 예술성이 인간의 내면적 정신세계를 표현하는 데 있다고 했으나, 로댕의 조각 예술의 한계를 설명하지는 않았다.
⑤ 이 글에서는 로댕의 조각 예술에 대한 본질적 특성을 설명했으나, 로댕의 조각 예술이 사회에 끼친 영향을 설명하지는 않았다.

2 3문단에서 로댕이 미완성의 조각을 보여 주기 위해 주조 과정 중 생긴 기포를 메우지 않거나 끌이나 망치 자국을 다듬지 않고 그대로 두는 방법을 사용했다고 언급했다. 또한 〈보기〉에서 이 조각은 손의 모양, 인체의 표면이나 근육을 다듬지 않고 울퉁불퉁하게 그

대로 드러내 생동감을 주고 있다고 했다. 따라서 〈보기〉에 제시된 움켜쥔 큰 손이나 여인의 조각을 작업할 때 도구 사용의 흔적이 보이지 않게 매끄럽게 나타냈다는 내용은 적절하지 않다.

① 4문단에서 마코타주는 개별적 작품을 결합하여 새로운 의미를 생성하는 방법이라고 언급했다. 〈보기〉에 제시된 작품은 마코타주 기법을 활용했다고 했으므로 두 개의 조각 작품을 결합시켜 배치한 것이다. 따라서 움켜쥔 큰 손과 돌을 들어 올리는 듯한 여인은 각각 개별적으로 독립된 작품으로 간주할 수 있다.

② 1문단에서 로댕은 정신적이고 조형적인 형태를 추구하고, 2문단에서 로댕은 인간의 개성적이고 내면적인 정신세계를 표현하는 데 주력했다고 언급했다. 따라서 관람자는 〈보기〉의 작품에 제시된 여인의 모습에 어떤 정신적 내면세계가 담겨 있는지 살펴볼 필요가 있을 것이다.

③ 3문단에서 로댕은 미완성의 조각으로 전신 조각 대신에 손이나 다리, 몸통으로만 된 것을 조각하는 방법을 사용했다고 언급했다. 〈보기〉의 작품에 제시된 움켜쥔 큰 손 조각은 손만 조각된 것이므로, 미완성의 조각 방법에서 인체의 부분 형상을 조각하는 방법에 해당한다고 할 수 있다.

⑤ 4문단에서 로댕은 개별 작품들을 다양하게 혼합하거나 배치하여 관람자의 자유로운 상상력을 유발하고 다양한 해석의 가능성을 열어 주었다고 언급했다. 〈보기〉에 제시된 작품에서 로댕은 움켜쥔 큰 손과 돌을 들어 올리는 듯한 여인의 모습을 혼합하거나 다양하게 배치하여, 관람자들이 이 작품에 대해 자유롭게 해석하는 감상 태도를 보여 주기를 기대한 것이라고 짐작할 수 있다.

① 1문단에서 셔레이드는 원래 사람의 몸짓을 보고 그 의미를 알아맞히는 제스처 놀이에서 기원했다고 언급했다.

② 2문단에서 미국 영화의 아버지라 불리는 그리피스는 클로즈업 기법을 개발하여 자연스럽고 정교한 셔레이드 기법을 활용했다고 언급했다. 또한 찰리 채플린은 셔레이드의 활용을 통해 영화의 예술적, 사회적 가치를 끌어올리는 데 큰 기여를 했다고 언급했다.

③, ⑤ 6문단에서 셔레이드는 영화 속에서 의미 전달을 보다 정서적으로 풍성하게 하며 관객이 영화의 주제를 현실감 있게 해석할 수 있도록 이끌어 주는 강한 힘을 발휘한다고 언급했다. 또한 언어적인 대사가 단선적인 의미 전달에 치중하는 데 비해 셔레이드는 메시지 해석에 관객이 능동적으로 참여하게 한다고 언급했다. 그리고 셔레이드는 관객이 영화에 대한 감정적인 수용과 공감을 가능하게 한다고 언급했다.

2 〈보기〉의 ⓐ는 환한 얼굴이라는 점에서 신체 셔레이드, 빗속의 거리라는 점에서 장소 셔레이드를 활용한 것에 해당한다. 그러나 ⓐ는 선배와 약속을 잡자 주인공이 기쁨과 설렘을 표현하는 장면이므로, 주인공과 선배가 다시 예전의 인물 관계로 돌아감을 나타내는 것은 아니다.

① 〈보기〉의 ㉮는 얼굴을 붉힌다는 점에서 신체 셔레이드를 활용한 것으로, 짝사랑하던 선배를 만난 부끄러움과 설렘을 나타낸다.

② 〈보기〉의 ㉯는 입술을 깨물었다는 점에서 신체 셔레이드를 활용한 것으로, 선배가 자신을 몰라본 데 대한 서운함과 야속함을 나타낸다.

③ 〈보기〉의 ㉰는 앙상한 나무로 가득한 길거리라는 점에서 장소 셔레이드를 활용한 것으로, 자신을 몰라본 선배에게 받은 마음의 상처를 나타낸다.

④ 〈보기〉의 ㉱는 반가워하며 선배의 이름표를 호주머니에 넣는 행위에서 신체와 소도구 셔레이드를 활용한 것으로, 선배의 사랑을 차지하고 싶은 주인공의 마음을 나타낸다.

예술 05 **영화에서 사용하는 셔레이드** 본문 144~147쪽 / 지문 분석편 32쪽

STEP Ⅰ **1** (1) ㄴ (2) ㄱ (3) ㄷ
　　　 2 ②

STEP Ⅱ **1** 셔레이드의 개념과 여러 가지 방법
　　　 2 비언어적, 소도구, 인물 관계
　　　 3 특정한 물체 등을 활용해 의미를 전달하는 기법을 의미함, 인물의 상황이나 관계 등을 나타냄, 감정적인 수용과 공감을 가능하게 함.

STEP Ⅲ **1** ④　　　 **2** ⑤

1 이 글은 영화에서 사용하는 셔레이드 기법의 개념, 방법과 효과 등을 설명하고 있다. 하지만 영화감독이 셔레이드를 구축할 때 유의해야 할 점은 제시되지 않았다.

예술 06 **오페라란 무엇인가?** 본문 148~151쪽 / 지문 분석편 33쪽

STEP Ⅰ **1** (1) 서정적 (2) 극적 (3) 대중적 (4) 독자적
　　　 2 ②

STEP Ⅱ **1** 오페라의 특징과 음악적 구성
　　　 2 오푸스, 가극, 세나, 상황
　　　 3 합창, 춤, 주인공, 대사

STEP Ⅲ **1** ④　　　 **2** ④

1 5문단에서 레치타티보는 대화할 때의 억양을 유지한 낭송형 독창으로, 노래하는 것처럼 말하고 말하는 것처럼 노래하는 부분이라고 언급했다. 그러나 오페라의 극적 표현에서 중심을 형성하는 것은 아리아라고 언급했다.

> **오답 해설**

① 1문단에서 오페라는 라틴어로 '작품'을 뜻하는 '오푸스'에서 비롯되었다고 언급했다.

② 2문단에서 오페라는 노래로 하는 연극이라는 뜻의 가극으로 번역된다고 언급했다. 또한 5문단에서 오페라의 음악은 독창과 합창, 관현악으로 구성된다고 언급했다.

③ 5문단에서 아리아는 기악 반주가 있는 독창이라고 언급했다. 또한 6문단에서 아리아는 주인공의 심정을 서정적인 선율로 표현한다고 언급했다.

⑤ 3문단에서 오페라의 모든 대사는 노래로 표현되는 점에서 오페레타나 뮤지컬과 다르다고 언급했다. 또한 4문단에서 오페레타는 19세기 후반에 노래와 춤을 넣어 대중적이고 희극적인 음악극이 되었다고 언급했다.

2 〈보기〉는 푸치니의 대표적 오페라인 『투란도트』의 아리아 중 하나인 「아무도 잠들지 말라」를 설명하고 있다. 6문단에서 아리아는 주인공의 심정을 서정적 선율로 표현하고, 7문단에서 아리아는 따로 앨범으로 제작되어 대중들이 감상한다고 언급했다.

> **오답 해설**

① 5문단에서 노래하는 것처럼 말하고 말하는 것처럼 노래하는 부분은 레치타티보라고 언급했다.

② 6문단에서 주인공이 놓여 있는 상황을 설명하고 이야기 전개를 설명하는 역할을 하는 것은 레치타티보라고 언급했다.

③ 4문단에서 음악과 연극 및 춤이 결합한 대중적 성격을 갖춘 공연은 뮤지컬이라고 언급했다.

⑤ 7문단에서 대사를 전달하는 역할을 수행하는 것은 레치타티보라고 언급했다.

예술 07 새로운 리얼리즘, 누보 레알리즘
본문 152~155쪽
지문 분석편 34쪽

STEP **I** **1** (1) 신념 (2) 파괴 (3) 집적
  2 ㉠ 주관적 ㉡ 객관적

STEP **II** **1** 누보 레알리즘의 특성과 표현 기법
  2 추상주의, 객관적, 현대 산업 사회
  3 오브제를 작품 속에 직접 차용함. 현대 산업 사회의 양적인 리얼리티를 제시함. 미술에 대한 새로운 시각을 제시함.

STEP **III** **1** ③   **2** ④

1 2문단에서 누보 레알리즘 미술가들은 앵포르멜 회화나 추상 표현주의 등이 주관적이고 개인적이며 지나친 심상의 세계에 매몰되었다는 비판을 했다고 언급했다. 하지만 이 글에서 누보 레알리즘이 후세에 주관적이고 이상적인 세계를 표현했다는 평가를 받았다는 내용은 제시되지 않았다.

> **오답 해설**

① 1문단에서 누보 레알리즘은 1960년대 초 프랑스를 중심으로 발생한 새로운 리얼리즘이라는 뜻의 유럽의 전위 미술 운동이라고 언급했다.

② 1문단에서 누보 레알리즘은 1950년대 유럽 미술계를 지배하던 추상주의에 대항하려는 일련의 젊은 미술가들에 의해 형성된 미술 운동이라고 언급했다.

④ 3문단에서 누보 레알리즘은 내면적 리얼리티를 추구하는 추상 회화에서 벗어나 가시적인 것, 구체적인 현실의 것을 객관화하려는 목표로 미술 운동을 전개했다고 언급했다.

⑤ 6문단에서 누보 레알리즘은 오브제를 직접 차용하는 방식을 활용함으로써 미술에 대한 새로운 시각을 제시했다고 언급했다.

2 4문단에서 누보 레알리즘은 산업 문명과 관련된 오브제를 작품 속에 직접 차용함으로써 주변 환경의 리얼리티를 있는 그대로 보여 주려 했다고 언급했다. 〈보기〉는 1,600톤의 시멘트 탑 속에 59대의 폐자동차를 중간중간에 끼워 넣은 작품으로, 아상블라주 기법을 활용하여 현대 산업 사회의 생리를 보여 주고 있다. 따라서 이 작품은 현대 산업 사회 환경의 리얼리티를 있는 그대로 보여 주려는 의도가 나타난다고 할 수 있다.

> **오답 해설**

① 4문단에서 누보 레알리즘의 혁신적인 오브제 사용의 기법으로 축적, 집적 등의 의미를 지닌 아상블라주를 언급했다. 〈보기〉는 시멘트 탑 속에 자동차를 쌓아 올렸다는 점에서 아상블라주의 기법을 확인할 수 있다.

② 5문단에서 아르망은 공장에서 대량 생산되어 매장에 쌓이는 생산물에서부터 소비되고 난 뒤의 쓰레기까지 끊임없이 축적되는 현대 산업 사회의 생리를 보여 주고자 했다고 언급했다. 〈보기〉에서 오브제로 폐자동차를 사용한 것은 쓰레기가 쌓이고 있는 산업 문명 사회의 생리를 보여 주려 한 것으로 볼 수 있다.

③ 5문단에서 아르망은 특히 블랙 유머적인 작품 제목 등을 통해 현대 산업 사회의 양적인 리얼리티를 묘미 있게 제시했다고 언급했다. 〈보기〉에서 「장기 주차」라는 작품의 제목도 앞으로 가야 할 자동차가 시멘트 탑 속에 박혀 움직이지 못하고 있는 상황을 통해 현대 산업 사회의 리얼리티를 보여 준다고 할 수 있다.

⑤ 5문단에서 아르망은 산업 사회와 관련된 기계나 부품 등을 축적한 작품을 선보임으로써 생산, 소비, 파괴의 체계에서 살고 있는 현대인의 현실을 보여 주고자 했다고 언급했다. 〈보기〉에서 18미터의 높이를 더 높이고 59대 이상의 자동차를 오브제로 사용한다면 대량 생산과 대량 소비가 이루어지는 산업 사회에 살고 있는 현대인의 모습을 더 잘 나타낼 수 있을 것이다.

영역통합 01 불국사의 내진 설계

본문 156~160쪽
지문 분석편 35쪽

STEP Ⅰ **1** (1) 돌출 (2) 융성 (3) 창건 (4) 조합
2 (1) ㉡ (2) ㉠

STEP Ⅱ **1** 불국사 돌벽의 건축적 기법과 내진 설계 방법
2 불국사, 결구, 그랭이
3 동틀돌, 압력, 수평

STEP Ⅲ **1** ③ **2** ⑤ **3** ④ **4** ③

1 정의는 설명하려는 대상의 본질이나 뜻을 정확하게 규정하여 설명하는 방법이다. 이 글에서는 불국사 건축에 사용된 건축 기법인 '종축, 결구, 동틀돌'을 3문단에서, '그랭이 기법'을 4문단에서 그 개념과 뜻을 정확히 규정하여 설명하고 있다.

오답 해설

① 묘사는 어떤 대상의 모양이나 소리, 움직임 등을 직접 손으로 만지고 귀로 듣고, 눈으로 보는 것 같이 생생하게 나타내어 설명하는 방법이다. 이 글에서는 묘사를 활용해서 설명한 내용은 나타나지 않는다.

② 인용은 다른 사람의 말이나 속담, 격언 등을 끌어다 설명하는 방법이다. 이 글에서는 인용을 활용해서 설명한 내용은 나타나지 않는다.

④ 대조는 둘 이상의 것을 견주어 차이점을 중심으로 설명하는 방법이다. 이 글에서는 대조를 활용해서 설명한 내용은 나타나지 않는다.

⑤ 유추는 생소한 개념이나 복잡한 주제를 친숙하고 단순한 다른 개념이나 주제와 비교해 가면서 설명하는 방법이다. 이 글에서는 유추를 활용해서 설명한 내용은 나타나지 않는다.

2 6문단에서 대웅전으로 오르는 자하문 전면의 돌벽은 불국사에서 거의 유일하게 원형 그대로 1,300여 년 동안 보존된 부분이라고 언급했다. 그러나 대웅전으로 오르는 자하문 전면의 돌벽이 불국사에서 건축적으로 갖는 위상에 대한 내용은 나타나지 않는다.

오답 해설

① 5문단에서 불국사가 입지한 곳은 지진이 빈번한 활단층이라고 언급했다.

② 1문단에서 불국사(佛國寺)는 8세기 무렵 통일 신라 시대 불국토(佛國土)를 완성하기 위한 국가적 사업으로 김대성이 주도하여 창건된 사찰이라고 언급했다.

③ 5문단에서 그랭이 기법은 자연석으로 쌓아 올린 부분과 인공 석재 부분이 그랭이질로 완전하게 밀착되어 지진의 수평 하중에 의한 충격에 강한 응력을 가져 수평으로 흔들려도 어긋나지 않는다고 언급했다.

④ 2문단에서 불국사 대웅전으로 오르는 자하문 전면의 돌벽은 위층과 아래층으로 구분된다고 언급했다.

3 5문단에서 불국사 건축에 그랭이 기법을 사용해 지진의 수평 하중

에 의한 충격에 강한 응력을 가지므로 수평으로 흔들려도 어긋나지 않는다고 언급했다. 〈보기〉에서는 첨성대의 무게 중심이 낮기 때문에 진동이 와도 오뚝이처럼 견디는 복원력을 지니고 있다고 언급했다. 따라서 ⓐ는 그랭이 기법과, ⓑ는 낮은 무게 중심과 관계가 있다고 볼 수 있다.

오답 해설

① 5문단에서 종축과 결구, 그랭이 기법이 불국사의 내진 설계와 관련이 있다고 언급했다. 〈보기〉에서도 첨성대 아래쪽에 있는 2단 구조의 돌이 첨성대가 지진을 견딜 수 있는 원인이라고 언급했다. 따라서 ⓐ와 ⓑ 모두 3단으로 쌓아 만든 돌의 구조와는 관계가 없다.

② 5문단에서 자연석들 사이에 있는 조그만 틈이 지진 에너지를 소모시킨다고 했으나, 석재를 엇갈려 쌓았다는 내용은 언급하지 않았다. 〈보기〉에서 석재를 접착시키지 않고 엇갈려 쌓은 것은 첨성대가 지진에 강한 이유에 해당한다고 언급했다.

③ 5문단에서 불국사 건축에 사용된 종축과 결구는 기둥들을 짜 맞추는 방식을 통해 압력을 이겨 내는 효과를 거두었다고 언급했고, 〈보기〉에서 첨성대의 단면이 원형인 것도 첨성대가 지진에 강한 이유에 해당한다고 언급했다.

⑤ 〈보기〉에서 첨성대 하부가 상부보다 직경이 더 길고 첨성대 안쪽 절반 가까이 흙과 돌이 채워져 있기 때문에, 첨성대의 무게 중심이 낮고 진동이 와도 오뚝이처럼 견디는 복원력을 지니고 있다고 언급했다. 그러나 이 글에서 불국사의 상부와 하부의 직경에 대한 내용은 언급하지 않았다.

4 3문단에서 동틀돌은 결구가 되어 기둥이 단단히 고정되도록 하며, 외부에 돌출되어 돌벽의 화려한 맛을 더해 준다고 언급했다. 따라서 ㉮의 동틀돌이 기둥 사이의 자연석을 단단하게 만드는 역할을 한다는 내용은 적절하지 않다.

오답 해설

① ㉮에서 긴 직사각형의 돌을 세로로 박은 것은 종축에 해당한다. 3문단에서 종축, 결구 등은 목조 건축적 기법이라고 언급했다.

② ㉮에는 자연석 안쪽에 흙을 다져 넣는다. 5문단에서 지진이 나면 돌벽 안쪽에 채워진 흙의 압력으로 인해 기둥들이 바깥으로 밀려날 가능성이 있는데 종축과 결구가 이 압력을 이겨 내는 역할을 한다고 언급했다.

④ ㉯에는 자연석 사이에 빈 공간들이 있다. 5문단에서 자연석들 사이에는 조그만 틈이 있어 지진 에너지가 여기에서 상당히 소모되어 돌벽이 견딜 수 있게 된다고 언급했다.

⑤ ㉯에서는 자연석과 만나는 인공 석재의 일부분을 깎아 내어 매끄럽게 다듬어 밀착시켰다. 4문단에서 돌벽 맨 윗돌 위쪽에 놓은 장대석의 일부분을 깎아 내는 것을 그랭이 기법이라고 언급했다.

영역 통합

02 액션 페인팅과 엔트로피

본문 161~165쪽
지문 분석편 36쪽

STEP Ⅰ **1** (1) 관습 (2) 중첩 (3) 예측 (4) 질서
2 ②

STEP Ⅱ **1** 액션 페인팅과 엔트로피 현상의 관련성
2 이성, 드리핑, 엔트로피
3 물감을 뿌리는 드리핑 방법을 활용함, 무질서하게 움직이는 효과를 바탕으로 함, 무질서한 상태를 의미함.

STEP Ⅲ **1** ② **2** ④ **3** ⑤ **4** ①

1 이 글은 3문단에서 잭슨 폴록의 액션 페인팅 기법이 활용하는 방식을 제시하고, 4문단에서 물리학적 개념인 엔트로피의 특성을 설명하고 있다. 또한 5문단에서 잭슨 폴록이 활용하는 액션 페인팅 기법이 물리학적 개념인 엔트로피 현상을 가장 잘 반영하고 있다는 평가를 제시했다. 따라서 이 글은 특정 미술 기법이 활용하는 방식과 물리학적 개념과의 관계를 밝히고 있다고 볼 수 있다.

오답 해설
① 이 글은 잭슨 폴록이 활용한 액션 페인팅 기법을 설명하고 있으나, 액션 페인팅 기법의 미술사적 의의는 언급하지 않았다.
③ 이 글은 미술 기법으로 잭슨 폴록이 활용한 액션 페인팅 기법을 제시하고 있으나, 다른 미술 기법의 유형과 비교하지는 않았고 액션 페인팅 기법의 한계도 지적하지 않았다.
④ 이 글은 잭슨 폴록이 활용한 액션 페인팅 기법을 설명하고 있으나, 액션 페인팅 기법을 활용한 사례나 이 기법의 효율성에 대해서는 언급하지 않았다.
⑤ 이 글은 액션 페인팅 기법의 발달 단계를 과학적으로 고찰하지 않았고, 과학의 발전과 액션 페인팅 기법의 발달 단계를 연관 짓지도 않았다.

2 5문단에서 뉴턴 시대의 고전 물리학에서는 질량을 갖는 물체의 처음 위치와 속도가 정해지면 그 후 위치와 속도를 구할 수 있다는 결정론적 관점을 유효하게 인정했다고 언급했다. 그러나 뉴턴 이후 독일의 물리학자 하이젠베르크는 결정론적 관점을 거부하고 '불확정성의 원리'를 통해 확률론적 추론을 주장했다고 언급했다.

오답 해설
① 1문단에서 추상 표현주의는 전쟁을 일으키게 했던 이성에 반대하여 개인의 근원적이고 자유로운 무의식의 세계를 표현한 사조라고 언급했다.
② 2문단에서 추상 표현주의는 화가의 감정과 본능을 추상의 방법으로 표현하려 했다고 언급했다.
③ 3문단에서 물질의 온도가 높을수록, 물질을 이루는 분자의 무게가 가벼울수록 확산 속도는 빨라진다고 언급했다.
⑤ 5문단에서 애초 재현할 의도나, 아무것도 재현하지 않으려 하며 복제도 불가능한 잭슨 폴록의 무질서한 그림은 바로 엔트로피 현상을 가장 잘 반영하고 있다는 평가를 언급했다.

3 〈보기〉에서 인상주의 화가는 눈에 보이는 세계를 정확하고 객관적으로 기록하려 했다고 언급했다. 따라서 인상주의 화가는 '잭슨 폴록'에게 그림의 역할은 연속적인 우연의 중첩 효과를 활용하여 자유분방하게 자신의 감정을 표현하는 것이 아니라, 눈에 보이는 세계를 객관적으로 그리는 것이라고 비판할 수 있을 것이다.

오답 해설
① 〈보기〉에서 인상주의 화가는 사물의 고유색을 부정한다고 했다. 따라서 이것은 인상주의 화가가 비판할 수 있는 내용이라고 할 수 없다.
② 〈보기〉에서 인상주의 화가가 제목을 붙이는 것에 대해 언급한 내용은 없다. 2문단에서 잭슨 폴록은 어떤 의도나 주제 없이 그림을 그렸다는 의미로 그림에 제목 없이 번호만 매겼다고 언급했다. 따라서 이것은 인상주의 화가가 비판할 수 있는 내용이라고 할 수 없다.
③ 〈보기〉에서 인상주의 화가가 이성에 대해 언급한 내용은 없다. 그리고 1문단에서 추상 표현주의는 이성에 반대하여 개인의 근원적이고 자유로운 무의식 세계를 표현하려 했다고 언급했다. 따라서 이것은 인상주의 화가가 비판할 수 있는 내용이라고 할 수 없다.
④ 〈보기〉에서 인상주의 화가가 무의식의 세계에 대해 언급한 내용은 없다. 그리고 1문단에서 추상 표현주의는 이성에 반대하여 개인의 근원적이고 자유로운 무의식 세계를 표현하려 했다고 언급했다. 따라서 이것은 인상주의 화가가 비판할 수 있는 내용이라고 할 수 없다.

4 〈보기〉의 ㉮에는 커다란 캔버스에 물감을 흘리고, 끼얹고, 튀기며 온몸으로 그림을 그리는 모습이 나타난다. 3문단에서 잭슨 폴록은 물감이 퍼져 나가는 방향과 속도는 예측하기 어렵고 복잡한 확산 현상 자체를 그대로 채색에 활용했다고 하였다. 따라서 ㉮는 물질이 무질서하게 움직이는 효과를 바탕으로 하고 있으므로, 물감이 퍼지는 방향이나 속도를 정밀하게 계산해서 작업이 이루어지고 있는 것은 아니다.

오답 해설
② 2문단에서 액션 페인팅은 화폭을 바닥에 놓고 물감을 무질서하게 뿌리는 드리핑 방법을 활용한 것이라고 언급했다. 〈보기〉의 ㉮도 드리핑 작업의 모습을 보여 준다.
③ 3문단에서 잭슨 폴록의 액션 페인팅 방식은 물감이 번지는 범위, 속도를 통한 연속적인 우연의 중첩 효과에 기반을 두고 있다고 언급했다. 〈보기〉의 ㉯에서도 색깔이 뒤섞인 부분일수록 여러 물감이 섞여서 중첩을 이루는 정도가 크다고 할 수 있다.
④ 2문단에서 잭슨 폴록은 그의 그림에 대해 애초부터 어떤 의도나 주제 없이 그렸다는 것을 나타내기 위해 제목 없이 번호만 매겼다고 언급했다. 〈보기〉의 ㉯도 그림의 제목을 따로 만들지 않고 「December 1」이라고만 했다.
⑤ 5문단에서 엔트로피가 크면 무질서한 상태를 의미한다고 언급했다. 〈보기〉의 ㉮와 ㉯ 모두 물감을 어떤 의도 없이 무질서하게 뿌리는 작업과 그 결과물이므로 대상의 외형에 대한 판별이 불가능하다. 따라서 〈보기〉의 ㉮와 ㉯는 엔트로피의 정도가 크다는 점을 나타낸다고 할 수 있다.

03 주자학의 이념, 조선 왕조 500년의 힘 본문 166~170쪽
지문 분석편 37쪽

STEP I 1 (1) ㄱ (2) ㄹ (3) ㄷ (4) ㄴ
2 ⑤

STEP II 1 조선의 흥망을 이끈 주자학의 이념
2 원나라, 수양, 당파
3 위기지학, 권력, 백성

STEP III 1 ② 2 ⑤ 3 ③ 4 ⑤

1 이 글은 고려 말에 도입된 주자학이 조선 시대를 관통하며 미친 영향을 설명하고 있다. 따라서 '고려 말 – 조선 초기 – 조선 후기'로 나누어 주자학의 이념을 설명하는 통시적 구성 방식을 활용했으며, 이를 통해 주자학의 이념이 어떤 방향으로 변해 갔는지를 보여 주고 있다.

오답 해설
① 이 글은 주자학의 이념에 대한 새로운 관점을 제시하지 않았고, 그 관점을 구체화하지도 않았다.
③ 이 글은 주자학의 이념에 대해 대비되는 이론을 소개하지 않았고, 각 이론의 장단점을 제시하지도 않았다.
④ 이 글은 주자학의 이념이 분화되는 과정을 단계적으로 서술하지 않았고, 새로운 통합 방법을 밝히지도 않았다.
⑤ 5문단에서 주자학의 한계를 제시했으나, 주자학의 이념이 지닌 문제점을 구체적인 사례를 통해 강조하지 않았고, 그 해결 방안을 제시하지도 않았다.

2 5문단에서 조선 후기에는 주자학의 한계로 정책 대결보다는 예법에 관한 명분 싸움으로 흘러 당쟁을 낳는 원인이 되고 권력 투쟁의 도구가 되었다고 언급했다. 하지만 조선에서 주자학을 바탕으로 시행한 정책 대결에 대해서는 언급하지 않았다.

오답 해설
① 2문단에서 위기지학의 이념에 따르면 공부의 목적은 출세와 부귀영화가 아니라 인격 수양을 통해 성인(聖人)이 되는 데 있다고 언급했다. 또한 격물치지의 정신에 따르면 무엇이 진정 옳고 그른 것인지 명확히 알아야 한다고 언급했다.
② 3문단에서 사대부들은 격물치지의 정신에 따라 권력의 정당성이 학문에서 나온다고 생각했다는 내용을 언급했다.
③ 1문단에서 조선 초기 신진 사대부들은 주자학을 국가의 통치 이념으로 받아들여 고려 말 이래의 정치·사회 문제를 해결하고 새로운 질서를 확립하려는 노력의 일환으로 주자학의 교육과 보급을 주창했다고 언급했다.
④ 4문단에서 조선의 권력은 주자학의 정신을 매개로 임금과 신하가 견제와 균형 속에서 유지되었으며, 사헌부·사간원은 임금이 유교 이념에 맞게 행동하는지 간섭했다고 언급했다.

3 ㉠은 위기지학의 이념, ㉡은 격물치지의 정신이다. 2문단에서 ㉠에서 제시한 공부의 목적이 출세와 부귀영화가 아니라 인격 수양을

통해 성인(聖人)이 되는 데 있다고 언급했다. 또한 ㉡에서 제시한 공부의 목적으로 무엇이 진정 옳고 그른 것인지 명확히 알아야 한다는 것을 언급했다. 따라서 ㉡에서 제시한 공부의 목적이 출세와 부귀영화라는 내용은 적절하지 않다.

오답 해설
① 2문단에서 ㉠은 남에게 잘 보이기 위해 공부하는 대신 참된 나다움을 밝히기 위해 공부하는 것을 뜻한다고 언급했다.
② 2문단에서 ㉡은 인격 수양을 위해서는 먼저 사물을 연구하고 세상 만물의 이치를 깨달아 무엇이 진정 옳고 그른 것인지 명확히 알아야 한다는 것을 뜻한다고 언급했다.
④ 2문단에서 ㉡이 유학 사상으로 무장한 신진 사대부들이 사회 지도층이 되어야 한다고 생각하거나 사대부는 다른 사람들과 신분이 다르다고 생각하는 것의 근거가 되었다고 언급했다.
⑤ 2문단에서 주자의 가르침 가운데 조선 초기 신진 사대부들의 마음을 사로잡은 이념은 ㉠과 ㉡이라고 하였다.

4 5문단에서 예법에 관한 명분 싸움은 당파 싸움의 원인이 되었다고 언급했다. 또한 〈보기〉에서 제시한 성리학적 명분론과 임금이 부도덕한 관리들을 다스리는 일은 직접적 관련이 없다.

오답 해설
① 2문단에서 예법에 맞게 행동하는 사람은 사대부이므로, 이러한 유학 사상으로 무장한 신진 사대부들이 사회 지도층이 되어야 한다고 생각하거나 사대부는 다른 사람들과 신분이 다르다고 생각하는 것의 근거가 되었다고 언급했다. 따라서 〈보기〉처럼 예학이 발달하면 신분 질서를 강화하는 바탕이 될 것이다.
② 5문단에서 조선 후기에 이르러 주자학적 태도는 정책 대결보다는 예법에 관한 명분 싸움으로 흘러 당파 싸움의 원인이 되었다고 언급했다. 따라서 예학의 발달은 당파 싸움의 원인이 되었고, 이를 통해 〈보기〉처럼 세도 가문 중심의 통치로 이어졌다고 볼 수 있다.
③ 5문단에서 '위기지학'이나 '격물치지'의 이념은 결국 소수의 권력 독점을 유지하는 방편으로 전락했다고 언급했다. 따라서 주자학의 이념에 대한 숭상은 〈보기〉처럼 세도 가문 중심의 소수 권력 독점을 발생시키는 배경이 되었을 것이다.
④ 5문단에서 예법의 존중이나 강화는 백성들을 옥죄는 명분으로 작용했다고 언급했다. 따라서 〈보기〉처럼 예 질서의 회복 노력은 결국 백성들을 옥죄는 명분으로 작용하면서 양반 중심의 지배 체제를 확고히 하려는 방향으로 진행되었을 것이다.

엔터테인먼트 요소와 영화

본문 171~175쪽
지문 분석편 38쪽

STEP Ⅰ **1** (1) 경유하다 (2) 순환하다 (3) 흥미진진하다
　　　　　(4) 선호하다
　　　2 ①　　　**3** ④

STEP Ⅱ **1** 영화의 엔터테인먼트 요소와 상업적 속성
　　　2 엔터테인먼트, 스타, 윈도
　　　3 연기, 음반, 부대, 경제적

STEP Ⅲ **1** ①　　**2** ②　　**3** ①　　**4** ⑤

1 이 글은 영화가 엔터테인먼트 요소를 갖춘 대표적인 매체임을 제시하면서, 영화의 유통 창구인 윈도와 영화의 상업적 속성을 설명하고 있다. 따라서 이 글은 '영화의 엔터테인먼트 요소'를 표제로, '영화의 상업적 속성을 중심으로'를 부제로 활용하는 것이 적절하다.

> 오답 해설

② 3문단에서 영화는 윈도 효과를 통해 영상물의 가치를 더욱 다양화하여 의류, 완구 등에 들어가는 캐릭터 상품, 사운드트랙 음반 판매까지 시장을 넓혀 준다고 언급했다. 하지만 이 내용은 영화 유통에 대한 내용일 뿐으로, 이 글 전체의 내용을 포괄하지 않는다.
③ 4문단에서 문화적 세계를 중시하여 제작자나 영화감독의 특정한 의도나 사회적 이슈 등을 다루려는 영화가 긍정적 부대 효과를 통해 문화적 명성을 획득하는 과정을 다루고 있다. 하지만 이 내용은 이 글 전체의 내용을 포괄하지 않는다.
④ 2문단에서 영화의 엔터테인먼트 요소는 스토리의 흥미진진함과 출연 배우의 연기, 영상 구성의 참신함이나 규모, 미학 등에서 제시된다고 언급했다. 하지만 영화의 미술적 요소와 음악적 요소에 대해서는 언급하지 않았다.
⑤ 2문단에서 영화가 다양한 요소를 추구하는 이유는 영화는 잠재적 소비자를 대상으로 하기 때문이며, 이 때문에 제작자들은 호감도나 신뢰도가 높은 배우를 출연시켜 소비자를 유인하는 스타 시스템을 선호한다고 언급했다. 하지만 이 내용은 이 글 전체의 내용을 포괄하지 않는다.

2 2문단에서 영화의 엔터테인먼트 요소는 스토리의 흥미진진함과 출연 배우의 연기, 영상 구성의 참신함이나 규모, 미학 등에서 제시된다고 언급했다.

> 오답 해설

① 1문단에서 엔터테인먼트는 인공적으로 대중의 감정에 어떠한 감동을 일으키게 하는 콘텐츠나 장치로 기분을 즐겁게 하는 일을 가리킨다고 언급했다.
③ 2문단에서 영화는 관객이 두어 시간을 소비하는 동안 특별한 심리적이고 감정적인 기억이나 경험을 일으킨다고 언급했다.
④ 3문단에서 발터 베냐민의 언급을 활용해 영화는 기계적 복제로 된 예술로, 영화가 완성되면 영화관에서 반복적으로 상영

되고 이후 TV나 인터넷 등으로 복제·배포된다고 언급했다.
⑤ 3문단에서 윈도 효과는 영상물의 가치를 더욱 다양화하여 의류, 완구 등에 들어가는 캐릭터 상품, 사운드트랙 음반 판매까지 시장을 넓혀 준다고 언급했다.

3 ㉮는 문화적 명성을 획득한 영화이다. 5문단에서 ㉮는 다시 상업적 성공을 동반하여 경제 자본으로 전환되는 경우도 적지 않아, 상업 영화에서처럼 유사한 윈도 효과의 단계를 거치게 된다고 언급했다. 따라서 문화적 명성을 획득한 영화는 상업 영화와는 달리 윈도 효과에는 극히 제한적이라는 설명은 적절하지 않다.

> 오답 해설

② 5문단에서 ㉮는 다시 상업적 성공을 동반하여 경제 자본으로 전환되는 경우도 적지 않다고 언급했다.
③ 4문단에서 ㉮는 상업적 영화의 특성과는 달리 문화적 세계를 중시하여 제작자나 영화감독의 특정한 의도나 사회적 이슈 등을 다룬다고 언급했다.
④ 4문단에서 ㉮는 뉴스, 다큐 등과 마찬가지로 관객들의 사회적 행동에 영향을 미치는데, 이를 긍정적인 부대 효과라고 한다고 언급했다.
⑤ 4문단에서 ㉮를 통해 관객들은 삶의 조건들을 간접적으로 경험하고 해석하여 특정한 인식이나 성찰을 나타내게 된다고 언급했다.

4 4문단에서 관객들의 사회적 행동에 영향을 미치는 것을 긍정적인 부대 효과라고 언급했다. 따라서 〈보기〉에서 배우가 읊조린 멜로디가 노래로 인기를 끌었던 것은 「기생충」이 관객들의 사회적 행동에 영향을 끼치는 긍정적 부대 효과를 나타낸 것은 아니다.

> 오답 해설

① 4문단에서 문화적 세계를 중시하여 제작자나 감독의 특정한 의도나 사회적 이슈를 다루려는 영화도 있다고 언급했다. 〈보기〉에서 우리 사회의 부조리한 문제를 다루려고 한 영화감독의 의도가 영화 「기생충」에 반영되었다고 했는데, 이것은 사회적 이슈를 다루고자 하는 영화감독의 의도를 나타낸다.
② 4문단에서 제작자와 감상자 사이에 사회 문화적으로 다양한 교감이 이루어지면 사회적으로 진지한 문화적 명성을 얻는다고 언급했다. 〈보기〉의 「기생충」이 자본주의 사회에서 나타나는 빈부 격차와 계급적 불평등이라는 문제를 조명하며 관객이나 평론가들에게 화제가 되었다고 하는 것은 사회적으로 많은 논의가 이루어지면서 문화적 명성을 획득했음을 나타낸다.
③ 5문단에서 영화제 등을 통해 영화의 문화적 명성이 국내외적으로 공식화되면 상업적 속성이 더욱 강화된다고 언급했다. 〈보기〉의 「기생충」이 제92회 아카데미 영화제에서 4개 부분을 수상한 것은 영화제를 통해 영화의 문화적 명성이 국내외적으로 인정받고 공식화되었음을 나타내고 있다.
④ 3문단에서 윈도 효과는 영화가 다양한 유통 창구를 통해 수익을 창출하는 것이라고 언급했다. 〈보기〉에서 무수한 관객 동원이나 판권 판매, 라면의 판매량 급증 등이 이루어졌다는 것은 「기생충」의 영향력이 다른 영역으로 확산된 것이라는 점에서 윈도 효과를 나타내는 것이다.

ⓒ 사진 자료

EBS

필독

중학 국어로 수능 잡기

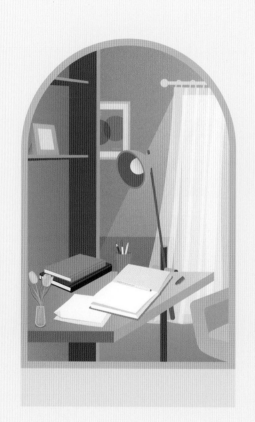

최신 교재도, 지난 교재도 한눈에!
EBS 공식 네이버 스마트스토어!

EBS
북스토어
OPEN

EBS 북스토어 🔍

https://smartstore.naver.com/ebsmain

하루 한 장으로 중학 수학 실력 UP

인터넷·모바일·TV
무료 강의 제공

MON	TUE	WED	THU	FRI	SAT	SUN
				화이팅! 1 ♥	2	3
4	5	6 한장끝!	7	8	9	10
11	12	13	14			17
18	19	20	21			4
25	26	27	28			

| 1(상) | 1(하) | 2(상) | 2(하) | 3(상) | 3(하) |

중학 수학은
한 장 수학으로
이렇게!

하나!
하루 한 장으로
가볍게 습관 들이기

둘!
기초부터 시작해서
문제로 완성하기

셋!
서술형·신유형 문항도
빠짐없이 연습하기